RAOUL SCHROTT
DIE ERFINDUNG DER POESIE

RAOUL SCHROTT

DIE ERFINDUNG DER POESIE

GEDICHTE AUS DEN ERSTEN VIERTAUSEND JAHREN

EICHBORN VERLAG
FRANKFURT AM MAIN
1998

Erfolgsausgabe. ISBN 3-8218-4465-5
© Vito von Eichborn GmbH & Co. Verlag KG
Frankfurt am Main 1997

INHALT

5

VORWORT

Dichtung. Von Opitz' *Buch von der deutschen Poeterey* über Herders *Stimmen der Völker in Liedern* bis zu Enzensbergers *Museum der modernen Poesie*, Hartungs *Luftfracht* oder zuletzt Sartorius' *Atlas der modernen Poesie* – es gibt keine europäische Literatur, die je so viel akribische Recherche über die Weltliteratur aufgebracht hätte wie die deutsche. Der Grund dafür ist, wenn auch polemisch verkürzt, einfach: eine eigene Poetik von internationalem Einfluß hat sie kaum je herausgebildet, und wenn doch, kam der Anstoß dazu immer aus fremden Traditionen. Der Minnesang baute auf den Formen und Inhalten der Trobadors und Trouvères auf, Barock, Klassik, Romantik und Symbolismus waren ebenfalls aus dem romanischen Raum übernommen. Die Nachkriegsliteratur schließlich hatte mehr als zwanzig Jahre damit zu tun, wieder Anschluß an die Moderne zu finden; sie war mit einem Brückenschlag beschäftigt, an dem sich auch die jüngste Generation immer noch abarbeitet.

Die Ursachen dafür mögen sich in der Geschichte widerspiegeln. Vielleicht lassen sie sich auch auf einen grundsätzlich vorhandenen Dogmatismus zurückführen, wie ihn

7

beispielsweise die protestantische Ethik in ihrem Beharren auf einer *sola scriptura, sola gratia* und *sola fide* verkörpert. Sie hat die Lyrik immer schon auf ihr Maß zurechtgestutzt – als wäre die Aporie einer weißen Seite wichtiger als das Spiel der Buchstaben auf ihr. Wo in anderen Literaturen das Handwerk und das Mundwerk im Vordergrund stehen, wurde die Dichtung im deutschen Sprachraum stets mit der falsch verstandenen Ableitung des Verdichtens in Zusammenhang gebracht – so trieb man ihr das Lustbetonte und Offene im Umgang mit der Sprache aus und zwang sie aufs Blatt. Tatsache jedoch ist, daß man über die Epochen hinweg der deutschen Literatur eine Bürde aufhalste, eine philosophische, ethische, politische oder didaktische, die in all ihren Ontologien zu tragen nie ihr Ziel war. Als Gattung konnten Prosa und Drama damit fertigwerden, die Poesie jedoch ging davor buchstäblich in die Knie, und die deutschen Dichter meist mit ihr. Sogar die Ausnahmen davon, mit denen sie europäische Eigenständigkeit bewiesen – Expressionismus und Hölderlin als Erben des Idealismus –, sind für diese Regel bezeichnend.

Das merkt man heute noch einer Gegenwartslyrik an, die sich entweder in sentimentalen Anekdoten oder in postmoderner Sprachklitterung erschöpft, ihre Mitte aber längst verloren hat. Ein weiterer Grund dafür ist wohl auch die Ignoranz, die man der Geschichte der Poesie entgegenbringt. Man versteht sie, wenn, dann nur akademisch; das beweisen nicht zuletzt die erhältlichen Ausgaben der Klassiker und ihre Übersetzungen, die nicht von Dichtern, sondern von Philologen stammen – sie wurden nie aktualisiert und einer Gegenwart zugedacht, sondern nur immer weiter als Karteikarte geführt. Dementsprechend stammt auch das Deutsch dieser Pfründe aus dem Anfang des 19. Jahrhunderts, ihr Bild von der Antike noch immer von Winckelmann und die ehrfürchtige Haltung von einer scheinbaren Erhabenheit, der man nur mit einem gespreizten Stil gerecht zu werden glaubt. Und dabei ist, von den Griechen und Römern abgesehen, ein Großteil der sogenannten abendländischen Dichtung und ihres Umfeldes nach wie vor unbekannt geblieben.

Der vorliegende Band kann deshalb auch nicht viel mehr sein als ein erster Anstoß, ein möglicher Zugang zu ihren wichtigsten Stationen. In diesem Überblick jedoch zeigt sich die Poesie als eine jahrtausendealte Maschine, die zwar manchmal den Eindruck macht, als hätte ein Tinguely sie gebaut; ihre einzelnen Zahnräder und Teile unterscheiden sich indes kaum von den Uhrwerken moderner Gedichte. Daß das, was unter dem Ziffernblatt steckt, unsichtbar bleibt, darin mag ihre Perfektion bestehen; was man schließlich aber an ihm abliest, ist dennoch immer nur die Zeit – auch wenn die Triebfedern die gleichen bleiben. Diese jedoch näher zu bestimmen, das vermag nur die Dichtung selbst.

Der Titel dieses Buches kann deshalb auch nichts anderes als eine Tautologie sein, die doppelte Bezeichnung ein und desselben Sinns, um den die Begriffe sich im Kreis drehen: Poesie und Erfindung. Sie beide bedeuten nichts anderes, als das Verfertigen und Hervorbringen von bisher noch nicht Vorhandenem – und ihre Überschneidung zeigt sich bereits in dem, was man früher einmal, mit einem sinnlichen Begriff, die Empfindung nannte. Doch nicht so schnell. Was diese zwei Worte zunächst weniger verstecken denn verraten, ist eine Art von Unentschiedenheit über ihre grammatikalische Kategorie, die nicht nur um einzelne Modalitäten, sondern auch um das Genus ihrer Verben kreist.

Das Finden, heißt es, leitet sich vom Gehen entlang eines Weges ab, bei dem man auf etwas tritt, stößt oder trifft; unklar ist dabei jedoch vorab die Rolle, die so gegensätzliche Dinge wie Zufall und Suche dabei spielen. Einer Entdeckung haftet der Aspekt des Willkürlichen im

9

selben Maß an, wie man sie oft auch als unwillkürlich begreift; man schreibt ihr einen aktiven Part ebenso zu, wie man ihr andererseits wieder das Prädikat des Passiven verleiht. Diese sprachliche Unschärfe jedoch ist es gerade, die dem tautologischen Kreisen um Begriffe eine Richtung und auch einen Anfang einschreibt: die Chronologie der Dichtung setzt mit dem intuitiven Akt der Inspiration ein, bis sie sich von ihrem rezeptiven, ursprünglich religiösen Rahmen ablöst, um schließlich ihre eigenen Bilder zu entwerfen. Das Finden, im Sinne einer unbewußten Eingebung, weicht dem Erfinden von eigenständigen Aussagen im Bewußtsein ihrer formalen Möglichkeiten.

Die Wandlungen der Poesie sind dabei die Geschichte ihrer Wendungen – und auch diese Tropen lassen sich auf ein und denselben Mittelpunkt zurückverfolgen. Das okzitanische Wort für Dichtung, *trobar*, geht auf das *tropare* im mittelalterlichen Latein zurück, das ›finden‹ synonym neben ›dichten‹ stellte, womit in dieser Epoche die ausschmückende Erweiterung liturgischer Texte in den gregorianischen Chorälen gemeint war. Die Wurzel beider Begriffe ist jedoch das griechische *tropos*, das nur in der Nebenbedeutung auf Redefiguren, musikalische Tonarten und den Takt verweist, daneben für ›Art, Weise, Neigung und Wunsch‹ sowie ›Charakter und sittliches Verhalten‹ stehen kann, in der Hauptsache jedoch ›Wendung und Richtung‹ bezeichnet.

Der gemeinsame Nenner dieser unterschiedlichen Sinnebenen besteht in der Vorstellung von Zyklen, die – ob als Jahreszeiten, Geschichtsschreibung oder subjektives Erleben – die Auffassung der griechischen Welt prägten. Der Tanz, als ritueller Reigen mit Musik und Dichtung verbunden, bildete diesen Kreislauf der Dinge ab; in seinem Takt sah sich das eigene Wesen ebenso wie das einer Gemeinschaft oder des Kosmos verkörpert. Das Symbol für diese Dichtung – die noch eine orale ist – war deshalb der Kreis, das Drehen in ihm, der ekstatische

Zustand einer Trance in dieser Bewegung, mit der man den Göttern zum Ausdruck verhalf; Reste davon sind noch in der Rhetorik der Poesie vorhanden, in den ursprünglichen Bedeutungen von Vers, Strophe, Volta, Tornada, Ballade oder der Redewendung. Am Anfang jedoch steht eine Lyrik, deren Legitimation eine andere war als heute.

Die Skalden und Skops, der keltische *fili*, der arabische *sha'ir* oder der griechische *aoidos* sind nur verschiedene archaische Namen für die zentrale Rolle, die der Dichter in einem Kulturkreis hatte, der auf oralen Traditionen aufbaute. Als Poet und Sänger verstand man ihn nur insofern, als er Prophet und Seher, zugleich aber auch Richter, Geschichtsschreiber oder Heilkundiger war. Seine Funktion war sozial an den Stamm und den Fürsten und sakral an den Glauben gebunden; was er übermittelte, waren Arbeitslieder, Sprichwörter und Zaubersprüche; Genealogien, Annalen, Legenden, Gesetze und Lob- und Spottgesänge, und in einem religiösen Kontext Mythen, Invokationen, Inkantationen und Divinationen. Der *aoidos* tradierte diese Formen nicht nur, er personifizierte und deutete sie auch, weil ihm Vergangenheit, Gegenwart und Zukunft mit ihren zyklischen Mustern über die Götter zugänglich erschienen. Zum Ausdruck fanden sie in der *musike* – dem Ereignis der Musen, einem Ritus, in dem Musik, Worte und Tanz verschmolzen. Die Namen, die man ursprünglich den Musen gab, stehen dabei ganz im Einklang mit den Techniken mündlicher Überlieferung: *Mneme*, *Aoide* und *Melete* – das Gedächtnis, der Gesang, der die Erinnerungen mitteilte, und die Übung, um das auswendig Gelernte nicht zu vergessen. Sie waren die ›gleich und zugleich Seienden‹, die ›Musen‹, die, der Wortbedeutung nach, mit Wissen und Sinnen ebenso verwandt sind wie mit dem Aufbegehren, dem Wahnsinn, der Raserei und dem Orakel.

11

Die Dichtung als eigene Gattung entstand, als sie sich von der Religion und den sie begleitenden Ausdrucksformen emanzipierte; erst vom Tanz und dann von der Musik. Dabei nahm sie jedoch deren Charakteristiken in ihre Sprache auf; der Rhythmus und die das Singen betonende Vortragsweise stammen daher. Homer war nur mehr ein Kitharode, der sich selbst auf einem Saiteninstrument begleitete; was er sang, läßt sich noch nicht als eindeutig episch oder lyrisch klassifizieren. Und Hesiod im 8. Jahrhundert v. Chr. nannte man einen Rhapsoden, nach dem Stab, den er bei der Rezitation – wie der arabische *rawi* – in der Hand hielt, um im Takt zu bleiben; Pausanias beharrte darauf, daß es bei ihm ein Lorbeerzweig war, weil ihn dieser als mit dem Orakel der Musen verbunden auswies.

Dreihundert Jahre später, bedingt durch grundlegende gesellschaftliche Umwälzungen, hatte der Musenkult in Griechenland schon viel von seinem sakralen Nimbus verloren: das Umfeld der Dichtung war bereits verweltlicht. Es ist Demokrit, der den Dichter erstmals *poietes* nennt, einen ›Macher, Verfertiger und Erfinder‹, der ›einen schönen Bau von Versen aller Art zimmert‹ – in Analogie zu den Handwerkern seiner Zeit. Sie schöpfen zwar noch immer aus der Quelle des göttlichen Enthusiasmus und der Inspiration, der Akzent aber hat sich erstmals auf das profane Geschäft des Verseschmiedens verlagert. Und dies in einem Ausmaß, daß schon Platon diese Poeten aufs härteste kritisierte: sie wären der Musen und ihrer Gesetze unkundig, gäben sich mehr, als sie sollten, dem bakchischen Taumel und der Lust hin, und die Trennung der Worte von Tanz und Musik, sagte er, habe etwas vollkommen Unmusisches und Gaukelhaftes an sich.

Die Bezeichnung *lyrikos* schließlich, mit ihrem zunächst diminutiven Beigeschmack von Liedermachern, die mit der Leier zur allgemeinen Unterhaltung beitragen, stammt aus dem 3. Jahrhundert v. Chr., als alexandrinische Literaturwissenschaftler die frühgriechischen Dichter erstmals aufzuzeichnen begannen. Sie ist damit aber auch ein Beleg dafür, daß sich die Lyrik endgültig von Epos und Drama abgesetzt und als eigenes Genre etabliert hatte.

Dieser nur im groben skizzierten Entstehung der Poesie folgt Schritt für Schritt das vorliegende Buch. Die Hymnen und Lieder der sumerischen Dichter stehen noch stellvertretend für viele frühe Formen der Dichtung, die eng an ihren kultischen und gesellschaftlichen Rahmen gebunden ist. Sie sind die ersten, aber nicht die einzigen greifbaren Beispiele – die frühe ägyptische Dichtung wäre ein zweites, die Poesie der Basken, Bretonen, Korsen, aber auch die afrikanischen, ozeanischen und australischen Traditionen nur weitere von vielen anderen, die noch bis knapp an die Gegenwart reichen.

In allen übrigen Kapiteln steht die Poesie im eigentlichen Sinn im Vordergrund – insofern als in der größer werdenden Distanz zu ihrem sakralen Ursprung der Übergang von einem kollektiv definierten zu einem individuellen Ich erkennbar wird. Die jeweiligen Rahmenbedingungen, unter denen dies geschieht, sind dabei relativ ähnlich: die Entstehung der Demokratie bei den Griechen, der Republik bei den Römern, einer Art Oligarchie unter den arabischen Stämmen oder das mittelalterliche Lehnswesen, immer verbunden mit dem Luxus der Muße. Sie alle schaffen Freiräume, in denen sich – wenn auch überwiegend in einer Oberschicht – Identitäten und Individualitäten erst entfalten können. Mit hinein spielen nicht nur ökonomische und politische Gegebenheiten; geltend macht sich auch schon ein manchmal greifbares Unbehagen an der Kultur. Der sehr konkrete Realismus der vorliegenden poetischen Anfänge mag mit diesem Pessimismus zu tun haben: abgelöst von allen jenseitigen Verheißungen, konzentriert sich die Poesie ganz auf ihre Gegenwart.

Darstellen lassen sich diese Veränderungen an den einzelnen, hier vorgestellten Dichtern. Und obwohl es

13

illusorisch wäre, für diese Entwicklung einen genauen Zeitpunkt festzulegen und bestimmte Personen für sie haftbar zu machen, verdankt sie sich andererseits doch zweifellos denen, die man zwar plakativ, aber falsch Wegbereiter und Bahnbrecher nennt. Denn die Erfindung der Poesie läßt sich nur begrenzt auf Vorstellungen von Originalität oder gar Genialität reduzieren; statt von Innovation sollte man daher lieber von Instigation reden – vom Anregen und Anstiften.

Die meisten dieser Protagonisten sind noch einer mündlichen Tradition der Dichtung verhaftet, nur wenige haben ihre Gedichte auch selber aufgeschrieben. Dennoch ist es die beginnende Verwendung der Schrift und das mit ihr aufkommende Bewußtsein der Sprache als eigenes Medium, die als Konstanten dieser Anthologie zum Vorschein kommen. Gleichzeitig zeigt sich bei den Dichtern von Sappho bis Dafydd ap Gwilym, wie bestimmend nicht nur die Kenntnis der eigenen überlieferten Poetik ist, sondern auch die Auseinandersetzung und der Austausch mit einem angrenzenden Kulturkreis; Catull entdeckt die Griechen für sich, Guihelm die Araber und Giacomo da Lentino die Trobadors. Doch es ist nicht ihre philologische Akribie, vielmehr ihr unbekümmerter Umgang mit den einzelnen Poetiken, ihre offene Vereinnahmung verschiedenster Formen, die diese Dichter – als jeweils erste ihrer Literatur – zu noch heute herausragenden Figuren der Literaturgeschichte macht.

Die Auswahl kann keinen Anspruch auf Vollständigkeit erheben. Die Fehlenden sind Legion: Alkaios, Alkman, Anakreon und Kallimachos, Horaz und Ovid, Hafiz, Saadi, Rumi, Mutanabbi und Omar Khayyam, Arnaut Daniel und Rutebeuf, Friedrich II., Guido Cavalcanti und Cecco Angiolieri, Taliesin, Egill Skallagrímsson und die *Edda*, der Archipoeta, die angelsächsische Dichtung des Exeter-Buches und Beowulfs und die klerikale lateinische Literatur des Mittelalters von Petronius Arbiter bis zur Carmina Burana, um nur die wichtigsten zu nennen. Und auch die Geschichte der Dichterinnen wäre weiterzuerzählen: Corinna und Erinna, Sulpicia, Al-Khansa, Liadan, Marie de France, die Comtessa de Dia und Christine de Pisan. Und all dies nur im engen Kontext der europäischen Poesie. Was dennoch in diesen wenigen Ausschnitten ablesbar wird, sind Positionen, die insgesamt die Entstehung der modernen Dichtung begreiflich machen, die mit Villon und Shakespeare beginnt.

Die Chronologie der einzelnen Stationen verleiht der europäischen Poesie relativ deutliche Konturen. Zum einen ist ihre Entwicklung an die Ausbreitung der Schrift gekoppelt, wie sie vom sumerischen Raum ausgeht und sich dann in zwei Stränge teilt, die sich erst im Mittelalter wieder treffen. Die eine Linie läßt sich über die Phönizier und Ägypter nach Griechenland und weiter nach Rom ziehen, wo sie sich durch die Ausbreitung des Christentums ihren Einfluß sichert, die zweite von Arabien über Spanien und Sizilien in unseren Raum: Ihre Schnittstellen bilden die höfische Lyrik der Okzitanen und die Dichtung der irischen Mönche.

Die Geschichte der Strophe und des Reims verläuft parallel dazu. Daß sich einer der Schwerpunkte des Gedichts vom Rhythmus zum Reim verlagert, stellt zwar eine falsche Etymologie dar (von der das ›h‹ im englischen ›rhyme‹ stammt), historisch gesehen ist es jedoch durchaus zutreffend. Der Reim, ein dominantes linguistisches Signal in der arabischen Sprache, taucht erstmals um 200 n. Chr. in einigen wenigen lateinischen Hymnen und Chorälen der nordafrikanischen Kirche auf, wie dann auch bei Augustinus. Bis zum 5. Jahrhundert nahm seine Verbreitung in den sakralen Gedichten der Liturgie als stilistisches Prinzip zu. Vorherrschend wurde er erstmals in der Dichtung der irischen Mönche des 9. Jahrhunderts, bei den Sizilianern und den Trobadors – was sich auch linguistisch zeigen läßt: *rim* ist sowohl ein altirisches wie

15

ein okzitanisches Wort, das von dort aus in unseren Raum gelangte.

Argumente, die auf Etymologien beruhen, gehen wie die Poesie selbst von der Annahme aus, daß sich über Wortbedeutungen ein Wissen um das wahre Wesen der sie bezeichnenden Sache gewinnen ließe. Sie zwangsläufig als Logik zu begreifen, wird den Umständen nicht ganz gerecht – so auch, was den Reim betrifft. Rudimentär taucht er bereits bei Catull, Ovid (beim Echo des Narziß) oder bei Apuleius auf; in China, im sogenannten *Buch der Gedichte* wurde er schon vor 500 v. Chr. als strukturierendes Mittel verwendet. Die Dichtung stößt – gleich wann sie ansetzt und von welcher Perspektive sie ausgeht – immer wieder auf Strukturen und Formen, die ihrer Sprache stets schon als Möglichkeiten inhärent waren. Die eigentliche Erfindung besteht im Grunde darin, welchen dieser rhetorischen Mittel sie den Vorrang gibt, um von ihnen aus auch die restlichen Stilfiguren zu entdecken.

Vorbedingung für diese Entwicklung ist jedoch, daß die Poesie vom Dogma der Religion, in der sie eingebunden war, unabhängig wurde, um den nötigen Spielraum für ein eigenes Bewußtsein und seine fiktionalen Konstrukte zu gewinnen. Die *Ilias* kennt noch keine Worte dafür; *psyche* bedeutet nur Blut oder Atem, *thymos* ist mit instinktiven, körperlichen Regungen gleichzusetzen und *noos* steht – wie bei den irischen *filidh* – für das Sehen, ohne die Reflexion darauf miteinzubeziehen. Selbst die Umschreibung für das Denken, *mermerizein*, heißt nur, ›im Zweifel über zwei verschiedene Handlungen zu sein‹, ein Zwiespalt, den allein die Stimmen der Götter aufzulösen imstande sind. Erst in der *Odyssee* und dann bei den ersten Dichtern gewinnen diese Begriffe auch eine subjektive und introspektive Dimension; sie werden zu Trägern einer flexiblen Intelligenz, die zu eigenständigen Entscheidungen und zur sprichwörtlichen List in dem Maß fähig ist, wie auch die Götter selbst in den Hintergrund treten und menschlichere Züge annehmen. Bei Archilochos und Sappho sind sie bereits sehr fern, und ihre Willkür spiegelt nur noch die Suche nach der eigenen Identität in einer unberechenbar gewordenen Welt wider.

Bewußtsein, als Fähigkeit zur Abstraktion und Reflexion, wird durch räumliches Denken ebenso charakterisiert wie durch die Wahrnehmung einzelner, signifikanter Details, die Vorstellung eines hypothetischen Ichs und die Einbettung dieser Kategorien auf einer narrativen Ebene, die Kausalitäten zwischen den einzelnen Eindrücken herstellen kann. Ihre sprachliche Entsprechung finden diese psychischen Mechanismen vor allem in der Metapher. Sie ist es, die durch die Koppelung zweier Begriffe ein fiktives *tertium comparationis* bildet, das anders so nicht vorstellbar oder ausdrückbar wäre, und die durch die Analogie von Detailwahrnehmungen einen Denkraum schafft, der einen Sprecher ebenso impliziert wie eine fiktive Welt, die ihrem Bild einen Rahmen bietet. Und im ständigen Oszillieren zwischen der figurativen und der wörtlichen Auslegung ihrer Begriffe zeigt sich wiederum nichts anderes als die Denkbewegung der Reflexion.

Die Herausbildung einer eigenen Metaphorik ist darum ein wesentliches Kriterium, mit dem sich die Poesie von den rhetorischen Formeln der archaischen Dichtung unterscheiden läßt. Die Similes und Images der vorgestellten Dichter heben sich in ihrer Autonomie, Konzisheit und Präzision von den Werken ihrer Vorgänger ab. Sie sind Beleg für ein Denken in subjektiv konnotierten Bildern, das zunehmend eigene Wertigkeiten entwickelt, eine Tropik, die über die Jahrhunderte hinweg den Katalog poetischer Wort- und Satzfiguren ausgearbeitet und jedesmal wieder neu aktualisiert hat.

Damit aber nicht genug. Es sind nicht nur Sprachformen, die sich herauskristallisieren, sondern vielmehr Figuren des Denkens, die ihre eigene Dynamik ent-

17

wickeln, abstrakte Modi, in die sich die Worte einfügen lassen wie Zahlen in eine Matrix. Der Vergleich kommt nicht von ungefähr. Der Reim beispielsweise symbolisiert durch seine musikalische wie seine metaphorische Komponente nicht nur die beiden Koordinatenachsen der Lyrik überhaupt, sondern auch ihren Mittelpunkt. Seine ursprüngliche Bedeutung ist die der Zahl, der Reihe und der Reihenfolge – er ordnet das Gedicht in seinen Sequenzen an und legt es dadurch abstrakt und formal fest. Ungleich mehr als vor ihm der Rhythmus bringt er in die Verszeile ein in hohem Maße determinierendes Element ein, sodaß man zu Recht die Verwendung des Reims das erste moderne textgenerative Verfahren nennen kann. Das Gedicht entsteht – fast – von selbst.

Und damit wird die Lyrik auch zur hohen Kunst des Paradoxons. Ein Gedicht hat nichts mit der linearen Verknappung von Prosa zu tun, und es bedient sich auch nicht der Sprache, um das Denken rational abzuhandeln. Es nützt ihre Widersprüche nur, um sie zu überspringen, um in seinen Metaphern Begriffe zu ›übertragen‹ – auf eine Ebene, die mit dem Intellekt allein nicht mehr überblickbar ist. Die Stil- und Klangfiguren, ihre scheinbare Geometrie der Worte täuschen über die Grammatik des Denkens hinweg, wie auch die präzisen Gesten eines Illusionisten das Taschenspielerstück erst glaubhaft machen, und der Gleichklang der Silben auf dieser Bühne suggeriert einen Dialog der Dinge, wie er anders nicht wahr wäre. Dem Reim fällt dabei das Stichwort zu, er verteilt die Rollen, staffiert sie aus und sorgt für die Überraschung, wenn auch manchmal wie der Regisseur irgendeines Provinztheaters: ein bißchen zu deutlich, gewollt und auf den Effekt aus, aber er bringt den Auftritt über die Bühne und hält das Ensemble zusammen.

Die Erfindung der Poesie hat mit dem Bau dieser Konstrukte samt ihren vorgegebenen Grundrissen zu tun. Dafydd ap Gwilyms Gedichte zählen ebenso dazu wie die strengen Formen des sizilianischen Sonetts, diesem poetischen Syllogismus, der unerbittlich auf seine epigrammatische Schlußform zuläuft und damit der Logik so nahe ist, wie es die Lyrik nur sein kann – ihm ist deshalb auch ein ausführlicher Essay in diesem Band gewidmet.

Fast zur selben Zeit wie das Sonett entstand aber auch sein Gegenstück, die von Arnaut Daniel – dem *miglior fabbro del parlar moderno* – erfundene Sestine, die sich zu ihm wie das Theater des Absurden zum Jesuitendrama verhält. Sie geht von einer sechszeiligen Strophe aus, welche die unterschiedlichen Schlußworte am Ende jeder Zeile in der jeweils nächsten Strophe nach einer fixen Formel wiederholt: eine ineinanderverschränkte Rückläufigkeit von 6-1-5-2-4-3, die nach sechs Strophen wieder beim Anfang landet. In ihrem kontrapunktischen Krebsgang ist die Sestine das Perpetuum mobile der Dichtung, ein endlos in sich geschwungenes Band wie die Möbius-Schlaufe, eine stets wieder scheiternde Versuchsanordnung der Gedanken.

Das, was ein Gedicht sagt, hat Ceronetti in einem Essay über Catull formuliert, kommt von innen, scheint aber von außen zu kommen; vielleicht kommt es auch von dort, wahrscheinlicher aber doch von innen – aber es ist wichtig, daß man glaubt, es komme von außen (eher als von innen), weil man ja nicht weiß, ob ganz innen nicht nur die Einsamkeit jedes einzelnen steckt. Dieses Außen ist alles, was die Poesie zu ihren Objekten gemacht hat: Götter, Könige und das Publikum, Wein, Weib und Gesang, Leben, Tod und Natur, und immer wieder von neuem die Frauen. Kein gelungenes Gedicht spricht von sich oder seinem Ich. Das tut es nur im Gegenüber mit diesen Dingen, indem es diesen Zwiespalt überwindet. Es lebt von seiner Fähigkeit zur Evokation und zur Inkantation dieser Art von Einheit, ob sie nun fiktiv sein mag oder nicht.

Was sich verändert, sind die Allegorien, nicht aber die Art und Weise der Allegorisierung: ob es die Anrufung

19

eines Gottes oder statt dessen dann die Liebeslyrik für Shu-Suen, Neobule und Anaktoria, Lesbia und Cynthia, 'Unayzah, La Dangerosa, Morfudd und die unzähligen anderen Namen ist. Anders gesagt: die Poesie kann ihre Tradition nie ganz abschütteln. Sie wird weder die Gnomik und das Moralisieren von Sprichwörtern los, noch das Engagement ihrer Panegyrik, weder die obskure Metonymie des Rätsels noch die Spuren der Religion. Jedes Gedicht hat fast zwangsläufig etwas Pantheistisches oder Gnostisches an sich, schon allein weil man einer Metapher gegenüber gar nicht anders kann, als ihre Analogien letztlich metaphysisch zu verstehen.

Vielleicht liegt ein Grund darin, daß die Poesie mit archaischen Formen der Erkenntnis arbeitet. Wissen, Weisheit und Witz, Vision, Historie und Idee – sie alle leiten sich von einer Wurzel ab, die im engeren Sinn nur ›sehen‹ bedeutet. Andererseits aber gehen Inspiration, Rezitation und viele andere Begriffe aus dem Instrumentarium der Poesie auf das Hören zurück. Es handelt sich um zwei Arten von Sinneswahrnehmungen, die tiefere und weitere Bereiche in unserem Gehirn umfassen als die Sprache – uralte Gemeinplätze, die jetzt selbst die Neurologie bestätigt.

Keine andere Gattung kann ein Maximum von Ideen mit einem derartigen Minimum an Mitteln ausdrücken – darin liegt ihre Schwierigkeit und ihre Schönheit. Ästhetik ist nichts anderes als diese Art von Ökonomie, in der die Sprache zum kleinsten gemeinsamen Nenner des Denkens verdichtet wird; die Poesie bündelt das größte gemeinsame Vielfache der Gedanken und ihre Zweideutigkeiten und bezieht die Sprache zurück auf primäre Wahrnehmungen. Dadurch wird sie zum menschlichsten Zeugnis der Existenz, einer wenigstens für den kurzen Moment des Gedichts gültigen Wahrheit, einem Augenblick humaner Totalität. Über sie machen wir uns im wahrsten Sinne des Wortes erst einen Reim auf die Dinge.

Dichtung ist nur ein anderes Wort für Diktion. Sie bringt die latent in der Sprache vorhandene Musik zum Ausdruck. Was ein Gedicht aber erst zur Aussage macht, sind die Bilder, die – wie Pound es definierte – einen intellektuellen und emotionalen Komplex innerhalb eines Augenblicks darstellen: unter dem Imperativ der Perzeption, einer Vorstellung, die man in Sprache verwandelt. Die kürzest mögliche Paraphrase eines Gedichts wäre deshalb so etwas wie eine Hieroglyphe, ein Ikon oder ein Kräfteparallelogramm von Worten.

Das Bild selbst mag in seiner Perspektive subjektiv sein; was zählt, ist das Ausmaß, in dem es den Gegenstand des Blickes in seinem konkreten Gehalt darstellt. Damit ist eine Konkretheit gemeint, die über das antike Bildgedicht des *technopaegnion*, das barocke Emblem, die konkrete und visuelle Poesie oder das Haiku hinausgeht. Als Möglichkeiten der Dichtung sind diese Formen ein Ende in sich: Silben einer Sprache, die aneinandergereiht noch keine Sätze ergeben. Das Gelingen eines Gedichts ermißt sich jedoch daran, wie genau seine Bilder zu Ende gedacht werden, wie sich seine Logik aus ihnen und mit ihnen zwangsläufig über die Zeilen hinweg entfaltet.

Übersetzen dagegen heißt, diese Bilder zu sehen, bevor sie geschrieben werden, und sie dann, weil sie sich nie nur kopieren lassen, mit den Utensilien der eigenen Sprache freihändig nachzuzeichnen und neu zu skizzieren: so nahe wie möglich und so frei wie notwendig. Man kann ihnen dabei nur die eigene Sprache leihen, auch wenn man den Tonfall ihrer Stimmen zu imitieren sucht. Wer sie überträgt, setzt nur fort, was die alten Dichter immer schon getan haben: er macht sich die Tradition der Poesie zu eigen und sucht sie zu verkörpern.

Die hier skizzierte Entwicklungsgeschichte der Lyrik legt offen, wie die ursprüngliche Dominanz des musikalischen Rhythmus abgelöst wird von deutlicher in den Vordergrund tretenden poetischen Bildern, bis sich nach der *melopoeia* und der *phanopoeia* langsam bei Giacomo da Lentino und Dafydd ap Gwilym auch eine *logopoeia* mit ihren Wortspielen herauskristallisiert. Das macht die Arbeit des Übertragens etwas leichter – aber es erklärt noch nicht gewisse Eigenheiten der vorliegenden Fassungen.

Da ist zum einen die Frage nach der Nachbildung von Rhythmen und Metren der Originale. Auf sie wurde verzichtet, mit dem Argument, daß beide von den Eigenheiten des Wortmaterials in einer spezifischen Sprache abhängig sind. Eine Übersetzung gleicht in dieser Hinsicht einer musikalischen Transposition von einem Instrument auf das andere, jedoch mit der Absicht, dem Ton der Vorlage mit der jeweiligen Klangfarbe des Deutschen gerecht zu werden. Großschreibung und Interpunktion wurden, außer in rudimentärem Ausmaß, ebenfalls unterlassen, aus zwei Überlegungen. Geschichtlich gesehen existieren sie bei den Originalen nicht, und unter einem ästhetischen Gesichtspunkt lebt die Dichtung von ihrer semantischen und syntaktischen Mehrdeutigkeit. Die historischen Gründe für die Großschreibung, als weltweites Unikum, sind obskur; Tatsache jedenfalls ist, daß sie mit ihrer Emphase auf dem Substantivischen zwar logischen oder exegetischen Kategorien zuträglich sein mag, nicht aber poetischen. Die Überschriften wiederum wurden in den überlieferten Handschriften den Originalen nachträglich von fremder Hand beigefügt; in der Auswahl hier wurden sie nur im ersten Kapitel, im letzten und bei den Iren vorangestellt, weil sie für ein besseres Verständnis erforderlich erschienen.

Die Übersetzungen sind so nahe wie möglich und so frei wie notwendig. Bei den meisten Kapiteln halten sie sich eng an den Wortlaut des Originals; Freiheiten nehmen sie sich gelegentlich heraus, wo entweder der Reim als textbestimmende Komponente beim Original im Vordergrund steht (also bei Guihelm, da Lentino und Dafydd ap Gwilym), die Bilder einer klaren, modernen Konturierung bedürfen (wie stellenweise bei den irischen Mönchen und den sizilianischen Dichtern) oder dort, wo das Original meist (wie bei Sappho) Konjektur ist. Das philologische Gewissen kam dabei aber akademischen Skrupeln nicht aus. Wo eigene Sprachkenntnisse nicht ausreichten, gab es ein kompetentes Lektorat, ein Übersetzungsvergleich und die Heranziehung wissenschaftlicher Ausgaben, die auch die Basis der Einleitungen darstellen, waren obligat; statt einem Apparat von Zitaten wird am Ende des Bandes mit den Glossen auch eine grundlegende Bibliographie mitgeliefert. Der Rest ist Pedanterie, nicht Poesie.

Lissabon, April 1997

Enheduanna, Ilummiya und die sumerische Literatur

24. Jahrhundert v. Chr.

Die ältesten bis jetzt bekannten Zeichensysteme sind Kalender, älter noch als die steinzeitlichen Felsmalereien in Westeuropa, die auf 35 000 bis 10 000 Jahre vor unserer Zeitrechnung zurückgehen. Erst die bemalten Kiesel aus der letzten Eiszeit aber, die von den azilischen Jägern in Frankreich und Spanien um 8000 benützt wurden, scheinen eine weitere Stufe in einer Entwicklung darzustellen, die zur Schrift führt – flache Steine mit Punkten, Wellen

25

und Strichen aus rotem Ocker, von denen man jedoch nicht mit Bestimmtheit sagen kann, ob sie zum Zählen, als Opfergaben oder Spielfiguren verwendet wurden.

Im Nahen Osten benützten die Bauern zur gleichen Zeit bereits komplexere Notationsformen; in zwei Ausgrabungsstätten im Iran stieß man auf Kugeln, Halbkugeln, Kegel und Scheiben aus Ton mit eingeritzten Linien und Punkten, die man auf 8500 datiert. Es ist anzunehmen, daß sie dem Auflisten von Herden und Ernteerträgen dienten; jedenfalls wurden sie in jenem landwirtschaftlich genützten Raum, der sich vom Südwesten der Türkei bis nach Pakistan erstreckt, in verschiedenen Ausprägungen über die Jahrtausende hinweg verwendet. Im 4. Jahrtausend v. Chr. war in der städtischen Zivilisation der Sumerer im südlichen Irak dann schon ein ausgefeiltes System in Gebrauch, das der Buchhaltung diente und aus 250 verschiedenen Nachbildungen von Dingen – Brot, Teppichen, Krügen etc. – bestand; bei Gebrauch versiegelte man eine Anzahl dieser kleinen Skulpturen in Umschläge aus Ton und ließ sie die eigentlichen Handelswaren begleiten, wie es heute Lieferscheine tun.

Der nächste Schritt zur Schrift bestand darin, daß man Anzahl und Art dieser Nachbildungen auf dem Umschlag außen durch kleine Symbole vermerkte, was diese Art der Kommunikation schließlich überflüssig werden ließ. Damit kamen Tontafeln mit Piktogrammen in Verwendung, die erstmals auch Abstraktes auszudrücken vermochten – der Beginn dessen, was man eigentlich unter Schrift versteht. Erste Beispiele stammen aus der sumerischen Stadt Kish um 3500 v. Chr.; eine ähnliche, nur weit sprunghaftere Entwicklung führte zu den ägyptischen Hieroglyphen um 3000 v. Chr.

Diese Piktogramme gingen sehr bald in eine stilisiertere Form von Schrift auf, wie die Keilschrift im südbabylonischen Raum, dem heutigen Irak. Sie war einfach und schnell zu handhaben, indem man mit einem dreieckig zugeschnittenen Holzstift Zeichen in weiche Tontafeln preßte, die dann in der Sonne getrocknet oder im Ofen gebrannt wurden. Mit der Zeit kam diese Schrift davon ab, nur Objekte abzubilden, und wurde phonetischer. Linguistisch gesehen entwickelte sie sich zu einer nichtflektierenden Sprache, welche die Wurzelstämme der Wörter nicht abwandelt; sie gehört damit einer Gruppe von Sprachen an, die den Wortstämmen bestimmte selbständige Silben anfügen. Obwohl dieses Prinzip weit verbreitet ist, weist die Keilschrift dennoch keinerlei Verwandtschaft mit den übrigen Sprachzweigen auf, was die Annahme nahelegt, daß sie sich eigenständig entwickelte.

Sobald die Keilschrift in der Lage war, komplexe grammatikalische Formen zu kommunizieren, wurde sie für die Aufzeichnung von Literatur im weiteren Sinne verwendet. Auf sumerischen Tafeln aus der Zeit um 2350 v. Chr. sind so die Werke der ersten beiden uns bekannten Dichter aufgezeichnet: einer Frau namens Enheduanna, Tochter des Königs Sargon, und einer Hofdichterin, von deren Lebensumständen nichts überliefert, ja deren Name nicht einmal vollständig lesbar ist – Il[…]ummiya.

Die Schrift stand bei den Sumerern ursprünglich nur im Dienst der Tempel, als buchhalterisches Hilfsmittel für die wirtschaftlichen Aspekte dieser Institution. Am Anfang der eigentlichen Überlieferung standen Weihe- und Bauinschriften, bald auch allgemeinere historische Inschriften, bis dann Wortlisten, Schultexte und kurze Beschwörungen aufgezeichnet wurden – und schließlich die Königs- und Heldenlieder, Mythen und Epen, Klagen und Hymnen, Wechselgespräche und Streitreden. Der umfangreiche Textkorpus ist hauptsächlich durch Abschriften aus dem 18. Jahrhundert v. Chr. erhalten, aus einer Zeit also, wo das Sumerische durch das Akkadische verdrängt und nur mehr elitäre Hochsprache war, dem späteren Griechisch oder Latein in unserem Raum vergleichbar.

Den ältesten ›literarischen‹ Text fand man bei Grabungen in Uruk in einem Heiligtum der Göttin Inanna; er stammt aus dem Beginn des 3. Jahrtausends und enthält eine Liste von Berufsbezeichnungen, eine Art lexikalischer oder philologischer Text. Auf zwei Jahrhunderte später werden die sogenannten *archaischen Texte* aus Ur datiert, unter denen ein kaum noch verständliches religiöses Fragment erhalten ist.

Die erste umfangreiche Sammlung eigenständiger literarischer Texte *(ud-gal-nun)* stammt erst aus der Zeit um 2600. Sie waren meist kryptographisch verschlüsselt und sind deshalb auch bis jetzt unübersetzt geblieben; dabei handelt es sich um Mythen oder Hymnen, deren zentrale Gestalten Enlil, Enki und andere sumerische Götter sind. Von den nicht verschlüsselt notierten Texten ist nur eine Tempelhymne, ein Kanon von Lebensregeln und eine Sammlung von Sprichwörtern und Beschimpfungen noch rekonstruierbar.

Ab der Mitte des 3. Jahrtausends ist die Abfolge der Schriftzeichen dann nicht mehr frei, sondern richtet sich nach der sprachlichen Silben- und Lautfolge; die Kryptographie wurde ganz aufgegeben, und neu war zudem die Notation auf Tonzylindern. Angesichts der Schwierigkeiten beim Übersetzen und des schlechten Erhaltungszustands spielen diese Texte nur eine untergeordnete Rolle in der Erforschung der sumerischen Literatur; zugänglich sind, wie gesagt, hauptsächlich die Abschriften aus dem 18. Jahrhundert vor unserer Zeitrechnung.

Die große Mehrheit der literarischen Kompositionen richtet sich auf eine Gottheit, ihren Tempel, einen als Helden verehrten Herrscher der Frühzeit oder auf den vergöttlichten König. Die Ausbildung der Tempel- und Staatsfunktionäre sowie der Wahrsager und Beschwörer fand nämlich in einer Schreibschule – der *edubba* – statt, die Literatur hatte somit eine offizielle Funktion und unterstand herrschaftlichen Belangen. Die Mannigfaltigkeit der Themen und der formalen Gestaltung ist dennoch groß, auch wenn die Götter- und Heroengestalten noch typenhaft austauschbar bleiben.

ENHEDUANNA, ILUMMIYA
▶ 24. JAHRHUNDERT V. CHR.

nin-me-[a]šár-⁺ra[a]

˹mí˺-zi me-lám gùr-ru

nu-gig-an-na

aga-zi-dè ki-ága

me-imin-bé

nin-mu me-gal-gal-la[a]

me mu-[a]íl

me mu-[a]ur$_4$

ušumgal-gim kur-ra[a]

ᵈiškur-gim[a] ki-sig$_x$(KA×LI)[b]-gi$_4$[c]-*za[d]

a-ma-ru kur-bi-ta

sag-kal an-ki-a

izi-ne-ne-ra

an-né[a] me-sì-⁺ma[b]

inim-kù-an-na[a]-ta

billuda[a]-gal-gal[b]-la[c]

kur-gul-gul

ki-ága ᵈen-líl-lá

á-ága[a]-*an(a)[b]-ke$_4$[c]

[a]nin-mu za-pa-*ág-zu-šè

ní-me-lám *u$_x$-*lu-da[a]

nì-me[a]-gar[b]-huš-bi

u$_4$[b]-dalla-è-a

ki-ága-an-uraš-a[a]

*suh-kešda[a]-gal-gal-la

nam-en-na túm-ma

šu sá-du$_{11}$-ga

sag-kešda-bi za-e-me-en

me šu-zu-šè[b] mu-e-lá

me gaba-zu[b] bí[c]-tab

uš$_x$(KA×SU)[b] [c]ba-e[c]-sì

ᵈezinu la-ba[e]-ši-gál[f]

e$_{11}$[a]-dè

ᵈinanna-bi-me-en

kalam-*e [a]šèg-gá

nin ur-ra[c] u$_5$-a

inim-du$_{11}$-du$_{11}$

nì-zu a-ba[d] mu-un[e]-zu

u$_4$-dè[a] á ba-e-sì

kalam-ma[a] im[b]-mi-ni[c]-dal

ba-gub-bé-*[d]en

kur[b] [c]ì-gurum-gurum-e[c]

nam-lú-[b]u$_x$-*lu[b]

[c][d]ù-mu-re[e]-gin[d]

Vom heutigen Standpunkt aus lassen sich die Texte einteilen in Mythen (auch in der Form von Lehrgedichten), Epen (wie die Einzelgedichte zum Gilgamesch) und Weihinschriften. Sprichwörter, Parabeln, Fabeln und Rätsel *(Was betritt einer als Blinder und verläßt es als Sehender? – Das Tafelhaus.)* befassen sich auch mit der Schule, dem Lehrstoff und den Prüfungen. Dialogische Gedichte wiederum handeln beispielsweise vom Wettstreit zwischen Sommer und Winter oder vom Wettbewerb zwischen dem ›Hirten‹ Dumuzi und dem ›Bauern‹ Enkimdu um die Liebe der Göttin Inanna.

Historiographische Kompositionen umfassen vor allem Klagelieder, die Ereignisse der Vergangenheit und politische Katastrophen im Rahmen des Mythos deuten. Das Gebet ist in Form eines Gottesbriefes und der persönlichen Klage bekannt; rituell davon abgegrenzt ist die Beschwörung. Die Hymnen sind die umfangreichste, doch auch uneinheitlichste Textgruppe, die primär das Wesen und Wollen eines Gottes oder Königs im Auge hat und erst in zweiter Linie konkrete Taten berichtet; sie ist Invokation, Exaltation und Gebet zugleich.

Bei den Hymnen, den Mythen, den Klageliedern und den Beschwörungen sind für viele Kompositionen Unterschriften überliefert, die den Text einer Gottheit und einer bestimmten Vortragsform zuordnen. So gibt es eine Klage zum *šem*-Tamburin *(er-šema)* und ein Harfenlied *(balag)*; sie wurden als Wechselgesänge vorgetragen. Für Mythos und Hymne allein sind Lieder zum *adab*-Instrument *(adab)* oder zur *tigi*-Trommel *(tigi)* belegt, die ein Rhapsode *(nar)* zum Vortrag brachte. Überschriften, die auch als Titel brauchbar wären, gibt es in den sumerischen Texten nicht; sie wurden, wenn überhaupt, nur mit den Anfangsworten zitiert. Die Verfasser blieben bis auf wenige Ausnahmen anonym, nur die Schreiber gaben gelegentlich ihre Namen an.

Zwischen Prosa und Poesie ist nicht zu unterscheiden; der Begriff Literatur findet bei den Sumerern keine sprachliche Entsprechung – wie es auch für Hymnus, Epos oder Mythos keine eigenen, abgegrenzten Begriffe gibt. Was Dichtung kennzeichnet, ist allein der Gebrauch einer Kunstsprache, die sich von der Umgangssprache abhebt: so sind Namen wie ›Große Sprache‹ *(eme-gal)*, ›Hohe Sprache‹ und ›Erlesene Sprache‹ bekannt, aber auch eine Dialektform, die den Namen ›Breite Sprache‹ *(eme-sal)* trägt. Letztere wurde vor allem von Frauen für kultische Klagelieder verwendet; sie wurden ursprünglich von Priesterinnen wie Enheduanna vorgetragen, später jedoch dem Repertoire eines Kultsängers *(gala)* eingegliedert.

Die Dichtung hebt sich von der Umgangssprache durch ihre Diktion ab. Eine erste Eigentümlichkeit insbesondere der Hymnen ist es, daß die verschiedenen Ebenen von Mythos, Kult, Realität und Geschichte ineinander übergehen. Diese können innerhalb einzelner Sätze vom Ich ins Du oder Sie und Er wechseln, was einen Vortrag durch mehrere Sänger plausibel machen würde – oder bereits auf die Dialogsituationen der iambischen Dichtung verweist; ein Wir, als unbestimmte Mehrheit von Sprechern, ist dagegen außerordentlich selten. Ein zusammenhängender Handlungsablauf und seine Motivation fehlen im Ganzen, statt dessen liegt das Schwergewicht auf der Schilderung von Zuständen und der wörtlichen Wiedergabe von Rede und Gegenrede. Dazu kommt, daß von den zwei Verbalformen des Sumerischen das Präteritum für Gegenwart und Zukunft, das Perfekt für die Vergangenheit, punktuell aber wiederum auch für die Zukunft verwendet werden kann, was für unser heutiges Verständnis eine logische Folge und eine verständliche psychologische Abfolge schwer erschließbar macht: Für die Sumerer erfüllten sich Vergangenheit und Zukunft erst in der unaussprechlichen Gegenwart der Götter.

Stilbildendes Mittel ist die explikative Litanei: die variierende Wiederholung, die sich über Parallelismen langsam entfaltet. Darin eingebunden sind stereotype

Formeln und Wortpaare, die als *pars pro toto* stehen; eine lockere Struktur von typischen Handlungsweisen ist vorgegeben. All dies steht in enger Beziehung mit einer oralen Tradition der Dichtung, die speziell im semitischen Raum durch den *parallelismus membrorum* der Litanei und Beschwörung geprägt wurde. Erkennbar sind diese Elemente eigentlich in allen Kulturen, die auf mündlicher Überlieferung fußen – ähnliches findet man in den frühen griechischen, arabischen oder walisischen Literaturen.

Der Aufbau der einzelnen Zeilen richtet sich dabei nach dem vollständigen Satz, der der sumerischen Grammatik zufolge alle nominalen Glieder ihrer Wichtigkeit nach an die Spitze und das Verb ans Ende stellt; das Rhema steht damit am Anfang, was die Zeile in zwei, meist ungleich lange Hälften zerfallen läßt.

Die altbabylonischen Schreiber, welche die sumerischen Texte kopierten, notierten sie in klar unterscheidbaren Einzelversen; je nach Länge schrieben sie die sogenannten Normalzeilen gesperrt oder dicht gedrängt – was andererseits aber auch für Briefe gilt. Daß die Sumerer auch ein Versmaß gekannt haben, läßt sich aus der Zahl der betonten Silben schließen, die bei jeweils parallelen Abschnitten der Versreihen manchmal übereinstimmen – daneben steht jedoch immer ein in der Silbenzahl nicht gebundener Teil. Ob diese Silben nicht nur gezählt, sondern auch nach lang und kurz, betont und unbetont gewogen wurden, ist nicht zu sagen, da dies eine detailliertere Kenntnis der Aussprache voraussetzen würde; denkbar ist es jedoch.

Stropheneinteilungen lassen die Abschriften nicht erkennen; übereinstimmende rhythmische Strukturen und Wiederholungen von Textteilen belegen allenfalls den Ansatz dazu.

Die Prinzessin und Priesterin Enheduanna ist, wie gesagt, der erste uns namentlich überlieferte Dichter. Zeitgenössische Inschriften stellen sie uns als Tochter des

Sargon und als *en-hedu-anna* vor, als ›Hohepriesterin, Zierde des Himmelsgottes An'‹ in der Stadt Ur – ein Titel, der noch fünf Jahrhunderte später nachweisbar ist. Ihr Amt übte sie unter der Herrschaft ihres Neffen Naram-Sin aus; angetreten aber hat sie es wohl schon mindestens 25 Jahre früher, noch zu Lebzeiten ihres Vaters Sargon.

In ihrem *giparu*, dem heiligen Tempelbezirk von Ur, wurde eine Tonscheibe ausgegraben, die Enheduanna auf einem Relief zeigt. Sie steht vor einer Zikkurat, begleitet von zwei Personen, denen ein nackter männlicher Würdenträger gegenübersteht, der ein Trankopfer auf einem Altar (oder eher einem Stand voller Pflanzen) darbringt. Gekleidet ist sie in ein wollenes Kleid, eine Art Vlies; ihr Haar fällt offen und lockig bis über die Schulter herab. Auf ihrem Kopf trägt sie einen hohen konischen Hut, der Ähnlichkeit mit einem griechischen Polos aufweist. Dargestellt ist sie im Profil, ihr rechter Arm zum Gruß erhoben, die Haltung ausgeprägt individualistisch, ihre Nase scharf und gebogen, einen Ausdruck im Gesicht, der gut zu jenem Selbstbewußtsein paßt, das auch ihre Texte erahnen lassen. Auf der Rückseite ist folgende Inschrift zu lesen: *Enheduanna, die* zirru *des Nanna, die Braut des Nanna, Tochter des Sargon, Königs von Kish, errichtete diesen Sockel(?) im Tempel der Inanna von Ur und gab ihm den Namen ›der gestufte Opfertisch des Himmels‹.*

Als Priesterin trug sie verschiedene Titel: ›die für die reinen, göttlichen Offizien auserwählte Hohepriesterin‹ und die ›unbefleckte Hohepriesterin Nannas‹. Ursprünglich bezogen sie sich auf eine einzige Person, der als geistiges Oberhaupt auch die Belange der Wirtschaft unterstanden, da der Fruchtbarkeitskult vor allem auf den Ackerbau ausgerichtet war. Zu Enheduannas Zeit waren diese Funktionen jedoch bereits geteilt – der Titel *en* bezieht sich nur mehr auf jemanden, der die alleinige Autorität über die Ausübung eines lokalen Kultes einer bestimmten Gottheit besaß.

Nanna als Mondgott hatte dabei das Attribut der sich

immer erneuernden Frucht und der sexuellen Anziehungskraft, er symbolisierte die monatliche Erneuerung der Fertilität. Als *zirru* – Henne des Nanna – war Enheduanna gleichzusetzen mit seinem weiblichen Widerpart Ningal, der Göttin des Schilfs, das diesem Vogel zum Nestbau dient: sie war also die Verkörperung Ningals in der *persona* von Nannas Sexualpartner. Dieser Titel bezieht sich auf das heilige Hochzeitsritual und auf die rituellen sexuellen Verpflichtungen der Hohepriesterin ihrem Gott gegenüber – der durch den König verkörpert wurde, der mit ihr beim Erscheinen des Planeten Venus am Himmel den Beischlaf vollzog; als Zeichen des Bundes zwischen den Menschen und den Göttern.

Auserwählt wurde sie durch die Divination in Form einer Eingeweideschau; ihre Weihe erfolgte durch die Purifikationsriten der Hohepriesterschaft, in deren Verlauf ihr dann der kultische Name Enheduanna verliehen wurde. Dazu gehörten Ablutionen und Lustrationen, bei denen ihr die *me* – die göttlichen Gaben und Ämter – verliehen wurden. Zu diesen Zeremonien zählte das Reinheitsritual des Händewaschens, das Mahlen von Hafer und das Tragen des Opferkorbes. Nach diesen Riten bezog sie ihre Residenz im *giparu*, wo sie bis zum Ende ihres Lebens in relativer Isolation zu leben hatte; umgeben von Opferpriestern unterstanden ihr in diesem Tempelbezirk ein Diener, ein Schreiber und ein Friseur. Nach ihrem Tod kam ihr dann ein Begräbnis mit allem Pomp zu sowie Grabopfer und Gaben bis in alle Ewigkeit.

Zu ihrem Amt gehörte der Vollzug des Hochzeitsritus mit Nanna (in seiner Verkörperung als Suen) in seinem Aspekt der Fortpflanzung: ein Symbol für das Verlangen nach dem engen Kontakt mit den Göttern. Dabei lag Enheduanna auf einer ›leuchtenden, fruchtbaren, blühenden Liege‹, umstellt von ›Lapislazuli-Pflanzen‹ in einer heiligen Kammer. Wie die delphische Pythia verkörperte Enheduanna dann das Wort des Gottes. In den Texten äußert sich dies in einer dramatischen Form, die Liebesgedichte, Epos und Mythos miteinbezieht; nichts davon, nicht einmal das kleinste konkrete Detail ist dabei ohne kultische Bedeutung.

In ihrer Funktion als Priesterin – und im Zusammenhang mit der Religionspolitik ihres Vaters – gab Enheduanna auch die Sammlung aller Hymnen der verstreuten Stadtstaaten von Ur und Akkad in Auftrag, 42 Hymnen, die ihren Namen in der Unterschrift nennen, wobei denkbar wäre, daß sie alle von ihrer Hand verfaßt wurden.

Gesichert sind sechs Hymnen von ihr überliefert, zwei an Nanna und Ur, eine an Inanna und Ebih, drei als eher private Zwiegespräche mit Inanna – der Göttin des Himmels, des Morgens- und Abendsterns, aber auch des Kriegs. Während die Tempelhymnen Enheduanna als systematische, in religiösen Feinheiten gut geschulte Theologin zeigen, ist der Ton der Hymnen an Inanna subjektiver und mehr auf ihr eigenes Leben bezogen. Von diesen ist die Hymne *nin-me-sar-ra* (›Die Erhöhung der Inanna‹) die bekannteste und durch ihre damalige Beliebtheit auch am vollständigsten erhaltene; die Rekonstruktion kann sich auf fünfzig verschiedene Abschriften stützen.

Die historischen Ereignisse, die der Hymne zugrunde liegen, lassen sich durch andere Texte rekonstruieren. Als Enheduannas Vater Sargon seinen Kampf um die Hegemonie von ›Sumer und Akkad‹ begann, war Mesopotamien in einer Liga einzelner Stadtstaaten organisiert, wobei Kish, Ur und Uruk die mächtigsten waren. Sobald Sargon – der Legende nach unehelicher Sohn einer Priesterin und eines unbekannten Vaters – in Kish an die Macht kam, gründete er einen eigenen Stadtstaat namens Akkad und eroberte schließlich Ur und Uruk. Um seine Macht auszubauen, setzte er seine Frau als Hierodule – das heißt ›Gottesbraut‹ – des An in Uruk ein, und seine Tochter Enheduanna als Priesterin des Mondgottes Nanna erst in Ur und dann ebenfalls in Uruk.

Sargons späte Regierungszeit war jedoch von Aufständen in Ur und in Uruk geprägt, die Enheduanna ins Exil zwangen, bis die Revolte erfolgreich unterdrückt wurde; da weder Nanna noch An ihre Gebete erhört hatten, schrieb Enheduanna ihre gelungene Rückkehr an die Macht der Wiedereinsetzung der Göttin Inanna zu. Sargon, um seine Macht zu festigen, verlieh Enheduanna seinerseits die Herrschaftsgewalt über alle Tempel – und im Zuge dieser Reformation wurde die sumerische Göttin Inanna mit der akkadischen Göttin Ishtar gleichgesetzt. Auf diesen anfänglichen Synkretismus geht wahrscheinlich die Tatsache zurück, daß Inanna in ihren Hymnen selbst meist immer nur indirekt erwähnt wird, obwohl die Sumerer sonst nie zögerten, ihre Gottheiten beim Namen zu nennen. In der späteren Geschichte wurde Enheduanna dann dagegen zunehmend mit Inanna gleichgesetzt.

Ob Enheduannas poetische Tätigkeit durch ihre privaten Erlebnisse oder ihre offizielle Rolle inspiriert wurde, ist schwer zu entscheiden, wie auch nicht zu sagen ist, welche Ausbildung sie genossen hatte. Es ist jedoch anzunehmen, daß Dichterinnen eher die Regel als die Ausnahme in dieser Zeit waren.

Überliefert ist zumindest eine weitere Dichterin des 3. Jahrtausends – der Hypothese zufolge eine Schankwirtin oder Hofpoetin niederer Herkunft namens Ilummiya –, welche Liebeslieder auf den König Shu-Suen schrieb, die sehr populär waren und deshalb auch schriftlich festgehalten wurden. Über sie ist nichts weiter bekannt, als daß sie sich auch gut in den Tavernen der Vorstadt auskannte; die frechen und freizügigen Lieder sind jedoch der Königin in den Mund gelegt, die nicht nur den König zu unterhalten hatte, sondern zudem noch die Inanna als Liebesgöttin verkörpern mußte.

Den Abschluß der vorliegenden Auswahl bildet ein Klagelied aus der Zeit um 1400 v. Chr., das die religiöse Bedeutung des Wortes eindrucksvoll in den Vordergrund rückt.

Innsbruck, Juni 1996

I
DIE ERHÖHUNG DER INANNA

[EXORDIUM]

[A *Inanna und die* me]

Herrin aller me gleißendes licht
Herrin in deinem kleid von licht geliebte des himmels und der erde
Herrin die du mit An schläfst glosender schmuck
Geschmückt von einem hohen diadem gekleidet für die hohe priesterschaft
Herrin die du alles in der hand hältst all die sieben me
Herrin die du alles in die arme schließt all die hohen me
Du hast die me an dich genommen hast dir die me an deine finger gehängt
Du hast die me zu dir gehoben hast dir die me an deine brust gedrückt

[B *Inanna und An*]

Du hast dein gift verspien wie ein drache über das land
Du grollst der erde wie der donner daß alle bäume in flammen aufgehen
Du kommst über sie wie eine flut daß die berge hinab in die ebene brechen
Herrin du bist das hohe du bist die Inanna des himmels und der erde
Du regnest das feuer du schürst die steppen damit
Du reitest die tiere dir sind Ans me gegeben
Herrin du aller riten dir sind Ans recht und wort gegeben
Herrin du bist das hohe wie niedrig ist das was unseres ist

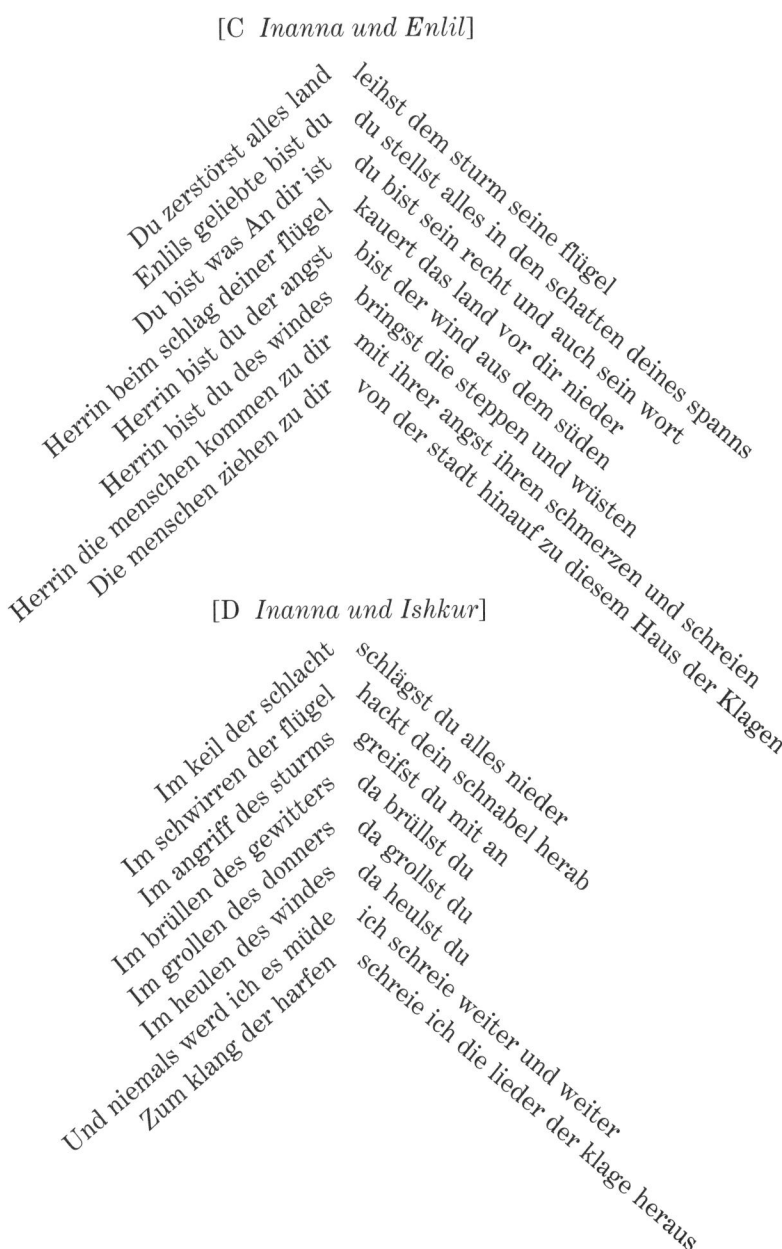

[C Inanna und Enlil]

Du zerstörst alles land — leihst dem sturm seine flügel
Enlils geliebte bist du — du stellst alles in den schatten deines spanns
Du bist was An dir ist — du bist sein recht und auch sein wort
Herrin beim schlag deiner flügel — kauert das land vor dir nieder
Herrin bist du der angst — bist der wind aus dem süden
Herrin bist du des windes — bringst die steppen und wüsten
Herrin die menschen kommen zu dir — mit ihrer angst ihren schmerzen und schreien
Die menschen ziehen zu dir — von der stadt hinauf zu diesem Haus der Klagen

[D Inanna und Ishkur]

Im keil der schlacht — schlägst du alles nieder
Im schwirren der flügel — hackt dein schnabel herab
Im angriff des sturms — greifst du mit an
Im brüllen des gewitters — da brüllst du
Im grollen des donners — da grollst du
Im heulen des windes — da heulst du
Und niemals werd ich es müde — ich schreie weiter und weiter
Zum klang der harfen — schreie ich die lieder der klage heraus

39

ENHEDUANNA, ILUMMIYA
▶ 24. JAHRHUNDERT V. CHR.

[E *Inanna und die Anunna*]

Herrin du
über die großen götter die Anunna
Sie flattern wie fledermäuse
sie fliehen aus den klüften ihrer felsen
Sie ertragen dich nicht
sie fliehen vor deinem blick
Sie wagen es nicht
vor deiner stirn zu stehen
Wer weiß es zu bändigen
dein zorniges herz?
Der zorn in deinem herz
findet kein maß
Herrin du läßt die zügel schießen
herrin du bist das maß für das herz
Deine wut weiß niemand zu bändigen
herrin du bist die älteste tochter Suens
Herrin du stehst hoch über dem land
wer war es der dir keine ehre erwies?

[F *Inanna und Ebih*]

Der berg der dir keine ehre erweist
dessen bäume und sträucher werden verdorren
Der berg der steil vor dir aufragt
dessen tor hast du zu asche verbrannt
Blut steigt für dich in den flüssen
die menschen sind daran verdurstet
Sein heer streckt die waffen nieder
freiwillig geht es in die gefangenschaft
Sein heer löste seine regimenter auf
freiwillig geht es in die gefangenschaft
Sein heer schickt seine soldaten fort
freiwillig geht es in die gefangenschaft
Dein sturm ist über sie gekommen
er fegt die plätze und die märkte leer
Er treibt die männer vor sich hin
er treibt sie in deine gefangenschaft

Über die stadt die sich nicht ergab
die leugnete daß dies land das deine wäre
Über die stadt die leugnete
daß es deines vaters land ist
Hast dein urteil du verkündet
hast dich von ihr abgewandt
Die gärten schützt du nicht mehr
nicht mehr ihre ställe und weiden
Die frauen haben keine worte mehr
kein wort der liebe mehr für ihre männer
Sie schlafen nicht mehr
schlafen nicht mehr mit ihren männern
Sie offenbaren ihnen nicht mehr
das innerste ihrer herzen und körper
Unbändige unbezähmbare färse
große tochter Suens
Herrin noch über An
wer war es der dir keine ehre erwies?

[H *Anrufung der Inanna*]

Du der all die *me* gegeben sind
herrin hoch über den anderen göttinnen
Höher als deine mutter die dich austrug
die dich gebar aus dem heiligen bauch
Herrin die um alles weiß
herrin über all diese länder
Herrin die du mensch und tier erhältst
deine heilige hymne hab ich gesungen
Wahre herrin bereit für die *me*
herrin erhebend ist es dein lob zu singen
Du frau in diesem gleißenden licht
deine *me* habe ich alle gesungen

41

ENHEDUANNA, ILUMMIYA
▸ 24. JAHRHUNDERT V. CHR.

[I *Vertreibung aus Ur*]

Auf deinen ruf hin
betrat ich früher den Heiligen Kreis
Ich – die hohe priesterin
ich – Enheduanna
Den opferkorb trug ich voll korn
deine anrufung trug ich auf den lippen
Jetzt lebe ich bei den aussätzigen aber
ich – ja selbst ich – darf nicht mehr leben bei dir
Sie kommen bei anbruch des tages
und das licht wird dunkel um mich
Die schatten sie brechen bei tag an
und auf der steppe braut sturm sich zusammen
Mein mund ist nicht mehr voller honig
meine zunge sie stammelt nur schrill
Meine lippen sie schweigen jetzt still
alles ist mir zu staub nun zerfallen

[J *Bitte an Nanna-Suen*]

Oh Suen – was bedeutet er mir
Lugalanne ist nicht mein könig
Sag diese worte dem An
möge An mich nun befreien
Sag nur zu An: jetzt
und An wird mich befreien
Diese frau wird alles gewinnen
was Lugalanne zum mann macht
Berge und flut
liegen ihr zu füßen
Diese frau ist so erhaben wie er
sie wird Uruk wieder zu Ur machen
Und besänftigen wird sie für mich
ihren zorn und ihre wut
Laß mich – Enheduanna
ein gebet sprechen für sie
Laß meinen tränen freien lauf
als wären sie der trank der Inanna
Laß mich frieden ihr wünschen
laß mich es sagen

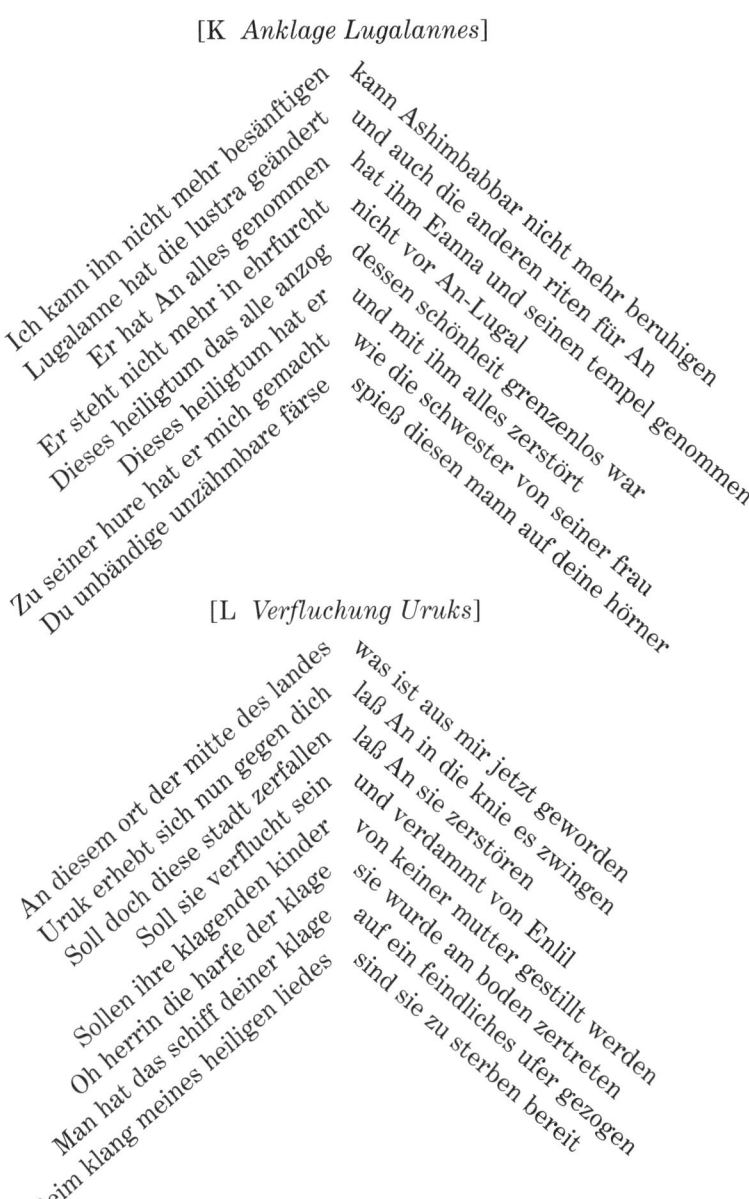

Ich kann ihn nicht mehr besänftigen
Lugalanne hat die lustra geändert
Er hat An alles genommen
Er steht nicht mehr in ehrfurcht
Dieses heiligtum das alle anzog
Dieses heiligtum hat er
Zu seiner hure hat er mich gemacht
Du unbändige unzähmbare färse

kann Ashimbabbar nicht mehr beruhigen
und auch die anderen riten für An
hat ihm Eanna und seinen tempel genommen
nicht vor An-Lugal
dessen schönheit grenzenlos war
und mit ihm alles zerstört
wie die schwester von seiner frau
spieß diesen mann auf deine hörner

[L *Verfluchung Uruks*]

An diesem ort der mitte des landes
Uruk erhebt sich nun gegen dich
Soll doch diese stadt zerfallen
Soll sie verflucht sein
Sollen ihre klagenden kinder
Oh herrin die harfe der klage
Man hat das schiff deiner klage
Beim klang meines heiligen liedes

was ist aus mir jetzt geworden
laß An in die knie es zwingen
laß An sie zerstören
und verdammt von Enlil
von keiner mutter gestillt werden
sie wurde am boden zertreten
auf ein feindliches ufer gezogen
sind sie zu sterben bereit

43

ENHEDUANNA, ILUMMIYA
▸ 24. JAHRHUNDERT V. CHR.

[M *Anklage Nannas*]

Und was mein schicksal betrifft Nanna hat über mich nicht gewacht
Ins verderben ließ er mich laufen und mein schiff auf ein riff
Mein urteil hat Ashimbabbar bis jetzt nicht verkündet
Hätte er es – was hätte es mir bedeutet? hätte er es nicht – was hätte es mir bedeutet?
Ich der ich triumph gewohnt war mich hat er aus dem tempel vertrieben
Er hat meinem leben ein ende gesetzt wie man eine schwalbe aufs fensterbrett setzt
Er ließ mich gehen über die disteln und dornen der berge
Er nahm mir das diadem das nur den priestern geweiht ist
Er gab mir ein schwert und einen dolch und sagte wie gut sie mir stehen

[N *Bitte an Inanna*]

Herrin du bist die hohe die geliebte des An
Dein heiliges herz ist erhaben bring es herab hierher zu mir
Herrin du bist die hohe die geliebte Dumuzis
Dein sind die mauern des himmels und dein ist der zenith
Die höchsten götter und die Anunna haben sich dir unterworfen
Obwohl du bei deiner geburt ihre jüngste schwester nur warst
Jetzt küssen sie Inanna den staub an deinem saum
Doch das urteil ist noch nicht gesprochen ein urteil hat jetzt nur beschlossen
Doch ich liege nicht mehr auf dem bett wo sich der heilige ritus der hochzeit vollzieht
Wie kann ich dann die worte verkünden die ich in Ningals armen nur weiß?
Ich das gleißende licht ich die hohepriesterin Nannas
Herrin die du die geliebte bist Ans mag dein herz mit mir nun leiden

[O *Erhöhung Inannas*]

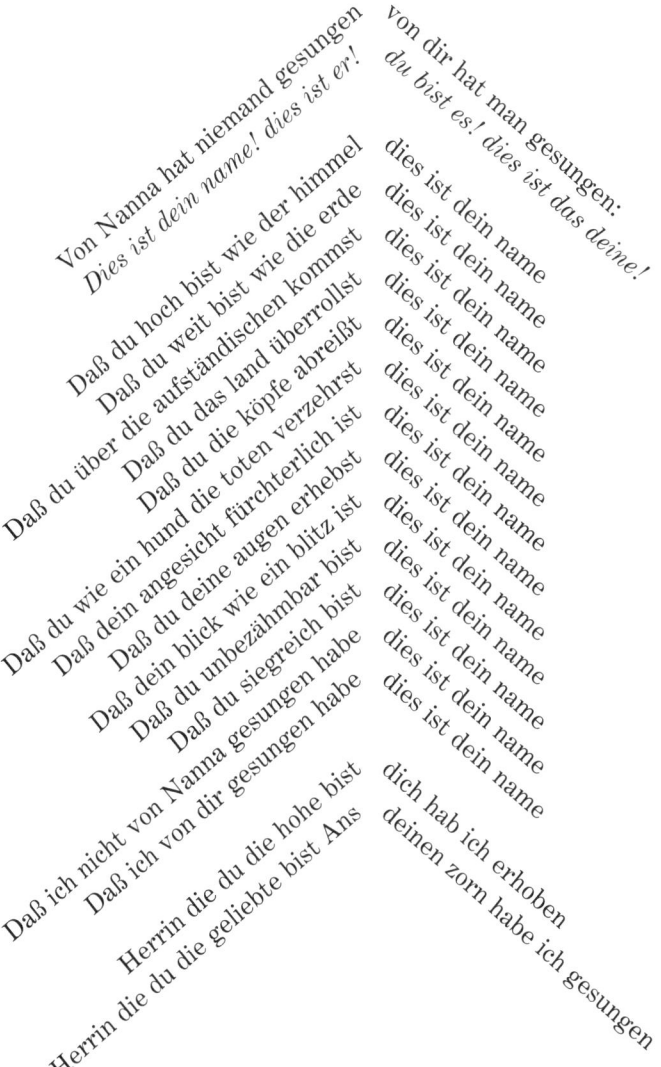

Von Nanna hat niemand gesungen
Dies ist dein name! dies ist er!

von dir hat man gesungen:
du bist es! dies ist das deine!

Daß du hoch bist wie der himmel — dies ist dein name
Daß du weit bist wie die erde — dies ist dein name
Daß du über die aufständischen kommst — dies ist dein name
Daß du das land überrollst — dies ist dein name
Daß du die köpfe abreißt — dies ist dein name
Daß wie ein hund die toten verzehrst — dies ist dein name
Daß dein angesicht fürchterlich ist — dies ist dein name
Daß du deine augen erhebst — dies ist dein name
Daß dein blick wie ein blitz ist — dies ist dein name
Daß du unbezähmbar bist — dies ist dein name
Daß du siegreich bist — dies ist dein name
Daß ich nicht von Nanna gesungen habe — dies ist dein name
Daß ich von dir gesungen habe — dies ist dein name

Herrin die du die hohe bist — dich hab ich erhoben
Herrin die du die geliebte bist Ans — deinen zorn habe ich gesungen

45

ENHEDUANNA, ILUMMIYA
▸ 24. JAHRHUNDERT V. CHR.

[P *Komposition der Hymne*]

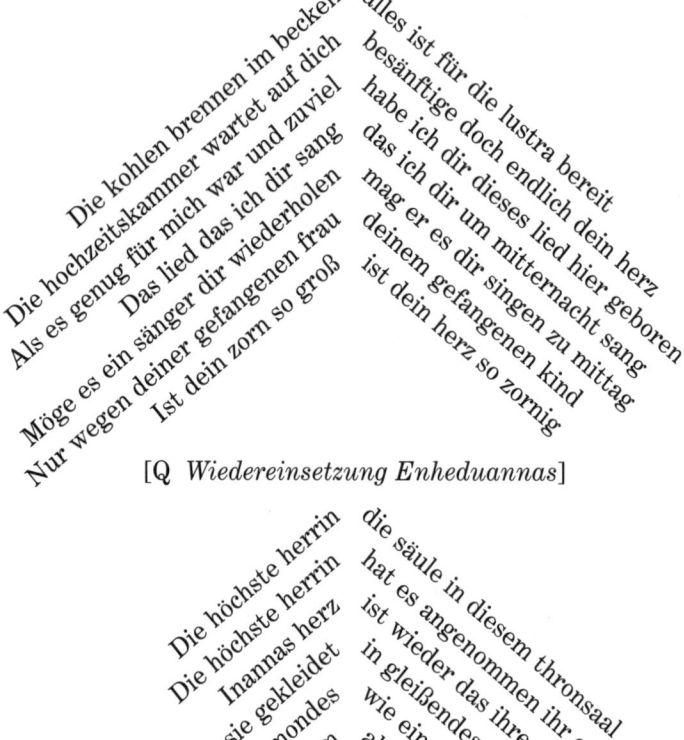

Die kohlen brennen im becken
Die hochzeitskammer wartet auf dich
Als es genug für mich war und zuviel
Das lied das ich dir sang
Möge es ein sänger dir wiederholen
Nur wegen deiner gefangenen frau
Ist dein zorn so groß

alles ist für die lustra bereit
besänftige doch endlich dein herz
habe ich dir dieses lied hier geboren
das ich dir um mitternacht sang
mag er es dir singen zu mittag
deinem gefangenen kind
ist dein herz so zornig

[Q *Wiedereinsetzung Enheduannas*]

Die höchste herrin
Die höchste herrin
Inannas herz
Reich war sie gekleidet
Wie das licht des aufgehenden mondes
Als Nanna zum vorschein kam
Haben sie alle gesegnet
Haben sie alle gegrüßt

die säule in diesem thronsaal
hat es angenommen ihr opfer
ist wieder das ihre
in gleißendes licht
wie ein glosen trug sie die schönheit
als sie endlich sich zeigte
Inannas mutter Ningal
an der schwelle des tempels

[R *Signatur*]

Daß Enheduanna erhoben wurde als sie zur tempelsklavin sprach
Sei lobpreis der Inanna welche die länder zerstört der An all die *me* gab
Sei lobpreis meiner in schönheit gewandeten herrin Inanna

46

II

Mein krauses haar
        ist die kresse ist die krause kresse
        in ihrem beet der beine –
        er wird sie mir wässern
und den *dubdub*
        den vogel der aus der furche der
        erde mit dem schnabel schaut
        ihn wird er mir streicheln

Meine amme hat
        sich wirklich viel mühe gegeben
        mein krauses haar hat sie
        geflochten zu einem flügel
sanft hat sie's
        gekämmt und mit öl eingerieben
        und den harnisch der brüste
        mir gerade gerückt

Laß ihn nur kommen
        die kresse ist nirgendwo grüner
        ich werde ihm blicke zuwerfen
        und allein mit ihm
werde ich durch dieses feld gehen
        und die lust werd ich ihm zeigen
        Shu-Suen – daß ich seiner
        und er meiner nie müde wird

Du bist ein könig
        ein könig bist du in meinen augen
        silber mit lapislazuli verbrämt
        ein wirklicher könig!

47

ENHEDUANNA, ILUMMIYA
▸ 24. JAHRHUNDERT V. CHR.

Mein augapfel bist du
     und du bist auch mein herzschlag
     daß dein leben so viele tage habe
     und jahre mein Shu-Suen!

III

Stramm sproß er
     stramm sproß er und sproß
     er wässerte mir meine kresse
In seinem garten
     seinem so schwarzen garten
     in der wüste wächst es satt
Mein gerstenhalm
     steht saftig in seiner furche
     er wässert mir meine kresse
Ein apfelbaum ist er
     mit einem apfel in der krone
     er wässert mir meinen garten

Süß wie honig ist er
     so süß wie honig ist er zu mir
     und süßes macht er mit mir
Wie honig so ist er
     mein herr und mein könig
     und der liebling seiner mutter
Seine hand ist honig
     und wie honig sind seine füße
     und süßes macht er mit mir

Sein körper ist süß
> so süß ist mir sein körper
> und süßes macht er mit mir

Er hat mir plötzlich
> so süßes getan ich spürte es
> bis zum bauchnabel herauf
Meinen bauch hat er
> den wüstenhonig des bauches
> gewässert und meine kresse

I V

[*der Schankgast*]

Oh wie satt bist du
> wie saftig und satt
> ach wie saftig bist du!
Wie voll und rund
> wie rund bist du –
> mutters honigkuchen!
Meine kichererbse
> vaters honig bist du
> mutters honigkuchen!
Der blick der augen
> ach wie süß ist er mir
> ach schwester – sag ja!
Dein plappernder mund
> ach wie süß ist er
> mutters honigkuchen!

ENHEDUANNA, ILUMMIYA
▸ 24. JAHRHUNDERT V. CHR.

Dein kuß wie süß
　　　wie süß wär er mir
　　　schnell doch – sag ja!

Das bier deiner gerste
　　　wie gut es mir tut
　　　mutters honigkuchen!
Das glühen deiner worte
　　　wie gut es mir tut
　　　schnell doch – sag ja!
Schon zu hause überkam
　　　mich gier nach dir
　　　schnell doch – sag ja!
Mein haus ist ein
　　　ganz ehrliches haus
　　　mutters honigkuchen!
Eine prinzessin
　　　bist du eine richtige
　　　schnell doch – sag ja!

[*die Schankkellnerin*]

Schwören mußt du
　　　schwören mußt du
　　　mußt du es bei deinem leben
Schwören mußt du
　　　bruder schwören daß
　　　du nicht hier in der stadt lebst
Schwören mußt du
　　　daß du niemand kennst
　　　daß du auch keine feinde hast
Schwören mußt du
　　　daß kein anderer
　　　seine finger hier im spiel hat
Dann laß ich es
　　　laß ich es fallen
　　　mein dünnes und zartes kleid

50

Du mein hübscher
>> du mußt es schwören
>> du mit dem hübschen gesicht
Deine rechte hand
>> komm gib sie her
>> leg sie zwischen die schenkel
Deine linke hand
>> komm gib sie her
>> und leg sie mir um den hals
Und wenn dein mund
>> nahe an meinem ist
>> und du meine lippen zwischen
Deinen zähnen hältst
>> dann beiß dir nicht
>> auf die zunge sondern schwöre
Bei allem was dir
>> heilig ist bruder einziger
>> du mit dem hübschen gesicht –

Oh du meine blühende
>> *du blühst – süß ist dein zauber*
Mein blühender garten
>> *der äpfel – süß ist dein zauber*
Mein blühender baum
>> *voll äpfel – süß ist dein zauber*
Dumuzi – Apsu selbst
>> *ach du – süß ist er dein zauber*
Meine weiße säule
>> *du weiße – süß ist dein zauber*
Meine alabastersäule
>> *im lapislazuli – wie süß ist sie*

[*ein Dialog für Inanna*]

51

V

[*Shu-Suen*]

Sie ist wieder frei und rein
        sie hat gerade entbunden!
Die königin ist wieder rein
        sie hat gerade entbunden!
Abi-Simti ist wieder rein
        sie hat gerade entbunden!
Die königin ist wieder rein
        sie hat gerade entbunden!
Mein weberbaum
        hat mir gute arbeit geleistet!
Meine Abi-Simti
        sie hat gutes tuch gewoben!
Mein kettenbaum
        hat kette und er hat schuß!
Meine Kubatum
        sie hat gutes tuch gewoben!

[*Kubatum*]

Du dem die locken stehen
        auf dem mein blick haftet
Mein herr Shu-Suen
        du den Enlil so gewollt hat
Du bist wie Shulgir
        wie dein vater zur mutter
Weil ich ihm zujubelte
        beschenkte mich der herr
Weil ich ihm zujubelte
        beschenkte mich der herr

Mit einer goldenen nadel
      beschenkte mich der herr
Mit siegel aus lapislazuli
      beschenkte mich der herr
Mit silberringen und gold
      beschenkte mich der herr
Laß die geschenke schön sein
      daß sie dir ins auge fallen
Shu-Suen laß sie schön sein
      daß sie dir ins auge fallen
Möge die stadt wie ein krebs
      ihre hände zum gruß heben
Möge sie wie ein löwenjunges
      dir zu deinen füßen liegen
Nimm das bier jetzt
      von meiner schankkellnerin
Nimm das bier jetzt
      von Ilummiya der dienerin
Ihr bier ist süßes bier
      so süß ist es – wie ihre musch
Ihr bier ist süßes bier
      so süß ist es – wie ihr mund
Ihr bittersüßes bier ist süß
      es ist so süß – so süß wie bier

[*der Stellvertreter*]

Oh Shu-Suen zufrieden bin ich
      zufrieden mit meinem herren
Oh Shu-Suen zufrieden bin ich
      von ganzem herzen froh herr
den Enlil ins herz schließt
      mein könig gott dieses landes

[*ein Dialog für Baba*]

ENHEDUANNA, ILUMMIYA
▸ 24. JAHRHUNDERT V. CHR.

VI

Ich wusch mich mit wasser
        ich rieb mich mit der seife ein
Ich wusch mich mit wasser
        aus meiner kupfernen kanne
Ich wusch mich mit seife
        in der weißen schale aus stein
Ich ölte mich ein
        mit dem öl aus dem steinkrug
Ich zog mir ein kleid an
        das sonnenkleid einer königin

So war ich wieder frisch
        und ich strich durch das haus
Ich schminkte die augen
        mit khol zog ich sie nach
Das haar in meinem nacken
        kämmte ich und bürstete es
Ich füllte den beutel aus leder
        und hängte ihn um die hüften
Und eine waffe wählte ich aus
        die wird ihm sicher gefallen

Das haar auf meinem kopf
        war etwas unordentlich noch
Ich kämmte es und ich ließ
        die locken herabfallen leicht
Ich ließ meine locken
        bis auf die schulter frei fallen
Ich steckte mir ringe
        goldene ringe an meine finger

Und hängte mir kleine perlen
       perlen aus stein um den hals
Und das gegengewicht
       zu alledem um meinen nacken

VII
ENLILS URTEIL

Eine sturmwolke
       ruht schwer in sich
       ihr unergründliches herz
Sein wort
       eine sturmwolke
       ruht schwer in sich
       ihr unergründliches herz
Ans wort
       eine sturmwolke
       ruht schwer in sich
       ihr unergründliches herz
Enlils wort
       eine sturmwolke
       ruht schwer in sich
       ihr unergründliches herz
Enkis wort
       eine sturmwolke
       ruht schwer in sich
       ihr unergründliches herz
Asalluhes wort
       eine sturmwolke
       ruht schwer in sich
       ihr unergründliches herz

Enbilulus wort
        eine sturmwolke
        ruht schwer in sich
        ihr unergründliches herz
Mudugasas wort
        eine sturmwolke
        ruht schwer in sich
        ihr unergründliches herz
Shiddukisharas wort
        eine sturmwolke
        ruht schwer in sich
        ihr unergründliches herz
Dikurmahs wort
        eine sturmwolke
        ruht schwer in sich
        ihr unergründliches herz
Sein wort reicht bis in den himmel
        und bringt ihn zum beben
Sein wort reicht bis auf die erde
        und bringt sie zum beben
Sein wort läßt sich nicht vorhersagen
        sein wort läßt sich nicht lesen
        es läßt sich nicht schauen
        wie eingeweide
        nicht deuten
        wie träume

Seinem wort
        den reißenden wassern der flut
        kann niemand sich widersetzen
Seinem wort
        in dem himmel und erde erbeben
        kann niemand sich widersetzen

Sein wort
        ist der wind
        der herab aus der höhe stößt

Sein wort
>   ist die staubwolke
>   die wie eine strohmatte
>   sich über der wüste entrollt

Sein wort
>   ist der sandsturm
>   der unter sich alles begräbt

Sein wort
>   knickt das marschgras
>   in den brackigen tümpeln

Sein wort
>   bricht die kornähren
>   von ihrem langen halm

Sein wort
>   steigt über die dämme
>   und überflutet die felder

Sein wort
>   höhlt die ufer aus
>   und überschwemmt alle häfen

Sein wort
>   fällt die stämme
>   der thala und der tamarisken

Sein wort
>   gibt alles preis
>   treibt es dem sturm in die arme

Sein wort
>   in seinem schwall
>   kann niemandes auge sehen

Von der gefangenschaft
>   in den bergen
>   spricht uns sein wort

Von den bergen
>   ist es sein wort!

ENHEDUANNA, ILUMMIYA
▸ 24. JAHRHUNDERT V. CHR.

Ans wort
> ist das der berge

Enlils wort
> ist das der berge

Enkis wort
> ist das der berge

Asalluhes wort
> ist das der berge

Enbilulus wort
> ist das der berge

Mudugasas wort
> ist das der berge

Shiddukisharas wort
> ist das der berge

Dikurmahs wort
> ist das der berge

Laß mich sein wort
> einem auguren nennen
> und es wird ihn dann
> lügen strafen

Laß mich sein wort
> einem traumdeuter nennen
> und es wird auch ihn
> lügen strafen

Vernimmt sein wort
> ein mann unter all den klagen
> dann trauert der mann

Vernimmt sein wort
> eine frau unter all den klagen
> dann trauert die frau

Sein wort für sich
> geht leise
> doch für sie
> bricht es die berge herab

Sein wort für sich
>>geht ruhigen schrittes
>>doch den aufständischen
>>brennt es die häuser nieder

Sein wort
>>ist ein gärendes faß
>>das ein deckel verschließt –
>>wer kann es wissen
>>was sein inhalt sein mag?

Sein wort
>>ist ein geheimnis innen
>>es geschieht vor unseren augen
Sein wort
>>ist ein geheimnis außen
>>es geschieht in unseren augen
Sein wort
>>verzehrt die menschen
>>es ist die krankheit zum tod
Sein wort
>>wie es durch den wind kommt
>>ist ein brach liegendes land
Sein wort
>>wie es über die erde geht
>>ist ein zerstreutes volk
Sein wort
>>der sturm
>>nimmt fünf
>>aus einem haus von fünf
Sein wort
>>nimmt zehn
>>aus einem haus von zehn

ENHEDUANNA, ILUMMIYA
▸ 24. JAHRHUNDERT V. CHR.

Sein wort wenn es kommt von oben
          versetzt mich in angst
Sein wort wenn es kommt von unten
          versetzt mich in furcht
Sein wort ist mein bitteres stöhnen
          und es ist das der berge
Sein wort in dem der himmel erbebt
          ist das stöhnen der berge
Wenn es herabkommt wie stets zuvor
          wohin soll ich dann gehen?

Wie eine bö wie eine bö
          ist es der hohe
Wie eine bö ist es der hohe
          der mich nun schüttelt
Er der hohe der mächtige Herr
          herr über all dieses land
Er sein unergründliches herz
          die macht seiner worte
Er dessen worte befehl sind
          dem man aufs wort folgt
Er der hohe Herr Enlil
          dessen urteilsspruch gilt
Das wort dieser sturm
          es zerstört die ställe
          und die pferche

Es entwurzelt mir das getreide
          es schlägt sie kahl meine bäume
Es fällt wie die heuschrecken
          über mir über meine wälder her
Oh Herr über all dieses land
          in deinem großmut
          sprich es nicht aus!
Was in deinem herzen sein mag
          sprich es nicht aus!

Du hast mir die nahrung verwehrt
       und die gedärme verknotet
Sprich es nicht aus
       sprich es nicht aus das wort
       zerstörung

Wie ein einzelner halm
       wie ein schilfhalm
       biegt mich der Herr
       beugt und beutelt er mich
Er der hohe Herr der mächtige Herr
       Herr über alles land
Er sein unergründliches herz
       die macht seiner worte
Er dessen worte befehl sind
       dem man aufs wort folgt
Er der hohe Herr Enlil
       dessen urteilsspruch gilt

Er biegt mich der Herr
       beugt und beutelt mich
Wie die binsen
       wie das halfagras
Wie die pappel
       am ufer des flusses
Wie den hartriegel
       auf dem dürren land
Wie die tamariske
       die man pflanzt
       gegen den sturm
Wie den einzelnen schilfhalm
       beugt und beutelt er mich
       biegt mich der Herr

ARCHILOCHOS
7. JAHRHUNDERT V. CHR.

Im Jahr 1949 entdeckte man auf der Insel Paros an der Biegung eines Baches eine Steintafel mit einer Inskription aus dem 3. Jahrhundert v. Chr.; ein Bürger dieser Insel namens Mnesiepos hatte sie dem *archilocheion* gestiftet, einer Kultstätte, wo man diesen Dichter bereits seit dem 5. Jahrhundert v. Chr. zusammen mit anderen Gottheiten verehrte. Auf ihr ist die Musenweihe Archilochos' zu lesen:

Es heißt, daß Archilochos, als er noch jung war, von seinem Vater Telesikles an einen Ort namens Leimones [›Felder‹] geschickt wurde, um eine Kuh in die Stadt zu treiben und sie zu verkaufen. Er stand noch in der Nacht auf, als der Mond schien, um sie zu holen; als er in die Nähe des Ortes Lissides [›glatte Felsen‹] kam, sah er eine

63

*Gruppe von Frauen, und da er annahm, daß sie auf dem
Weg von der Feldarbeit in die Stadt waren, näherte er sich
ihnen und begann, freche Lieder auf sie zu singen. Sie
hörten ihm lachend und scherzend zu, und fragten ihn,
ob er die Kuh auf den Markt trieb, um sie zu verkaufen.
Archilochos nickte, und sie meinten, sie würden ihm
einen guten Preis zahlen. Nach diesen Worten sah Archilochos plötzlich weder die Kuh mehr noch die Frauen,
sondern nur noch eine Leier zu seinen Füßen. Er wußte
zuerst nicht, was er davon halten sollte, aber dann begriff
er, daß ihm die Musen erschienen waren und ihm das
Instrument geschenkt hatten. Er hob es auf und kehrte
nach Hause zurück, wo er alles seinem Vater erzählte.
Telesikles, nachdem er die Geschichte gehört und die Lyra
gesehen hatte, war über diese Erzählung ganz verwundert
und ließ sofort auf der ganzen Insel nach der Kuh suchen,
ohne daß sie jedoch gefunden worden wäre.*

Die Zweifel des Vaters wurden erst zerstreut, als ihm
das Orakel in Delphi bestätigte, daß aus seinem Sohn einmal etwas ganz Besonderes werden würde, weil er poetisches Talent besäße. Wie es sich äußern würde, hatte die
Begegnung mit den Musen bereits angedeutet: ›lyrisch‹
und ›scherzend‹, wenn auch manchmal mit einem bitteren
Lachen.

Die Musen erscheinen Archilochos noch in ihrer ursprünglichen Funktion, als Göttinnen der Fruchtbarkeit,
des Wachsens und des Mehrens, und der Allwissenheit.
Der symbolische Hintergrund wurde bereits zu Homers
Zeit in die Poesie umgedeutet; die Initiation eines Dichters durch die Musen ist ein Topos, der von Hesiods *Theogonie* über Kallimachos bis zu Properz und in die Renaissance reicht. Was er versinnbildlicht, ist die Rolle des
Dichters und der Poesie in der oralen Kultur des archaischen Griechenland.

Der Dichter ist ein Sprachrohr der Musen – das macht
ihn zum Halbgott, den man verehrt. Was er vermittelt, ist

göttlich insofern, als seine Worte der Ausdruck eines unwandelbar festgelegten Wertesystems sind; ob Götter, Heroen oder Menschen, das soziale Rollenverhalten ist immer exemplarisch, und das Verhältnis von Vergangenheit, Gegenwart und Zukunft zyklisch, eine ewige Wiederkehr des Gleichen. Die Inspiration des Dichters – das Ereignis der Musen – und sein Vortrag dienen dazu, diesen Mustern zur Sprache zu verhelfen; in der beständigen Erinnerung an sie und ihrer Verinnerlichung liegt die Wahrheit der Poesie.

Rhetorisch besehen, läßt sich dies an der Formelsprache jeder oralen Kultur erkennen, ihrer *koiné*, aus deren tradiertem Repertoire der Dichter schöpft. Seine Funktion besteht darin, diesen Vorrat an Sprachbausteinen immer wieder zu aktualisieren, sie der jeweiligen Position der Dinge im Kreislauf der Wirklichkeit anzupassen. Die poetische Perspektive und die ihr zugrundeliegende Aussage ändert sich nicht, auch wenn diese Matrix für jede spezifische Gelegenheit neu adaptiert wird; darin besteht sozusagen die vegetative Symbolik – auch das, was wächst, ist nicht dasselbe, obwohl es immer wieder das gleiche ist. Selbst ein neuer Gesang – wie Telemach seiner Mutter in der *Odyssee* (I, 346–351) erklärt – entspricht so immer den Erwartungen der Zuhörer. Die poetische Botschaft wird vom Publikum stets als identisch empfunden, obwohl und gerade deswegen, weil sie sich beständig verändert, um der Aufmerksamkeit ihrer Zuhörer gerecht zu werden; das ist die ›strukturelle Amnesie‹ der Dichtung, von der man in einer oralen Kultur spricht. Der gemeinsame Nenner des Mythos, der Genealogien und der oralen Erinnerung determiniert bei all ihrem Beharrungsvermögen so einen eigentlich dynamischen kulturellen Prozeß.

Der Vortrag des Dichters ist durch den oralen Rahmen bestimmt, die Komposition ist aber auch eine Gedächtnisleistung, die extemporiert werden kann: Epen wurden für das jeweilige Publikum improvisiert, ohne je eine endgültige Fassung zu kennen. Dazu paßt, daß noch Aristophanes den Poeten beim Dichten auf der Bühne auftreten läßt, ohne daß dort Papyrus oder Feder auftauchen würden; die poetische Aktivität ist eine des ›Machens‹ und des ›Singens‹, nicht des Schreibens. Auch die Überlieferung der Texte ist eine mündliche. Zumindest bis zum 5. Jahrhundert v. Chr. zirkulieren weder Abschriften noch Bücher; die Dichtung wird für jede Gelegenheit neu formuliert und rezitiert. Und bis in diese Zeit wurde auch die musikalische Partitur, welche die Lyrik begleitete, nicht schriftlich festgehalten, sondern mündlich weitergegeben.

Auf diese Weise entsteht eine poetische Diktion und eine Metrik, die über dialektale Unterschiede und verschiedene Zeiten hinweg stereotype Formen annimmt. So unterschiedliche Kompositionen wie die Epoden des Archilochos, die Iamben des Hipponax oder Semonides, die Chorgesänge des Alkman oder Stesichoros' lyrische Erzählungen zeigen eine erstaunliche Übereinstimmung der Themen und Redewendungen mit anderen poetischen Formen wie etwa dem Epos. Was die Gattungen voneinander unterscheidet, ist nicht ihr Inhalt oder ihre Form, sondern der Kontext ihres Vortrags und der gesellschaftliche Hintergrund.

Die großen Feste verlangten nach epischen Rhapsodien und Chorgesängen, die man Paiane oder Dithyramben nannte; die Symposien der Männer oder die Mädchenbünde andererseits brachten eine andere, ebenfalls funktionelle Poetik hervor. Die Rolle der Poesie variiert dabei je nach der spezifischen Gesellschaftsstruktur. Auf den ionischen Inseln und bei den anatolischen Küstenregionen – doch auch in Attika – dominierten Kompositionen, die auf iambischen oder trochäischen Metren aufbauten. Ihr Vortrag verlief nach einem Muster, das sich mit dem Rezitativ der heutigen Opern vergleichen läßt. Das Zielpublikum waren die politischen und gesellschaftlichen Treffen der Symposien, ihr Inhalt eine Reflexion über gegenwärtige Ereignisse, die auf das Paradigma des Mythos oder der Fabel zurückgeführt wurden, ihre Funktion die der Widerspiegelung einer sozialen Gruppe und ihrer Identität. Auf Lesbos dagegen fanden dieselben Aspekte eine rein lyrische – das heißt nur gesungene – Gestalt, die auf den dort üblichen Metren basierte.

Die griechische Lyrik ist somit äußerst vielfältig. Die elegische Dichtung steht dem Hexameter des Epos nahe; die monodische Dichtung, die man solo und höchstens in Begleitung eines einzigen Saiteninstruments vortrug, war besonders in Kleinasien gebräuchlich; die iambische Dichtung wiederum entstand bei den Symposien in Ionien. Die lyrische Erzählung mythischer Geschehnisse zu Instrumentalbegleitung war in den griechischen Kolonien in Italien sehr beliebt.

Der Dichter – gleiches gilt für Sappho oder Alkaios auf Lesbos – war dabei eher ein Dilettant, der nicht von seiner Kunst leben mußte; seine poetische Aktivität war vielmehr Teil der sozialen und politischen Rolle, die er in der Gesellschaft spielte. Archilochos unterschied sich in dieser Hinsicht von den antiken Aoiden der Epen, den ›Sehern, Sängern und Propheten‹, die ihr Metier professionell ausübten und von einem Stammesfürsten zum anderen zogen. Die feudale mykenische Gesellschaft hatte sich zum Staat der *polis* gewandelt; in der Stadt bot nicht mehr der Königshof, sondern hauptsächlich das Fest Gelegenheit zum Vortrag. Das Modell des homerischen Rhapsoden blieb zwar bestimmend, aber gleichzeitig ist eine Phase des Übergangs erkennbar, die vom 5. Jahrhundert v. Chr. an der Poesie eine autonome Rolle zuschreibt. Daß Archilochos' Werke aufgezeichnet wurden, ist diesem Umstand zu verdanken; er selbst jedoch steht in seinem Selbstverständnis noch zwischen diesen Polen.

Die Musen begegneten Archilochos, wie auch schon Hesiod, schmähend und spottend, im bäuerlichen Gewand, das der iambischen Dichtung zukam. Der *iambos* stand für eine bestimmte Art zu reden, die sich von *iambizein* – ›verspotten, verhöhnen, beschimpfen, lustig machen‹ – ableitet. Der Name des heute geläufigen Metrums stammt davon. Als Rhythmus stand er der Alltagssprache, die für diese Hetzreden verwendet wurde, am nächsten – er garantiert die Flexibilität und Geschwindigkeit, die man für die komödiantische und kabarettistische Dichtung benötigte; nebenbei tauchen bei Archilochos jedoch auch der trochäische Tetrameter und die Epodenform auf. Im Rahmen des Dionysos- und Demeterkultes – der auf Paros und Naxos sein Zentrum hatte, wo ihm Archilochos' Vater vorstand – war seine Aufgabe, Erstarrungen aufzubrechen, um die Gelöstheit eines ekstatischen Zustandes vorzubereiten; Tabubruch, Ironie und Hohn, von der Witzelei bis zum Zynismus waren seine Inhalte, Vulgarismen, Persiflage und Sprachparodie seine Mittel.

Die profane Funktion der iambischen Dichtung war jedoch die Schmährede *(momos)* dem gegenüber, der gesellschaftliche Verhaltensregeln verletzte; sie sollte in ihm ein Schuldgefühl *(aidos)* wecken, dem die Strafe des zeitweiligen Ausschlusses von der Gemeinschaft folgte. In einer oralen Kultur, in der die Dialektik von Lob und Tadel die soziale Ethik definierte und die einzelnen Rollen bestimmte, stand diese Art der Dichtung ursprünglich der Zensur und dem Tribunal nahe, auch wenn ihr Rahmen weiter gespannt war. Wie ernst das alles gemeint war, hing davon ab, ob man den Namen des Gegners offen nannte – oder nicht.

Das Ich der Dichtung nimmt damit einen symbolischen und funktionellen Wert an, indem es sich auf ein gegnerisches Du richtet, das als Person meist noch beim Vortrag anwesend ist. Die Poesie wird zur feindlichen Invektive. Der Feind kann ein politischer wie ein privater Gegner sein; für Archilochos trifft beides zu. Verrat, Beleidigung oder Verstoß werden dadurch bestraft und der gemeinsame Verhaltenskodex dadurch verteidigt; die Gewalt der Invektive ist kaum verhüllt und kann in einer expliziten

Verfluchung gipfeln. Sie ist aber nicht auf eindeutige Gegner beschränkt, sondern kann auch auf die eigenen Freunde übergreifen, deren Schwächen man öffentlich bloßstellt und karikiert – was Archilochos schließlich den Vorwurf eintrug, gegen die aristokratische Ethik zu verstoßen, weil er Feinde wie Freunde lächerlich machte.

Die Schmähreden auf die Frauen nehmen dabei einen eigenen Rang ein. Die griechische Gesellschaft war bekanntlich misogyn; das Vorurteil richtete sich dabei nicht nur gegen mythische Figuren wie Helena oder Klytämnestra, sondern auch gegen reale Frauen. Abgesehen von der zynischen Herabsetzung, wie sie bei Semonides von Amorgos deutlich wird, kann sich jedoch das Paradigma der Invektive erweitern, sodaß der Konflikt die Form des Begehrens annimmt. Die Aggression tritt auch dabei kaum in den Hintergrund; sie äußert sich oft im Expliziten der Formulierung, der groben Wortwahl und der Obszönität. Die Invektive kann so die physische Auseinandersetzung mit einem Feind ersetzen, indem sich die Gruppe mit dem Ich identifiziert; im Rahmen der Freundschaft dagegen hilft sie, das vorhandene Aggressionspotential innerhalb der Gruppe zu maskieren und in Komik aufzulösen und den Frauen gegenüber eine auf männlichen Werten aufbauende Gesellschaftsform zu definieren.

Dadurch, daß die latente Gewalt zum Ausdruck kommt und das Publikum sich mit dem Dichter identifiziert, hat es auch Anteil daran; darin besteht das unverhohlene Vergnügen. Dies bedeutet aber wiederum, daß der Dichter sich selbst ironisch mit seinen Lastern in Szene setzen kann; der Vorwurf, den man Archilochos später machte – nämlich ein Ehebrecher, Schweinehund und Vergewaltiger zu sein –, hat damit zu tun. Das poetische Ich wird so zum Träger dessen, was sonst der Repression anheimfällt, kanalisiert es und wandelt es in eine fiktive Zielscheibe des Spotts um; es ist eine Maske und ihre Worte einer bestimmten Rolle oder Person in den Mund gelegt (so etwa wenn Archilochos als Gyges oder Charon spricht).

69

Aber auch, wenn Archilochos sich auf sich selbst bezieht – bemerkte schon Chrisostomos –, *stellt er sich in erster Linie selbst an den Pranger.* Satire und Komik dienen dabei letztlich der Stabilisierung der gesellschaftlichen Ordnung.

Von Archilochos ist überliefert, daß er Neobule und deren Vater Lykambes haßte, nachdem ihm, sanktioniert durch einen Ritus, die Hochzeit versprochen worden war. In der Folge jedoch wurde – ob von der Tochter oder dem Vater ist belanglos – dieser Pakt gebrochen. Auf diese Beleidigung seiner Ehre reagierte Archilochos mit Schmähreden gegen den Vater, Neobule und ihre Schwestern; zusätzlich soll er sich noch an Neobule gerächt haben, indem er eine ihrer Schwestern verführte und diese Geschichte überall herumerzählte; das Gedicht (XXX) ist als sogenannte ›Kölner Epode‹ (als einziges längeres) erhalten geblieben.

Der Ort des Geschehens ist ein Tempel und die Wiese davor, in der engen Welt der Griechen einer der wenigen Plätze, wo sich Verliebte treffen konnten. Genauer gesagt, ist es der Tempel der Hera, jener Göttin, die den Hochzeitszeremonien vorsteht. Aus dem Kontext anderer Quellen läßt sich vermuten, daß die Familie des Lykambes dort priesterliche Funktionen ausübte. Die Verführungsszene stellte damit nicht nur eine Entehrung der Schwester, sondern zugleich der ganzen Familie dar, die mit Archilochos' Familie zuvor in gutem Einverständnis gelebt hatte. Die große Resonanz, die dieser Skandal in der Antike fand, belegt jedoch, daß die Provokation Archilochos' die tolerierten Grenzen überschritten hatte – und letztlich dazu führte, daß er nach Thasos auswandern mußte.

In einem Epigramm der *Griechischen Anthologie* von Dioskorides wird die Replik von Lykambes' Töchtern ausgesprochen – erfolglos; der Legende nach sollen sich alle vor Schande aufgehängt haben:

πάμπαν ἀποσχόμενος·
ἶσον δὲ τολμ[
εἰ δ᾽ ὦν ἐπείγεαι καί σε θυμὸς ἰθύει,
ἔστιν ἐν ἡμετέρου
ἣ νῦν μέγ᾽ ἱμείρε[ι
κᾱλὴ τέρεινα παρθένος· δοκέω δέ μι[ν
εἶδος ἄμωμον ἔχειν·
τὴν δὴ σὺ ποίη[σαι φίλην."
τοσαῦτ᾽ ἐφώνει· τὴν δ᾽ ἐγὼνταμει[βόμην·
"Ἀμφιμεδοῦς θύγατερ,
ἐσθλῆς τε καὶ[
γυναικός, ἣν νῦν γῆ κατ᾽ εὐρώεσσ᾽ ἔ[χει;
τ]έρψιές εἰσι θεῆς
πολλαὶ νέοισιν ἀνδ[ράσιν
παρὲξ τὸ θεῖον χρῆμα· τῶν τις ἀρκέσε[ι.
τ]αῦτα δ᾽ ἐφ᾽ ἡσυχίης
εὖτ᾽ ἂν μελανθη[
ἐ]γώ τε καὶ σὺ σὺν θεῶι βουλεύσομεν.
π]είσομαι ὥς με κέλεαι·
πολλόν μ᾽ ε[
θρ]ιγκοῦ δ᾽ ἔνερθε καὶ πυλέων ὑποφ[
μ]ή τι μέγαιρε φίλη·
σχήσω γὰρ ἐς ποη[φόρους
κ]ήπους· τὸ δὴ νῦν γνῶθι. Νεοβούλη[ν
ἄ]λλος ἀνὴρ ἐχέτω·
αἰαῖ, πέπειρα, δὶς ∟τόση,
ἄν]θος δ᾽ ἀπερρύηκε ᾽παρθενήϊον
κ]αὶ χάρις ἣ πρὶν ἐπῆν·
κόρον γὰρ ουκ[

71

Beim Grab hier, dem Eideszeugen der Toten: Wir Töch-
ter des Lykambes, vom Gift schlimmer Verleumdungen
bespien, haben unsere Mädchenehre, die Eltern und Paros
– das heilig aus dem Meer ragt – niemals mit Schande
befleckt. Nein, Archilochos hat uns mit beißendem Hohn
übergossen, uns verlogen beschimpft und voll Haß ver-
leumdet. Bei den Dämonen und den Göttern, wir haben
ihn niemals getroffen, weder auf der Straße noch in
Heras heiligem Hain. Wären wir wirklich so verbreche-
risch geil gewesen, hätte er sich doch wohl kaum in einer
Ehe Kinder von uns gewünscht. (VII, 351)

Der scheinbare Realitätsbezug der Invektive wird
jedoch durch die Fiktion gebrochen; sie wird bei diesem
Beispiel – und wahrscheinlich anderen auch – zum Rollenspiel mit Figuren. Lykambes ist ein Name, in dem das
amb eine Verbindung mit den Schlüsselworten des Dionysoskultes – Dithyrambos und Thriambos – herstellt, der
für die iambische Dichtung grundlegend war. Neobule
ihrerseits bedeutet wörtlich ›Jene, die ihre Ideen ändert‹,
während ihre Mutter Amphimedo die ›Zweideutige‹ ist.
Dementsprechend ist auch das Ich in diesem Lied ein fiktives: es steht für einen jungen Mann, während Neobule
als alte Vettel dargestellt wird, was die Umkehrung des
traditionellen Altersgefälles bei einer Hochzeit verrät.

Das poetische Ich ist also nicht unbedingt auch ein reales; es steht für eine ganze Tradition, die es zusammen-
faßt, und agiert in diesem fixen Rahmen. Es ist in einem
höheren Sinn didaktisch, ebenso wie Sapphos lyrisches
Ich, indem es Wertvorstellungen und Verhaltensweisen
verkörpert. Auch die tradierten Biographien des Dichters
sind unter diesen Gesichtspunkten zu betrachten; sie sind
fiktiv und deuten jeden realen Gehalt – wie bei der ein-
gangs zitierten Überlieferung – ins Allegorische und für
die Dichtung Exemplarische um.

Archilochos ist der erste uns bekannte Dichter, von dem
sich ein Lebensdatum ermitteln läßt. Er wurde auf Paros

geboren, der nach Herodot reichsten Insel der Kykladen, wahrscheinlich kurz vor 700, und er lebte bis irgendwann nach 648 vor unserer Zeitrechnung; Semonides, von dem keine Daten zu eruieren sind, galt als sein Zeitgenosse.

Er stammte aus einer adeligen Familie. Sein Großvater Tellis hatte an der Kolonisierung der Thasos um 680 teilgenommen, eine 400 km entfernte Insel, unweit von Thrakien, wo sich die Parier ihre Sklaven holten; der Maler Polignotos stellte ihn in Delphi zusammen mit der Priesterin Kleobeia dar, welche auf Paros die Mysterien der Demeter einführte. Sein Vater Telesikles gehörte ebenfalls zu den führenden Persönlichkeiten von Paros; ihm weihte man, wie später seinem Sohn, ein *heroion*, eine halbgöttliche Kultstätte. Archilochos selbst entstammte einer illegitimen Verbindung mit einer Sklavin namens Enipo, was eine spätere Zuschreibung zu sein scheint: Enipo ist mit *eniptein* verwandt, was ›Schmähen, Beleidigen‹ bedeutet. Ihm selbst gab man die Spitznamen ›Zikade‹ und ›Skorpionszunge‹.

Nach der Geschichte mit Neobule, die ihn sein ganzes Prestige kostete und ihn in die Misere trieb, ging Archilochos nach Thasos, um sein Glück zu versuchen. Die Insel war wegen ihrer Fruchtbarkeit und der Goldminen ein Streitobjekt zwischen den Griechen aus Paros, Naxos, aber auch den Saiern in Thrakien. Er machte sich dort einen Namen als Offizier in einer Art Söldnertruppe und übernahm schließlich eine Vermittlungsrolle zwischen dem Stammland und der Kolonie.

Eine andere Episode erzählt, daß Archilochos zu Ehren des Dionysos ein Lied komponiert hatte, dessen Vortrag bei einem Fest man als ›zu iambisch‹ empfand, worauf man ihm den Prozeß machte. Als daraufhin alle Männer auf der Insel unfruchtbar wurden, befragte man das Orakel, das die Rehabilitation Archilochos' empfahl.

Der Legende nach soll er schließlich im Kampf gefallen sein, getötet von einem Soldaten aus Naxos mit dem Namen Kalonda, dessen Spitzname ›der Rabe‹ war. Ihm soll

Apollon dafür den Zugang zum heiligen Bezirk in Delphi verboten haben, solange, bis er sich einer seelischen Reinigung unterzogen habe. Er befahl den Pariern überdies, ein Heiligtum für Archilochos zu errichten. In diesem *archilocheion* fand man schließlich ein Marmorrelief, das sich auf 520 bis 510 v. Chr. datieren läßt. Es stellt einen Helden ausgestreckt auf einer Liege dar, links von ihm eine Frau auf einem Thron, rechts ein Ephebe, der Wein in einen Becher einschenkt, über ihm eine Leier und ein Schild. Auf Thasos schließlich kam ein ähnliches Relief aus der Zeit um 470 zum Vorschein, das seiner dortigen Stellung gemäß nur den Unterschied aufweist, daß man statt der Leier einen Helm darstellte.

Erhalten ist von Archilochos eine relativ hohe Anzahl von Fragmenten, an die dreihundert, was sich dadurch erklären läßt, daß ihn die Griechen schon früh als einen ihrer größten Dichter verehrten. Er galt als Erfinder der Iamben und der dionysischen Dithyramben, Heraklit erwähnt ihn neben Homer und Hesiod, und es gibt Zeugnisse von Pindar über Herodot bis Platon, Aristoteles, Cicero und Horaz.

Die Fragmente selbst sind nicht einmal zur Hälfte Iamben; nach der verlorengegangenen alexandrinischen, ersten Sammlung seiner Gedichte entfällt der Rest auf Epoden, Elegien, Chorgesänge und Lieder für die Sieger athletischer Wettbewerbe und trochäische Tetrameter. Sie überschreiten schon formal die Grenzen des herkömmlichen Iambos, was durchaus unter dem Gesichtspunkt einer Poetik zu verstehen ist, die zu diesem Zeitpunkt autonom zu werden beginnt.

Sie löst sich, wie allgemein in der Literaturgeschichte, erst durch den Akzent einer eigenen Persönlichkeit und ihrer Idiosynkrasien von ihren herkömmlichen Vorlagen ab. In diesem Sinn ist Archilochos der erste Vertreter einer subjektiven Dichtung, sowohl was seine antikonforme Haltung als auch das Niveau seiner Sprache betrifft. Sein *eimi d'ego* – ›Ich bin‹ – übernimmt die Formel Homers im neunten Gesang der *Odyssee* – ›Ich bin Odysseus‹ –, aber sieht sich bereits im Gegensatz dazu: das Ich ist Söldner und Dichter, zugleich und trotzdem. Der Weg zu diesem Pronomen ist ein langer; bei Homer ist das Epos unpersönlich, bei Hesiod taucht das Ich nur am Rande auf, und es ist erst Catull, der es vollständig aus einem funktionellen Bezugsrahmen herausnimmt und ins Zentrum einer Welt stellt, in der man, wie Archilochos sagt, *auf nichts mehr zählen kann unter den Dingen, und in der mit allem zu rechnen ist.*

Stuttgart, April 1996

I

Wie ein baum mit abgehauenen ästen
so kahl steht ihr bürger da:
dann hört mir jetzt auch zu

II

Archilochos bin ich · ein diener des Ares
und seinen hunden des krieges – doch auch
ein kunde der musen und kundig ihrer
geschenke: der dichtung und ihrem gesang

III

Der speer verdient mir mein brot der speer
bezahlt mir auch Ismaros' teure weine und
wenn die anderen beim essen liegen stehe
ich gestützt auf meinen speer und trinke

IV

Für große feldherrn habe ich nichts übrig: weder
die mit dem breiten gang und den langen haaren
noch jene die sich glatt bis auf die haut rasieren

ein krummer kleiner mit x-beinen ist mir ganz recht
wenn er nur auf beiden beinen steht: als ganzer kerl

V

Glaukos – ein söldner ist nur solang erwünscht
wie er im sold steht und kämpft

ARCHILOCHOS
▸ 7. JAHRHUNDERT V. CHR.

VI

Erxia – warum hat sich dieses unselige heer
hier versammelt?
Auf sieben von denen die wir getötet haben
kommen ganze tausend
von uns – und ich wett mit dir wenn die
hundstage kommen
fallen auch die neunhundertdreiundneunzig
anderen noch um

VII

Jetzt gibt wohl ein Thraker mit meinem schild an
den ich – welch heroisch' waffengang –
in das gebüsch warf · ich nahm reißaus und kam
mit meinem leben noch einmal davon
Was also soll mich nun ein schild groß scheren?
Zum teufel damit – ich kauf mir
einen neuen: er wird auch nicht schlechter sein!

VIII

Schild prallte auf schild helm auf helm
und mann gegen mann · und ich
stürzte hin körper an körper fleisch auf
fleisch und schenkel an schenkel

IX

Mit dir zu kämpfen dazu habe ich lust
wie man wasser schluckt gegen den durst

X

Seine zähne sie klapperten vor angst:
den rückzug anzutreten wenn man nun einmal muß
weil es den göttern eben so gefiel
sie zornig waren auf uns und das feindliche heer
uns deshalb vor sich hertrieb –
muß auch für dich längst noch keine schande sein
du langhaariger kerl –

79

auch nicht daß du dein schild wegwarfst und sie
    in die hand nahmst – deine beine:
bessere als du gaben da auf und urplötzlich in
    ihrer panik nach
Die götter – es ist wahr – kann niemand schlagen:
    aber als einziger den schwanz
einzuziehen die anderen damit im stich zu lassen
    und abzuhauen übers meer
ohne einen einzigen kratzer – ich muß schon sagen:
    mit ruhm hat das nichts mehr zu tun!

XI

Herz mein herz steh deinen mann und hab acht
halt auch in einem aussichtslosen kampf
deinen gefühlen stand · wirf dich brust an brust
dem feind entgegen · er liegt auf der lauer
Doch protze nicht wenn du dann siegst und auch
wenn du verlierst dann trotz ihm weiter –
finde ein maß für die freude und die verzweiflung
und versuch zu verstehen daß wir uns alle
einem in seinem lauf unterwerfen: dem herzschlag

XII

Laß den stein des Tantalos
nicht über dieser insel schweben

Die waage der schlacht hält Zeus
im gleichgewicht der fronten

und die erde rinnt vor blut

XIII

Keinen schöneren ort gibt es keinen anblick
der erhabner wäre als das flußland hier am Siris

XIV

Wie ein geprügelter esel
steht Thasos da · sein rückgrat struppig
und dicht mit wald bestanden

81

ARCHILOCHOS
▸ 7. JAHRHUNDERT V. CHR.

XV

Denk nicht mehr an Paros
an die feigenbäume dort und an die zeit
als wir dort fischen gingen

XVI

Glaukos schau · die dünung des meeres
wühlen schon die wellen auf
und die wolken spießen sich am fels
von Gyrai an seiner lanzenspitze:
der sturm gibt jetzt sein zeichen · doch
die angst die nackt über uns kommt
sie wird sich nie vorhersehen lassen

XVII

Wenn die delphine weiden würden
auf dem land und
die wellen zu ufern schwellen und
zu bergen – was wäre
dann noch an wundern zu erwarten?

82

Nichts gibt es mehr
auf das man zählen könnte unter
all den dingen
mit allem ist von nun zu rechnen
Was nackte angst ist
das wissen wir seit diesem 6. april
auf Thasos im jahre 648
kurz vor zehn uhr als Zeus nacht
aus dem mittag machte
und aus unserer sonne hier ein loch

XVIII

Das leben in den armen der wellen

XIX

Mahlzeit · los – nimm den krug geh zum heck
der galeere und zieh den deckel
vom faßbauch · schöpf den wein von der hefe
die sich unten ansammelt:
auf dieser wache werden wir wohl kaum mehr
so richtig nüchtern bleiben

83

XX

Unseren wein hast du getrunken und doppelt soviel
ohne einen groschen zu bezahlen:
eingeladen hat dich keiner und niemand an den tisch
gebeten – es gibt nichts hündischeres
als einen leeren bauch und dazu eine trockene kehle

XXI

Was ich verstehe unter einem schönen lied
ist ein dithyrambos auf Dionysos
wenn der wein im bauch alles zusammenstaucht

XXII

Genommen hat man mich wie eine zikade
an ihren flügeln: sie zittert und sie schlägt

XXIII

Sie kam an der hand ihrer ziehmutter
und ihr haar roch nach myrrhe und
auch die brust · ja Glaukos da hätten
selbst greise noch etwas lust verspürt
so schön war sie · doch als sie mich
bemerkten …

XXIV

Einen myrtenzweig hielt sie und roch
an den blättern der blüten zwischen
den fingern und haar fiel ihr schwarz
auf schulter und nacken …

XXV

Und mit ihrem arsch ging sie auf und nieder
wie ein reiher der mit seinen flügeln schlägt
wenn er auf einem spitzen fels niedergeht

ARCHILOCHOS
▸ 7. JAHRHUNDERT V. CHR.

XXVI

Dieses begehren nach ihren armen
ihrer umarmung wie eine schlange
die sich unter dem herz windet daß
mir das blut stockt · schwarz rinnt
es mir über die augen als würde sie
durch meinen hals sich beißen und
ihre zunge meine sein –

                         elend
lieg ich da im bett im dunkeln und
die gier gräbt sich in den bauch ein
und ins hirn · ein einziger schmerz
wie ein nagel durch meine knochen
daß ich mich nur krümm und wind

XXVII

Keine rede mehr vom glanze einer blüte:
falten zieht deine haut
wie furchen durch eine ausgelaugte erde
Das alter hat dich verdorrt
und nach deinem gesicht jede begier sich
verzogen wie die sonne
ein winter um den anderen und der wind
der seine spuren hinterließ –

ich hab sie bestiegen
diese zerklüfteten hänge weil ich voll blut
war und jung das ist wahr –

mein schwanz
blind wie ein aal in einem modrigen tümpel

XXVIII

Lykambes' tochter die jüngere · sie saugt
ihr bier wie die Thraker und die Phryger
mit dem strohhalm –

die vorhaut zogen sie
zurück und ihr schlitz war offen weit
und naß –

mit vollen backen
war sie auf den knien und der andere gab
es ihr von hinten –

der schwanz
schwoll ihm wie einem esel aus Priene
wenn er im futter steht –

und schaum
stand ihr vor dem mund –

hinunter
sahen sie an sich und spritzten ihr all
ihren saft aufs gesicht und in das haar

87

ARCHILOCHOS
▸ 7. JAHRHUNDERT V. CHR.

XXIX

Für einen tumor dieser größe
kenne ich keine bessere kur
als zwischen den schenkeln
im nassen haar einer musch

XXX

Wenn du es vor lauter lust nicht länger aushältst
dann weiß ich dir eine andere von uns
die auf männer aus ist

Eine gute figur hat sie – und nach meinem geschmack
wird's nicht an ihrem aussehn liegen:
mach doch ihr den hof!

Solche sachen sagte sie und meine antwort darauf
war folgende: tochter der Amphimedo –
deine mutter würd sich

wohl umdrehen im grab könnte sie dich jetzt hören:
die liebe hält viel vergnügliches bereit
für männer jung wie mich

doch wozu gleich heiraten wenn es auch anders geht?
Laß uns über deine schwester reden
ein andermal und in ruhe –

ich komme lieber zurück auf deinen ersten vorschlag:
treffen wir uns wenn's dunkel wird –
tun werd ich was du sagst

Hab aber keine angst wenn ich unterm fries dort
ein anderes tor noch finde – durch das gras
werd ich schon streichen

das versprech ich dir · was Neobule jedoch betrifft –
soll sie ein anderer haben: zweimal so alt
ist sie wie du und bereits überreif

die weiße blume ihrer jungfräulichkeit wie man sagt
hat ihre blütenblätter schon verloren
und jeden reiz damit

Zuviel gefickt hat sie und doch nie genug gekriegt:
bleib mir vom leib mit ihr – laß sie
den krähen · kein freund

hoff ich – würd es mir wünschen ihr ehemann zu sein
und das gespött der leute noch dazu –
du bist es die ich will

dir kann man vertrauen · du hast nicht zwei gesichter
während sie jeder gleich haben kann
für ein paar nette worte

Nur blinde welpen bringen läufige hündinnen zur welt
wie es im sprichwort heißt und wer weiß
ob es auch die meinen wären!

89

Das hab ich gesagt und das mädchen mir genommen
in die blumen der wiese hab ich sie gelegt
und sie weich zugedeckt

mit dem mantel den kopf in der beuge meines armes
während sie vor furcht stillhielt wie ein reh
wenn es den jäger sieht

Ganz zart berührte ich die brüste wo das junge fleisch
aus dem weißen stoff des kleides lugt
ihre leichte straffe rundung

Sie zitterte unter meinen händen am ganzen körper
warm spritzte mein saft ihr in den arsch
und ich faßte ihr dabei ins haar

XXXI

Die menschliche natur ist nichts was man scheren
        könnte über einen kamm:
verschiedenen menschen geht es um verschiedene
        dinge – nehmt doch nur
Melesandros etwa der steht sich doch nur auf
        schwänze oder
Phalangios der hirte auf den hintern seiner kuh:
        ich bin es
der euch das offenbart – nicht irgendein prophet
        denn Zeus hat mich
gemacht zu einem dichter unter männern und
        zu einem guten noch dazu –
nicht einmal Eurymas zunge und ihr geschwätz
        hängt mir da etwas an

XXXII

Schiffbruch soll er erleiden und in Salmydessa sollen
ihn die Thraker holen – die mit den
haaren am arsch · nackt soll er vor ihnen am boden
kriechen und das brot der sklaven fressen –
ganz blau vor kälte und von der brandung voller tang
daß ihm die zähne klappern wie dem hund
der auf der schnauze liegt und hechelt am strand dort
wo sich die wellen brechen · das wünsch
ich ihm an den hals – er der mir unrecht tat und meine
freundschaft dreckig mit füßen trat

XXXIII

Willkommen zu hause – auf einem kleinen schiff
habt ihr das meer überquert und es doch noch
von Gortyn hierher geschafft – nicht einmal ein
gutes schiff war es aber ein gott hielt die hand über
euch und nun seid ihr hier – was mit der ladung ist
ob ihr sie verloren habt oder man sie zurückholen
kann ist mir egal – hauptsache nur du bist jetzt hier
Wärst du ertrunken oder gefallen in der mitte des
lebens durch einen speer – niemals wieder hätte ich
solch einen freund gefunden wie dich und jetzt
ist es als wäre ich wieder zurück in diesem leben

ARCHILOCHOS
▸ 7. JAHRHUNDERT V. CHR.

XXXIV

Etwas gutes gibt es doch an mir:
wenn einer mich verletzt zahle ich es
ihm mit gleicher münze heim...

XXXV

Gyges und sein gold – sie interessiern mich nicht
ich war niemals neidisch noch gaffte ich groß
allen göttern nach und auch nicht um macht ist
es mir jemals gegangen – all das ist mir zu hoch

[*sagte Charon der Schreiner*]

XXXVI

Keiner ehrt dich mehr wenn du tot bist
keiner redet mehr von dir
das leben kümmert nur die lebenden
dein tod nur noch die toten
und erwarte dir kein lob – nur die üble
nachrede der anderen

XXXVII

Die götter haben das letzte wort   sie heben dich in die höhe wenn
du auf der dunklen erde liegst   sie werfen dich auf den rücken
hast du erst einmal fuß gefaßt   bleibst du nicht nur ohne brot
sondern weißt auch nicht mehr   woran du dich noch halten sollst

XXXVIII

Das was wir denken bleibt in jener bahn
befangen die die sonne auch am tag beschreibt
diesen bogen denken wir als kreis uns mit dem tod
und in den tod hinein – so schreibt er uns in sein dunkel ein

[*Grabinschrift für Glaukos, Sohn des Leptines*]

SAPPHO

7./6. JAHRHUNDERT V. CHR.

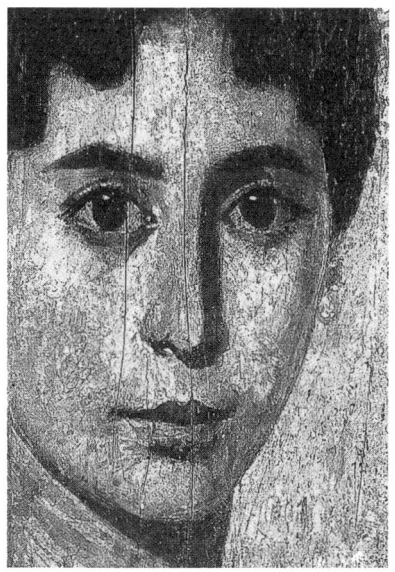

Die Schreibweisen ihres Namens sind so verschieden wie die Berichte über sie. Auf den Inschriften der archaischen Zeit steht *Sappho* mit dem Sigma, das man vom kyrillischen Alphabet kennt *(C)*, im äolischen Dialekt schrieb man sie *Psappho* mit langem o, auf Lesbos nannte man sie allgemein *Sappho*, aber an ihrem mutmaßlichen Geburtsort auch *Saphpho* mit zwei Phi. Weit unterschiedlicher noch fallen die Überlieferungen für den Namen ihres Vaters aus, der im Kampf gegen Athen fiel, als sie sechs Jahre alt war. Von neun erwähnten Namen ist Skamandronymos der wahrscheinlichste, weil er sich auf den legendären trojanischen Fluß Skamander bezieht und auch Sappho ein Wort zu sein scheint, das aus Kleinasien stammt. Ihre Mutter war die Kleïs, von der man nichts weiß, außer daß sie von aristokratischer Herkunft

95

gewesen sein muß; einer ihrer Söhne durfte bei den Prytanen den Wein ausschenken, eine Ehre, die man nur Adligen gewährte. Sapphos Familie besaß demnach Güter auf Lesbos – Weinstöcke und Olivenhaine, wie damals üblich –, aber sie müssen auch Seefahrer gewesen sein und mit Ägypten und dem dortigen griechischen Kontor Naukratis Handel betrieben haben. Sappho war die älteste der Kinder; nach ihr kamen drei Brüder, Larichos, Eurygios und Charaxos. Allem Anschein nach wurde sie um 620 vor unserer Zeitrechnung in Eressos auf Lesbos geboren, aber auch hier lassen sich je nach Auslegung die Daten um zehn bis zwanzig Jahre zurück- oder vorverlegen. Nach ihrer Geburt zog die Familie in den Nordteil der Insel, nach Mytilene unter dem Berg Lepethymnos, *von dem der Wind herab in die Eichen fällt.*

Nichts aber in den Gedichten verrät die Präsenz eines Mannes, außer daß sie einem, der ihr den Hof machte – und in dem man später den Dichter Alkaios vermutete –, ihr Bett verweigerte, aber es ist die Rede von ihrer Tochter, die sie nach der Mutter ebenfalls Kleïs nannte. Die Tradition kennt dennoch den Namen ihres Mannes: Kerkolas, einen ›äußerst reichen‹ Mann von der Insel Andros. Es ist ein ungewöhnlicher Name, der ein Wortspiel in sich trägt: *kerkos*, der ›Schwanz‹, von der ›Insel der Männer‹. Und ebenso misogyn ist die Beschreibung, die man auf einem Papyrus von ihr lesen kann: *Von einigen wurde der Vorwurf gegen sie erhoben, daß sie homosexuell und amoralisch veranlagt war. Ihr Aussehen scheint höchst unansehnlich gewesen zu sein und sehr häßlich, denn sie war sehr klein und ihr Gesicht von dunkler Farbe.*

Namen von Frauen, ob in ihren Gedichten oder den biographischen Zeugnissen, sind dagegen zahlreich: *Abanthis* aus Lesbos, *Anaktoria* aus Milet, die sie verließ und zurück nach Sardis zog, *Archeanassa*, die sie verriet und zu Gorgo in die Schule ging, *Atthis*, die Sappho am häufigsten nennt, *Cydro, Dika* und *Gongyla* aus Kolophon,

Gyrinna, *Irana* und *Mika*, *Mmasidika* und *Mnasis*, die ihr Kleider aus Ionien sandte, *Timas*, der Sappho einen Grabspruch geschrieben haben soll, aber auch *Megara*, *Eunike* aus Salamis oder *Telesippa*. Sie alle gruppieren sich um den *thiasos*, ein Begriff, dessen Auslegungen widersprüchlich sind, weil dabei auch dem homoerotischen Element Rechnung zu tragen ist.

Einer Deutung nach handelt sich um eine Schule für junge Mädchen, die Sappho geleitet haben soll, obwohl das Konzept einer Schule nicht in Sapphos Jahrhundert paßt. Der Eros hätte dabei propädeutischen und pädagogischen Wert gehabt. Man unterrichtete dort Mädchen der Oberschicht aus der Region und dem nahen Lydien, führte sie in die Rolle ein, welche die Gesellschaft von ihnen erwartete, vermittelte ihnen aber auch eine spezifisch feminine und unabhängige Prägung von Kultur, die nicht mit Athen, sondern eher mit der relativen Selbständigkeit der Frau in Ägypten verglichen werden kann. Dazu gehörte Lesen und Schreiben und eine Kenntnis der gesellschaftlichen Sitten.

Einer anderen Interpretation zufolge stand Sappho als ältere Frau einem Kreis von Mädchen vor, die auf ihre Hochzeit vorbereitet wurden. Der Kontext ist dabei kein scholastischer, sondern ein ritueller: Sappho als Priesterin eines Aphroditekultes, die die Mädchen für die Riten initiierte. Neben Hera, Zeus und Dionysos stand Aphrodite nicht nur deshalb im Mittelpunkt, weil sie mit der Seefahrt und dem Handel auf Lesbos zu tun hatte, sondern auch, weil sie mit den ihr verbundenen Göttern (Eros, die Chariten und Nereiden, Adonis) die Sexualität symbolisierte. Der gleichgeschlechtliche Eros hatte demnach kultische Funktion: dazu gehörten Schönheitswettbewerbe im Rahmen der Feiern für Hera, gemeinsame Feste und die Gebete an die Schutzgöttin, die Unterweisung im Kodex der Liebe und der Kunst der Verführung.

Als Institution wären sie somit das Gegenstück zu den Männerbünden in Sparta, den Symposien und Gymnasien, gebildet. Homosexualität war dort nur in dieser kurzen Periode der Initiation gesellschaftlich toleriert, als Rollenspiel innerhalb einer Gruppe, mit dem soziale Verhaltensweisen in der Zeit der Pubertät weitergegeben und kultiviert wurden; sie waren nicht Ausdruck einer privaten Vorliebe, sondern in einem genau definierten Raum und für eine begrenzte Periode ritualisiert, unter Anleitung der Erwachsenen. Für Sappho gilt demzufolge dasselbe wie für Sokrates und dessen Verhältnis zu seinen Schülern, der sogenannten platonischen Liebe: *Beide haben gesagt, daß sie viele liebhaben und von allen Schönen gefangengenommen werden; denn was für Sokrates Alkibiades, Charmides und Phaidros bedeuteten, das waren für die Lesbierin Gyrinna, Atthis und Anaktoria.*

Einem dritten Schema nach war Sappho eine zu ihrer Zeit bereits berühmte Musiklehrerin, zu der Frauen aus ganz Griechenland kamen, um sich im Tanz und Leierspiel unterweisen zu lassen; die Vielzahl von Chören und Hochzeitsliedern würde in dieses Bild passen. Den Rahmen dafür bildeten die engen Kontakte zwischen den aristokratischen Familien im Mittelmeerraum, zwischen Lesbos, Ionien, Andros und Ägypten. Die gleichgeschlechtliche Liebe wäre zwar nicht institutionalisiert, aber ein verbreitetes Phänomen gewesen, das auch die Kreise um Sapphos ›Rivalinnen‹ Gorgo oder Andromeda beträfe: plakativ gesagt, vergleichbar mit dem Salon der Natalie Clifford Barney und der Djuna Barnes im Paris der dreißiger Jahre. Es hätte sich demzufolge um die Jeunesse dorée einer Gesellschaft gehandelt, die sich dem lydischen Laster der Prunksucht, den Musen und der Muße mit ähnlicher Freizügigkeit wie später zu Catulls Zeiten verschrieb. Zwei Fragmente, in denen Sappho von Praktiken in einem ähnlichen Zirkel wie dem ihren und vom Gebrauch eines Dildos zu sprechen scheint, weisen in diese Richtung: *... nach kurzer zeit... / die mädchen von Polynax' haus... / ... um töne auf den saiten der lyra hervorzulocken / die sie mit dem* olisbos *berühren... / mit* *zärtlichen Gedanken ... / ... zittere* [und] *kind der Leto und des Zeus ... komm zu deinen orgiastischen riten ... laß Gryneaia und ihren hain ... orakel ... sing ... schwester-lich ... frauen von Polynax' haus ... ich will den lasziven kennenlernen.* (Campbell, 99)

Zur gleichen Zeit wie Sappho lebten auf Lesbos auch Alkaios (der um 630 geboren wurde), Pittakos, der ›gute Tyrann‹ von Mytilene (652 bis 570/569), und Alyattes (617 bis 561), der König des benachbarten Lydien und Vater des besser bekannten Krösus. Lesbos befand sich damals in einem sich lange hinziehenden Krieg mit Athen um die Vorherrschaft am Sigäischen Kap bei Troja, einem strate-gischen Punkt für den Getreidehandel mit dem Schwarzen Meer. Der Vorwand war wie immer ein politischer, da-hinter standen aber auch ethnische Unterschiede, die auf den Zerfall des mykenischen Reiches im 2. Jahrtausend und die dorischen Wanderbewegungen zurückgingen.

Die Hellenen wanderten in dieser nur wenig erforsch-ten Periode nach Osten aus, an die Küsten Ioniens in Kleinasien. Im Norden dieses Gebietes hatten sich aber bereits Stämme niedergelassen, die aus Thessalien und Böotien stammten und ihr Reich – zu dem Lesbos mit seinen fünf Städten gehörte – Äolien nannten. Um 900 wiederum siedelten sich ringsum die Dorer an – von den südlichen Kykladen bis nach Kos und Rhodos –, was die gegenseitigen Rivalitäten nur noch vergrößerte, die erst im 6. Jahrhundert unter der Vorherrschaft Athens erstickt wurden. Diese Verhältnisse spiegelten sich auch in der Oligarchie der aristokratischen Familien auf Lesbos wider, die einander befehdeten.

Alkaios und seine Brüder hatten 606 an der Schlacht gegen die Athener teilgenommen. Wenn er sich davon politischen Einfluß erhofft hatte, so wurde er jedenfalls enttäuscht; Pittakos – den Alkaios zuvor schon in den Machtkämpfen gegen seinen Rivalen Myrsilos unterstützt hatte, bis sich dieser auf die andere Seite schlug – hielt ihn im Abseits. Alkaios heckte ein erfolgloses Komplott nach dem anderen gegen den einstigen Verbündeten aus, bis er schließlich ins Exil nach Lydien gezwungen wurde. Auch Sappho scheint sich im falschen Lager befunden zu haben, wie eng mit Alkaios auch privat liiert, ist nicht mehr zu sagen – der Glaube an ein amouröses Verhältnis zwischen ihnen geht aber zumindest auf die Zeit des Aristoteles zurück. Jedenfalls wurde auch sie verbannt; irgendwann zwischen 605 und 591 ging sie nach Sizilien.

Sappho hat sich, anders als Alkaios, kaum politisch geäußert. Ein Grund für ihre Emigration könnte deshalb auch darin bestanden haben, daß Pittakos, um die instabile politische Situation wieder in den Griff zu bekommen, ein Gesetz erlassen hatte, das den Luxus einschränken sollte, mit dem die einzelnen Clans ihren Status demonstrierten; er verbot den Besitz und die Zurschaustellung exklusiver Objekte und den Import teurer Materialien, aromatischer Stoffe und von Edelsteinen. In diesem restriktiven Klima mochte auch Sapphos elitärer Zirkel von Freundinnen unangenehm aufgefallen sein – aber dies bleibt ebenso nur eine Vermutung wie die Dauer ihres Exils. Wie Alkaios durfte sie jedenfalls erst heimkehren, als Pittakos vor seiner Abdankung Gnade ergehen ließ – irgendwann zwischen 590 und 580.

Vielleicht hat sie sonst noch eine Reise nach Ägypten gemacht, zu ihrem Bruder Charaxos, der dort in die Hände einer Hetäre namens Rhodopis fiel, die sein Geld zum Fenster hinauswarf. Herodot schreibt über Rhodopis, die Sappho Doricha nennt: *Rhodopis [›Rosa-Augen‹] kam nach Ägypten durch den Samier Xanthos, der sie als Hetäre dahin mitnahm. Ein Mann aus Mytilene, Charaxos, der Bruder der Sappho, kaufte sie um einen hohen Preis frei. Sie blieb in Ägypten, und weil sie sehr schön war, erwarb sie ein Vermögen, das für ihren Beruf recht groß war [...]. Rhodopis wollte, um sich selber ein Denkmal zu schaffen, ein Weihgeschenk nach Delphi stiften, auf das noch nie jemand verfallen und das noch in*

..ανοθεν κατιου[ς-

†δευρυμμεκρητεσιπ[.]ρ[   ].† ναῦον
ἄγνον ὄππ[αι   ] χάριεν μὲν ἄλσος
μαλί[αν], βῶμοι δ᾽ ἔ‹ν›ι θυμιάμε-
    νοι [λι]βανώτω‹ι›·

ἐν δ᾽ ὕδωρ ψῦχρο‹ν› κελάδει δι᾽ ὔσδων
μαλίνων, βρόδοισι δὲ παῖς ὁ χῶρος
ἐσκίαστ᾽, αἰθυσσομένων δὲ φύλλων
    κῶμα †καταιριον·

ἐν δὲ λείμων ἰππόβοτος τέθαλε
†τωτ...(.)ριννοις† ἄνθεσιν, αἰ ‹δ᾽› ἄηται
μέλλιχα πν[έο]ισιν [
    [   ]

ἔνθα δὴ σὺ †συ.αν† ἔλοισα Κύπρι
χρυσίαισιν ἐν κυλίκεσσιν ἄβρως
‹ὀ›μ‹με›μείχμενον θαλίαισι νέκταρ
    οἰνοχόαισον

101

keinem Tempel geweiht worden wäre. Sie ließ daher eine Menge eiserner Bratspieße machen, so groß, um einen Ochsen daran zu braten, und zwar so viele, wie sich von dem zehnten Teil ihres Vermögens herstellen ließ. Die sandte sie nach Delphi. [...] Als übrigens jener Charaxos, der Rhodopis freigekauft hatte, nach Mytilene zurückkehrte, hat ihn Sappho in einem Lied grimmig verspottet. (II, 135)

Sonst ist über ihre Biographie nicht mehr viel zu sagen. Sie erzog ihre Tochter, kümmerte sich um den Unterhalt – *Sappho war eine gute Hausfrau, eine fleißige, wohlgemerkt*, wie es in einem Papyrus heißt –, und sie scheint alt geworden zu sein, an die siebzig. Daß sie sich wegen der Liebe zu einem jungen Seemann namens Phaon vom Leukadischen Felsen gestürzt hätte, beruht dagegen auf der Mißinterpretation einer ihrer Hymnen an Aphrodite, wo der Gott der Fruchtbarkeit unter diesem Namen zitiert wird. Auch diese Legende stammt schon aus der Zeit des Dichters Platon, der darüber – wie fünf andere außer ihm – eine Komödie schrieb.

Sappho und Alkaios waren Lyriker im eigentlichen Sinn des Wortes: ihre Kompositionen wurden gemacht, um zu der Lyra oder einem anderen Saiteninstrument vor einem eigens dazu erschienenen Publikum vorgetragen zu werden. Die archaische griechische Dichtung gab diesen Rahmen vor, obwohl daran im heutigen Sinn nichts ›Lyrisches‹ war. Ihre Sprache geht auf eine orale Tradition und ihre spezielle Rhetorik zurück, die man auch 1200 Jahre später an den arabischen *Mo'allaqat* noch gut erkennen kann; sie hatte nichts Subjektives an sich, sondern war eine Art Massenmedium: ein Spektakel aus Gesang, Musik und Worten. Die Antike unterschied deshalb auch nur zwischen einer Chorlyrik, wo der Chor den Tanz begleitete, und der monodischen Lyrik eines einzelnen Vortragenden. Sapphos Werke sind zu letzteren zu zählen, mit Ausnahme der Hochzeitslieder, die für einen Chor verfaßt waren.

Erhalten sind von dieser Tradition nur wenige Fragmente und Zitate, ihre musikalische Vielfalt läßt sich aber an der Bandbreite der metrischen Formen erkennen.

Der lyrische Dichter komponierte für ein spezielles Publikum, das die Arbeiten nicht selten auch in Auftrag gab. Die Themen waren von allgemeinem Interesse: politische Kontroversen und gesellschaftliche Ereignisse, die Riten der Pubertät und der Hochzeit, religiöse Feste und Familienfeierlichkeiten, private Symposien, Sauf- und Freßgelage, zu denen die Dichtung ihre Unterhaltung auch in improvisierter Form beisteuerte. Die Poesie war also an den Zweck und an das soziale Leben gebunden, und sie bezog sich auf eine elitäre Oberschicht, die sich nach außen hin abgrenzte. Sie war das Sprachrohr dieser Gruppe und vermittelte deren Wertsysteme weiter an die Gesellschaft; in diesem Sinn war sie ein Medium der Propaganda und Didaktik, aber auch des Allgemeinwissens und der Geschichtsschreibung.

Was die Besonderheit der griechischen Dichtung im Gegensatz zu den meisten übrigen oralen Kulturen ausmacht, ist zweierlei: einerseits eine (bei Sappho die äolische) Gesellschaftsschicht, die gerade dabei ist, sich zu etablieren und daher noch kein über Jahrhunderte ausformuliertes Repertoire an Ausdrucksmitteln hat, sondern diese erst herausbildet; zum anderen der im Vergleich relativ geringe Zeitraum bis zur schriftlichen Fixierung dieser speziellen Diktion. Die Sprache sucht noch nach ihrer Balance zwischen den archaischen Formen Homers, der für die untergegangene mykenische Epoche stand, und den neuen Gesellschaftsstrukturen, die sich in Richtung Demokratie entwickelten. Was uns deshalb überliefert wurde, ist ein in der Weltliteratur eher seltenes Zeugnis für eine Poesie *in statu nascendi*.

Bei Sappho finden wir deshalb eine Dichtung vor, die noch eine kollektive und nur ansatzweise eine individuelle Sprache spricht; selbst wenn einer subjektiven Perspektive Ausdruck verliehen wird, dann immer nur in bezug auf das bereits vorhandene, homogene System von Mythen, Bildern und Formeln. Auf Kommunikation ausgerichtet, galt das Private nur als Beispiel innerhalb eines kollektiven Erfahrungshorizontes. Daher rührt auch die sprichwörtliche griechische Klarheit: eine Rhetorik ohne allzu große ornamentale Verbrämung, die Schärfe der Linien und die Einfachheit der Ideen, die Tendenz, sich in Bildern auszudrücken und nicht in abstrakten Konzepten. Selbst wenn also Sappho – oder auch Archilochos – von sich reden, tun sie dies auf eine objektivierende Art. Das Konkrete wird als Fallbeispiel mit aller Prägnanz vor dem Publikum in Szene gesetzt; die Situationen werden als exemplarisch aufgefaßt. Die Dichtung wird zur Grammatik der Existenz, die, was Subjektives betrifft, hauptsächlich das Typische zur Sprache bringt: die unerwiderte Liebe, die Sehnsucht, den Abschied und den Schmerz, die Vergnügen eines Festes oder eines Banketts, die Beschimpfung eines Feindes und das Lob eines Freundes, die Klage über Alter und Tod oder den Haß auf einen Gegner. Das lyrische Ich grenzt sich nicht vom Kollektiv ab, sondern bezieht seine Identität daraus; seine spezifischen psychologischen Züge werden in diesem Gegenüber konkretisiert – der Mythos dient dabei als gemeinsamer Nenner. Die eine Ode der Sappho (XXX) mit ihrem Katalog von Symptomen einer Liebe ist ein gutes Beispiel dafür, wie Mythos und Privates sich verschränken; das vermittelnde Bild ist jedoch immer physisch konkret, fast behavioristisch beschrieben. Im Grunde trifft dies auf die meisten Kapitel dieser Anthologie zu: die Stringenz der Bilder, ihren Imagismus, findet man bei allen Schlüsselfiguren und Umbruchszeiten der Poesie, bei Catull wie bei den irischen Mönchen oder bei Guihelm IX.

Und trotz allem sagt Sappho, wie Archilochos vor ihr, erstmals ›Ich‹ – auch wenn der Grat, der sie von der epischen Tradition absetzt, noch sehr schmal ist. Doch die Trennung zwischen Epos und Lyrik, und die Frage nach der Präzedenz, ist im Grunde eine spezifisch griechische. In allen oralen Kulturen sind diese beiden Formen komplementär. Der Unterschied liegt allein darin, daß das unpersönliche Epos und sein narrativer Horizont für eine mythische Vergangenheit steht, während die Lyrik Aktualität und Gegenwart zu verkörpern hat – daß diese jedoch auch miteinander verwoben werden konnten, sieht man an Enheduanna wie an den präislamischen Dichtern.

Genau betrachtet, gibt es jedoch auch die nach allgemeiner Vorstellung strikte Trennung zwischen Epos und Lyrik im Griechischen nicht: beides vermischt sich bei Hesiod wie bei Archilochos oder später noch bei Kallimachos; Homer erscheint in diesem Sinn nur deshalb als Ausnahme, weil soviel an seinem Kontext verlorengegangen ist. Dazu kommt, daß man auch zwischen Rhapsoden – die das Epos vor einem großen Publikum vortrugen – und Lyrikern – bei meist spezifischeren Anlässen – nicht streng trennen kann; sie gehörten zusammen: die Lyriker lernten ihr Handwerk beim Rezitieren, und der Unterschied lag eher im Stoff als in der Stellung des Dichters. Dazu kommt, daß ja auch die Lyrik Teil des kollektiven Gedächtnisses wurde, noch bevor sie schriftlich festgehalten wurde. Die folgende Anekdote ist in diesem Sinn bezeichnend: *Solon der Athener fand – als bei einem Symposion sein Neffe ein Lied der Sappho sang – Gefallen daran, und bat ihn, ihm das Gedicht beizubringen. Als ihn dann einer fragte, warum, erwiderte er, damit er dies erlernen und dann sterben könne.*

Die zunehmende Dominanz der Lyrik vom 6. Jahrhundert v. Chr. an hat jedoch auch damit zu tun, daß sich die alten Gesellschaftsformen, für die das Epos stand, aufzulösen begannen und die Lyrik als Kleinform zunächst tastende Versuche machte, neue, adäquate Formen für eine sich verändernde soziale Struktur zu finden. In einen großen epischen Rahmen lassen sie sich erst neu einschreiben, wenn sich dieser Verhaltenskodex etabliert hat: Kallimachos' Sammlung *Aitia* ist ein erster Beleg für diese neu einsetzende Episierung, der dann eigentlich erst Vergil, Ovid oder Dante wieder gerecht werden.

Als Beispiel für diese gesellschaftlichen Umwälzungen sei angeführt, daß der einzelne Soldat – wie er in den homerischen Epen auftaucht – zusehends durch die Gruppe der Phalanx ersetzt wurde. Zugleich entwickelte sich die Aristokratie von einer Kaste von Kriegern zu einer Klasse von gleichberechtigten Bürgern, die mehr Zeit für Muße hatte. An die Stelle der Stammeszugehörigkeit traten Stadtstaaten, in denen es eher auf die einzelnen Familien ankam. Die Männer trafen sich im Gymnasium und bei den nur ihnen zugänglichen Symposien, die zunehmend zum Mittelpunkt des gesellschaftlichen Lebens wurden, was die Segregation der Geschlechter verstärkte. Die Frauen verloren an Einfluß und Ansehen, ihre Rolle wurde nur mehr durch Heiratspolitik und Nachkommenschaft legitimiert. Von der relativen Selbständigkeit einer Helena oder Penelope bei Homer konnte nicht mehr die Rede sein – man denke nur an Semonides' von Amorgos zynisches Spottgedicht über die Frauen, die er mit Säuen, läufigen Hündinnen, Eselinnen und dergleichen vergleicht.

Dazu kommt, daß diese von Männern geprägte Kultur mit ihrer Betonung des Kriegerischen gleichgeschlechtliche Kontakte förderte; es war der männliche Körper, nicht der weibliche, der zum Inbegriff der Schönheit geriet: während die *kouroi* in dieser Zeit nackt dargestellt wurden, blieben die jungen Mädchen – die *korai* – bekleidet. Auf der weiblichen Sexualität lag eher ein Tabu, wie es die Geschichte von Aktaion versinnbildlicht, der von Hunden zerrissen wurde, als er Artemis nackt beim Baden überraschte. Und obwohl sich die Frauen auf Lesbos im Vergleich zum übrigen Griechenland mehr Unabhängigkeit bewahrten, ändert dies nichts daran, daß Sappho Teil einer sozialen Sphäre war, die sich in dem Maße abkapselte, wie sie von den Männern ausgeschlossen wurde. Der lyrische Ton eines Archilochos oder Alkaios könnte deshalb im Vergleich mit Sappho nicht gegensätzlicher sein.

Auf die Poetik übertragen, bedeutet dies, daß sie ihr lyrisches Ich enger fassen mußte als beispielsweise Archilochos. Bezeichnend dafür ist nicht nur der Umstand, daß von Sapphos Biographie weniger bekannt ist als von ihrem Kollegen Alkaios, sondern auch, daß sie ihre Lieder für ein zahlenmäßig eingeschränkteres Publikum komponierte. Sappho war zwar als Dichterin in die offiziellen Feste eingebunden, die meisten Lieder jedoch waren für einen kleineren Kreis gedacht, die Mädchen oder die Familie; für eine größere Öffentlichkeit waren nur ihre iambischen Spottgesänge (über ihren Bruder) und vor allem die Hochzeitslieder bestimmt, die man bereits im 3. Jahrhundert v. Chr. an das Ende ihres Buches setzte.

All dies ändert nichts an Sapphos Originalität. Ihre Poetik mag noch so sehr ›weiblich‹, ›psychologisch‹, ›emotional‹ oder auf ihre soziale Gruppe bezogen sein – dennoch hielt sich Sappho in vielerlei Hinsicht nicht an die überkommenen Konventionen. Ihre Sprache ist direkter, klarer, flüssiger und umgangssprachlicher als jene des Archilochos oder Alkaios; der Anteil an stereotypen Redewendungen ist selbst in der Anrufung der Götter geringer. Syntaktisch und rhetorisch ist sie von eigenständigen Formen, Ellipsen und Bildern geprägt: das *kaitoi* – die entgegensetzende Konjunktion ›und doch‹, die weder bei Homer noch bei Hesiod belegt ist – charakterisiert ihre Poetik treffend. Was die Bilder betrifft, prägt sie eigene Vergleiche, wie den uns heute so geläufigen ›silbernen‹ Mond. Überhaupt läßt sie sich von ihren poetischen Vergleichen gedanklich weiter tragen als andere zeitgenössische Dichter. Die Ode an Anaktoria in Sardis ist nur ein Beispiel, das zeigt, wie sie die homerische Formel der ›rosenfingrigen Dämmerung‹ auf den Mond überträgt und gleichzeitig dagegen verstößt, indem sie aus ihm eine *weiße* Rose macht, weiß wie die übrigen, zum Vergleich heran-

107

gezogenen Begriffe: die Sterne, das Salz, der Tau und die Blumen.

Es sind diese Diagonalen des Lichts, die Sapphos Bilder bestimmen: trotz all ihrer Körperlichkeit bleiben die Dinge doch nur Zeichen, die nicht wie sonst in einer Allegorie des Mythos aufgelöst werden – sie bleiben bestehen. Damit zeigt sich bereits eine erste Distanz zu den Göttern an, die langsam in den Hintergrund treten. Sapphos Haltung ist die der Entgegensetzung: die Zeichen gegen die Dinge, die Dinge gegenüber den Göttern, und sie selbst immer am Rande. Die Zurückweisung einerseits, das Sehende und Sehnende andererseits sind ihre Themen, und sie verraten, daß die Kluft zwischen Ich und Welt größer wird. Die Dialektik von Licht und Schatten prägt ihre Haltung: die Poesie und die Musen sichern das Weiterleben; alles andere fällt dem Vergessen anheim.

Ihre Bilder liegen in dieser Spannung – sie legen sie zurück in die Natur, die sie beschreiben. Schon bei Homer war die Landschaft ein Korrelat für das Poetische, nur daß bei ihm in jedem Baum noch ein Gott wohnte, was der Natur ihre Schroffheit und Erhabenheit verlieh. Bei Sappho ist sie leer: das Panorama hat sich in einzelne Ausschnitte geteilt, ist nähergerückt. Was sie allein belebt, ist die poetische Geste Sapphos, die Projektion des Eros: dadurch sind ihre Gedichte voller Präsenzen. Der Name, den sie dafür benützt, ist *pothos*, das Verlangen. Ihm verleiht sie im selben Satz aber auch seine Körperlichkeit, indem sie es mit dem Verb *exienai* in Verbindung bringt, dem Zuendekommen, das schon bei Homer eine sexuelle Metapher war.

D as ›Buch‹ der Sappho ist nur nach und nach entstanden. Ihre Lieder wurden zuerst mündlich weitergegeben; mit wachsendem Ruhm wurden dann erste Gedichte auf Papyrus geschrieben, später auf das teurere Pergament, oder auf Vasen eingraviert, bis im 3. Jahrhundert v. Chr. die Sammlung des Aristophanes von Byzanz vorlag, die man dort noch im 12. Jahrhundert einsehen konnte. Neun Bücher waren es, Liebesgedichte, Iamben, Satiren und Gelegenheitsgedichte, Hymnen und Hochzeitslieder, aber nach Metren und Rhythmen unterteilt. So bestand das erste Buch aus 1320 Versen in Strophenmaßen, die ebenfalls ihre Erfindung waren: drei Elfsilber gefolgt von einem kurzen Fünfsilber.

Was man dann im Mittelalter von ihr kannte, bestand aus Rekonstruktionen von Zitaten in anderen Büchern. Erst gegen Ende des letzten Jahrhunderts fand man in Oxyrhynchos in Ägypten, südlich von Faijum, Papyri in Gräbern und alten Mülldeponien, zerrissene Papyrusstreifen, in die man auch Mumien eingewickelt hatte: Textfragmente, die nur mehr ein Fünfzehntel des ursprüngliches Umfangs ausmachen. Der letzte Fund geht übrigens erst auf das Jahr 1936 zurück: eine Tonscherbe, auf die ein Schüler ein Gedicht zur Übung eingeritzt hatte; Borchardt hat ein Essay darüber verfaßt.

Es gibt so viele Sapphos wie Herausgeber. Die Entzifferung der Worte, die Ergänzung von Silben, ja von ganzen Sätzen, der Zusammenhang einzelner Zeilen und der Gedichte überhaupt, bleibt wie bei keinem anderen Dichter sonst Vermutung und subjektive Interpretation. Die Übersetzung ist es noch mehr, wie die greifbaren – aber kaum lesbaren – wissenschaftlichen Ausgaben mit ihren Interlinearversionen und den Auslassungszeichen zeigen; die Gräzisten haben zwar philologisch genaue Versionen erstellt, aber die Lyrik dabei verloren, wie Quasimodo es formulierte. Daraus beziehen die folgenden Übersetzungen ihre Legitimation; sie verstehen sich als Nachdichtung: als poetische Konjekturen, die die Bilder und den Tonfall nachzuzeichnen versuchen.

Cape Clear, Juli 1994

I

An meinem bett stand sie

die dämmerung in ihren
sandalen und weckte mich
gerade in diesem moment

II

Dieser morgen war

der goldene ginster
der sonne auf dem
strand und dem meer

III

In der mitte des tages

wenn in der senkrecht
herab fallenden hitze
die erde glüht dann

schlagen die zikaden
das lied aus ihren
flügeln noch einen
halben ton höher an

IV

An diesem nachmittag

flochten die mädchen
blumen zu girlanden
nur für ihre hochzeit

SAPPHO
▸ 7./6. JAHRHUNDERT V. CHR.

V

Hesperos · du bist der

hirte des abends · du
bringst als herde nach
hause was immer die
dämmerung morgens
zerstreut
           du bringst
den schlaf wie schafe
und ziegen du bringst
das kind den armen
seiner mutter zurück

VI

Der mond in der dämmerung

und die mädchen nehmen ihren
platz ein wie um einen altar

VII

Die sterne rings um den mond

sie verbergen ihr helles gesicht
unter ihren händen wenn er rund

am himmel steht und sein licht
auf die erde wirft · wie silber

VIII

Die fetten schenkelknochen

einer weißen ziege werde ich
dir opfern auf deinem altar

113

SAPPHO
▸ 7./6. JAHRHUNDERT V. CHR.

IX

Die sterne gehen wie kienspäne

auf im kohlenbecken des mondes
flackert das feuer bis hin zur erde

X

Der schlaf gießt auf ihre augen
sein dichtes dunkel

❦

Mit dem kopf
auf der brust eines mädchens

XI

Der in gold gekleidete mond
der diener der Aphrodite

❦

Daß die nacht für mich nur
noch einmal so lang wäre

XII

Der schlaf schließt ihre augen
für eine nacht eine ganze nacht

✦⟸

Und ich auf einem weichen lager
strecke meine müden glieder aus

XIII

Und untergegangen ist der mond mit
den pleiaden · versunken mitten im
dunkeln · aus der schale der nacht rinnt
die zeit und nur ich · ich schlafe allein

XIV

Ich glaube selbst die arme ausgestreckt
könnte ich den himmel nicht berühren

SAPPHO
▸ 7./6. JAHRHUNDERT V. CHR.

XV

Ich verlange und ich brenne

Du bist es der mich brät...

XVI

Ich weiß nicht warum
ich bin entzweigerissen

XVII

Ich liebe was mich liebt · die liebe hat
glaube ich ihren anteil an der sonne

XVIII

Im traum hab ich mit dir
geredet · göttin · Kypris

XIX

Kypris · laß Kreta und komm
du weißt wo · unter der krone
des laubs hier ist dein hain
rauch steigt auf

vom altar und wasser fließt
flüsternd unter den zweigen
der quitten den hang hinab
in den schatten

der rosen · schlaf tropft vom
rascheln der blätter senkt
sich auf die erde und sinkt
auf die augen

auf der wiese dort weiden die fohlen
im frühling von farnen und klee
und der wind stochert im gras
Komm Kypris

hierher zu mir und schenke
uns ein in goldene schalen
füll sie mit wein und dem was
die götter nur trinken

117

XX

Aphrodite · unsterbliche tochter
eines gottes dessen wege noch
verschlungener sind als die
verzierungen

auf deinem thron · ich bitte dich
du laß mich nicht allein mit
meinem schmerz sondern komm
wie damals als

ich dich rief von ferne und du
es hörtest · du gingst aus dem
haus deines vaters um das
gespann an den

wagen zu schirren das dich
vom himmel herab brachte
in einem flirren von flügeln
auf die dunklen

hügel der erde · dann lachtest
du wie nur du allein lächeln
kannst und fragtest: was ist es
diesmal und weshalb

rufst du mich jetzt und wonach
sehnt sich dein zorniges herz
gerad wieder · wen muß ich denn
nun überreden zu deiner

liebe und wer Sappho ist es die
unrecht dir tut? läßt du sie gehen
kommt sie dir bald nach weist
sie dich ab so wird

sie es später bereuen und liebt sie
dich heute nicht dann eben morgen
selbst wenn sie nicht will · komm
Aphrodite und nimm

das begehren und den schmerz mir
von der zunge lehr mich die liebe
und warte nicht länger und komm
und bleib mir zur seite

XXI

Was   Sappho   kannst   du

jemandem   geben   der   wie
Aphrodite   schon   alles   hat?

119

SAPPHO

▶ 7./6. JAHRHUNDERT V. CHR.

XXII

Die schildkrötenschale
der götter · die lyra

meine musik wird sie
zum sprechen bringen

XXIII

Mögen sie auch nur atem sein
die worte · meine zunge wird sie
unsterblich machen

XXIV

Die Musen gaben mir mein leben

und wenn ich sterbe werde ich
niemals mehr vergessen werden

XXV

Wenn sie ihre haare und kleider
mit dem holz der skythen färben
sehen sie wie reife quitten aus

XXVI

Ja sie mag ungeschickt sein

Mnasis – aber Dika ist an
gestalt doch anmutiger als
unsere biegsame Gyrinna

XXVII

Mit deinen schlanken händen

Dika brich die schößlinge
des dills und flicht sie zu einem
kranz um deine locken

denn so erkennen ihresgleichen
die Grazien · andere aber
die meiden sie

121

SAPPHO
▸ 7./6. JAHRHUNDERT V. CHR.

XXVIII

Du warst es Atthis die sagte:

Sappho wenn du jetzt nicht
aufstehst und dich endlich
zeigst ist es

aus mit unserer liebe · darum
erheb dich zeig wie biegsam
dein körper ist zieh dir dein
nachthemd aus

und stell dich zum becken
wie eine lilie wenn sie sich
ans wasser lehnt · Kleïs
bringt dir

den roten rock deinen besten
und die gelbe tunika aus
dem schrank und sie legt dir
einen mantel

um deine schulter und auch
blumen aufs haar · Praxinoa
mein kind röstest du uns nüsse
zum frühstück?

Einer der götter meint es gut
heut mit uns: endlich gehen
wir nach Mytilene mit Sappho
der schönsten

seiner frauen · wie eine mutter
mit all ihren töchtern wird sie
mit uns gehen kehrt sie zurück
aus dem exil

aber du du vergißt alles

XXIX

Ja Atthis du kannst sicher sein
daß selbst in Sardis sie an uns
denken wird an das leben das
wir hier führten

als du uns die fleischgewordene
göttin warst stimme und mund
und der neid der frauen Lydiens
wird ihr sicher sein

vor soviel licht · wie der finger
des mondes wenn er die sonne
in den abend und die sterne aus
der nacht streicht

und mit seinem weißen arm auf
dem meer liegt während die hand
die felder voll ähren und grannen
glatt streift

123

und der wind wird sein wie schnee
dann an den aufgerichteten rosen
dem kerbel und dem offenen klee
Am morgen aber

wird sie durch das gras gehen ein
wenig verloren und denken an dich
die lippen aufeinander gepreßt
Und selbst wenn

wir dich hören könnten Anaktoria
über dieses meer hinweg so hat es
nur zungen die allein von sich
selber sprechen

XXX

Ich habe dich lange schon geliebt
Atthis als du noch ein mädchen
warst und nicht einmal hübsch

XXXI

Daß du nach allem nicht einmal mehr
an mich denken magst Atthis und
jetzt sogar noch zu Andromeda gehst

XXXII

Ehrlich · ich wollte ich wäre tot
sie hat geweint

als sie mich verließ und zu mir
sagte: wirklich ich wollte ich
wäre tot – wie ungern verlasse
ich dich Sappho!

Und ich sagte zu ihr: sei nicht
traurig du weißt ja wie sehr ich
wie sehr wir dich liebten · traurig
ist nur was man

vergißt und ich weiß ja daß du
alles vergißt was man dir sagt
drum laß dich daran erinnern
wie es war als du

hier bei uns warst: weißt du noch
die kränze aus veilchen rosen
und krokus und jene
aus anis und dill?

Wie wir uns girlanden aus ginster
und gras flochten und sie uns
um den hals legten und wie sie
dich stachen?

Wie viele salben hast du immer
gebraucht – brentho und basileion
für deine haut damit sie glatt würde
wie für einen könig!

125

SAPPHO
▸ 7./6. JAHRHUNDERT V. CHR.

Was warst du doch für ein kindskopf
schliefst lang in den tag hinein und
träumtest von wasweißichwas –
wußte ich wem?

Bei keinem einzigen tanz aber hast
du gefehlt keinem einzigen opfer
keinem einzigen trank und es gab
keinen hain

wo wir uns nicht den frühling holten
und ihn mit unseren liedern wieder
vertrieben – du hast ja auch damals
meist falsch gesungen!

Wirklich ich wollte ich wäre tot ich
habe dich weinen gesehen als du fort
von uns gingst und ich nichts richtig
zu sagen vermochte

XXXIII

Als ich Eros sah zu fuß auf dem weg

vom himmel hinunter trug er über
die schulter geworfen den groben
mantel eines soldaten ganz
in purpur getaucht

XXXIV

Und Eros verdreht mir den kopf
wie der wind wenn er vom berg
herab in die eichen fällt

XXXV

Und wieder Eros der mich bittersüß
beugt und biegt daß ich mich winde

wie eine schlange die man nicht fängt

XXXVI

Eine   schale   voll   ambrosia

war   bereits   mit   wasser
gemischt und Hermes nahm

diesen krug und schenkte den
göttern den wein ein und

sie alle hoben die becher
und brachten den trank dem

bräutigam   dar   zum   opfer

SAPPHO
▶ 7./6. JAHRHUNDERT V. CHR.

XXXVII

Wenn du die liebe die ganze nacht
gefangen hältst dein finger auf den
spitzen ihrer brüste wie ein vergiß
mein nicht auf einer offenen hand –

so werden wir draußen warten und
singen von dir und ihrer liebe · doch
sobald du wieder wach wirst geh und
laß auch uns zum schlafen kommen

XXXVIII

Wie die quitte am ende eines astes
auf der spitze des zweiges oben
in der krone des baumes

die obstpflücker vergaßen sie nein
vielleicht konnten sie so hoch
nur nicht langen

Wie die hyazinthe am hang des berges
die ein hirte zertrat · nur ein roter
fleck blieb dunkel auf der erde
wie blut auf einem laken

XXXIX

Wie eine rebe die sich um einen pfahl
nach oben rankt

XXXX

In meinen augen ist er mehr als
ein gott der mann der sitzen darf
an deiner seite und an deinen
lippen hängt

während dein lachen mir das
herz zuschnürt · immer seltener
bekomme ich dich zu gesicht
doch dann

bringe ich kein wort über die
lippen meine zunge sie haspelt
stammelt und stottert die röte
steigt mir

kalt in die wangen und ich traue
mich nicht mehr dir in die augen
zu schauen · ich bin wie blind
und das blut

SAPPHO
▸ 7./6. JAHRHUNDERT V. CHR.

pocht und klopft in meinen ohren
kalter schweiß steht mir auf der
stirn frost friert mir unter der haut
fieber schüttelt

und packt mich und leichenblaß
werde ich · und ich weiß ja man
muß es ertragen und man
erträgt es

dann auch – doch in solch einem
moment ist mir der tod nicht
mehr fern

XXXXI

Eine armee von reitern ein heer
von soldaten oder die langen
ruder einer flotte sagen sie wären
der schönste anblick

auf dem dunkel der erde · ich aber
sehe nur was meinem verlangen
gestalt gibt und erst unter dem
mantel von worten

Ließ nicht auch Helena für dieses
nackte kind mutter und mann
zurück selbst für einen der schuld
war an Trojas fall?

Der brandschatz der begierde
läßt jedoch jetzt Anaktoria mich
nicht vergessen · die gedanken
folgen den figuren

der ferne die nachgiebig sind
wie die dunkle linie deiner beine
bis zum gelenk und immer das
leichte leuchten

in deinen augen wie es heller ist
als die pferde der Lydier die sich
wider die waffen ihres fußvolkes
spiegeln

XXXXII

Meiner tochter habe ich

den namen Kleïs gegeben
das gold einer blume und

nicht für Krösus' reich
noch für anderes würde
ich dich jemals hergeben

SAPPHO
▸ 7./6. JAHRHUNDERT V. CHR.

XXXXIII

Ich bringe mein weben

heut   nicht   zu   ende
mutter
                    Aphrodite
magst   du   dafür   zur
verantwortung   ziehen

sanft wie sie ist läßt
sie mich fast aus liebe
sterben für einen mann

XXXXIV

Muß ich dich daran erinnern

Kleïs daß im haus eines dichters
niemand vor schmerz schreit?

X X X X V

Frag mich nicht was anziehen
ich habe kein haarband mit
diesen stickereien aus Sardis
für dich wie ich

Kleïs eins trug · meine mutter
sagte mir oft daß zu ihrer zeit
purpurne reifen in mode waren:
wir aber waren

dunkel und nicht so wie du –
ein mädchen dessen haar heller
ist als eine fackel sollte keinen
anderen schmuck

tragen als einen geflochtenen kranz
frischer blumen

X X X X V I

Und das sei dir deine garderobe:
ein tiefroter rock ein persischer
mantel das hauchfeine kopftuch
das mir Mnasis

133

SAPPHO
▸ 7./6. JAHRHUNDERT V. CHR.

geschickt hat aus Phokaia ein
durchsichtiges hemd kränze und
krokus die lydischen schuhe diese
weichen sandalen

lockenhalter sodasalz im kästchen
skythisches holz um die haare blond
zu färben die brenthosalbe und die
creme royale

XXXXVII

Weißer bist du als milch
       entrückender als die lyra
klarer als jede quelle
       herrlicher als eine stute
schmiegsamer als stoff
       blühender als eine rose
lebendiger als ein bach
       kostbarer als das messing
goldener selbst als gold

XXXXVIII

Ein bauerntrampel hat es dir angetan
eine die nicht einmal weiß wie man
ein kleid leicht über die knöchel hebt

134

IL

Komm Gongyla wenn ich dich
rufe zieh dir dein langes kleid
an das halblinnene aus jenem
weißen stoff

der dir beim tanzen über die
konturen des körpers fließt wie
milch über eine hand · schön
bist du dann

schon allein wie sich das tuch
über den busen spannt – auch
wenn ich dir dies nur an manchen
tagen erlaub

L

Kypris ich bitte dich kümmere
dich um meinen bruder Charaxos
zieh ihn aus seinem elend und
was er getan hat

Kypris vergib ihm · laß ihn sein
schiff nicht verfehlen und den
sprichwörtlichen hafen erreichen
aber warte noch

135

SAPPHO
▸ 7./6. JAHRHUNDERT V. CHR.

Kypris bis ich ihn in meine finger
kriege meinen bruder der mich
zum gespött der leute gemacht
hat ich bitte dich

Kypris ach kümmere dich auch
um diese hure Doricha der er sein
ganzes geld nachwarf obwohl sie
ihm hörner aufsetzte

Kypris du weißt ja was er getan
hat freigekauft hat er sie worauf
ihr nichts anderes einfiel als sich
mit seinem geld

Kypris bei den göttern einzukaufen
du weißt ja womit: eiserne spieße
groß genug um ochsen zu braten
doch nur um sie

Kypris stell es dir vor – in Delphi
weihen zu lassen als wären die
götter so verfressen wie sie
und jetzt kommt er

Kypris auf demselben schiff wie
diese spieße: eine jammergestalt
eine lächerliche figur vollkommen
abgebrannt – ach

Kypris laß ihn sicher landen meinen
bruder aber schenk ihm noch einen
kleinen sturm damit er weiß
was katharsis heißt

LI

[*Sappho zu Alkaios*]

Nein · so gern ich dich mag –
such dir ein jüngeres bett wenn
du nur bei mir wohnen willst
dafür bin ich wirklich zu alt

LII

[*Alkaios zu Sappho*]

Ich möchte dir etwas sagen doch
eigentlich trau ich mich nicht –

[*Sappho zu Alkaios*]

Alles was gut und recht ist mein lieber
wenn du was anderes als bumsen
im kopf hättest dann wäre es dir längst
schon über die lippen gekommen

LIII

Die nachtigall ist der bote des frühlings
ihre zunge die der begier

LIV

Das herz der tauben ist kalt geworden
ihre flügel zu blei

LV

Jetzt kommt das alter – die haut wird faltig
    das haar bereits weiß
die knie zittern und die beine tragen mich
    nicht mehr · weißt du
noch damals waren wir wie rehe ihr spiegel
    ihre läufe am berghang
was soll ich tun · wahr ist die jugend nur
    einmal · selbst Eos
die dämmerung mit ihren offenen händen
    ihre finger verschränkt
um die erde und rot sah das alter Tithonos
    ihren geliebten umarmen

Sie hatte zwar Zeus gebeten
ihn unsterblich zu machen aber vergessen
auch jugend zu erbitten –
so sah sie ihn verfallen und je älter er ihr
wurde um so mehr redete und
redete er und sprach vor sich hin als wär es
beiseite zu reden das alter:
aber sie zeigte mitleid und sie verwandelte
ihn in eine zikade

Auch ich weiß ich muß
sterben obwohl ich nichts anderes spüre als
den drang dieses lebens
einen heißen tag auf den steinen · und dieses
verlangen hält mich fern
vom schatten der bäume um einfach nur in
der sonne zu stehen

LVI

Wenn du stirbst ist der tod das ende
keiner fragt dann mehr
nach dir und in niemandes erinnerung
wirst du weiterleben
weil du nie teilhattest an den rosen
Pieriens · im haus
des Hades wirst du nur ein schatten
unter allen anderen sein
in der mitte des windes · im nichts

139

Gaius Valerius Catullus
Anfang
des 1. Jahrhunderts v. Chr.

Von Catulls Leben ist wenig gesichert; eine einzige An-
gabe besagt, daß er im 30. Lebensjahr gestorben sein soll.
Die Gedichte legen eine Spanne von 84 bis 54 v. Chr. nahe,
Jahre politischer Anarchie, in die Sullas Diktatur fiel,
der Spartacus-Aufstand, die Catilinarische Verschwörung
und ihre blutige Unterdrückung, die unbeschränkte
Machtergreifung des ersten Triumvirats durch Pompeius,
Caesar und Crassus, die Aufhetzung des Volkes durch
Clodius, die Cicero kurz ins Exil führte, und schließlich die
Entmachtung der konstitutionellen Kräfte und der Bürger-
krieg. Catulls Vater stammte ursprünglich wohl aus Rom,

141

war aber in der römischen Kolonie Verona ein hoher Beamter geworden; er besaß ein Landgut in Sirmione am Gardasee. Bei ihm nahm Quintus Metellus Celer – der Prokonsul Cisalpiniens und späterer Gatte der *Lesbia* – im Jahre 62 Quartier, und später dann auch Caesar auf seinem Gallischen Feldzug.

Es scheint, daß Catull in jungen Jahren nach Rom geschickt wurde, um Rhetorik zu studieren und ihn auf eine politische Laufbahn vorzubereiten, die er wie Properz und Ovid dann nicht einschlug. Dort lernte er die politisch einflußreichen Redner Quintus Hortensius Hortalus und Cornelius Nepos kennen. Ersterer, ein Rivale Ciceros, hielt ihn zum Schreiben an – ihm widmete Catull seine Übersetzung von Kallimachos' *Locke der Berenike;* der zweite ermunterte ihn ebenfalls. Gespannter war nur die Beziehung zu Cicero, dem er einmal als ›schlechtesten der Poeten‹ seinen ironischen Dank aussprach – es muß genug Reibungsflächen zwischen ihm und Cicero gegeben haben, nicht nur, was literarische Ideen, sondern auch was Ciceros Anteil an der Verurteilung des Vaters von Catulls Dichterkollegen Calvus und am Prozeß Clodias gegen Caelius betraf.

Catull hatte am Tivoli ein eigenes Haus zur Verfügung: ein Symbol des *otium*, der Muße. Cicero war der Ansicht, daß auch sie der Bürgerpflicht zu dienen habe, Catull war anderer Meinung. Seine Auffassungen von Philosophie, Poesie und Liebe waren nicht einer kollektiven *civitas*, sondern einer Gruppe von Gleichgesinnten verbunden, einer aristokratischen Elite, die sich (ähnlich wie im Kreis der Sappho) dem Kult des *lepos* verschrieben hatte. Mit ›Grazie‹ ist dieser Begriff nur schlecht übersetzt; was er umfaßte, war das Galante, Elegante, Urbane und Freizügige einer goldenen Jugend, ihr etwas frivoler Chic und dandyhaftes Gebaren. Sie standen im Zeichen einer ästhetischen Oppositionshaltung dem überlieferten, aber korrupt gewordenen gesellschaftlichen Rollenverhalten gegenüber, ein Tanz vor dem Abgrund der Bürgerkriege und Aufstände: Sturm und Drang. Moralisch, revolutionär oder demokratisch war diese Haltung weniger als in sich gebrochen; die Zwiespältigkeit Catulls zwischen sentimentaler Passion und viriler Demonstration spiegelt sich darin ebenso wie auch in Gesellschaftskritik wider. Angeekelt von den Zuständen, zog sie sich auf die Position des sarkastischen Beobachters zurück, dessen Invektiven unter dem Mäntelchen der Komödie und Satire toleriert wurde: auch die Angriffe gegen Caesar hielten diesen nicht davon ab, Catull zum Essen einzuladen.

Sein Zirkel von Freunden, an die die Gedichte gerichtet waren, hatte sich um Publius Valerius Cato gebildet, einem Lehrer, Dichter und Kritiker aus seiner Heimatstadt Verona. Neben Catull und seinen Freunden Licinius Calvus und Cornificius gehörten noch drei weitere Poeten zu seinen Schülern: Ticidas, Gaius Cinna und Furius Bibaculus, der Cato seinen Dichtervater nannte. Die Provinz als Ort literarischer Umbrüche ist ein Standardthema der Literaturgeschichte; in diesem Fall ist es Cisalpinien, das ›Gallien in der Toga‹ im Gegensatz zum ›haarigen Gallien‹. Titus Livius und Plinius der Jüngere stammten aus Oberitalien, Vergil wurde zwölf Jahre nach Catull in Mantua geboren, wie auch Cornelius Nepos, dem Catull sein *libellus* widmete. Cato selbst überlebte all seine Schüler und starb erst um 25 v. Chr., acht oder neun Jahre vor Properz' Geburt; erhalten geblieben ist von ihm nur ein einziges Gedicht – *Dirae;* eine von ihm verfaßte Grammatik ist verschollen.

Das Schreiben war in dieser Zeit noch ein Luxus, Verlage im heutigen Sinn existierten nicht, und öffentliche Lesungen kamen erst später in Mode; man verbreitete seine Bücher, indem man Sklaven mietete, die man Abschriften verfertigen ließ. Von diesen *poetae novi* sind deshalb auch nur eine Handvoll Fragmente überliefert, doch selbst aus diesem Wenigen (und den Anspielungen in Catulls Gedichten auf sie) wird deutlich, daß die Ikono-

143

klastik und die frische Direktheit der Neoteriker viel mit dem kritischen Blick zu tun hatte, mit dem sie die gängige römische Literatur betrachteten. Vor den altmodischen, langen und breiten römischen Epen hatten sie denselben Horror wie vor allem Pompösen, Affektierten und Gestelzten; das Formale und Staatstragende lehnten sie zugunsten eines privaten und fast psychologischen Literaturbegriffs ab. Humor war für sie ebenso wichtig wie Geschmack und Intelligenz, und dazu gehörte auch eine Portion Wissen, die man sich beim Übersetzen erwarb – ohne eine Bibliothek war schlecht Gedichte machen, wie Catull bedauernd anmerkte. Und diese bestand vor allem aus griechischen Werken.

Lesbia, die ›Frau aus Lesbos‹, war ein Pseudonym, das Catull Sappho zuliebe gewählt hatte; ihre Gedichte übersetzte er, übernahm ihr Versmaß, schrieb antikisierende Hymnen und Hochzeitslieder nach ihrem Vorbild. Neben Archilochos, Alkaios, Anakreon und Simonides hatten jedoch auch die Alexandriner großen Einfluß auf ihn. Seit seiner Gründung 332 v. Chr. und dem Bau der großen Bibliothek war Alexandria das Zentrum der europäischen Kultur gewesen, und seit dem zweiten Jahrhundert gehörte es Roms Machtsphäre an. Kallimachos von Kyrene (um 300 bis 245 v. Chr.), der dort die letzten zehn Jahre vor seinem Tod arbeitete und unterrichtete, war derjenige Autor, von dem man das poetische Handwerk lernen konnte: Form und Struktur, die Stringenz und Komplexität einer Zeile – aber auch die Technik der gelehrten Anspielung und der Verrätselung, die jedoch auf Kosten der Spontaneität ging.

Catull übersetzte ihn – die Langgedichte und das kleine Epos in der Mitte seines Buches verraten deutlich dessen Einfluß. Gleichzeitig zählen sie aber auch zu seinen am wenigsten gelungenen Gedichten: was er da vorhatte, nämlich in der Langform der Elegien Bildungsgut und Biographie zu verbinden, gelang erst Properz. Was Catull mehr lag, waren die alexandrinischen Epigramme. Die

144

Sprödheit dieser kurzen Gedichte setzte dem Subjektiven Grenzen und verlieh ihm damit etwas fast schon wieder Unpersönliches und Abstraktes. Zumindest half sie ihm, seine Temperamentsausbrüche genau zu kalkulieren.

Die Namen, die Cicero dieser Gruppe von Dichtern gab – welche erstmals in der römischen Geschichte nicht unter der Patronanz eines Politikers stand –, spielen auf diese literarischen Vorlieben an. Er nannte sie auf griechisch *neoteroi*, ein Begriff, den er selbst mit ›neuen, modernen Poeten‹ wiedergab. In einem späteren Traktat schimpfte er sie *cantores Euphorionis*, die ›Papageien des Euphorion‹, eines kallimachischen Epigonen, der von einem griechischen Poeten namens Partenius in Rom verbreitet und von dem Neoteriker Cornelius Gallus imitiert wurde. Cicero dagegen war ein Bewunderer des Ennius, der mit seinen *Annales* als Begründer der lateinischen Literatur verstanden wurde. Das Moderne an den Neoterikern war nun – wie es immer ist – der Rückgriff auf die Wurzeln der Gattungen, die in der griechischen Literatur lagen. In diesem Sinn war Catull, so sehr das von seinem gängigen Bild abweicht, ein *poeta doctus* – auch sein Kollege Martial nannte ihn so.

Die poetische Sprache war zu Catulls Zeit in zwei unterschiedliche Stile gespalten: das hohe Register der Epen und Tragödien und das niedere der Komödie und Satire. Catulls Innovation bestand darin, in seinem *sermo cotidianus* beide Ebenen zu verbinden, in einer Sprache, die trotz ihres Umgangstones zugleich doch artifiziell war; seine Natürlichkeit und Direktheit beruhte auf literarischem Kalkül.

Die Wahl des Metrums trug insofern dazu bei, als er bereits ein bestimmtes Vokabular vorselektionierte. Der Hexameter beispielsweise ließ keinen Kretikus (– ∪ –) zu, wie ihn Catull für seine Komparative *(beatiores)*, volkstümlichen Verben und ihre Nominative *(baiare / basiatio)* und neoterische Schlüsselworte *(delicatus, elegans)* verwendete. Zum anderen wiederum schloß sein iambischer

145

Trimeter Daktylen und Anapäste aus, wie sie für die traditionelle Dichtung üblich waren *(pietas, desiderium, amicitia, laetitia)*. Programm ist bei Catull gerade deshalb die Variation von Ton und Stil, von den Epigrammen, den gelehrten Gedichten nach klassischem Vorbild bis zu den einmal familiär, dann wieder ironisch oder obszön kurzen Liedern.

Die Einheitlichkeit von Catulls Gedichten liegt jedoch darin, wie er die klassischen Formen für sich aktualisierte. Dazu gehört etwa der dialogische Rahmen der iambischen Gedichte der Griechen, ihre einem anderen in den Mund gelegten Worte. Er subjektiviert den rituellen Ton der symposischen Dichtung, indem er sich selbst als Gesprächspartner apostrophiert – in einem klar konturierten Realismus. Was an dem zwanzig Jahre jüngeren Horaz in diesen stilisierten Dialogen jedoch ein negativer Imperativ wurde, sich mit einem Kodex sittlicher Verhaltensregeln zu bescheiden, nicht ›zu hoffen, zu glauben, zu fragen‹, war bei Catull noch direkte Aufforderung in all ihrer Unmittelbarkeit: ›gib mir!‹ Darin ist ihr Pathos und ihr Ethos enthalten: das Ausmaß einer fast naiv vorbehaltlosen Identifikation mit seinen Sujets, in der er sein Leben zu einem Mythos stilisiert. Seine Liebesgedichte sind Teil davon.

Catull machte in Rom die Bekanntschaft der zehn Jahre älteren Clodia, einer der drei Schwestern des Tribuns Publius Claudius Pulcher, eines Volkstribuns und Verbündeten Caesars, der 52 v. Chr. umgebracht wurde. Sie heiratete den Bekannten von Catulls Vater Metellus Celer – einen Politiker, der Cicero und jene Senatoren unterstützte, die Caesar an die Macht brachten – im Jahre 60, wurde aber bereits ein Jahr später seine Witwe. In diese Zeit fällt wahrscheinlich Catulls Liaison mit ihr. Wie sie vielleicht aussah, hat er in einem Vergleich mit einer Freundin Mamurras angedeutet: kleine Nase, schwarze Augen, schlanke Finger und Beine. Als Frau verkörperte

Lugete o Veneres Cupidinesque
et quantum est hominum venustiorum
Passer mortuus est meæ puellæ
passer deliciæ meæ puellæ
quem plus illa oculis suis amabat
nam mellitus erat suamque norat
ipsam tam bene quam puella matrem
nec sese a gremio illius movebat
sed circumsiliens modo huc modo illuc
ad solam dominam usque pipiabat
Qui nunc it per iter tenebr<ic>osum
illuc unde negant redire quemquam
At vobis male sit malæ tenebræ
Orci quæ omnia bella devoratis
tam bellum mihi passerem abstulistis
O factum male O miselle passer
Tua nunc opera meæ puellæ
flendo turgiduli rubent ocelli

147

GAIUS VALERIUS CATULLUS
▸ ANFANG DES 1. JAHRHUNDERTS V. CHR.

sie jenen neuen Typ, wie ihn Sallust für seine Sempronia beschrieb, die nicht mehr die Rolle der Hausfrau und Matrone spielen wollte:

Sie war durch Geburt und Schönheit bereits geadelt; gelehrt und belesen in der griechischen und lateinischen Sprache, konnte sie die Leier spielen und besser tanzen, als für eine ehrliche Frau notwendig gewesen wäre, wie sie sich auch in anderen Künsten hervorragend auskannte, die zum Laster führen. Was immer es auch war, es war ihr lieber als die Ehre oder die Scham; sie war so sinnlich, daß sie lieber von sich aus die Männer begehrte, als von ihnen begehrt zu werden. Aus demselben Grund konnte sie auch nicht treu bleiben. Ihr Wesen aber hatte trotzdem nichts Vulgäres: sie wußte, wie man Verse schreibt, lacht, konversiert, wann man reserviert, zärtlich oder frech zu sein hat; sie hatte Witz und Verstand und sehr viel Anmut.

Sie stand für das trotzig sich herausbildende Selbstbewußtsein der Frauen, das im Grunde weder Catull noch Properz wirklich akzeptierten, eine Unabhängigkeit, die sich auch darin äußerte, daß sie gleichfalls Gedichte schrieben: die Tochter des Redners Hortensius ebenso wie die Schwester des Neoterikers Cornificius, Porperz' Cynthia oder später die Nichte des Corvinus, Sulpicia, deren Gedichte durch Tibull überliefert wurden.

Womit Catull ihr aber unter dem Pseudonym *Lesbia* ein Denkmal schuf, war die Passion – für die es im Lateinischen aber noch kein Konzept und kein Wort gab. Vergil nannte sie *furor* und verdammte sie als destruktiv für die Ordnung. Catull gab seiner Beziehung zu ihr den Namen *foedus*, eines Paktes im ursprünglich legalen Sinn, um der, in den Augen der anderen, skandalösen Affäre mit ihr einen positiven Wert und eine psychologische Legitimität zu verleihen. Clodia ihrerseits aber hielt sich nicht an dieses Bündnis der Treue, das letztlich nichts anderes sein konnte als eine Ehe auf privater Basis. Und diese nach dem plötzlichen Tod ihres Mannes 59 v. Chr. (es ging das Gerücht um, sie habe ihn vergiftet) mit ihm fortzuführen, hatte sie wohl kaum Lust. Als dann auch noch Catulls Bruder in Kleinasien bei Troja starb, trennten sich ihre Wege und er ging zurück nach Verona.

Als er 58 zurückkam, hatte Clodia einen neuen Liebhaber, Marcus Caelius Rufus. Das Jahr darauf ging Catull, wahrscheinlich zusammen mit seinem Freund Gaius Cinna, als Mitglied der Leibwache des Statthalters Memmius Gemellus für ein Jahr nach Bithynien in der heutigen Türkei und besuchte das Grab seines Bruders. Er kehrte, ohne sein Glück gemacht zu haben, 56 mit seinem eigenen Schiff wieder nach Italien zurück.

Clodias Haus in der Clivus Victoriae auf dem Palatinischen Hügel war inzwischen zum Treffpunkt der Hautevolee geworden: Advokaten, Politiker und Opportunisten von Rang und Namen, die auf eine Revolution warteten, die erst Caesar glücken würde. Catull aber sah in diesem Haufen nur ihre 300 Liebhaber und beschrieb die Villa als ›Dreckstaverne‹, ein paar Buden und Bordelle nur vom Dioskurentempel entfernt, wo ihr Bruder Publius Clodius Pulcher (von dem es hieß, daß er mit ihr im Inzest lebte) seine politisch provozierenden Auftritte hatte. Ihm, dem Demagogen, der um seinen Populismus zu unterstreichen, das *au* in seinem Namen zum vulgären *o* umgewandelt hatte, widmete sein Gegner Cicero eine seiner bekanntesten Brandreden – *Pro Caelio*. Der Anlaß war Clodias Anklage gegen ihren Ex-Liebhaber Rufus, der anscheinend versucht hatte, sie zu vergiften. Cicero verteidigte ihn gegen die beiden und nannte sie in seinem Plädoyer eine Medea und Klytemnästra des Palatin und eine Dreigroschenhure:

Geben wir doch zu, daß eine Frau ohne Gatten ihr Haus dem Willen eines jeden Tür und Tor geöffnet und ein mondänes Leben zu führen begonnen hatte; daß sie sich zusammen mit ihr absolut fremden Männern Orgien hingegeben hatte, in der Stadt, ihrer Villa, mitten unter den vielen Leuten, die einen Ort namens Baia frequentieren; geben wir schließlich zu, daß eine Frau nicht nur nach

149

ihrem Gang und ihrer Kleidung beurteilt wird, sondern auch danach, mit welchen Leuten sie sich umgibt, welches Feuer sie in ihre Blicke legt und welche Freiheiten sie sich beim Reden herausnimmt, wie sie die Leute umarmt und küßt, nach ihrem Benehmen am Strand, ihren Kahnpartien und den Banketten, die sie besucht...

Was nach Ciceros Plädoyer aus ihr wurde, weiß man nicht; ihr Ende ist ebensowenig überliefert wie das Catulls. Er segelte mit seinem Schiff den Po hinauf und brachte es in den Gardasee. Schwerer Husten plagte ihn manchmal, und einige vermuteten, daß er mit dreißig an der Tuberkulose starb.

Catulls Buch besteht aus 116 Gedichten, von denen das kürzeste ein Zweizeiler ist und das längste 408 Verse umfaßt. Was seine Zusammenstellung betrifft, ist sie weder an der Chronologie noch den Motiven ausgerichtet, sondern nach griechischem Vorbild nach Gattungen und metrischen Formen. Der erste Teil besteht aus lyrischen Stücken verschiedenen Metrums, die Mitte aus den Hexametern und Distichen antiken Vorbilds, und der dritte und letzte Abschnitt aus Epigrammen. Die Elegie taucht bei ihm nur noch am Rande und in ihrer ursprünglichen Motivik als Klagelied auf; interessant jedoch ist bei den ersten Gedichten ein rudimentärer Ansatz zum Reim, der eine gänzliche Ausnahme in der Lyriktradition bildet. Die Überlieferung ist ähnlich problematisch wie bei Properz; obwohl Catull einige Berühmtheit im Altertum erlangte, gehen die Abschriften der Gedichte erst auf Kopien des 14. Jahrhunderts zurück. Was die hier vorliegende Auswahl betrifft, so sieht sie von den längeren mythologischen Gedichten deshalb ab, weil dieses Genre bei Properz im Vordergrund stehen wird.

Berlin, Dezember 1995

I

Spatz · meines mädchens spätzchen
sie spielt mit dir hält mit fingerspitzen
dich an ihrem busen und du schnappst zu
sie reizt dich nur dazu fest zuzubeißen
Mein schätzchen strahlt · sie findet scheint's
ihr vergnügen so mit dir zu spielen
fast ihren kleinen trost glaub ich
die liebe so endlich satt zu sehen · mit dir
zu spielen wenn ich es könnte wie sie
und raum zu haben für diesen herzschlag
wollt ich und wär erleichtert wie
dem mädchen der goldene apfel lieb war
der ihr den lang verschlossenen gürtel löste

II

Weint · Venus und ihre Amoren und all das
was in einem mann nach der lust verlangt –
meinem mädchen ist der spatz verstorben
Spatz · meines mädchens spätzchen
den sie mehr liebte als ihre zwei augen
warst süßer als honig kanntest sie
besser als ein kind die mutterbrust
wolltest dich von ihrem schoß nie trennen

151

GAIUS VALERIUS CATULLUS
▸ ANFANG DES 1. JAHRHUNDERTS V. CHR.

hüpftest bald hier bald dort hinein rund
um sie herum und pfiffst ihr dabei ins ohr –
jetzt aber flatterst du jene dunkle gasse hinab
die keiner zurückkommt wie's heißt
Seid verflucht ihr verfluchten schatten
des Orcus der alles schöne verschlingt
es war so schön bis er mir den spatz stahl
und was für eine schande · so ein kleiner spatz:
schau nur was du ihr angetan hast alles
die augen ganz verschwollen und rote wangen

III

Laß uns leben meine Lesbia und lieben
und auf den sauren sermon alter männer
keinen groschen geben · die sonne
wenn sie sinkt geht auch wieder auf
während unser kurzes licht verlischt
in eine nacht endlosen schlafes –
küß mich jetzt hundert und tausendmal
und wieder tausend und das zweite hundert
und noch eintausendmal und hundert
daß wir bei soviel tausend uns verrechnen
und nicht mehr wissen wieviel es war
damit keiner in seinem neid auf uns
ein böses auge wirft und sie uns vorzählt

IV

Gib's auf Catullus du narr hör auf zu jammern
was dahin ist ist weg – also schreib's ab:
nicht lange her und du sonntest dich noch
mit unserem mädchen gingst wohin sie wollte
liebtest sie wie's kein anderer je wird
und hattest vergnügen daran und oft
weil es dir gefiel gefiel's es ihr auch –
nicht lange her und du standest in der sonne
Jetzt will sie nicht mehr: mach's so wie sie
schwach wie du bist renn ihr nicht nach
mach dich nicht elend · bleib stark und hart
Mädchen leb wohl · Catullus bleibt hart
weder vermißt er dich noch bettelt er
und weh wird es tun wenn dich keiner mehr bettelt
Alles gute du luder! wie wird's dir gehen?
wer dich noch ansprechen? wer so schön finden?
wen wirst du nun lieben? wie er dich heißen?
wen wirst du küssen? in wessen lippen beißen?
Doch du Catullus gib's auf und bleib hart

V

Ich werd's euch zwei besorgen von vorne und von hinten
Aurelius du schwanzlutscher und deinen arschficker Furius
wenn ihr nach meinen gedichten meint ich wär wie ihr –

153

so verweichlicht und vielleicht auch noch so unverschämt
Was die pietät betrifft geht sie nur einen poeten selber an
und ihn allein – nicht unbedingt jedoch seine gedichte
denn die haben erst dann wirklich salz und saft
wenn sie ein wenig weich sind und doch unverschämt
und es verstehen lust anzustacheln und geilheit zu erwecken –
und ich rede nicht von knaben sondern von den alten
bärtigen die ihren harten hintern kaum mehr vorwärtsbringen
Ihr habt das von den hunderttausend küssen gelesen
und glaubt ich könnt jetzt meinen mann nicht stehen?
Euch zwei werd ich's besorgen von vorne und von hinten

VI

Von Thallus einem päderasten weicher als kaninchenfell
sanfter als die eiderdaunen zarter als ohrläppchen und
schlapper als ein altmännerschwanz und spinnenweben –
von Thallus der wie ein wirbelsturm nicht aufzuhalten ist
wenn er irgendwo eine volle truhe offen sieht
verlang ich: gib mir den gestohlnen mantel wieder
das schneuztuch aus Saetabis die bunten tücher aus Thynien
die du depp vor allen leuten trägst als wär's ein erbstück:
laß sie aus deinen gierigen klauen und schick sie zurück
sonst brenne ich dir mit der neunschwänzigen katze eins
auf deine fleischigen schenkel und würstelfinger über
daß du erst richtig mit den hüften wackeln lernst
wie ein schiff in einem sturm haushoher wellen

154

VII

Liebte ich dich nicht mehr als meine augen
mein lieber Calvus müßte ich dich
für dein geschenk mehr hassen als Vatinius:
was hab ich gesagt und was verbrochen
daß du mich umbringen willst mit soviel dichtern?
Die götter mögen ihn mit tausend übel strafen
deinen klienten der diesen schund geschickt hat –
wenn es – was ich vermute – der gelehrte
Sulla war der seine neuesten entdeckungen dir schenkt
soll es mir recht sein – es ist ja gut und schön
daß deine arbeit für ihn nicht ganz umsonst war
Sakra! was für ein machwerk! eine richtige
denunziation die du deinem Catullus sicher nur
gesandt hast daß er sofort daran krepiert – und das
an den Saturnalien dem schönsten tag im jahr!
Nein – so kommst du schalk mir nicht davon:
sobald es hell wird werd ich in die buchläden laufen
und kauf mir Caesius Aquinus und Suffenus
alles giftzeugs das ich in die hände kriege
und zahle es dir mit dieser todesstrafe heim
Ihr derweil haut ab und schert euch dahin
wo ihr herkamt auf euren hinkenden versfüßen:
ihr poetaster seid die krankheit des jahrhunderts!

GAIUS VALERIUS CATULLUS
▸ ANFANG DES 1. JAHRHUNDERTS V. CHR.

VIII

Varus du kennst ja diesen Suffenus ebenfalls ganz gut
ein intelligenter mensch sehr urban und eloquent
er schreibt auch verse – doch die nach dem laufmeter
ich schätze er hat so an die tausend nein zehntausend
bereits verfaßt nicht aber wie sonst üblich auf gebrauchtem
pergament sondern auf königlichem papyrus: neu
sind seine bücher – stäbe und riemen aus rotem leder und
das alles glatt geschliffen mit bims und mit blei liniert –
liest du sie dann aber merkst du erst was dieser elegante
und urbane Suffenus im grunde doch für ein ziegenmelker
und bauer ist: nicht wiederzuerkennen richtig fürchterlich
Wie sich so etwas erklären? er der vor witz zu sprühen
ja wirklich ein kluger kopf schien
wird plumper als der plumpste bauer
wenn's ums dichten geht und dabei kommt er sich
niemals so gut vor wie in den gedichten die er so schreibt
solche freude hat er daran und stolz und lob für sich selbst
Nun ja – alle betrügen wir uns manchmal ja selbst –
wer wär nicht irgendwo ein kleiner Suffenus?
Jeder hat seine fehler die wir selber zu tragen haben
nur sehen wir sie in unserem ranzen am rücken nicht

IX

Gestern mein Calvus vertrieben wir uns die zeit
mit gedichtentwürfen auf deinen tafeln
je nachdem wie uns gerad der sinn stand:
wir schrieben verse der eine wie der andere
spielten mit diesem oder jenem metrum
tauschten aus lachten lasen und tranken
Der enthusiasmus mein Calvus hielt bis zu hause an
ich bewunderte deinen schwung und subtilen witz
brachte vor aufregung keinen bissen mehr herunter
und tat die ganze nacht kein auge zu sondern
wälzte mich glühend hin und her in meinem bett
und wartete bis es endlich morgen würde
um wieder mit dir zu reden bei dir zu sein
Als ich dann vor schlaflosigkeit halb zerschlagen
meine glieder auf das lager streckte
schrieb ich für dich mein lieber diese verse
damit du weißt was für qualen ich erlitt –
aber werd jetzt bloß nicht übermütig
begeh kein sakrileg und spuck auf meine bitten
damit die Nemesis dich nicht mit bußen straft –
die göttin des zorns ist sie: beleidige sie nicht

GAIUS VALERIUS CATULLUS
▸ ANFANG DES 1. JAHRHUNDERTS V. CHR.

X

Flavius – von deinem schätzchen würdest du
Catullus schon erzählen – du könntest gar nicht
anders wenn diese schwindsüchtige schlampe
nicht so vulgär und häßlich wär · wasweißich
wahrscheinlich liebst du sie: und schämst dich
daß du die nächte nicht alleine zubringst –
dagegen spricht schon dein verschwiegnes lager –
nach syrischem öl und dem muff von blumen stinkt es
strohsack und polster sind zerdrückt oben
ebenso wie unten das bett ist halb zerbrochen
und der rahmen knarzt und schwankt auf seinen pfosten
Dich aufs schweigen zu versteifen nützt nichts
Warum? du würdest nicht so blaß aussehen
und so verhurt würdest du's nicht treiben
Was und wer immer es auch ist gut oder schlecht
sag es uns doch: dich und deine liebeleien will ich
in den himmel heben mit einem netten vers

XI

Varus gabelte mich neulich beim Forum auf wo ich nur
herumstand und schliff mich mit um seine amouren mir
zu zeigen – ein billiges nüttchen wie ich gleich sah
doch nicht ganz übel und ohne reize

158

Kaum angelangt ging das blabla schon los –
wie üblich über dieses und jenes kaum gott und die welt
wie's mir in Bithynien ging und wie's dort steht
ob da an geld für mich etwas heraussprang
Ich antwortete – weil's wahr ist – daß niemand dort
weder der prätor noch seine kohorten im geld
schwimmen · sie alle haben statt der butter nur haaröl
am kopf und kommen nicht fetter heim als sie gingen
schon deshalb weil dieser schweinehund von einem prätor
sich nicht um seine leute schert · sicher aber – sagten
die beiden – hast du dir ein paar sänftenträger mitgebracht
man holt sie ja von dort? ich aber – weil ich vor ihr
ein wenig besser dastehen wollte als die anderen – sagte
daß es mir nicht so schlecht ginge daß ich mir
obwohl die provinz ja auf den hund gekommen ist
nicht acht träger hätte leisten können: kräftige burschen –
ausgerechnet ich der ich weder hier noch dort
jemals einen gehabt habe der sich auch nur
mein kaputtes bettgestell auf die schultern geladen hätte
Und sie ganz wie's ihrem charakter entsprach
säuselte gleich: bitte lieber Catullus leih sie mir
heut nachmittag – eine stunde oder zwei · ich würd mich
gern von ihnen zum tempel des Serapis tragen lassen!
Langsam – sagte ich zu ihr – wenn ich gesagt hab es sind
meine war's anders gemeint: eigentlich war es ja Gaius
Cinna mein freund der sie für sich gekauft hat
doch mein oder dein – was macht das für einen unterschied
ich nehme sie fast so als gehörten sie mir allein …
was dich betrifft aber finde ich es ziemlich geschmacklos
wenn du unter freunden alles so aufs wort genau nimmst

159

GAIUS VALERIUS CATULLUS
‣ ANFANG DES 1. JAHRHUNDERTS V. CHR.

XII

Wer kann da noch ruhig zuschauen wer es länger ertragen
außer er ist selber ein hurenbock freßsack und ein spieler
daß sich Mamurra unter den nagel reißt was den Galliern
und oben den Britannen am ende der welt einmal gehörte?
Du arschficker Caesar siehst da nur zu und sagst nichts
während er aufgeblasen vor arroganz und ihrem geld
einem nach dem anderen bett die parade abnimmt
wie die parodie auf den Adonis und eine weiße turteltaube?
Du arschficker Caesar siehst da nur zu und sagst nichts?
Bist selber ein hurenbock ein freßsack und ein spieler

Ist das der grund oh du größter feldherr aller zeiten
daß du zur äußersten insel in unserem westen auszogst
damit euer durch und durch verhurter hurenschwanz
die millionen zwanzig und dreißigfach verschlingen kann?
Wenn das nicht krimineller leichtsinn ist – was dann?
Hat er immer noch nicht genug verjubelt und eingesackt?
Zuerst hat er das gesamte väterliche erbe durchgebracht
dann hat er sich am Schwarzen Meer gesund gestoßen
und zuletzt in Spanien alles gold des Tagus an sich grafft
und jetzt ist dasselbe für Britannien und Gallien zu fürchten?

Warum laßt ihr ihm alles durchgehen? was kann er denn
anderes als die fettesten vermögen noch zu verpulvern?
Habt ihr ehrenmänner und herren Roms – du und dein
schwager Pompeius – dafür alles in schutt und asche gelegt?

XIII

Beinah eine insel · Sirmio · eine halbinsel
ein apfel wie immer viele auf dem hellen
tablett der seen und meere Neptun auch
trägt · ein aug · und es wieder zu sehen –
was für ein stich · glaub es noch kaum
daß ich wirklich zurück bin aus Thynien und
aus Bithynien und einfach nur ruhig schaue:
das glück liegt darin · die gedanken abzulegen
wie ein gepäckstück nach einer reise und
längst müde heimgekehrt im eigenen bett
wieder zu schlafen · dieser eine augenblick
wiegt alle mühen auf · und das lachen:
sein widerhall in den wellen des Lydersees
und des Catullus haus hier voll ihrem echo

XIV

Brief · sag Caecilius meinem alten freund
und liebesdichter wenn er diesen papyrus
liest war er jetzt lang genug am strand
des Comosees und in der neuen stadt dort
er soll gefälligst nach Verona kommen:
die pläne eines gemeinsamen bekannten
möchte ich mit ihm bereden · ist er gescheit
beeilt er sich selbst wenn sein süßes mädel

161

GAIUS VALERIUS CATULLUS
▸ ANFANG DES 1. JAHRHUNDERTS V. CHR.

ihn dort festhält mit beiden armen um den hals
und ihn bittet und bettelt zu bleiben · sie
kann sich ja jetzt schon – hab ich's richtig
verstanden – vor lauter liebe nicht fangen

Seit dem tag da sie den anfang von seiner
Königin des Dindymus las verzehrt sich
die ärmste in ihrem herzen vor feuer und glut
Ich kann es verstehen – sie kennt sich ja aus
wie Sapphos muse – er ist ja gar nicht so übel
dieser anfang von Caecilius' *Großer Mutter*

XV

Einmal wieder bitter vom leben gezeichnet schreibst du
    mir diesen brief Allius von tränen verschmiert
aus dem sog der wellen geworfenes treibgut vom schiffbruch
    deiner geschäfte und nur ich kann dich noch
zurückreißen von der schwelle des todes · daß aber gerade
    du – der vor liebe nicht mehr ruhig schläft und
den auch die muse der griechen nicht mehr reizt wenn du dich
    in einem leeren bett wälzt – mich freund nennst
und dir liebesgedichte von mir wünschst dank ich dir sehr:
    doch deine not macht dich für meine eigene blind
Nicht daß es mir lästig wär – aber wir beide sitzen im selben
    boot vom selben stürmischen meer verschlungen
und was du willst kann dir nur einer geben der glücklich ist:
    ich war es · damals als ich die toga eines mannes
zum ersten mal trug und die jugend grad begann rannte auch
    ich hinter den Musen und Venus her – der liebe

und ihrem sauren geschmack der mir einmal so süß vorkam
　　doch der tod meines bruders trieb mir die lust aus
Ach bruder · seit deinem tod zerbricht mir alles in der hand
　　zugrunde ging unser haus mit dir und mit ins grab
sank das lachen das erst du mir beigebracht hast im april
　　meines lebens – und seit diesem tag damals hab
ich keinen gedanken mehr übrig für liebe oder gedichte
　　Der vorhaltende ton deines briefes aus Rom
auch er vermag mir nicht zu helfen aus dieser lethargie
　　Warum Catullus weiter in Verona bleiben –
schreibst du – wenn es doch hier für männer unseres standes
　　ein leichtes ist für ein leeres bett und kalte glieder
etwas warmes zu finden? mein lieber Allius – hier zu bleiben
　　ist keine schande einfach deshalb weil ich muß!
Verzeih mir darum daß ich dir nicht mehr schenken kann
　　was trauer mir genommen hat – die sorglosigkeit
und scharfzüngigkeit die du so gerne von mir hören möchtest
　　und was ein gedicht betrifft… alle meine bücher
sind in Rom dort habe ich mein haus und meinen schreibtisch
　　dort verbringe ich mein leben und die jahre häufen
sich dort an · nach Verona nahm ich nur ein kästchen mit
　　Denk nicht es wäre bös gemeint oder daß ich
unhöflich sein möchte wenn ich dir keine bitte erfüllen kann
　　aber so ist es nun mal: ich wollte selbst es wäre anders

XVI

Wenn die erinnerung daran was man einmal an gutem tat
　　für den menschen mit glück gleichgesetzt wird –
daß man von sich sagen kann man hat seine pflichten erfüllt
　　versprechen gehalten und niemanden auch nicht

163

GAIUS VALERIUS CATULLUS
▸ ANFANG DES 1. JAHRHUNDERTS V. CHR.

die götter mit absicht hintergangen – dann hast du Catullus
    in deinem leben von diesen undankbaren dingen
noch einiges zu erwarten – denn was jemand gutes zu tun
    und zu sagen vermag hast du getan und gesagt –
und doch war alles vergeblich hat sie alles wieder vergessen:
    warum quälst du dich dann weiter so ab?
Besser ein ende mit schrecken als ein schrecken ohne ende –
    die götter mögen es steht man seinen mann
Es ist schwer eine liebe zu lassen die man lange gewohnt war
    ja es ist schwer aber was bleibt dir anderes übrig?
Einzig und allein das kann dich noch retten – egal ob du stark
    genug dazu bist oder nicht – du mußt es tun
Wenn die götter ein erbarmen kennen wenn sie jemals einem
    in allerletzter minute noch zu hilfe kamen
dann schaut auf mich jetzt und – wenn ich euer je würdig
    war – nehmt doch diese krankheit jetzt von mir
reißt mir das herz heraus diese eiterpocke diese beulenpest
    die mich befallen hat und mich langsam lähmt
Ich hab aufgehört zu hoffen daß sie meine liebe erwidern wird
    oder gar aufhört sich so anstößig zu benehmen
sie kann es einfach nicht – ihr aber könnt mich von ihr heilen
    wenn ihr wollt und mich von allem leid befreien

XVII

Die annalen des Volusius dieses scheißpapier
soll das gelöbnis der Lesbia mir jetzt einlösen
die bei Venus Cupido und allen heiligen versprach
die ausgewählten werke aller schlechten dichter
dem hinkegott Vulcanus als opfer darzubringen
auf einem scheiterhaufen von galgen und sargbrettern

wenn ich zu ihr wieder zurückkomme und aufhöre
sie mit meinen giftigen iamben zu überschütten
obwohl es diesem satansbraten von einem mädchen
bei ihrem schwur so ganz und gar nicht ernst war

Jetzt aber – du aus dem blauen meer geborne göttin
mit deinen tempeln in Idalium Amathunt und Golgoi
im schilf des strandes von Knidos dem ufer von Urion
in Ancona und in Durazzo dem gasthaus der Adria –
laß das gelübde als eingelöst und angenommen gelten
wenn's dir nicht dumm und abgeschmackt erscheint:
ich werf sie in der zwischenzeit jedenfalls ins feuer
diese plumpen hanebüchnen und banalen schriften
die annalen des Volusius dies verschissene papier

XVIII

Ihr seid ein haufen saufbrüder in dieser dreckstaverne
neun säulen nach den gebrüdern mit dem filzhut –
ihr meint ihr wärt die einzigen die einen schwanz haben
und es allem was sich mädchen nennt besorgen dürfen –
ihr fickt und vögelt und wir stinken nur nach bock?
Glaubt ihr nur weil da hundert oder zweihundert
von eurer sorte herumlungern daß ich mich nicht traue
euch stubenhocker auf einen sitz ins maul zu rammeln?
Denkt was ihr wollt · die ganze wand dieser taverne
werd ich voll mit schwänzen und graffiti schmieren
Mein mädchen nämlich das mich einfach sitzen ließ
obwohl ich sie liebte wie keine andere es je wurde
für die ich so oft mit allen meinen mitteln kämpfte –
sie rutscht euch jetzt der reihe nach rauf und runter

165

So fällt das glück euch in den schoß ihr wichser
und das schlimmste ist daß ihr solche würstchen seid
und nur pomadenhengste: du mit deiner schmalztolle
besonders – ein scheiß Iberer wo man's wie die karnickel
treibt – ja du der geschniegelte Egnatius mit deinem bart
und dem roßgebiß das du mit deiner eigenen pisse putzt

XIX

Wie lächerlich mein Cato und wie lustig
hör mir zu – es ist dein kichern sicher wert
Lach Cato wenn du deinen Catullus magst
lachhaft ist es und echt ein spaß:
hab das bürschchen auf meinem mädchen
erwischt beim stoßen · da – Venus verzeih!
spießte ich ihn gleich genauso steif mit auf

XX

Die Rufa aus Bologna – Menenius' frau die leckt
jetzt Rufulus – dieselbe die sich am friedhof
die opfergaben vom scheiterhaufen stiehlt
die laibe brot die aus glut und asche rollen
und dafür den stock des wärtersklaven schmeckt

166

XXI

Caelius unsere Lesbia jene Lesbia
diese Lesbia die Catullus als einziges
mehr liebte als sich und die seinen –
sie holt nun auf den plätzen und gassen
Roms großen söhnen einen runter

XXII

Ich hasse und ich liebe · warum fragst du vielleicht
ich weiß es nicht ich fühl's · es kreuzigt mich

SEXTUS PROPERTIUS UND DIE ELEGIE

ENDE
DES 1. JAHRHUNDERTS V. CHR.

In der frühen griechischen Lyrik des 7. und 6. Jahrhunderts war die Elegie eine Komposition, die auf einem Metrum namens *elegos* fußte. Der Etymologie nach war es ein von der Flöte begleitetes Klagelied; als Versmaß aber definierte es einen Zweizeiler. Die erste Hälfte eines elegischen Zweizeilers bestand aus einem Hexameter von Daktylen, die zweite Hälfte – der kürzere Pentameter – aus zwei Daktylen plus einer langen oder kurzen Silbe. Dabei ist anzumerken, daß für die Römer wie die Griechen

169

das Metrum ein quantitatives war: nicht wie heute die Betonung, sondern die Länge der Silben zählte – wobei die langen genau doppelt so lang waren wie die kurzen. Im Grunde ist dies alles, was man über die Elegie in der Antike sagen kann. Inhaltlich ist sie noch nicht bestimmbar: sie umfaßte Öffentliches wie Privates, die Kriegslieder des Tyrtaios wie die politischen Reden Solons, die moralistischen Gedichte des Theognis und die Liebeslieder des Mimnermos, der diese als erster in der Literaturgeschichte mit dem Namen einer Geliebten – *Nanno* – betitelte.

Das aber machte Schule. Antimachos von Kolophon – ein älterer Zeitgenosse Platons, der dessen Werke herausgab, und als Homerphilologe ein erster *poeta doctus* – verfaßte im 5./4. Jahrhundert unglückliche Liebesgeschichten des Mythos im elegischen Versmaß und widmete sie seiner verstorbenen Geliebten *Lyde*. An diesem Muster orientierten sich wiederum die hellenistischen Dichter der nach dem damaligen literarischen Zentrum so benannten Alexandriner. Philetas von Kos (4./3. Jahrhundert) schrieb seine *Bittis* und sein Schüler Hermesianax von Kolophon eine *Leontio*. Kallimachos von Kyrene (um 305 bis 240 v. Chr.) legte als Ausnahme von der Regel seine – neben Hymnen, Epigrammen und unzähligen wissenschaftlichen Prosawerken – einflußreichen *Aitia* vor: vier im elegischen Maß geschriebene Bände über den Ursprung von Riten, Namen, Festen und seltsamen Bräuchen. Diese distanziert und ohne besonderes Pathos geschriebenen Miniaturen wiesen einen Weg, wie die überkommenen Formen der Dichtung in einem neuen politischen und sozialen Kontext aktualisiert werden konnten; Kallimachos argumentierte in diesem Kontext gegen die langen epischen Formen und für kurze und stilistisch raffinierte Gedichte, die eher für einen elitären Kreis gedacht waren.

Die römische Dichtung befand sich zweihundert Jahre später in einer ähnlichen Situation. Und erst ihr gelang es, den objektiven Anspruch und die Gelehrsamkeit der hellenistischen Elegiker mit eigenen biographischen Elementen zu verbinden, indem sie deren Modell mit anderen Genres kreuzte: mit Epigrammen nach der Art des Meleagros aus Gadara, bukolischen Idyllen, der Komödie, dramatischen Monologen und kurzen Epen. Der Mythos nahm dabei immer noch einen großen Stellenwert ein, diente aber mehr und mehr als Spiegel privater Erlebnisse.

Möglich wurde dieser neue Romantizismus durch das Auftauchen eines neuen Frauentyps in den oberen und mittleren Gesellschaftsschichten. Zuvor hatte die römische *matrona* als Idealtyp der treuen und keuschen Frau gegolten, ein Gegenpart zum *pater familias*, der seine sonstigen sexuellen Bedürfnisse an Prostituierten und Sklaven beiden Geschlechtes stillte; die Frauen bei Horaz, Terenz und Lukrez sind von dieser Art. Jetzt jedoch spielten selbständige und gebildete Frauen auch eine gesellschaftliche Rolle – Kurtisanen und verheiratete Frauen, die in dieser Umbruchszeit des ersten vorchristlichen Jahrhunderts aus den Konventionen ausbrachen; bereits Catulls Lesbia symbolisierte dieses neue Selbstverständnis.

Die Frauen wurden nun Mädchen *(puella)*, Freundin *(amica)*, aber vor allem Geliebte *(domina)* genannt – die weibliche Form von *dominus*, dem Herrn über das Haus und die Sklaven. Als Typus sind sie schön, eitel, hysterisch, geizig, mit Ausnahme von Properz' Cynthia nicht besonders intelligent, dominant und eher mysteriös, was sich auch daran zeigt, daß sie meist Anhängerinnen des anrüchigen ägyptischen Isis-Kultes waren. Als stereotype Figuren tauchen in ihrem Umkreis der reiche Liebhaber *(dives amator)* auf, ein Ehemann *(vir, coniunx)*, Wächter *(custodes)* und Torhüter *(ianitor)*, aber auch eine Kupplerin *(lena)* – ein Repertoire, wie es sich ähnlich bei den Trobadors wiederfindet. Und wie in der okzitanischen Literatur waren in den Gedichten auch schon

171

Decknamen für die Frauen üblich: Tibulls *Delia* war ein
Beiname von Apollons Zwillingsschwester Artemis, der
lateinischen Göttin der Jungfräulichkeit Diana, seine
zweite Liebe nannte sich *Nemesis*, die Göttin der Rache,
und Ovids *Corinna* bezog sich auf eine frühe griechische
Dichterin.

Die Dichter der römischen Moderne – *neoterici* oder *novi
poetae*, wie Cicero sie nannte – übernahmen die Raffinesse
und Formenstrenge der Alexandriner, statteten sie aber
mit emotionaler Direktheit und Tiefe aus. Catull – der
starb, bevor Properz geboren wurde – war der erste
römische Lyriker, der die Alexandriner übersetzte, mit
verschiedenen griechischen Metren experimentierte und
reine Liebesgedichte an seine *Lesbia* schrieb: er übte wohl
den größten Einfluß auf Properz aus. Zu Catulls Umkreis
zählten auch P. Terentius Varro (82 bis 37 v. Chr.), der
erotische Gedichte für eine Geliebte verfaßte, welcher er
das Pseudonym *Leucadia* gab, und Licinius Macer Calvus
(82 bis 47 v. Chr.), ein Freund des Catull, der auf den Tod
seiner Frau ebenfalls eine Elegie schrieb.

Die Elegie als eigenes Genre definiert zu haben, wird
Cornelius Gallus (der 26 v. Chr. starb) zugeschrieben;
jedenfalls wird er von Ovid und Vergil – dessen Mentor
er war – so genannt und von dem Kritiker Quintilian so
eingeordnet. Von seiner Biographie weiß man nur, daß
er es zum Präfekten von Ägypten brachte und später,
angeklagt, Selbstmord beging. Überliefert ist von seinen
Elegien, wie von der überwiegenden Anzahl der oben
angeführten, kaum ein nennenswertes Fragment; man
weiß nur, daß es sich um Liebeslieder für eine Frau aus
der Unterschicht handelte, eine ihm anscheinend ewig
untreue Tänzerin namens *Lycoris*.

Dieses Motiv aber ist entscheidend: während in der
griechischen Dichtung die Frau als Sklavin des Mannes
erscheint, taucht in der römischen Lyrik erstmals die
Vorstellung des Verfallenseins an die Geliebte – *servi-*

tium amoris – und des Gehorsams des Liebenden als *obsequium* auf. Die Liebe selbst ist ein Wahnsinn ohne Verstand und Vernunft, demgegenüber der Dichter eine Haltung der *humilitas* einnimmt, Demut und Armut im Gegensatz zur Habsucht und Profitgier der Zeit.

Gallus gilt als vermittelnde Figur zwischen den Neo-terikern und den späteren augusteischen Dichtern, zu deren erster Generation Tibull mit seiner *Delia*, Ovid mit seiner *Corinna* und schließlich Properz zählt: daß das erste Gedicht von Properz' erstem Buch mit dem Namen *Cynthia* beginnt, stellt einen Kniefall vor dieser Tradition dar. Nicht zu Unrecht jedoch sieht Properz, wenn er dem geschwätzigen Vergil die Erfindung des römischen Epos überläßt, sich selbst als *primus inventor* dieses Genres an – was Horaz in seinen Briefen (II. 2. 90) etwas irritiert zur Kenntnis nimmt.

Viel an konkreten Daten ist von seinem Leben nicht überliefert. Sextus Propertius wurde wahrscheinlich um 48 v. Chr. als Sohn eines römischen Ritters in Umbrien in der Gegend von Assisi geboren. Seine Familie nahm in den Jahren 41/40 an den Aufständen in Perugia teil, einer Revolte der umbrischen und etrurischen Landbesitzer gegen die Politik Augustus' und Antonius', den Kriegs-veteranen dort konfiszierte Ländereien zu übereignen; sein Vater kam wahrscheinlich in diesem Krieg um. Seine Mutter, die starb, als er an die zwanzig war, erzog ihn, und es ist anzunehmen, daß er wie Horaz nach Rom – aber höchstwahrscheinlich nicht wie dieser weiter nach Athen – ging, um dort Jus zu studieren, als damals übliche Vorbereitung für die Politik; seinen eigenen Worten nach brach er dieses Studium bald ab und begann zu schreiben. Sein erstes Buch – das sogenannte *mono-biblos* – erschien 28 v. Chr. und machte ihn berühmt. Finanziert wurde es wahrscheinlich von dem Neffen jenes Tullus, der mit Augustus zusammen Konsul gewesen war; dessen Einladung, mit ihm nach Asien zu gehen und eine Karriere als Beamter einzuschlagen, leistete er dennoch keine Folge.

Ein zweites Buch publizierte er um 26 v. Chr., was ihm den Zugang zum literarischen Kreis um Maecenas eröffnete, zu dem Horaz und Vergil gehörten. Letzterem brachte er bei aller Rivalität große Bewunderung entgegen; in der Schlußelegie dieses Buches spielt er an mehreren Stellen auf dessen *Eklogen* und die *Georgica* an, zitiert und kommentiert sie, und das achte Kapitel der *Aeneis* wird zur Hauptquelle von Properz' viertem Buch. Mit Horaz – der ihn einen *römischen Callimachus* nannte – hatte er dagegen wohl ein gespannteres Verhältnis, auch wenn die Idee, sein drittes Buch mit fünf thematisch geschlossenen Elegien zu beginnen, Horaz' analoge Einleitung widerspiegelt.

Das dritte Buch erschien zwischen 23 und 21 und das vierte, vielleicht bereits als Nachlaß, um 16 v. Chr.; dies ist auch das letzte bezeugte Datum für Properz: er starb entweder in seinen Dreißigern oder hörte auf zu schreiben. Daß er sich in seinen letzten Jahren in Assisi – wo man Reste seines Hauses entdeckt zu haben glaubt – niederließ und eine Familie gründete, geht aus zwei Briefen Plinius' des Jüngeren hervor (IX, 15 und 22), die sich auf einen gewissen Gaius Passenus Pailus Propertius Blaesus beziehen, der sich als sein Nachfahre ausgibt.

Rom war seit dem Ende der Königszeit eine Republik, die im 2. Jahrhundert v. Chr. unumschränkte Herrschaft über fast den ganzen Mittelmeerraum ausübte – eine Zeit konstitutioneller Krisen, politischer Gewalt, der Diktatur und des Bürgerkriegs, die erst mit dem Sieg über Antonius und Kleopatra bei Actium 31 v. Chr. endete. Die Politik von Caesars Erbe Octavian – der sich selbst nicht König, sondern *Erster Bürger* oder *Augustus* nennen ließ – lief zwar offiziell unter dem Namen ›Restauration der Republik‹, war aber nichts anderes als eine Monarchie, die eine der am längsten währenden autokratischen

Callimachi Manes et Coi sacra Philitae
  in vestrum quaeso me sinite ire nemus
primus ego ingredior puro de fonte sacerdos
  Itala per Graios orgia ferre choros
dicite quo pariter carmen tenuastis in antro?
  quove pede ingressi? quamve bibistis aquam?
a valeat Phoebum quicumque moratur in armis!
  exactus tenui pumice versus eat –
quo me Fama levat terra sublimis et a me
  nata coronatis Musa triumphat equis
et mecum in curru parvi vectantur Amores
  scriptorumque meas turba secuta rotas
quid frustra missis in me certatis habenis?
  non datur ad Musas currere lata via
multi Roma tuas laudes annalibus addent
  qui finem imperii Bactra futura canent
sed quod pace legas opus hoc de monte Sororum
  detulit intacta pagina nostra via
mollia Pegasides date vestro serta poetae:
  non faciet capiti dura corona meo
at mihi quod vivo detraxerit invida turba
  post obitum duplici faenore reddet Honos
omnia post obitum fingit maiora vetustas:
  maius ab exsequiis nomen in ora venit
nam quis equo pulsas abiegno nosceret arces
  fluminaque Haemonio comminus isse viro
Idaeum Simoenta Iovis cum prole Scamandro
  Hectora per campos ter maculasse rotas?
Deiphobumque Helenumque et Pulydamanta et in armis
  qualemcumque Parim vix sua nosset humus

175

SEXTUS PROPERTIUS
▸ ENDE DES 1. JAHRHUNDERTS V. CHR.

exiguo sermone fores nunc Ilion et tu
   Troia bis Oetaei numine capta dei
nec non ille tui casus memorator Homerus
   posteritate suum crescere sensit opus
meque inter seros laudabit Roma nepotes:
   illum post cineres auguror ipse diem
ne mea contempto lapis indicet ossa sepulcro
   provisum est Lycio vota probante deo

Regierungen begründete. Die Propaganda, mit der Augustus die alten Götter und die alten staatstragenden Ideale wiedereinzusetzen versuchte, war beträchtlich und sie war subtil. Die Dichtung spielte dabei eine bedeutende Rolle. Sich mit Dichtern zu umgeben, war für jedes Regime zunächst eine Frage des Prestiges; seit jeher war es aber auch die Rolle der römischen Dichter gewesen, den spezifischen Traditionen Ausdruck zu verleihen und sie weiterzugeben. Augustus, auch um den ewigen Minderwertigkeitskomplex der Römer der griechischen Kultur gegenüber zu überwinden, förderte nun die Literatur über ein System indirekter Patronage durch Marcus Valerius Massalla Corvinus und Gaius Maecenas, welche die Dichter auch finanziell unterstützten.

Anders als die Neoteriker – die noch in der Zeit politischer Machtkämpfe geschrieben hatten, was ihre Provokationslust ein wenig erklärt – gehörte Properz einer Generation an, die in einer Periode der Reaktion aufwuchs, die sich gegen Luxus, orientalische Einflüsse und freizügigere Lebensarten wandte, um die Rückkehr zu den überlieferten Werten der Familie und des Besitzes zu propagieren: Roms Größe, die Vergil in seinen seriösen Hexametern und Horaz ein bißchen weniger formell, aber nicht minder didaktisch in seiner Lyrik besangen. Die Elegiker – Tibull, Properz und danach Ovid – hatten da zwar ein gespalteneres Verhältnis zum Staat, aber auch sie gingen am Gängelband eines literarischen Salons, der sie aus politischen Gründen ebenso kujonieren konnte, wie er sie scheinbar tolerierte.

Properz bezog zumindest in seinen ersten drei Büchern deutlich – wenn nicht allzu kraß – Opposition dagegen (vgl. III). Seine Weigerung, sich den von Maecenas geforderten heroischen Themen zu widmen (mit dem diplomatischen Argument, daß es nicht in seiner sprachlichen Kraft stünde, so große Männer wie Augustus zu preisen), war zugleich auch die Zurückweisung eines ganzen Lebensstils zugunsten einer urbanen, fast dandyhaften

Existenz. In dieser Negation kam weniger radikaler Subjektivismus zum Ausdruck als die Maske eines Individualismus, der sich eigentlich nur im Gedicht realisierte.

Dabei berief er sich auf Catull und die Alexandriner (vgl. VIII, IX und X); daß er damit nicht bereits offene Türen einrannte, bezeugt zum einen die Häufigkeit diesbezüglicher Stellen in den Texten, die gereizte Reaktion Horaz' in seinen Episteln, zum anderen aber auch Properz' viertes Buch. Dieses erschien, nachdem Maecenas im Jahre 20 v. Chr. in seiner Funktion abgesetzt wurde und Augustus selbst ohne allzu großes Fingerspitzengefühl die Kultur zu dirigieren begann. In ihm schwenkte Properz denn schließlich auf die offizielle Haltung ein und versuchte bruchstückhaft, seine eigenen *Annales*, seine eigene Geschichte vom Ruhme Roms und seinen Bräuchen zu schreiben: XII ist nur ein Beispiel dafür.

Properz aber hatte sich seinen Namen nicht durch seine turbulente Liebesgeschichte mit Cynthia gemacht, sondern auch mit dem polierten Witz, der Ironie und Konzentriertheit seiner Dichtung. Ovid nannte ihn *blandus* – sensibel und charmant, Martial lasziv und Quintilian *tersus atque elegans:* dicht und elegant. Neu an ihm sind dabei die Selbstironie, die sich bis zur Parodie des Genres steigern kann, die Reflexionen über das Schreiben und das Gedicht an sich, seine Besessenheit von Eros und Tod, vor allem aber die Bildlichkeit seiner Elegien: das subtile Ineinandergreifen ihrer Anspielungen, der Text, der keinen Faden je fallenläßt. Seine Diktion nähert sich der Alltagssprache und bewirkt den dramatischen Realismus, mit dem er uns Cynthia vor Augen führt, greifbarer als alle Frauengestalten vor und lange nach ihm.

Auffällig ist dabei auch die Nähe zur Rede. Die Rhetorik dominierte damals in der Ausbildung, nicht nur der Dichter, sondern auch der Politiker, Historiker und Philosophen. Ein Grundsatz wird vorgestellt, von Argumenten und Beispielen unterstützt und endet oft mit einer Summe der vorgebrachten Punkte oder einer Moral.

Figuren wie die rhetorische Frage, die Apostrophe und die Beispiele aus der römischen Geschichte tauchen ebenso häufig auf wie die *recusatio*, das Gegenargument zu landläufig verbreiteten Meinungen. Dazu kommt das hohe Maß an struktureller Symmetrie, mit denen Properz die einzelnen Abschnitte einer Elegie im Gleichgewicht hält.

Zugleich jedoch ist die Sprache des Properz elliptisch, an den hellenischen Epigrammatikern geschult, auf Gegensätzen aufgebaut und syntaktisch meist mehrdeutig. Seine Vergleiche sind nicht leicht faßbar und schwebend; dieses Faktum, zusammen mit den mythologischen Anspielungen – die sich meist um Troja und die Sieben gegen Theben drehen –, hat ihm schließlich zu Unrecht den Ruf eingetragen, ein schwieriger Dichter zu sein.

Wo Properz seine literarischen Verweise zwischen den Zeilen stehen läßt, wird die vorliegende Übertragung deshalb etwas deutlicher; wo er darauf verzichtet, Konjunktionen zu setzen, orientiert sie sich eher an der Konkretheit als an der Konzision des Ausdrucks, was den Zugang vielleicht erleichtert.

Cynthia ist ein Pseudonym, das sich auf den am Berg Kynthos geborenen Apollon oder auf den Beinamen seiner Zwillingsschwester Artemis bezieht. Dem zehnten Kapitel von Apuleius' *Apologie* nach zu schließen, war ihr eigentlicher Name *Hostia*, und aus Properz' Gedichten selbst geht hervor, daß sie mit dem Dichter Hostius, einem epischen Dichter des 2. Jahrhunderts v. Chr., verwandt war. Präsentiert wird sie jedenfalls als *docta puella*, die sich in literarischen Dingen auskennt, Gedichte schreiben und Musik spielen kann, wie Catulls *Lesbia* oder die *Sempronia* des Sallust. Im Gegensatz zu diesen stammte sie jedoch aus kleinen Verhältnissen; sie wohnte im Halbweltviertel der Subura in Rom, brachte es aber auch zu einem Sommersitz am heutigen Tivoli. Älter als Properz, verdiente sie sich ihren Lebensunterhalt mehr oder weni-

179

ger als Kurtisane, wenn auch nicht auf dem Niveau der *viles puellae*, sondern eher auf die Art und Weise einer Kameliendame oder einer Odette de Crécy.

Die ersten zwei Bücher sind hauptsächlich eine Chronik der Liebesbeziehung zwischen einer eher unberechenbaren und temperamentvollen Geliebten und einem um Selbstdarstellung bemühten jungen Mann. Im dritten Buch aber ändert sich der Ton; er wird selbstsicherer, reflektierender, und die Rolle als Dichter gewinnt zusehends mehr an Kontur, nicht zuletzt auch durch die spürbare Rivalität mit Horaz und Vergil im Kreis des Maecenas. Am Ende dieses Buches wird der endgültige Bruch mit Cynthia nach fünf Jahren Beziehung thematisiert – danach scheint Properz das Thema ausgeschöpft zu haben: nur mehr zwei Elegien im vierten Buch handeln von Cynthia, fast als Reminiszenz an eine andere Lebensphase, voll schlechtem Gewissen.

Ansonsten ist in diesem eher wie ein Nachlaß zusammengewürfelten vierten Buch aus dem *poetus novus* ein offizieller *vates* geworden: zwar noch immer ironisch, aber auch konventioneller und artifizieller; der Mythos gewinnt wieder die Oberhand und wird zu einem Metadiskurs dessen, was sich jetzt nicht mehr offen sagen läßt. Die letzten publizierten Gedichte sind Lobeshymnen in genau jenem staatstragenden Ton der Apotheose, den auch die anderen Dichter im Kreis des Maecenas anschlugen: nicht nur auf Augustus, sondern auch auf die eheliche Liebe der mit Augustus verwandten Cornelia. Das Erstaunen darüber hält sich jedoch in Grenzen, denkt man daran, daß alle römischen Elegien immer schon von der Treue der Geliebten sprachen und die Beziehung zu ihr einen Pakt *(foedus)* nannten, ein inoffizielles Bündnis, das trotz aller erotischen Transgression als Spiegelbild der Ehe Geltung besaß. Dazu paßt, daß Cynthia in ihrer Haltung vergleichbar mit einer Matrone skizziert wurde, samt Sklaven, unglücklicher Ehe und dem Wunsch nach einer standesgemäßen Bestattung.

Die Überlieferung des Textes ist nur für Catull noch schlechter; Properz war nie Schullektüre wie Horaz. Das früheste Manuskript stammt aus der Zeit um 1200 und ist wie alle anderen nur die interpolierte Kopie eines verlorenen Originals, das Petrarca – der ihn manchmal in seinen Gedichten imitierte – noch in der Hand gehalten hatte. Eine streng symmetrische und in sich abgeschlossene Reihenfolge der Texte ist nur im ersten Buch noch zu erkennen; ansonsten ist die Unterteilung der Texte aber mehr oder minder Konjektur.

Eine erste Ausgabe wurde in Venedig 1472 publiziert; seitdem hat sich eine Unzahl von Editoren um das Werk bemüht. Goethes Begeisterung war sprichwörtlich; er imitierte Properz' römische Elegien II und XV in seinen Gedichten *Der Besuch* und *Euphrosyne*. Das heutige Interesse an Properz ist aber vor allem Ezra Pound und seiner *Homage* zu verdanken, der aus ihm ein brillantes *alter ego* machte, eklektisch ausgewählt und in Ton und Auswahl auf sich selber zugeschnitten. Ich kann mich aber auch daran erinnern, daß Brodsky einmal auf seine Kollegen und sein Verhältnis zu ihnen zu sprechen kam; Heaney, meinte er, sei mit Vergil, Milosz mit Horaz zu vergleichen, Walcott sei eine Art Ovid und er selber gleiche ›Prrpöhschs‹.

Camoglie, Juli 1996

181

I

Cynthia war die erste die mich armen teufel mit ihren augen
    fing – bis dahin war ich frei von leid und leidenschaft
Amor zwang mich den blick zu senken und mich herabzulassen
    er trat mich und trampelte mir auf dem kopf herum
bis seine intriganz mich lehrte jede unerfahrene frau zu hassen
    und dabei in den tag zu leben ohne recht zu wissen wie:
ein ganzes jahr schon und die begierden hören noch nicht auf
    obwohl ich weiß daß es den göttern nicht gefällt

Mein lieber Tullus – erinnerst du dich an Milanions geschichte?
    Alles nahm er auf sich für Atalantes hartes herz –
so verrückt machte sie ihn daß er sie sogar auf den bergen suchte
    und doch in jeder höhle nur auf wilde bären stieß
ein gebrochner mann war er bereits als ihm Hylaeus sein rivale
    mit dem ast eins überzog daß er blutig auf den felsen lag
So kriegte er sie dennoch – sie hatte mit ihm schließlich mitleid:
    soll niemand sagen daß das betteln niemals etwas nützt

Was mich betrifft so ist Amor plötzlich schwerer von begriff –
    er denkt nicht daran sich an die alten wege zu halten
Doch ihr mit eurer kunst den mond vom himmel mit einem griff
    herabzuholen und sein geheimes feuer zu beschwören
zeigt was ihr könnt und verwandelt das fischblut meiner Cynthia
    auf daß ihr gesicht noch bleicher werd als meines –
erst dann werde ich es glauben daß ihr auch den lauf der sterne
    und der ströme mit euren sprüchen versteht zu lenken

Auch den freunden die sich erst bemühen wenn es zu spät ist
    wünsche ich ein heilmittel für ein verfaultes herz:
ausbrennen ließe ich es mir mit schwefel feuer und dem eisen
    könnte ich meinem zorn dann freien lauf lassen

Schickt mich zu den barbaren schickt mich ans Schwarze Meer
    hauptsache es ist keine frau mir auf den fersen
ihr aber bleibt wo ihr seid – euch leihen die götter ja ihr ohr –
    und lebt glücklich bis in alle ewigkeit mit euren ehen

Was mich betrifft verheißt mir unsre Venus bittere nächte nur
    und Amor hat nicht vor sich einmal auszuruhn
Nehmt mich als warnung und als beispiel – bleibt hinterm ofen
    sitzen bleibt bei euren leisten und euren frauen treu
Glaubt ihr aber dennoch ihr könnt euch eine geliebte leisten –
    dann werdet ihr an meinen rat noch lange denken

II

Wie Ariadne nachdem sie Theseus durchs Labyrinth geholfen hatte
    von ihm auf einem leeren strand zurückgelassen wurde –
wie Andromeda nachdem Perseus sie vor dem ungeheuer gerettet
    und vom fels gekettet hatte und sie in den schlaf fiel –
und wie Edonis nachdem Bacchus abließ von ihrem tanz und sie
    erschöpft einfach ins gras glitt wo sie gerade war –
genauso schien es mir atmete auch Cynthia mit geschlossenen lidern
    den kopf auf ihrer schulter und die arme ausgebreitet
als ich tief im wein noch zu ihr schlich um die stunde wo die sklaven
    die fackeln anzünden um ihre herren heim zu leiten

Auf zehenspitzen – noch hatte ich meine paar sinne ja beisammen –
    näherte ich mich und setzte mich zu ihr aufs bett
und obwohl Amor auf der rechten und Bacchus auf der linken seite –
    stark der eine wie der andere – doppelt dazu drängten
die hand in die kuhle unter ihrem warmen körper gleiten zu lassen
    sie in den arm zu nehmen zu halten und zu küssen

SEXTUS PROPERTIUS
▸ ENDE DES 1. JAHRHUNDERTS V. CHR.

ließ ich es bleiben und sie weiterschlafen – ich weiß wie wütend sie
        werden kann und auf streit war ich in dieser nacht nicht aus –
ich saß also nur da und bewachte sie mit argusaugen als läge die Io
        vor mir die Jupiter in eine weiße kuh verwandelt hatte

Dann nahm ich mir – meine Cynthia – von der stirn den lorbeerkranz
        und legte ihn dir sacht über die schläfen und die brauen
spielte mit den wirren locken fuhr mit den fingern dir durchs haar
        zwei äpfel legte ich in deine offene hand und sah zu
wie zwei andere vom busen rollten – in deinem undankbaren schlaf
        merktest du nicht welche geschenke ich verschwendete
Manchmal aber da regtest du dich und stießt leise einen seufzer aus
        dann war ich wie gebannt vor undeutbaren zeichen
damit nicht unerwartet ein alptraum dich in schreck versetzen möge
        und über dich ein gott in deiner ohnmacht komme

Doch dann war da der mond und wie er hochstieg an den fensterläden
        der mond der weiterzieht während sein licht noch bleibt
der mond der mit seinen fahlen strahlen langsam deine augen öffnete
        Und sie stützte sich mit den ellbogen am kissen auf
und sagte: *hat dich eine andere aus dem haus geschmissen und die tür*
        hinter dir zugeknallt daß du vor meinem bett jetzt stehst?
Wo hast du die ganze nacht gesteckt statt sie mit mir zu verbringen –
        jetzt erst wenn die sterne untergehen kommst du schlaff
und schlapp zurück – du gemeiner hund – solche nächte wünsch ich
        dir wie du sie mir eines um das andre mal bescherst!

Die purpurrote decke des schlafes die die götter weben schlug
        immer wieder ich zurück und spielte auf der leier
immer dieselben klagelieder – daß du nicht bei mir bist daß du
        bei einer anderen liegst und wo du solange bleibst –
bis mich vor müdigkeit der traum mit seinen flügeln streifte
        und mir schließlich das vergessen brachte:
das war es was mir die nacht an trost für meine tränen schenkte

III

Mein Tullus – ich hätte keine angst mit dir entlang der Adria
    oder über das ganze Ägäische Meer zu segeln
ich würde mit dir sogar auf die berge Skythiens klettern
    und weiter als bis nach Aithiopien noch reisen
ich aber kann mich nicht von Cynthia trennen und sie sich
    nicht von mir: schau nur wie sie die farbe wechselt!

Nächte lang liegt sie mir in den ohren wie heiß sie mich doch
    liebt und stöhnt daß es – laß ich sie hier zurück –
keinen gott mehr gibt · wenn dann ist sie's die mich verläßt –
    sagt sie und beschimpft mich als hätt ich
sie betrogen · keine stunde länger halte ich ihr jammern aus:
    zum teufel mit dem den's dabei nicht zerreißt!

Ist es wirklich der mühe wert das gelehrte Athen abzuhaken
    oder Kleinasiens alte schätze zu besichtigen
wenn sie mir noch beim ablegen ihre beleidigungen nachbrüllt
    sich vor lauter zorn das gesicht zerkratzt
und mir nachschreit wie viele küsse ich ihr schulde und daß
    keiner herzloser ist als ein weiberheld wie ich?

Versuch du deinen onkel an hohen ämtern noch zu übertreffen
    und setze dich für die rechte der provinzialen ein –
In deiner jugend hast du nie wirklich zeit für die liebe gehabt
    du hast dich immer nur um die politik gekümmert:
möge dir der knabe Amor nie meine pflichten alle aufhalsen
    noch das was meine tränen nur zu gut kennen!

Mich aber laß auch wenn mir Fortuna nie etwas bringen wird
    mein leben eben sinnlos bis ans ende leben

185

SEXTUS PROPERTIUS
▸ ENDE DES 1. JAHRHUNDERTS V. CHR.

Viele haben es vorgezogen sich vor liebe lieber zu verzehren
mit ihnen wird die erde gemeinsam mich begraben
Nicht für den ruhm geboren tauge ich auch nicht für waffen:
zu *diesem* kriegsdienst bin ich nur erzogen

Gehst du zu fuß nun über land oder ruderst übers Mittelmeer
treibt es dich an die grünen küsten Kariens oder
nach Lydien wo die flüsse mit ihrem gold die felder überfluten
oder überschüttet man dich mit macht und ehren –
wenn du dich einmal in einer stunde an mich wieder erinnerst
dann denk daran: ich lebe unter einem harten stern

IVa

Bist du verrückt geworden · denkst du denn nicht an mich
bin ich dir weniger wert als das eisige Illyrien?
Bedeutet er dir – wer immer er auch ist – wirklich so viel
daß du abreist ohne mich – gleich welches wetter?
Hast du denn keine angst vor dem grollen in der meerestiefe
willst du tatsächlich auf harten planken schlafen?
Hast du etwa vor mit deinen zarten füßen durch den schnee
zu stapfen durch frost und eis und stürme?

Ich wollte die nebligen tage des winters wären doppelt so lang
die pleiaden spät und darum der steuermann faul
ich wollte dein schiff würde immer vor anker liegen in Ostia
und mein wort nicht in den wind gesprochen!
Doch eine flaute wird es nicht geben so sehr ich es auch will
die wellen werden dein schiff in die weite tragen
und ich wie angewurzelt stehen hier auf einem leeren strand
die fäuste geballt nur bittere sätze auf den lippen!

Doch was immer du mir auch schulden magst – du lügnerin –
    Galatea sei mit dir weil Polyphem sie liebte
daß ihr gut mit den rudern um die keraunischen felsen kommt
    und ihr sicher nach Orico in den hafen gelangt
denn keine andere frau – du mein leben – wird mich abhalten
    können vor deiner schwelle laut mein leid zu klagen
Nichts wird mich zurückhalten jeden matrosen zu befragen
    ob er dich in irgendeinem hafen sah und jedesmal
werd ich ihm erwidern: magst du auch in Ätolien wohnen
    oder in Illyrien – gehören tust du nur mir!

I V b

Sie bleibt · sie hat's versprochen · sollen sie doch platzen!
    Hab gewonnen – mir und meinem flehen
kann eben keine widerstehen – kein grund daß mir die galle
    also überläuft – Cynthia will sich endlich ändern!

Daß sie mich liebt und Rom durch mich ihr Rom erst wär
    hat sie gesagt und kein anderes land ihr lieber –
obwohl mein bett ein wenig schmal ist zieht sie's doch vor
    mit mir allein durch dick und dünn zu gehen
als in die fremde – selbst wenn alle schätze der Hippodamia
    und deren sagenhafte rösser auf sie warten würden

Obwohl er ihr viel schenkte und noch viel mehr versprach
    wollte sie nicht aus habsucht mich verlassen
kein gold und keine indische perlen habe ich ihr angeboten –
    allein meine versierten verse stimmten sie dazu um
Es gibt die Musen also doch und auch Apollo ist mir gewogen
    in ihrem namen lieb ich dich – meine Cynthia!

187

Jetzt bin ich es der barfuß auf der bahn der sterne gehen kann
        bei tag oder bei nacht – selten war sie je so mein!
Keinem rivalen wird sie sich meine liebe abtrotzen lassen –
        ihr licht wird noch meine weißen haare sehen

V

Endlich glücklich · eine nacht voll helle · und das bett
        wo die schönheit nicht nur zum schlafe liegt!
Wie viele worte beim schein nur einer einzigen kerze
        und wie nahe dann der kampf im dunkeln!
Sie raufte sich mit mir die brüste nackt das kleid halb
        offen raffte sie es hoch um es hinauszuzögern –
die lider fielen mir schon zu als ihre lippen sich auftaten
        und sie – *nichtsnutz!* – sagte und: *fauler strick!*
Wie viele stellungen im handgemenge · wie viele küsse
        damit sie endlich einmal ihren mund hält!

Laß uns nicht im dunkeln tappen das auge ist der liebe
        einen schritt voraus – es wäre schade diesen
vorsprung zu vergeuden · sogar Paris überkam die lust als
        Helena nackt aus den armen ihres mannes stieg –
Selene selbst – der mond – verschaute sich in den Endymion:
        so schlief ein schafhirt mit einer nackten göttin
Wenn du aber weiter ganz angezogen bei mir liegen willst
        dann warne ich dich: ich werde ohne rücksicht
dir vom leib die kleider reißen – all die blauen flecken
        kannst du dann deiner lieben mutter zeigen

Noch hast du keinen hängebusen daß du dich genieren
        müßtest wie eine andre mit fünf kindern –
laß uns solange wir es können uns sattsehen an der liebe
        die langen nächte kommen noch früh genug
und die tage nicht zurück – und ich wollt du würdest dich
        an mich mit einer kette fesseln die nichts mehr löst
so wie die tauben in ihrem schlag sich aneinander binden
        männchen und weibchen und sie die seine:
du irrst dich wenn du auf ein ende dieses wahnsinns hoffst
        die wahre liebe hat maß zu halten nie gelernt

Eher wird die erde den bauern mit einem falschen frühling
        höhnen die sonne ihre pferde in das dunkel
treiben jeder fluß zurück zu seiner quelle fließen die fische
        verenden und verdorren in einem trockenen meer
als daß ich mich mit anderem abgeben würde als mit ihr:
        zeitlebens gehör ich ihr und erst recht im tod
Aber noch zwei oder drei mißglückte nächte so wie diese
        und mir wird ein jahr schon bald zur ewigkeit
und werden es noch mehr dann bin ich wohl bald unsterblich:
        so bringt's in einer nacht ein jeder mann zum gott

Würden alle so ein leben führen – auf einem weichen lager
        die beine ausgestreckt die köpfe schwer vom wein
gäb's keine blanken schwerter mehr und auch keine galeeren
        wäre nach der schlacht von Actium nicht das meer
eine see von knochen noch wäre Rom nach so vielen siegen
        schon müde sich vor trauer das haar zu raufen
man wird noch einmal von uns sagen daß wir mehr saufen
        hätten sollen statt in blut und tränen zu ertrinken
Drum beiß hinein in die frucht des lebens bis es hell wird:
        selbst alle deine küsse wären noch zuwenig

Wie die blätter sich von verwelkten siegeskränzen lösen
        überall verstreut und im becher schwimmen
so holen wir uns heute noch der liebe großen atem während
        morgen uns der tag den tod schon bringen mag

189

SEXTUS PROPERTIUS
‣ ENDE DES 1. JAHRHUNDERTS V. CHR.

V I

Was regst du dich denn auf? dein buch hat dich bekannt
   gemacht wie einen bunten hund und von deiner
Cynthia liest das ganze Forum! – Wem würden solche sätze
   nicht den schweiß kalt auf die stirne treiben?
Ein freier mann schweigt entweder über die liebe ganz
   oder schluckt eben seinen stolz hinunter
Doch hätte mich meine Cynthia nur ein wenig mehr geliebt –
   man würde mich nicht einen haderlumpen
nennen und sich in der ganzen stadt das maul zerreißen –
   nur ein guter ruf kann sich das alles leisten

Wundert's dich wenn ich nur mehr bei den nutten bin?
   In verruf kommt man so kaum – und das wäre
ein grund mehr und vor allem billiger als das was Cynthia
   mich an geld und nerven kostet · zuletzt wollte
sie einen pfauenschwanz als fächer und eine kugel aus kristall
   um die hände im sommer kühl zu halten sowie –
und meine wut war ihr dabei egal – würfel aus elfenbein und
   was es sonst noch so auf der Via Sacra gibt
Zum teufel mit dem geld das ich eh nicht habe – ich bin's leid
   für ein weibsstück auch noch den narr zu spielen!

VII

Als ich – meine liebe Cynthia – gestern nacht betrunken durch
    die stadt ging ohne einen sklaven als eskorte
stellte sich mir eine bande von wasweißichwievielen buben
    in den weg – ich konnte sie vor angst nicht zählen:
die einen hatten fackeln in der hand die anderen pfeile und
    ein paar von ihnen ketten wie um mich zu fesseln
Aber alle waren nackt · da sagte einer von den wilderen:
    Nehmt ihn euch vor – ihr kennt ihn doch genau –
für den da hat man uns bezahlt – die frau will ihre rache!
    und schon hatte ich eine schlinge um den hals

Einer stieß mich in die mitte während ein anderer laut schrie:
    Murkst ihn ab – er glaubt nicht daß wir götter sind!
Er verdient es wirklich nicht daß sie seit stunden auf ihn wartet
    während er ichweißnichtwelche weiber sucht!
Wenn sie abends vorm zubettgehen ihren turban für dich löst
    und schwer dich mit den augen ansieht werden
seltne düfte dir entgegenwehen – und nicht aus Arabiens gärten
    sondern von gott Amor höchstpersönlich!
So – jetzt hat er genug – er gelobt ja schon ewige liebe – halt!
    Wir sind da – liefern wir ihn ihr beim tor vorn ab!

Und dann warfen sie mir den mantel über und meinten noch
    ich sollte ab jetzt lieber die nacht zu hause bleiben

SEXTUS PROPERTIUS
▸ ENDE DES 1. JAHRHUNDERTS V. CHR.

VIII

Lynkeus – ausgerechnet du – und verliebt bis über beide ohren!
  Willkommen bei meinen göttern – ich glaub es kaum!
Was wird dir nun dein Sokrates und seine vielen bücher nützen
  und was dir deine theorien über den lauf der welt?
Meinst du das studium der chöre Aischylos' brächte dich da weiter?
  Der bombast alter herren hilft einer großen liebe nicht:
deine muse sollte lieber den Philetas lesen und aus Kallimachos'
  subtilen *Träumen* sich holen was sie gerade braucht

Vom flußgott Achelous dessen wasser vor lauter liebe nur seicht
  mehr vor sich hinfloß magst du ihr erzählen
vom Mäander dessen lauf sich in sich windend in die felder gräbt
  bis er sich selber überholt und vergißt wohin er will
oder von den Sieben gegen Theben und ihrem zirkuspferd Arion
  wie es den sieg zwar prophezeite den sieger aber abwarf
und nur den seher rettete während die anderen der blitz erschlug –
  der hohe ton – mein lieber – wird dir nichts nützen

Hör auf so gestelzt wie Aischylos und nur tragödien zu schreiben
  und lockere deinen versfuß für einen leichtren tanz
such dir für dein kunsthandwerk eine etwas kleinre töpferscheibe
  du poet – und brenn den ton endlich in der eignen glut
Auch Antimachos und Homer schrieben über Theben – nur schlecht:
  aus göttlichem gehabe machen sich die mädchen nichts
Keinen gedanken verschwenden sie an des universums ursprung
  noch warum der sonne gespann den mond verdunkelt
ob nach dem tod und jenseits des Styx etwas von uns übrigbleibt
  und ob hinter blitz und donner eine absicht steckt

Vor den pflug läßt sich der stier erst spannen wenn starke stricke
    sich um seine hörner schlingen – so wirst auch du
dich nicht aus freien stücken unter das joch der liebe zwingen lassen:
    je störrischer du bist um so mehr muß man dich zähmen
Schau mich an – im jahre 40 konfiszierte man mir unser land und
    es blieb nicht viel nicht einmal ein illustrer feldherr
in der familie – trotzdem aber sitze ich am tisch den mädchen vor:
    allein durch mein talent das du so gar nicht schätzt

Auf den lorbeerkränzen von letzter nacht liege ich gern noch faul
    der gott der niemals fehlt hat mich ins mark getroffen
Laß Vergil von der schlacht bei Actium die Apollo für Augustus
    entschied und von Caesars tapferer flotte schreiben:
Waffentat kündet er und den mann der als erster von Troja kam
    auf der flucht nach Italien und Laviniums küsten –
haut doch ab ihr römischen autoren haut doch ab ihr alten griechen!
    Es entsteht gerade wichtigeres als eure verdammte *Ilias*

Vergil singt seine *Eklogen* im schatten des fichtenwaldes von Tarent
    Daphnis spielt auf seiner falschen flöte und erzählt
wie man mit zehn äpfeln und einem zicklein das man von der mutter
    ihren zitzen zog sich die mädchen um den finger wickelt
Du hast glück gehabt die liebe dir mit so billigem zeug zu kaufen!
    Dein Tityrus soll nur weiter sein ständchen singen
und dein Corydon dem ach so reinen Alexis ewig hinterherlaufen –
    der gutsherr dort hat's auf ihn schon lange abgesehen!
Und ist er auch vom viel schalmeien müde und schon lange tot:
    die nymphen werden ihn in alle ewigkeiten preisen

Deine Lieder sind voll von den *Werken und Tagen* des alten Hesiod –
    wie am halm die ähren und am stock die trauben reifen
deine *Georgica* intonierst du wie Apollo es verlangt – deine finger
    immerzu auf der leier seines schildkrötpanzers
Mein werk dagegen wird jedem der es liest eine einzige wohltat sein
    egal ob er bereits weiß was liebe ist oder nicht:
der gesang von schwänen – auch wenn er um vieles leiser scheint –
    wird ein gänseschnattern immer wieder übertönen

SEXTUS PROPERTIUS
▸ ENDE DES 1. JAHRHUNDERTS V. CHR.

Varro – nachdem er seinen *Iason* fertig hatte – fiel so etwas leicht
    Varro der von seiner Leucadia vergöttert wurde
Catull in seinem buch hatte ebenfalls einen lockren zungenschlag –
    seine Lesbia war ja berühmter noch als Helena –
und bei Calvus – diesem poeta doctus – steht dort wo er Quintilia
    und ihren bittren tod besang steht genau dasselbe
der tote Gallus schließlich wusch die vielen wunden die ihm Lycoris
    noch vor kurzem schlug erst im fluß des Styx!
So wird auch Propertius seine Cynthia in diesen rang erheben –
    falls ihm das geneigte publikum auch den seinen gibt

IX

Kallimachos und du Philetas von Kos – laßt mich in den heiligen hai
    der dichter und in eurem langen schatten stehen
Ich war der erste nicht Horaz oder Vergil der aus der reinen quelle
    trank um römern den tanz der griechen beizubringen
In welcher grotte wurden die gedichte euch gegeben welches wasser
    trankt ihr und wessen fuß gab euch den takt an?

Die die nur Apollos waffen singen werd ich zum schweigen bringen
    Die verse müssen leichter werden bis sie vom bimsstein
ausradiert zu meinem glatten metrum passen – dann wird die Muse
    sie hoch über alles auf der erde heben und mir zu ehren
einen triumphzug geben · in meinem panzerwagen wird nur Amor
    fahren und ganze dichterscharen sich an meine fersen heften
Laßt die zügel schleifen – wozu gegen mich vergeblich weiterreiten?
    Eine heerstraße hat nie noch zu den Musen hingeführt

Feldherren werden nach wie vor Roms annalen ruhmvoll mehren
    jetzt wo das reich ja fast bis Baktra reicht – doch was
in normalen zeiten lesen? für diese seiten habe ich den Helikon
    auf einem andren weg bestiegen als nur dem alten
Darum krönt euren dichter nur mit girlanden aus lilien und rosen:
    ein lorbeerkranz wär meiner stirn viel zu schwer

Was zeit meines lebens mir auch der neid des pöbels nehmen mag –
    der nachruhm wird's mit zinseszins zurückbezahlen
Die nachwelt steigert nach dem tod alles doch immer nur ins große
    man sagt den toten gutes nach und merkt sich ihre namen:
sonst hätte man schon längst vergessen daß Achilles auch mit flüssen
    kämpfte – dem Simois und dem Skamander – daß er
Hektors leiche dreimal um Troja schleifte bis sein blut über den
    wagen rann und es ein holzpferd war das die festung
schließlich einnahm · an Polydamas die gebrüder Paris Helenos und
    Deiophobos – diese seltsamen helden – erinnern sich
dagegen nicht einmal mehr die eigenen verwandten und von Troja –
    das Herakles zweimal eroberte – würde kein mensch
mehr reden hätte es da nicht einen Homer gegeben der gewußt hat
    daß seine werke größer würden je mehr an zeit vergeht

Auch mich werden die söhne Roms einmal gebührend feiern –
    ich sehe das nach meinem tod bereits voraus und vor:
Apollo wird mein gebet erhören und dafür sorgen daß mein grab
    nicht an einer stelle stehen wird wo mich keiner findet

SEXTUS PROPERTIUS
▸ ENDE DES 1. JAHRHUNDERTS V. CHR.

X

Es war als läge ich im schatten der Hippokrene am Helikon
    dem brunnen den der Pegasos aus dem gipfel schlug
um auf die könige des antiken Rom ein heldenlied zu singen.
    Ich hatte den mund schon am wasser dieser quelle
aus der schon der alte Ennius trank um den richtigen rhythmus
    und die worte für seine *Annalen* hier zu finden –
wie die drei kurischen brüder die Horatier besiegten Aemilius
    die Makedonier unterwarf und reiche beute machte
Fabius durch sein zögern in der schlacht von Cannae taktisch
    doch noch siegte und die Laren den Hannibal
schließlich ganz aus dem reich vertrieben aber auch wie Rom
    nur gänseschnattern rettete vor den Kelten –
als ich plötzlich Apollo sah der an einem baumstamm lehnte
    seine lyra in der hand und zu mir sprach:

Du narr – was hast du denn mit diesen strömen hier zu schaffen?
Hast du jetzt etwa vor dich am epos zu vergreifen?
Mein lieber Sextus – es wird dir nicht viel bringen: willst du daß
    man dein büchlein fertigliest dann passen streitwagen
nicht zu der idylle von einem bänkchen auf der wiese wo mädchen
    auf die verehrer warten – eher schon ein schubkarren
Weshalb verschlägt es deine gedichte dann auf diese alte bahn?
    Besser du überlädst den kahn nicht mit allzuviel genie
Halt das eine ruder ins wasser und das andere sicher am ufer –
    mitten auf dem meer ist der sturm am stärksten

Das waren seine worte · dann wies er mit seinem plektrum auf
    eine stelle wo ein andrer steig durch das dickicht
zu einer grotte führte die ganz mit grünen steinen ausgelegt war
    tamburine – als instrument der Musen – hingen
von der decke ein tonrelief des Silenos – der Dionysos erzog –
    und die rohrflöten des hirten Pan · ein paar tauben –
die ich mag weil sie Venusvögel sind – tauchten ihre roten
    schnäbel in den teich der Gorgo aus deren blut
der Pegasos entsprang und die Musen die über neun schicksalen
    wachen machten an ihren gaben sich zu schaffen:
die erste pflückte efeu für den thyrsosstab die zweite stimmte
    die saiten und die dritte flocht einen kranz rosen
Da legte eine ihre hand mir auf die schulter – dem gesicht nach
    war es wohl Kalliope – und sagte ganz vertraulich:

Gib dich doch zufrieden mit dem gespann von weißen schwänen
    kein streitroß wird dich je in kämpfe tragen
Das signal zum angriff blasen und unseren hain unten im tal
    mit blut zu beflecken ist deine aufgabe nicht
noch braucht man dich um zu erzählen auf welchem schlachtfeld
    Marius die Kimbern und die Teutonen besiegte
oder wie im Rhein – rot vom blut der Sueben – eine leiche nach
    der anderen den fluß hinab zur mündung trieb
Sing von den hochzeiten – wie man die braut über die schwelle
    trägt und alle betrunken dann nach hause torkeln
damit du ihnen beibringst wie man die eifersucht von ehegatten
    hintergeht und ehefrauen den hof zu machen hat

Ihre worte waren das – nicht meine · und sie schöpfte eine kelle
    aus dem brunnen und trank vom wasser des Philetas

197

SEXTUS PROPERTIUS
▸ ENDE DES 1. JAHRHUNDERTS V. CHR.

XI

Unsere rauferei gestern nacht bei kerzenlicht gefiel mir –
    wie du zornig werden kannst beleidigend und laut
hemmungslos vom vielen wein warfst du mit einem krach
    die tafel um und mir die vollen becher nach
Komm her und trau dich doch – reiß mir die haare aus und
    zerkratze mir mit spitzen nägeln das gesicht
brenne mir beide augen aus indem du mich ins feuer wirfst
    und reiß mir das hemd auf bis auf die nackte brust!
Es wäre ganz ohne zweifel ein zeichen echter leidenschaft:
    nur aus wahrer liebe führen frauen sich so auf

Wenn vor wut sich ihre stimme überschlägt dann weiß ich
    daß sie sich windet zu füßen meiner Venus –
sie geht nur mehr aus umringt von einer schar beschützer
    oder läuft herum wie eine Mänade in ekstase
vor wirren träumen schreckt sie nächtens aus dem schlaf
    oder irgendein kinderbild rührt sie zu tränen
Ich habe diese verzweiflung zu deuten lange schon gelernt
    sie verrät mir worum es sich tatsächlich handelt
Wirklich treue frauen werden manchmal leicht hysterisch:
    phlegma wünsche ich nur meinen feinden

Sollen meine kumpane doch jede bißwunde sehen am hals
    die blauen flecken zeigen daß du bei mir warst
Entweder will ich in der liebe leiden oder hören wie du's tust
    sehen will ich deine tränen oder selber weinen
wenn deine augenbrauen mir eine geheime botschaft senden
    und deine finger still ihre buchstaben malen
Ich hasse den schlaf aus dem kein einziger seufzer dringt –
    ich zittere lieber vor einer zornigen geliebten

Noch für Paris war die liebe süßer wenn ihn mitten im krieg
die lust nach seiner Helena packte · die griechen
siegten und Hektor leistete widerstand während er seine größte
schlacht zwischen ihren schenkeln schlug
Ich werde für dich oder meine rivalen immer in waffen stehen:
ein frieden mit dir macht mir nicht viel freude
Sei froh daß keine schöner ist als du – wie würdest du da leiden
wenn es anders wäre: so aber sei stolz zu recht

Dir aber – der du deine netze jetzt rund um unser bett auswirfst –
wünsche ich die schwiegereltern an den hals
wenn du dich brüsten kannst eine nacht mit ihr verbracht zu haben
dann vor zorn auf mich – nicht weil sie dich liebt!

XII

Du fragst warum die nächte mit gierigen weibern teuer sind
und warum man aus liebe alles geld vergeudet
Der grund für den bankrott ist dabei mehr als offensichtlich:
man ließ dem luxus eben allzu freien lauf

Das gold kommt aus den minen der indischen termiten und
die Venusmuschel nur aus dem Roten Meer
die stadt Tyrus in Phönizien bietet ihre purpurfarben an
und die beduinen in Arabien den teuren zimt –
mit diesen waffen erobert man auch die unnahbarsten frauen
selbst solche die so spröde sind wie Penelope
Und dann stolzieren sie vor unseren augen mit dem herum
was ihre männer einzig nur von ihren vätern erbten –
keiner hält sich mehr zurück weder im wünschen noch im
schenken – und die preise machen skrupellos

199

Wie man einen ehemann bestattet das lob ich mir im Orient
den die Aurora rot mit ihren rössern färbt
Sobald die letzte fackel auf das totenbett geworfen wurde
raufen seine frauen sich die haare und streiten
sich darum ihm lebend als allererste in den tod zu folgen –
nicht zu sterben dürfen ist eine schande dort
Die die gewinnt bietet ihre bloßen brüste den flammen dar
und ihr gesicht brennt im feuer ihres mannes –
dagegen ist der römische stamm der frauen eher barbarisch:
keine die so je treu ergeben wie Evadne wäre

Wie glücklich waren wir doch in unserer jugend auf dem land:
unser reichtum bestand nur aus obst und ähren!
Vom ast geschüttelte quitten boten sie dir an und körbe voll
von saftig roten brombeeren · sie pflückten dir
die veilchen zu einem strauß oder brachten dir das leuchten
der lilien in einer geflochtenen schale und
brachen dir die trauben samt ihrem roten laub von der rebe
oder schenkten dir ganz bunt gefiederte vögel
Was man sich damit heimlich erkaufte war ein kuß in einer
höhle als die menschen im wald noch wohnten –
ein hirschfell war decke genug für zwei die sich richtig liebten
für das lager stand das gras hoch und
eine hohe pinie warf ihren schatten für ein schäferstündchen –
kein verbrechen war's eine göttin nackt zu sehen
Der widder brachte die satten schafe ganz von selbst zurück
zum stall des Paris der sich lieber mit Venus Iuno
und Minerva abgab · und alle götter und göttinnen hatten
altäre voll wirklich sinniger inschriften wie:

Wanderer wer du auch bist du wirst einen hasen erlegen und
entlang des weges auch einen vogel
rufe mich – den Pan – vom fels herab an als deinen kumpan
willst du mit der leimrute jagen oder dem hund

Heute aber verfallen ihre tempel und liegen ihre haine brach:
vergessen ist der glaube – verehrt wird nur das gold

Mit gold kauft man sich gerechtigkeit und mit gold gesetze
    mit gold die menschlichkeit und die moral
Der brandgeruch von Brennus' sakrileg liegt noch auf Delphi:
    doch als er Apollos schrein einrennen wollte
da brachte das den Parnaß zum beben daß er seinen schnee
    auf die gottlosen horden der Galater schüttete
Mit seinem gold vertraute Priamos auch einen sohn dem Thraker
    Polymester an – der brachte ihn dann um
und für arme voller gold schickte Eriphyle ihren gatten in den
    krieg um Theben wo er in den abgrund ritt

Hört nur auf mich – ich wär meinem land ein richtiger prophet:
    Rom erstickt an seinem eignen reichtum
Ich sage das auch wenn mir keiner glaubt – auch Kassandra
    schenkte man in Troja nicht den geringsten glauben
obwohl sie weissagte daß Paris den untergang besiegeln würde
    und ein holzpferd bereits im anzug wäre –
es war die reine wahrheit und doch hielt man sie für verrückt:
    das orakel zeigt – die götter haben immer recht!

XIII

Meine schreibtafeln sind also wirklich weg
    und mit ihnen all die guten zeilen!
Sie waren schon so abgenutzt vom schreiben
    daß man gleich sah sie waren meine
sogar ohne mich wußten sie wie man mädchen
    tröstet und sprachen für sich selbst:
goldrahmen hatten sie keinen nur schmutziges
    wachs auf billigem buchsbaumholz –
wie auch immer ich hatte mich an sie gewöhnt
    sie hatten mir immer glück gebracht

201

SEXTUS PROPERTIUS
▸ ENDE DES 1. JAHRHUNDERTS V. CHR.

Vielleicht stand drauf – *ich bin wirklich wütend*
    gestern kamst du zum dritten mal zu spät –
du bist wohl wieder einer andren nachgelaufen?
    Erzählst nur dumme lügen über mich?
Vielleicht aber auch – *komm zu mir heut abend*
    Amor wird dich zum essen laden –
wie ein gescheites mädchen eben schmeicheln
    kann wenn sie von einem etwas will

Irgendein knicker schreibt jetzt wohl rechnungen
    auf ihnen und stellt sie dann ins regal
bringt man sie mir zurück wiege ich's in gold auf –
    wer will denn lieber holz statt geld?
Geh mein junge – stell diese zeilen auf eine säule
    und schreib dazu: ich wohn am Esquilin

XIV

Meine liebe Cynthia – bilde dir nur ja nichts darauf ein
    daß du berühmt durch meine bücher wurdest –
ich zeichnete in meinen zeilen ein zu gutes bild von dir
    was mir jetzt jedoch unheimlich peinlich ist
Deine schönheit pries ich in ihrem wechsel der gestalten:
    doch meine liebe sah nur was du nie warst

Wie oft verglich ich deine wangen mit dem morgenstern
    während es in wirklichkeit nur schminke war
Keiner konnte es mir ausreden und keine hexe Thessaliens
    kann's jetzt mit allen wassern dieser welt
wieder wegwischen · schuld war ich allein – weder feuer
    noch eisen zwang mich: schiffbruch erlitt ich

auf dem meer wurde gefangen an hand und fuß gefesselt
      und in Venus' glühendroten bronzestier gesteckt

Doch selbst die Syrten hat mein schiff durchfahren und
      lief in seinen hafen ein · der anker ist geworfen
ich bin noch müde von dem seegang aber klar im kopf
      meine wunden sind vernarbt und sie heilen
Ist da ein gott des gesunden menschenverstandes bin ich
      der seine: Jupiter jedenfalls hat mich nie erhört

XV

An den tafeln der bankette machte man sich lustig über mich
      ich war das ziel von spott und hohn und schadenfreude
jetzt kannst du an deinen nägeln kauen – nachweinen wirst du
      mir noch daß ich fünf jahre lang dein treuer sklave war

Deine lieben tränen – meine Cynthia – die rühren mich kein jota
      sie sind nur lug und trug – ich sitze ihnen nicht mehr auf
Mein schmerz wird sich in grenzen halten – du bist die falschheit
      in person – an unsere zukunft glauben wolltest du ja nie
Leb wohl – ich werde nicht mehr länger auf der schwelle stehen:
      wirf sie zu die tür – die ich oft gerne eingetreten hätte

Das alter hast du gut versteckt – es soll auf deiner schulter lasten
      und dein ach so hübsches lärvchen dir bald verrunzeln!
Färb dir die haare oder reiß sie von mir aus an der wurzel aus –
      den spiegel wirst du damit nicht mehr belügen können
Vor die tür gesetzt wirst du die demütigung der anderen erfahren
      und als alte vettel das beklagen was ich ertragen mußte!

Ein bittres schicksal prophezeih ich dir – das ende aller schönheit:
      diese seite meines buches soll dich das fürchten lehren!

SEXTUS PROPERTIUS
▸ ENDE DES 1. JAHRHUNDERTS V. CHR.

XVI

Die geister also gibt es · der tod ist nicht für alles auch ein ende
farblose schatten steigen auf von jedem scheiterhaufen

Obwohl man sie gerade begraben hatte am pflasterrand der Via
Tiburtina erschien mir Cynthia · sie beugte sich über
das kissen als ich nach dem begängnis noch tief im schlafe hing
und weinte auf mein bett das ihr kalt geworden war
Ihre haare waren noch so wie auf der totenbahre auch der blick
ihr kleid war an der seite angesengt und auch der ring
mit dem beryll – den sie so gerne mochte – vom feuer angekohlt
Sie sprach und atmete als wäre sie lebendig nur ihre
lippen hatte das wasser der Lethe entstellt und die hände waren
spröde und knöchern – da schnippte sie mit dem daumen:

Du grober klotz – aber auch keine andre wirst du besser als mich
behandeln – kann es wirklich sein daß du schon schläfst?
Hast du die nächte im Suburaviertel die wir durchgemacht haben
bereits vergessen – und wie abgeschabt es war das brett
vorm fenster von den vielen malen daß ich heimlich auf einem seil
hinaufkletterte zu dir – hand über hand an deinen hals?
Oder wie wir brust an brust miteinander bumsten an irgendeiner
straßenecke und nur der mantel uns dann warmhielt?
Unsere geheimen schwüre – auch wenn wir uns belogen – waren
in den wind gesprochen – er wollte sie nicht hören

Doch keiner schrie dagegen an als mir die augen brachen – nein
hättest du gerufen wäre mir ein tag mehr geblieben
Keiner schlug das gespaltne rohr um die gespenster zu verjagen
mein kopf ruhte nur auf zerbrochnen ziegeln
Sah dich einer etwa beim begängnis gebeugt über meine leiche –
oder deine schwarze toga warm vor tränen?

Wenn du's nicht ertrugst dabei zu sein bei dem begräbnis hättest
    du doch dafür sorgen können daß mich der leichenzug
langsamer zu den toren trägt · um wind für meinen scheiterhaufen
    hättest du beten können und um ein wenig nardenöl
für meine flammen · waren für das grab selbst billige hyazinthen
    zuviel verlangt und für das opfer ein zerschlagner krug?

Lygdamus soll verbrennen – glühend weißes eisen für den sklaven –
    als ich den versetzten wein trank wußte ich daß er es war
und Nomas meine dienerin laß ihr geheimes gift beiseite schaffen –
    die glut der scherben wird sie den mord gestehen lassen
Deine neue die ihre nächte eben noch für zwei schillinge verkaufte
    zieht jetzt mit einer goldnen robe spuren in den dreck
und wenn irgendein klatschmaul an meine schönheit sich erinnert
    bürdet sie ihr beim nähen gleich doppelt soviel auf
Weil die alte Petale mir ein paar blumen auf meinen grabstein legte
    hat man sie dafür an die kette und den block gelegt
und Lalage an ihren zöpfen aufgehängt und ausgepeitscht weil sie
    sich in meinem namen traute eine bitte auszusprechen
Meine goldne büste hat sie eingeschmolzen und du hattest nichts
    dagegen – eine mitgift meines scheiterhaufens!

Ich mach dir keinen vorwurf Propertius auch wenn du es verdienst:
    ich war in deinen büchern die herrin lang genug
Auf den gesang der Parzen dem niemand noch entging schwöre ich
    so wahr der Cerberus mich leise nur anbellen möge –
ich war dir treu: auf meinem grab sollen die vipern zischen und sich
    ein nest in meinen knochen bauen wenn ich lüge

Jenseits des flusses wird man einem von zwei bezirken zugewiesen
    und die schar der toten rudert in diese beiden richtungen
Die eine welle trägt Klytämnestra die ehebrecherin und Pasiphaës
    holzkuh in der sie sich von einem stier begatten ließ
die andere führt ein boot voll blumen ins Elysium wo um die rosen
    sanfte winde wehen – man hört da nur die zimbeln
der Kybele einen chor für den Dionysos mit mitra und akkorde
    angeschlagen von den plektren der Lydier

205

SEXTUS PROPERTIUS
▸ ENDE DES 1. JAHRHUNDERTS V. CHR.

Andromeda und Hypermestra – diese frauen ohne fehl und tadel –
    erzählen jedem die geschichten ihres lebens:
die erste beklagt ihre kalten hände und blauen arme auf dem felsen
    die ketten die bestimmt für ihre mutter waren
und Hypermestra erklärt wie es mit den Danaiden war und weshalb
    sie als einzige ihren gatten doch nicht erschlug
So heilen wir im tod mit tränen die leidenschaften unseres lebens –
    doch bei deinen schurkereien beiß ich mir auf die lippen

Rührt dich das ein wenig? dann laß dir meinen letzten willen sagen
    falls du von Chloris' gift noch nicht ganz taub bist:
Parthenie meiner amme laß es in hohem alter an nichts mangeln –
    geizig war sie nie zu dir – und auch meiner Latris –
die so durch ihre arbeit heißt – gib weiterhin etwas zu tun und laß
    sie nicht nur deiner neuen den spiegel vor die nase halten
Alle gedichte die du für mich geschrieben hast verbrenn und höre
    auf dich in einem ruhm zu sonnen der der meine ist –
pflanze efeu auf den hügel meines grabes damit er seine ranken
    um meine knochen schlingt und blütentrauben trägt
Wo der Anio in kleinen wasserfällen zwischen den gärten fließt –
    am tempel des Herkules vorbei wo elfenbein nie
glanzlos wird – da meißle eine inschrift in die säule die mir würdig
    ist – aber eine kurze daß sie auch jeder lesen kann:
HIER RUHT DIE GOLDENE CYNTHIA IN TIBURS ERDE
    SO WURDE NEUER RUHM ANIOS UFER ZUTEIL

Verachte nicht die träume kommen sie aus dem heiligen tor aus horn:
    wenn wir sie träumen dann sagen sie uns wichtiges
Nachts irren wir umher freie schatten aus den gefängnissen der nacht
    alle türen stehen uns dann offen und selbst Cerberus geht um
Doch graut der morgen müssen wir zurück zum strom der Lethe und
    steigen in das schiff der fährmann zählt uns wie eine fracht
Jetzt gehörst du einer anderen bald aber hab ich dich für mich allein:
    tot werden wir uns solang lieben bis die knochen uns zerfallen

Nachdem sie klagen und anklagen zu ende gebracht hatte mit mir
löste sie sich aus der umarmung und entschwand

XVII

Habe ich dir schon erzählt was gestern abend los war am Esquilin
    als die nachbarn in Maecenas' park zusammenliefen
weil es krach in einer kneipe gab? ich konnte wirklich nichts dafür –
    aber trotzdem zogen alle meinen namen in den schmutz

Eine alte riesenschlange ist seit jeher der schutzgott von Lanuvium
    kommst du einmal da vorbei schau's dir an – es lohnt sich
obwohl ich keinem mädchen raten würde dorthin zu gehen · der weg
    zum heiligtum windet sich in eine dunkle schlucht hinab
zur pforte · dort bringt man ihr einmal im jahr die opfergaben dar –
    man hört sie zischen in der höhle wenn sie hunger hat
Die mädchen die man dort hinunterschickt werden ziemlich bleich –
    ihre hände müssen sie in einen offenen rachen stecken
damit die schlange sich das futter schnappen kann · ich sage dir –
    nicht nur der korb in ihren händen zittert dann
Ist sie noch jungfrau kehrt sie zu ihren eltern heil zurück und
    für die bauern wird's ein fruchtbares jahr – wenn nicht …

Diesen weg fuhr meine Cynthia mit ihren gestutzten pferden hinab
    Iuno war ihr vorwand Venus aber eigentlich der grund
Solch einen triumphzug hat die Via Appia noch nicht gesehen – wie
    sie mit ihren rädern über das pflaster flog im großen stil
was für ein spektakel – wie eine herrenreiterin hing sie fast über der
    deichsel und jagte ihren wagen über stock und stein
Von der mit seide bespannten karosse und dem schnösel neben ihr
    mit seinen molosserhunden will ich gar nicht reden
er wird sich bald nicht einmal mehr die rasur für glatte wangen
    leisten können und als gladiator fett am Forum enden

SEXTUS PROPERTIUS
▸ ENDE DES 1. JAHRHUNDERTS V. CHR.

Sie hat mein bett schon so oft malträtiert daß ich beschloß die zelte
   abzubrechen und anderswo mein lager aufzuschlagen –
neben dem Dianatempel am Aventin wohnt eine gewisse Phyllis:
   nüchtern ist sie kein vergnügen – betrunken geht es grad
Die andere – Teia – wohnt im wäldchen am Kapitol · ein steiler zahn –
   aber ein mann allein ist ihr zuwenig wenn sie einen sitzen hat
Ich lud also alle beiden ein um mir so eine schöne nacht zu machen
   und meine flüchtigen amouren einmal anders auszureizen
Ein einziges bett für alle drei in irgendeinem abgelegnen innenhof
   Wie wir da platz hatten? na wie – ich zwischen den zweien!
Lygdamus besorgte uns die becher die guten gläser für den sommer
   und der wein war süß und schwer und kam aus Lesbos
der flötenspieler war vom Nil und Phyllis tanzte zu den kastagnetten
   ein paar frische rosen waren schnell verstreut und
ein zwerg wippte grotesk zum takt – er zuckte hin und her und warf
   seine verkrüppelten arme zum klang der flöte in die luft

Die flamme aber war ständig am ausgehen obwohl es windstill war
   und der tisch kippte – fiel aber wieder auf die beine
und die vorzeichen standen selbst beim würfeln schlecht – wollte ich
   eine *Venus* kamen immer nur verdammte *hunde*
Sie sangen für einen tauben sie wackelten mit ihrem nackten busen
   und ich war blind – mit den gedanken noch in Lanuvium

Da plötzlich hörte man die angeln knarren und knarzen ein murmeln
   erhob sich leise am eingang und wer stand da in der tür –
Cynthia – die sie mit einem krach ganz aufschlug – ihre haare ganz
   zerzaust – aber schön so schön in ihrer wut!
Ich war wie gelähmt – der becher glitt mir aus den fingern und meine
   vom wein schon schlaffen lippen wurden bleich
ihre augen warfen mir blitze zu – sie raste wie nur eine frau es kann:
   eine szene war's – schrecklich wie Roms untergang
Mit ihren spitzen nägeln fuhr sie Phyllis ins entgeisterte gesicht
   daß Teia voller angst nur laut *feuer!* rief und: *feuer!*
Da kamen ganz entsetzt die nachbarn herbeigeeilt mit ihren fackeln
   ein auflauf war's der wiederum das ganze viertel weckte

Phyllis und Teia ihrerseits ergriffen die gelegenheit zur flucht und
liefen halbnackt im unterrock in die nächstbeste kneipe
Cynthia jedoch – voll freude über ihren schnellen sieg – kam zurück
sie hieb mir mit dem handrücken quer über das gesicht
verbiß sich in meinen hals bis ihre zähne blutig waren und schlug
mir mit den fäusten auf die augen – die ja schuld
an allem waren · als ihre arme endlich müde wurden zerrte sie
hinter der sofalehne meinen armen Lygdamus heraus
er wehrte sich mit händ und füßen und flehte mich um hilfe an –
was hätt ich tun sollen – mitgefangen mitgehangen
Ich fiel vor ihr auf die knie die hände hoch erhoben und sie ließ mich
ihr füße küssen – so kam es zu ersten verhandlungen

Falls du willst – sagte sie – *daß einmal gnade noch vor recht ergeht*
dann kapituliere jetzt und hier bedingungslos vor mir:
Nie wieder wirst du mehr im sonntagsstaat unter den kolonnaden
am theater spazierengehen und deinen hals verdrehen
nach den frauen in den obern rängen · weder am Forum
wenn sie sand streuen für die kämpfe noch wartend
vor einer leeren sänfte will ich dich stehen sehen – und Lygdamus
leg fesseln an den füßen an und verkauf das schwein!

Das waren ihre auflagen – *alles was du willst!* war meine antwort
und sie lachte stolz über die macht die ich ihr damit verlieh
Dann räucherte sie alles aus wo die mädchen gelegen hatten und
wusch die schwelle mit klarem wasser wieder rein –
mir befahl sie statt der alten neue kleider anzuziehen und dreimal
berührte sie mit brennendem schwefel meine haare
Nachdem so jedes laken einzeln gewechselt war tat ich das meine:
so streckten wir auf diesem bett schließlich die waffen

209

DIE MO'ALLAQAT

6./7. JAHRHUNDERT

Bei einem östlichen Volke, den Arabern, finden wir herrliche Schätze an den Moallakat. Es sind Preisgesänge, die aus dichterischen Kämpfen siegreich hervorgingen; Gedichte, entsprungen vor Mahomets Zeiten, mit goldenen Buchstaben geschrieben, aufgehängt an den Pforten des Gotteshauses zu Mekka. Sie deuten auf eine wandernde, herdenreiche, kriegerische Nation, durch den Wechselstreit mehrerer Stämme innerlich beunruhigt. Dargestellt sind: festeste Anhänglichkeit an Stammgenossen, Ehrbegierde, Tapferkeit, unversöhnbare Rachelust gemildert durch Liebestrauer, Wohltätigkeit, Aufopferung, sämtlich grenzenlos. Diese Dichtungen geben uns einen hinlänglichen Begriff von der hohen Bildung der Koraischiten, aus welchem Mahomet selbst entsprang,

211

ihnen aber eine düstere Religionshülle überwarf und jede
Aussicht auf reinere Fortschritte zu verhüllen wußte.

Soweit Goethe in seinem *Westöstlichen Diwan* über die
Mo'allaqat, die er in der englischen Übersetzung von
William Jones aus dem Jahre 1783 las.

Die sieben Oden stammen aus dem 6. nachchristlichen
Jahrhundert, einer Epoche, wo die arabische Halbinsel
entlang des Roten Meeres fest besiedelt wurde. Das
Binnenland aber blieb Territorium der Beduinen, die, um
in der Wüste zu überleben, auf der Suche nach Wasser
und Weiden weiterzogen. Das Kamel, das um 2000 v. Chr.
domestiziert wurde, bildete die Lebensgrundlage für diese
Wandervölker; es versetzte sie in die Lage, Nahrung über
diese langen Strecken zu transportieren und mit Stoffen,
Gewürzen und Wein einen regen Handel zu betreiben, auf
dessen Basis die südarabischen Reiche im Jemen entstanden, welche die Römer *Arabia felix* nannten.

Im 6. Jahrhundert war der sprichwörtliche Reichtum
dieser Region jedoch nur mehr eine Erinnerung; der
Jemen wurde zum Schauplatz der Rivalitäten zwischen
dem byzantinischen Reich und den Persern. Die Konflikte
konzentrierten sich hauptsächlich an seinen Grenzen im
Nahen Osten, wo sich zwei Pufferstaaten etablierten: das
Reich der Ghassaniden im östlichen Syrien, das mit Byzanz
verbündet war, und im westlichen Mesopotamien jenes
der Lakhmiden, die von den persischen Sassaniden unterstützt wurden. Während die Ghassaniden keinen festen
Hof hatten, residierten die Lakhmiden in al-Hira am
Euphrat, einer Stadt, die besonders unter zwei Königen
große Anziehung auf die Dichter ausübte: Al-Mundhir III.
(503 bis 554) und sein Sohn 'Amr ibn Hind (554 bis 569).

Ein dritter arabischer Staat entstand auf der arabischen Halbinsel, als die aus dem Süden stammenden
Kindah sich das gesamte Gebiet im 5. Jahrhundert unter-
warfen, ein Reich, das bis in die zweite Hälfte des 6. Jahrhunderts Bestand hatte, als der König der Kindah – der

Vater des Dichters Imru'l-Qays – ermordet wurde. Eine Zone dauernder kriegerischer Auseinandersetzungen und äußerer politischer Einflußnahme, wurde sie erst mit dem Ersten Weltkrieg – und dem ominösen Lawrence von Arabien – soweit befriedet, daß daraus später Saudi-Arabien entstand.

Die Dichtung in dieser von oraler Überlieferung geprägten Gesellschaft in der *Zeit der Unwissenheit* vor Mohammed war weniger als Amüsement gedacht, denn funktionell bestimmt; sie war ein essentieller Bestandteil des sozialen und politischen Systems. Im arabischen Raum war ihre Grundform eine Art skandierter, gereimter Prosa in unregelmäßigen Einheiten namens *saj'*, deren Ursprung aus kultischen Bereichen kommt; sie wurden später zur Grundform historischer und anderer Anekdoten in einer Art Volksdichtung. Die einzelnen ›Stücke‹ – *qit'ah* – der archaischen Poesie lassen sich nur rein formal klassifizieren; ihr Themenbereich hingegen steht allem offen, läßt sich aber – abgesehen von Arbeitsliedern, die nicht überliefert wurden – zumindest in zwei große Gruppen teilen, die panegyrische Poesie und die elegische.

Zur Panegyrik zählen die Lob-, Fest- und Preisgesänge auf einen Stamm oder einen einzelnen Menschen, ob König, Stammesführer oder sonstige Helden – wozu das Selbstlob *(fakhr)* ebenso wie der übergroße Teil der Kriegsgesänge *(jahiliyya)* gehört. Die Spottgesänge, Invektiven und Satiren *(hija')*, deren offen beleidigender Ton manchmal auch zum Krieg führte, stellen die Kehrseite dieses Rühmens dar; ihr eigentlicher Ursprung liegt in einer Art magischer Verfluchung, Zaubersprüchen, die von bestimmten Zeremonien begleitet wurden.

Zur elegischen Dichtung ist die Totenklage *(marthiya)* zu zählen, die hauptsächlich von Frauen gesungen wurde, das Lamento über eine verlorene Jugend, aber auch Liebesgedichte, die meist eine unglückliche Liebe thematisierten.

213

Beiden Spielarten der Poesie kamen zweckgebundene Aufgaben zu. Sie definierten die Rolle eines Individuums oder einer bestimmten Gesellschaftsschicht und verliehen der sozialen Struktur eines ganzen Stammes ihre Einheit – darin lag auch die Feindseligkeit, mit der der frühe Islam dieser Dichtung begegnete, zumindest so lange, wie sie noch nicht in seinen Diensten stand. Der Poet hatte dabei die Funktion eines Geschichtsschreibers und Journalisten, eines Propagandisten und Apologeten, der die Erfolge in den Vordergrund stellte und die eigenen Rückschläge bagatellisierte; bei manchen Konflikten konnte sein Vortrag sogar eine gewalttätige Auseinandersetzung verhindern.

Dichtung hatte so wesentlich damit zu tun, den eigenen Status symbolisch darzustellen und zu unterstreichen. In einer egalitären Gesellschaft wie der arabischen, die knapp unter dem Existenzminimum lebte, war Überfluß kaum bekannt und, sofern vorhanden, kein Wert an sich; Reichtum galt nur etwas in Verbindung mit Großzügigkeit und Freigiebigkeit. Einer, der seinen Reichtum, der ohnehin nur aus Herdenvieh bestand, hortete, galt als *danin:* schlimmer als ein Geizhals; essen konnte er ja nur, soviel er vertrug. Ansehen erwarb man sich nur durch einen guten Ruf, der sich auf Ehre, Mut und Generosität bezog. Und in einer Gesellschaft, die noch nicht über schriftliche Aufzeichnungen verfügte, garantierten in erster Linie die Dichter und Rhapsoden die Verbreitung dieses Ruhms. Eine vielzitierte Passage von Ibn Rashiq führt dies näher aus:

Wenn ein Dichter bei einer Familie der Araber erschien, kamen die anderen Stämme bei ihr zusammen und beglückwünschten sie zu ihrem Glück. Ein Fest wurde vorbereitet, die Frauen des Stammes machten sich fertig zum Tanz und spielten auf der Laute, während die Männer einander gratulierten; ein Dichter verteidigte ihre Ehre, er war eine Waffe, um alle Anwürfe abzuwehren und den guten Namen wieder reinzuwaschen, er konnte

214

ihre Taten glorifizieren und für immer und ewig ihren Ruhm erstrahlen lassen. Sie wünschten sich nur Glück in drei Dingen – die Geburt eines Jungen, das Auftauchen eines Dichters und das Fohlen einer guten Stute.

Der Dichter begann seine Karriere meist als Lehrling eines *rawi*, eines Rhapsoden und Rezitators, bei dem er sich den Grundstock an poetischen Ausdrucksmitteln erarbeitete – Originalität und Plagiat waren in einer Kultur, die das vorhandene Wissen an möglichst viele weiterzugeben hatte, keine Kriterien. Er reiste von Ort zu Ort und verdingte sich an jene, die ihn in der einen oder anderen Form zu bezahlen bereit waren; wenn nicht, genügte die Drohung mit einer Satire. Im arabischen Raum war es jedoch der Krieg, der all diese lobpreisenden Aufgaben auf den Punkt brachte; Dichtungen wurden vor der Schlacht vorgetragen, um die Moral zu heben, oder auch danach, um die eigene Tapferkeit herauszustreichen – Lieder, wie sie auch bei den Zulus, bei Homer oder in der *Edda* dokumentiert sind. Erzählt wurde dabei über ein Ich, Du oder Wir; die dritte Person kam, selbst in Totenklagen, nur äußerst selten vor, was die für alle oralen Kulturen typische Unmittelbarkeit des Tons und der Darstellung erklärt.

Die arabische Sprache hat einige Hinweise auf den Ursprung der Dichtung konserviert. Seit der archaischen Zeit hieß sie *shi'r*, ein Begriff, der mit *'ilm* – Wissenschaft, *fiqh* – Rechtswissenschaft, und *hilm* – Langmut, verwandt ist. Den Dichter selbst nannte man *sha'ir*, ein Wort, das sich von *sha'ara* ableitet und im Koran im Sinn von ›durch Intuition wissen, Vorahnungen haben und prophezeien‹ gebraucht wird – vergleichbar mit dem lateinischen *vates*.

Was man über die präislamische Religionen weiß, ist wenig. Im Tempel von Mekka gab es ursprünglich 360 verschiedene Götterstelen – eine für jeden Tag des Jahres –, deren wichtigste den Göttern Lat und 'Uzza geweiht waren, was jedoch nicht hieß, daß alle Stämme an ein

Leben nach dem Tod glaubten. Man verehrte die Sonne, die Fixsterne und Planeten, Engel und Dämonen, man opferte ihnen in manchen Stämmen junge Mädchen (die man manchmal nach ihrer Geburt lebend begrub); das Orakel – vor allem mit Pfeilen – war weit verbreitet. Einen Gott namens Allah aber scheint es in diesem ungleichen Reigen bereits gegeben zu haben.

Obwohl man deutlich zwischen dem *sa'ir* und dem *kahin*, dem Seher, unterschied, sah man auch den Dichter als Sprachrohr dieser Götter an, die in islamischer Zeit zu Dämonen und *djinn* degradiert wurden; er galt als entrückt und verrückt und hatte damit einen ähnlichen Ruf wie die geistig Debilen, die Blinden und Nachtblinden. Was ihn darüber hinaus auszeichnete, war seine besondere Stimme und seine Diktion: voller Gesten, oft in einer Art Trancezustand, von theatralischen Inszenierungen begleitet, beispielsweise der Deklamation von einem aufgeputzten Kamel herab. Man legte Wert auf sein Auftreten und schätzte einen gewissen Hang zur Exzentrik, die wohl noch ein Überbleibsel der Herkunft der Dichtung aus dem Kult war. Eine einzelne, mit Henna gefärbte Strähne im Haar bis auf die Stirn etwa genügte schon, um zu einem der begehrten Spitznamen zu kommen; ein Pseudonym war Zeichen poetischer Ehre, das den eigentlichen Namen in den Schatten stellte.

Das oben skizzierte Schema ist im Grunde auf alle oralen Gesellschaften übertragbar. Inhaltlich kann man die mündliche Dichtung nach drei Gruppen klassifizieren, die jeweils vergangene, gegenwärtige und zukünftige Aspekte ausdrücken. Zur sakralen Sphäre gehören die Mythen und Ursprungslegenden; Invokationen und Inkantationen; die Prophezeiung und die Mantik. Die Sphäre, die der königlichen Macht Ausdruck verleiht, hat mit Genealogien, Annalen und Legenden; Gesetzen, Lobgedichten und Satiren; Eiden, Segenswünschen und Verfluchungen zu tun. Was die Stammesebene angeht, zählen dazu das

قِفَا نَبْكِ مِنْ ذِكْرَى حَبِيبٍ وَمَنْزِلِ   بِسِقْطِ اللِّوَى بَيْنَ الدَّخُولِ فَحَوْمَلِ

فَتُوضِحَ فَالْمِقْرَاةِ لَمْ يَعْفُ رَسْمُهَا   لِمَا نَسَجَتْهَا مِنْ جَنُوبٍ وَشَمْأَلِ

تَرَى بَعَرَ الْأَرْآمِ فِي عَرَصَاتِهَا   وَقِيعَانِهَا كَأَنَّهُ حَبُّ فُلْفُلِ

كَأَنِّي غَدَاةَ الْبَيْنِ يَوْمَ تَحَمَّلُوا   لَدَى سَمُرَاتِ الْحَيِّ نَاقِفُ حَنْظَلِ

وُقُوفًا بِهَا صَحْبِي عَلَيَّ مَطِيَّهُمْ   يَقُولُونَ لَا تَهْلِكْ أَسًى وَتَجَمَّلِ

وَإِنَّ شِفَائِي عَبْرَةٌ إِنْ سَفَحْتُهَا   وَهَلْ عِنْدَ رَسْمٍ دَارِسٍ مِنْ مُعَوَّلِ

كَدَأْبِكَ مِنْ أُمِّ الْحُوَيْرِثِ بَنْلِهَا   وَجَارَتِهَا أُمِّ الرَّبَابِ بِمَأْسَلِ

فَفَاضَتْ دُمُوعُ الْعَيْنِ مِنِّي صَبَابَةً   عَلَى النَّحْرِ حَتَّى بَلَّ دَمْعِيَ مِحْمَلِي

أَلَا رُبَّ يَوْمٍ لَكَ مِنْهُنَّ صَالِحٍ   وَلَا سِيَّمَا يَوْمٍ بِدَارَةِ جُلْجُلِ

وَيَوْمَ عَقَرْتُ لِلْعَذَارَى مَطِيَّتِي   فَيَا عَجَبًا مِنْ كُورِهَا الْمُتَحَمَّلِ

فَظَلَّ الْعَذَارَى يَرْتَمِينَ بِلَحْمِهَا   وَشَحْمٍ كَهُدَّابِ الدِّمَقْسِ الْمُفَتَّلِ

وَيَوْمَ دَخَلْتُ الْخِدْرَ خِدْرَ عُنَيْزَةٍ   فَقَالَتْ لَكَ الْوَيْلَاتُ إِنَّكَ مُرْجِلِي

تَقُولُ وَقَدْ مَالَ الْغَبِيطُ بِنَا مَعًا   عَقَرْتَ بَعِيرِي يَا امْرَأَ الْقَيْسِ فَانْزِلِ

فَقُلْتُ لَهَا سِيرِي وَأَرْخِي زِمَامَهُ   وَلَا تُبْعِدِينِي مِنْ جَنَاكِ الْمُعَلَّلِ

فَمِثْلِكِ حُبْلَى قَدْ طَرَقْتُ وَمُرْضِعٍ   فَأَلْهَيْتُهَا عَنْ ذِي تَمَائِمَ مُحْوِلِ

إِذَا مَا بَكَى مِنْ خَلْفِهَا انْصَرَفَتْ لَهُ   بِشِقٍّ وَشِقٌّ عِنْدَنَا لَمْ يُحَوَّلِ

وَيَوْمًا عَلَى ظَهْرِ الْكَثِيبِ تَعَذَّرَتْ   عَلَيَّ وَآلَتْ حَلْفَةً لَمْ تَحَلَّلِ

أَفَاطِمَ مَهْلًا بَعْضَ هَذَا التَّدَلُّلِ   وَإِنْ كُنْتِ قَدْ أَزْمَعْتِ صُرْمِي فَأَجْمِلِي

وَإِنْ تَكُ قَدْ سَاءَتْكِ مِنِّي خَلِيقَةٌ   فَسُلِّي ثِيَابِي مِنْ ثِيَابِكِ تَنْسُلِ

أَغَرَّكِ مِنِّي أَنَّ حُبَّكِ قَاتِلِي   وَأَنَّكِ مَهْمَا تَأْمُرِي الْقَلْبَ يَفْعَلِ

217

Geschichtenerzählen; die Rätsel, Arbeits-, Tanz- und Liebeslieder; und wiederum Zaubersprüche. Gerade bei den *Mo'allaqat* ist die Nähe zum Material der homerischen Epen oder des Alten Testaments unübersehbar. Noch im 6. Jahrhundert unserer Zeitrechnung finden sich dazu Gegenstücke in Taliesins walisischen Epen oder in der *Edda*.

Auch stilistisch lassen sich gemeinsame Nenner und Standardfiguren erkennen. Synonyme, Metaphern und Similes stehen im Vordergrund, vor allem in der Panegyrik, die mit langen Epitheta arbeitet, welche die Vorzüge einer Person oder Sache anschaulich und abwechslungsreich schildern sollen – wo die skaldische Dichtung die Kenning gebraucht, beruht die arabische Dichtung vor allem auf dem Simile. Bezeichnend ist auch die Vorliebe für Anspielungen, die auf dem Grundstock des tradierten Wissens aufbauen und um so obskurer werden, je spezieller die poetische Tradition wird.

Die Sprache der Dichtung hebt sich von der Alltagssprache ab; sie hat ihren eigenen Duktus – bei den Sumerern, den keltischen Barden, den Skops ebenso wie heute noch in Ruanda oder Nigeria. Dies führt zu einem Vorrat an poetischen Formeln, die differenzierter sein können, als wir es selbst von den homerischen Epen kennen, nicht nur, was die stereotypen Formeln betrifft, sondern auch im Repertoire der Themen und Motive. Sie stellen die Grundelemente einer Dichtung dar, die aus dem Gedächtnis komponiert oder extemporiert wird: mnemotechnische Hilfsmittel, zu denen auch fixe Metren zählen. Ihre relative Einförmigkeit kann deshalb auch ins Dekorative abgleiten; man hat die Gesänge der Skalden oft mit den nordischen Ornamenten verglichen, und die arabische Dichtung mit den Arabesken.

Nur ein radikaler Wandel der politischen und ökonomischen Verhältnisse konnte diese konservativen Strukturen aufbrechen. Professionelle Dichter, die von ihrem Handwerk außerhalb des eigenen Stammes leben konn-

ten, gab es deshalb immer erst, nachdem sich Macht-
zentren gebildet hatten: eine zentralisierte und seßhafte
Gesellschaftsform, die nicht mehr egalitär, sondern dikta-
torisch war, und die sich Hofpoeten leisten konnte. Im
6. Jahrhundert war dies vor allem bei den Lakhmiden in
al-Hira der Fall, und in geringerem Ausmaß bei den
syrischen Ghassaniden.

Der Übergang von den *qit'ah* zur komplexeren Form
der *qasidah*, die sich in diesem Zeitraum schlagartig aus-
breitete, ist in diesem Rahmen zu verstehen – auch als
Gegensatz: die ›Stücke‹ bewahrten die Freiheiten der
alten rhythmischen gereimten Prosa, während die *qasidah*
die Metrik betonte.

Der Terminus *qasidah* – Ode, Preisgesang – leitet sich
von einer doppelten Etymologie ab: *qasd*, was soviel wie
›Ziel‹, ›Gegenstand‹ (in diesem Fall des Lobgesangs)
bedeutet, aber auch ›etwas in zwei Hälften (das heißt
in die Hemistichien der Verszeilen) brechen‹. Eine solche
Ode besteht aus rund hundert Versen, die eine Sequenz
fixer Themen nach Gebrauch locker streuen.

Am Beginn steht meist der melancholische Ton eines
amourösen Präludiums *(nasib)*, in dem der Dichter seine
ferne Geliebte beweint, die mit ihrem Stamm zu neuen
Weiden weitergezogen ist – und dieser Blick auf ein ver-
lassenes Lager in der reglosen Stille und Weite der Wüste
steht am Anfang der Liebesethik der Trobadors und
Minnesänger. Auf diese Einleitung folgt die Schilderung
der eigenen Reise *(rahil)* des Dichters, die Beschreibung
seines Reittiers und der Natur *(wasf)*, die dann in einen
panegyrischen Teil *(madih)* mündet.

Das Repertoire an Metren hält sich in Grenzen; es gab
eine Handvoll, wie den *tawil* – den ›Langen‹, oder den
kamil – den ›Vollkommenen‹ (die auch heute noch verwendet werden), ohne daß aber diese Unterscheidungen
strikt definiert und eingehalten worden wären. Auch die
Variationsbreite innerhalb der Gedichte war gering; sie

folgen dem einmal vorgegebenen Rhythmus und halten ihn bis zum Ende durch, und auch der Reim auf der letzten Silbe der Zeile bleibt immer derselbe.

Die einzelnen Verse, die aus zwei Hemistichien von gleicher Länge bestehen, basieren auf einer quantitativen Metrik. Wie auch die anderen semitischen Zweige besitzt die arabische Sprache eine sehr rigide grammatische Struktur, die mit der Abfolge kurzer und langer Silben eine ideale Stütze zum einen für eine silbenzählende Metrik bietet, zum anderen für den Reim, dessen Repertoire im Arabischen außerordentlich groß ist, weil er aus thematisch zusammenhängenden Wortfeldern schöpfen kann.

Der Einzelreim und der Monorhythmus ergeben eine große formale und melodische Einheit, der die Syntax nicht ganz entspricht. Wie schon die sumerische Dichtung baut auch die arabische auf parataktischen Konstruktionen auf, die als Aussagen den Vers in sich beschließen, obwohl sie sich durch Anaphern, Alliterationen, etymologische Ableitungen und Konjunktionen wie unabhängige Bausteine aneinanderreihen lassen: eine Komposition in Blöcken. Ein Enjambement, das die Zäsuren überbrücken würde, gibt es meist nicht, weil ja gerade die Wiederholung paralleler Strukturen ein rasches Verständnis beim Zuhören möglich macht.

Das machte andererseits aber nicht nur bei der Rezitation das Ausfallen, Hinzufügen oder Austauschen einzelner Verse leicht, sondern auch bei der späteren Aufzeichnung, wo etwa für den Islam offensive Stellen einfach eliminiert oder korrigiert wurden. Und da die Erstellung des gesamten Korpus der Oden durch irakische Gelehrte erst ins 8. Jahrhundert fiel, warfen Auswahl und Edition immer wieder die Frage nach dem Grad ihrer Authentizität auf und führten zu dem Einwand, ihre Komplexität sei nicht mit der scheinbar primitiven Kultur der Nomaden vereinbar, eine Behauptung, die man früher ähnlich auch gegen Homer vorgebracht hat.

Die Studien Milman Parrys und Albert B. Lords über die orale Poesie haben solche Probleme in einen neuen Kontext gerückt, der nicht nur die griechischen Epen, sondern alle frühen Formen der Poesie betrifft, die arabische eingeschlossen.

Statistische Untersuchungen bei den *Mo'allaqat* weisen nach, daß neun Zehntel ihres Materials formelhaft ist, d.h. aus Wortgruppen besteht, die regelmäßig in demselben metrischen Kontext dieselbe Grundidee ausdrücken. Die Arbeit des Dichters und Rezitators besteht demnach nicht darin, Verse auswendig zu lernen, sondern ein Repertoire an Themen, Motiven, Handlungen, Namen und Formeln zu beherrschen, auf deren Grundlage er das Improvisieren lernt. Kein Vortrag entspricht so dem anderen; bis zu seiner schriftlichen Fixierung bleibt das Gedicht ein offenes und variables Konstrukt, eine frei zur Verfügung stehende Struktur, die den Bedürfnissen des Publikums und den Fähigkeiten des Dichters jedesmal wieder neu angepaßt wird. Deshalb verändert sich das Gedicht in seinem Vokabular sowie der Zahl und Anordnung der Verse; es gibt keinen ›Originaltext‹, selbst die Dichter ›vergessen‹ so ihre eigenen Gedichte und ›erinnern‹ sich jedesmal neu. Die Anfänge der Gedichte bleiben dabei eher gleich, das Ende variiert jedoch meist stark, je nachdem, wie lange ein Publikum zu folgen bereit ist.

Der Akt der Komposition heißt im Arabischen deshalb auch *qult* (und nicht *katabt*) *al-qasidah:* ›Ich habe ein Gedicht geäußert, ausgedrückt‹ – und nicht ›geschrieben‹ oder ›verfaßt‹. Al-Jahiz im 9. Jahrhundert beschreibt die Kompositionstechniken der schreibunkundigen Nomaden in dieser Hinsicht genauer:

Ihre Eloquenz ist spontan und extemporiert, als wäre sie das Ergebnis tiefer Inspiration. Die Komposition erfolgt ohne Anstrengung oder weitreichende Studien, sie fußt nicht auf dem Verstand und kommt ohne die Hilfe anderer aus. Der Vortragende bereitet sich darauf am Tag

einer Schlacht vor, oder während er seine Herde tränkt;
sobald er seine Gedanken auf das Thema seiner Rede zu
konzentrieren beginnt, gehen ihm die Ideen und Worte wie
von selbst über die Lippen.

So kommt ein bereits von früheren Generationen übernommener Vorrat an poetischen Grundelementen immer wieder zur Verwendung, was zur Ausbildung einer artifiziellen Kunstsprache führt, einer *koiné*, die – trotz regionaler Unterschiede – von allen verstanden wird: die sogenannte klassische *'Arabiyya*. Da aber nur bestimmte dialektale Varianten den Erfordernissen des Metrums zu genügen vermögen und die arabische Poetik äußerst konservativ ist, kann die Bedeutung einzelner stereotyper Wendungen im Laufe der Zeit auch obskur werden.

Die Formelsprache bildet so eine Art zweiter Grammatik innerhalb der gesprochenen Sprache. Die ›Geschwätzigkeit‹, die man den arabischen Dichtern oft vorwarf, hat mit diesem großen Vorrat an Synonymen zu tun, die je nach Versmaß für ein bestimmtes gedankliches Konzept eingesetzt werden können. Dabei beschränken sich die Kombinationen nicht nur auf spezielle Beifügungen und ausschmückende Teile, sondern umfassen jeden Bereich der Aussage und des Vokabulars – von den Substantiven bis zu den Partikeln. Der kreative Spielraum, den sie zuläßt, liegt einzig und allein in der Möglichkeit, einzelne Worte einer syntaktischen Gruppe durch andere auszutauschen, unter der Bedingung, daß der Takt dabei unverändert bleibt. Einsichtig beschrieben hat Ibn Khaldun dies im 14. Jahrhundert:

Die Methode der Dichter hat nichts mit der Grammatik
zu tun, die Sache der Vokalendungen ist. Sie hat auch
nichts damit zu tun, daß man einen vollkommenen rheto-
rischen Ausdruck für eine Idee finden will; der ist Sache
der Eloquenz und des Stils. Sie hat darüber hinaus auch
nichts mit dem Versmaß zu tun, das eine Sache der Pro-
sodie ist. Diese drei Wissenschaften fallen außerhalb des
Bereichs der Poesie.

Die poetische Methode bezieht sich dagegen auf eine mentale Form für metrische Wortkombinationen, deren Universalität darin liegt, daß sie mit jeder anderen Wortkombination übereinzustimmen vermag. Das Denken abstrahiert die Form der bekanntesten Wortgruppen und läßt sie in der Imagination zu etwas werden, das einem Webstuhl oder einer Ziegelgußform vergleichbar ist. Wortreihen, welche die Araber für korrekt halten – unter dem Gesichtspunkt der Grammatik und des Stils –, werden ausgewählt und dann im Geist in diese Raster hineingelegt, wie ein Baumeister den Ton in seine Form gießt und ein Weber die Wolle am Webstuhl knüpft.

Dies bedeutet jedoch nicht, daß die Dichter ausgeklügelte metrische Prinzipien kannten; sie verfügten eher über ein instinktives Gefühl für den Rhythmus. Von den Dichtern der Nomaden ist überliefert, daß sie den Brauch hatten, Schwerter oder Stäbe beim Vortrag als Hilfsmittel zu schwingen, ohne die sie sonst aus dem Takt gerieten. Die Gedichte selbst wurden in einem monotonen Tonfall zur *rabab* gesungen, die einzelnen Abschnitte jedoch klar voneinander abgehoben. Mit dem Anfang des Verses platzte man meist heraus, die nächsten Worte wurden dann halb verschluckt, während das Versende in ein Falsett mündete. Die Melodie konnte sich je nach Abschnitt ändern, je nach Akzentuierung der dramatischen Spannung, oder um einem gelangweilten Publikum das Ende anzukündigen – was erklärt, weshalb viele präislamische Gedichte eher abrupt, ohne einen sorgfältig konstruierten und vorbereiteten Schluß aufhören.

Das Metrum ist also – und das ist auf jede Poetik übertragbar – ein Produkt des Rhythmus. Der Dichter geht, wie unbewußt auch immer, von syntaktischen Formeln aus, die er rhythmisch verknüpft, um einen bestimmten Takt entstehen zu lassen; da die ihm zur Verfügung stehenden Wortgruppen stereotyp sind, führt dies zu einer geringen Bandbreite an Metren. Ausgehend von einem einmal gefundenen linguistischen Raster, schließt der nächste Vers oder Versteil daran an, wobei – um den Rhythmus weiterzutragen – manchmal auch noch einzelne Worte oder Phrasen unmittelbar wiederholt werden können.

Was nun die sieben Oden der *Mo'allaqat* betrifft, so soll ihre Zusammenstellung auf den Kalifen Mu'awiyya (661 bis 680), auf 'Abd al-Malik (685 bis 705) oder auf Hammad al-Rawiya (694 bis 772) zurückgehen. Letzterer war ein Rezitator, der für sein großes Repertoire berühmt war und vom Kalifen als Kompilator nach Damaskus geholt wurde; man sammelte damals alle noch greifbaren Oden, nicht nur aus philologischem und linguistischem Interesse, sondern auch, um ein eigenständiges kulturelles Erbe zur Schau tragen zu können. Der Titel dieser speziellen Auswahl ist jedoch erst vom 10. Jahrhundert an belegt, in Texten der Araber in Ägypten und Spanien.

Der Tradition nach bedeutet er *Die Hängenden*, weil man ihre Abschriften auf Leinen und mit goldenen Buchstaben der großen Schönheit wegen in der Kaaba in Mekka aufgehängt haben soll; dabei handelt es sich jedoch eher um eine Erklärung im nachhinein, weil es keine Belege dafür gibt, daß die Araber in vorislamischer Zeit jemals irgendwelche Gedichte als Dekoration verwendet hätten. Plausibler erscheint die Ableitung von *Mo'allaqah* nach einer Stelle im Koran, die sich auf eine geschiedene Frau bezieht; demnach wären sie nur *Die Einzelnen* aus dem Gesamtwerk von Dichtern. Andere wiederum stellen die häufige Verwendung dieses Begriffs für Schmuck und kostbare Ornamente in den Vordergrund, was eine Übersetzung als *Die Schmuckstücke* erlauben würde. Ihrem eigentlichen Wesen zwischen oraler und schriftlicher Kultur wird aber eher ein anderer Beiname gerecht, obwohl er eigentlich auf den Gegensatz zwischen dem Islam und dem Heidentum, das sie symbolisierten, gemünzt war: *al-Masubat*, die ›Hybriden‹.

Sie gelten seit jeher als die klassischen Stücke, die größten Einfluß auf den Kanon der arabischen Literatur hatten und damit, wenn auch sehr indirekt, auf die Dichtung des höfischen Mittelalters. Trotzdem sind sie in unserem Sprachraum unbekannt geblieben, auch wenn Rückert ein paar Stellen übersetzt hat und Goethe wenigstens eine Inhaltsangabe erwähnt. Daß die Europäer die arabische Poesie ignoriert haben, mutet paradox an, schon weil das Wort Arabien auf den Begriff des Westens zurückgeht: *eretz ereb* heißt das ›westliche Land‹ der arabischen Halbinsel – und *ereb* ist wiederum die Wurzel des Wortes Europa.

Die *Mo'allaqat* werden deshalb hier zum ersten Mal vollständig vorgelegt, mit zwei Ausnahmen: die *qasidah* Zuhayrs war auch Goethe schon zu moralisch und die *qasidah* Al-Harits ist trotz ihrer vom ersten englischen Übersetzer Sir William Jones attestierten Weisheit und Würde etwas langweilig. Letztere wird jedoch samt Biographie und Annotationen in der Glosse zu 'Amr ibn Kultum vollständig wiedergegeben, weil sie das Gegenstück zu dessen Ode in einem Wettstreit war, den sie gewann. Die Übertragung hält sich dabei eng an den Inhalt und verzichtet auf die Nachbildung der formalen Aspekte. Der gleichbleibende Reim wäre im Deutschen ohnehin nicht durchzuhalten, und statt der parataktischen Hemistichien boten sich ein offenes Distichon, das Enjambement und ein frei schwebender Rhythmus an.

D*er Wert dieser trefflichen Gedichte, an Zahl Sieben, wird noch dadurch erhöht, daß die größte Mannigfaltigkeit in ihnen herrscht. Hiervon können wir nicht kürzere und würdigere Rechenschaft geben, als wenn wir einschaltend hinlegen, wie der einsichtige* Jones *ihren Charakter ausspricht. ›Amralkais' Gedicht ist weich, froh, glänzend, zierlich, mannigfaltig und anmutig.* Tarafas: *kühn, aufgeregt, aufspringend und doch mit einiger Fröhlichkeit durchwebt. Das Gedicht von* Zoheir *scharf, ernst,*

keusch, voll moralischer Gebote und ernster Sprüche.
Lebids *Dichtung ist leicht, verliebt, zierlich, zart; sie er-*
innert an Virgils zweite Ekloge: denn er beschwert sich
über der Geliebten Stolz und Hochmut und nimmt daher
Anlaß, seine Tugenden herzuzählen, den Ruhm seines
Stammes in den Himmel zu erheben. Das Lied Antaras
zeigt sich stolz, drohend, treffend, prächtig, doch nicht
ohne Schönheit der Beschreibung. Amru *ist heftig, er-*
haben, ruhmredig; Harez *darauf voll Weisheit, Scharf-*
sinn und Würde. *Auch erscheinen die beiden letzten*
als poetisch-politische Streitreden, welche vor einer
Versammlung Araber gehalten wurden, um den verderb-
lichen Haß zweier Stämme zu beschwichtigen.‹

Neapel, Mai 1993

I
IMRU'L-QAYS

Hunduj, besser bekannt als Imru'l-Qays, ›Mann des Un-
glücks‹, war der Sohn des Hugr, des letzten Königs der
Kindah in Zentralarabien, eines Stammes, der ursprünglich aus dem Jemen kam. Sein Onkel Muhalil, der selbst
poetische Ambitionen hatte, förderte früh Imrus dichte-
risches Talent und übergab ihn dann als Schüler einem
gewissen Abu Duad, von dem es hieß, er habe ihm beigebracht, wie man Pferde und Kamele beschreibt. Als er
es schließlich zum Dichter gebracht hatte und der Vater
von seinen freizügigen Versen und seiner ausschweifen-
den Libertinage erfuhr, befahl er, Imru umzubringen – er
entkam nur, weil der gedungene Mörder Mitleid mit ihm
hatte und statt seiner eine Gazelle tötete. Als König Hugr
davon erfuhr, erfaßte ihn die Reue über seinen Plan, und
er holte seinen Sohn wieder zurück an den Hof; als dieser
die Dichterei aber auch da noch nicht aufgeben wollte, verstieß er ihn ein zweites Mal.

Imru'l-Qays tat sich darauf, der Legende nach, mit
Briganten zusammen und führte ein unstetes Leben.
Seine Gedichte waren frei gehalten und gingen von Mund
zu Mund; ein Vierzeiler über den Beischlaf wurde später
als das *obszönste Gedicht, das je von einem arabischen
Dichter vorgetragen wurde*, beschrieben. Scheinbar aber
ging er noch weiter und gab mit der Eroberung einer
gewissen Fatima an – einer Prinzessin vom Stamm der
Banu al-Odhra, die seit Jahrhunderten schon für jene
hehre und keusche Liebe bekannt waren, wie wir sie aus
der höfischen Dichtung kennen; die Tradition ist voller
Geschichten über ihre Verliebten, die es vorzogen, sich
eher bis zum Tod zu verzehren, als ihrem Ideal untreu zu
werden.

Als die Banu Asad einen Aufstand gegen seinen Vater unternahmen und den König im Schlaf ermordeten, lag es an ihm – obwohl er der jüngste der Söhne war –, ihn zu rächen; die einzigen historischen Daten beziehen sich auf diesen Feldzug. Überliefert sind jedoch nur Anekdoten. Als der Bote mit der Nachricht vom Tod seines Vaters zu Imru kam und ihm berichten wollte, was geschehen war, ignorierte dieser ihn und spielte weiter Backgammon. Nachdem Imru gewonnen hatte, meinte er zu seinem Gefährten, er habe sein Spiel nicht unterbrechen wollen, und ließ sich erst dann Bericht erstatten. Dann schenkte er reihum die Gläser ein und sagte: *Mein Vater ließ mich verfaulen, als ich noch ein Junge war. Jetzt bin ich ein Mann. Und nun lädt er mir sein Blut auf. Also, laßt uns heute noch trinken. Morgen sind wir wieder nüchtern. Wein und Frauen heute, und das Geschäft morgen.*

Er schwor, solange nichts mehr zu essen, zu trinken oder eine Frau zu berühren, bis er seinen Vater gerächt habe – eine wahrscheinlich mohammedanische Variante der Legende –, und stellte eine Truppe von Freischärlern und Söldnern auf. Nach einigem Auf und Ab, ohne einen Stamm und ohne Verbündete, nahm ihn ein arabischer Jude namens Samuel auf, der ihn an die syrischen Könige weiterempfahl, die ihn schließlich nach Byzanz zum König Justinian sandten. Danach werden die Berichte widersprüchlich. Einerseits soll Justinian ihn zum Statthalter von Palästina ernannt haben, andererseits ihm eine Armee versprochen haben, um seine Erzrivalen – die Perser – zu besiegen und den Kindah wieder alle Macht zu verleihen. Übereinstimmung herrscht nur darüber, daß er auf seiner Reise in den Süden um 540 in Ankara umkam, wo man heute noch sein Grab zeigt; Justinian hatte ihm anscheinend ein Nessusgewand geschenkt, weil er eine seiner Töchter verführt und dann in der Öffentlichkeit bloßgestellt haben soll.

Imru'l-Qays war zu Lebzeiten bereits ein berühmter Dichter. Seit dem Ende der Epoche Mohammeds – der nichts für solche Leute übrig hatte und ihn den *poetisch-sten aller Dichter nannte und ihren Anführer auf dem Weg zur Hölle* – wurden seine Gedichte aufgezeichnet; der Diwan umfaßt 68 Stücke verschiedener Länge, insgesamt fast 1000 Verse. Seine *Mo'allaqah* – im Metrum des *tawil* und mit Reimen auf -*li* – gilt als das Grundmodell der *qasidah*, die er ebenso erfunden haben soll wie das Standardthema des *nasib*, des verlassenen Lagers. Die Themen, die er ausführt, finden sich wörtlich manchmal in den anderen *Mo'allaqat;* es ist sicher keine Übertreibung, wenn man sein Gedicht als zugleich das älteste, berühmteste und einflußreichste der arabischen Dichtung bezeichnet.

229

Laßt mich an meine liebe denken dort wo sie lag wo die dünen enden
    zwischen al-Dahul und Hawmal Tawdih und al-Miqrah:
der nordwind und der süd hatten ihr breites tuch bereits gewebt
    und damit die spuren des lagers halb verwischt
der rest wurde zugedeckt vom sand daß man nur mehr die gazellen
    und ihre krotten sieht wie pfefferkörner oder dattelkerne
Am morgen als wir uns trennten belud man die kamele dort drüben
    wo die dornigen sträucher sind und dabei zertraten sie
die koloquinten mit den hufen · auch ich brach wie diese bittre frucht
    Da fielen meine gefährten mir in die zügel und sagten:
bleib hart! man stirbt weder vor liebe noch an ihrem schmerz!
    Später aber weinte ich mir die augen im dunkeln aus
das ließ die wunden heilen · wird man wirklich wegen einer fährte
    die der wind längst schon verweht hat krank?
So war's bei jedem mal – mit ihr und vorher mit Umm al-Huwayrit
    und lange davor schon mit Umm al-Rabab in Ma'sal –
ein geruch nach moschus ging von ihnen aus wenn sie sich erhoben
    wie der wind im osten wenn er nach nelken riecht
mir aber rannen die tränen über hals und brust und auf das schwert
    daß mir nichts blieb als den gürtel fester zu ziehen

Grenzenloses glück schenkten sie mir alle – ja mehr als einen tag
    doch unter allen denk ich noch an jene in Dara Gulgul:
ich schlachtete dort mein kamel und verteilte die aufgepackten ballen
    unter all den hübschen mädchen · die besten stücke
schoben sie sich zu und brieten das blutige fleisch über dem feuer
    daß das fett nur so herabtroff so weiß wie seide
Oder damals als ich zu 'Unayzah aufs kamel und in die sänfte stieg
    und sie vor wut laut rief: *verdammt! raus mit dir!*
soll ich wegen dir etwa zu fuß gehen? Die lust war eine schwere last
    und die stangen wippten hin und her bis sie schrie:
du bringst ja mein kamel noch um! Imru'l-Qays steig endlich aus!
    Und ich darauf zu ihr: *reit weiter aber laß die zügel*
schleifen und häng deine früchte nicht gar so hoch – sie sind reif
    und ich würd sie gern mit beiden händen pflücken!
Viele frauen hab ich schon besucht gleich ob sie schwanger waren
    oder noch ihr junges stillten · war ich bei ihr

dachte sie nicht mehr an ihn und an sein amulett gegen das böse auge
    und wenn er weinte wandte sie ihm nur halb
die schulter zu – ihr hintern aber blieb satt auf mir · eines tages
    auf einem dünenrücken aber wollte sie nicht mehr
und schwor es wär jetzt aus mit uns · *so beruhig dich doch endlich*
    meine Fatima! wenn du schon beschlossen hast
mich zu verlassen nach aller koketterie kannst du doch wenigstens
    nett zu mir bleiben · habe ich dich so verletzt?
nimm dir was deines ist und zieh dich wieder an – du täuschst dich
    wenn du glaubst ich gehe aus liebe zu dir in den tod
lese dir jeden wunsch von den lippen ab und gehöre dir ganz allein
    ohne aufzumucken oder daß die tränen deiner augen
pfeile wären die mein herz in stücke reißen – und all so ein zeugs!

Wie oft bin ich zu einer frau ins zelt geschlichen
die hinterm vorhang sich verbarg und kam zu meinem vergnügen
    ohne groß mich zu beeilen · ich kenne keinen
außer mir der auch nur in gedanken es gewagt hätte an den eltern
    und wächtern sich vorbeizudrücken die nur
daran dachten mich einen kopf kürzer zu sehen! ich aber ging zu ihr
    wenn die pleiaden hoch am himmel standen
ausgebreitet wie ein mit perlen besetztes wehrgehänge · sie schlief
    hatte die kleider abgelegt bis auf das unterste
und biß mir vor überraschung fast ins ohr: *bist du verrückt geworden?*
    mein gott! nicht hier! stell dir vor du wärst
im falschen zelt gelandet – du idiot! · heimlich stahlen wir uns fort
    und sie zog den mantel hinterher um unsere spuren
zu verwischen bis wir das gehege hinter uns gelassen hatten und
    wir eine mulde in den barchanen fanden –
wie sicheln lagen die dünenkämme rund um uns und boten schutz
    Eine hand auf ihrer schläfe zog ich den kopf
sanft her zu mir · sie hob das kleid am saum und setzte sich auf mich
    die taille schlank die schenkel rund ein kettchen
um das fußgelenk die helle haut des bauches der hart vor atem war
    und ihr busen wie ein spiegel weiß und glatt
bis zu ihrer kehle – da war ein abglanz von verwehren und verlangen
    an den wangen und der blick wie die antilopen

DIE MO'ALLAQAT
IMRU'L-QAYS
▸ 6./7. JAHRHUNDERT

von Wagrah – falb wie die gazelle die den kopf aufwirft der hals
    gerade und nicht zu lang · und das silber klirrte leise

Ihre haare waren schwarz wie kohle und fielen ihr voll auf den nacken
    wie dattelbüschel auf einem hohen palmenschaft
die locken widerspenstig fiel aus ihren zöpfen langsam eine strähne
    nach der anderen dunkel auf den bogen ihrer brauen
und die lederstreifen die sie um die hüfte trug waren wie die riemen
    eines schmalen zügels wenn er lose hängt im wind
auf ihren beinen lag der matte widerschein des monds ein schilfrohr
    im grünen schatten einer palme und morgens
roch ihr bett nach moschus wenn sie noch länger als die sonne schlief
    und die djellabah ohne den gürtel offen war

Ihre hände sind weich sie wissen wie man gibt und wie man nimmt
    und streichen über die haut die finger flink wie käfer
im sand unter den zweigen der tamarisken und den reisern des *ishil*

    Ihre stirn ist wie der letzte strahl der sonne
bevor der tag ins dunkel fällt · er scheint durch dieses dämmern
    wie das öllicht eines mönchs der bis zum morgen
seine wache hält und selbst er würde noch ihre schönheit anbeten
    den blick voller begierde auf diesen körper
eine silhouette mit der klaren kontur eines kindes und der wärme
    in den umrissen einer frau – ein mädchen eben
und so rein wie sich bei einem straußenei weiß mit dotter mischt

    Mögen auch manche ihre sehnsucht verlieren
mit der jugend und sie bei anderem vergessen – mein verlangen
    altert nicht noch hat es jemals grenzen anerkannt

Wie viele hartnäckige rivalen schlug ich aus dem feld allein für dich
    und all die warnungen der anderen in den wind
Die nacht trieb mich wie die wellen eines wütend dunklen meeres
    in den wahnsinn und warf mich in die gischt
ihres schattens wie um mich auf die probe zu stellen · und ich schrie
    zurück wenn sie mir nackt den rücken zeigte

den hintern entgegenreckte und mit ihren brüsten spielte um mich
      zu foltern und zu quälen und dabei zu lachen:
wie lange dauerte dann meine nacht und nie kam die dämmerung
      obwohl auch der morgen nichts mehr erlöst –
die nacht war starr und still wie die sterne mit unsichtbaren stricken
      festgebunden an den bergen von Yadbul
und die pleiaden hingen reglos an einem seil schwer mit steinen

    Ich nahm die wasserschläuche meines stammes
auf meine wunden schultern und trug sie durch schluchten und täler
      die so verdorrt waren wie ein eselsbauch
die wölfe hausten dort mit den ausgestoßenen und aussätzigen
      und wenn sie heulten bellte ich zurück:
uns beiden geht es gleich und keiner von uns macht etwas daraus
      arm werden wir immer bleiben · du und ich –
wir wissen nicht wie man sein glück macht und fällt uns etwas zu
      dann verlieren wir es wieder an die anderen!

Die vögel hockten noch in ihren nestern als ich morgens aufbrach
      über mein kamel gebeugt – eins mit kurzer mähne
sehr hoch und schnell · es holt jedes andere ein und gehorcht dabei
      dem kleinsten schenkeldruck · es dringt vor
und springt zurück es rennt an und um so reißend wie ein bergbach
      ein brauner ist es dem beim galopp der sattel
kaum am rücken hält der blank ist wie die felsen nach dem regen
      mager und aufbrausend wie das brodeln des wassers
ein vollblütiges schnauben und wiehern · wenn die anderen kamele
      nach einem langen ritt nur mehr im staub
die hufe schleifen lassen greift es noch aus daß die funken sprühen
      und mein burnus sich im wind aufbläht
es läuft und läuft wie der kreisel den ich als kind vom faden zog
      Seine weichen hat es von der gazelle
die sprunggelenke von einem strauß den strecklauf eines wolfes
      und den galopp des fuchses auf der flucht
und die kruppe schwingt weit aus – so hoch ist sie daß der schwanz
      in ihrem spalt ihm nur bis an die fesseln fällt
ohne nachzuschleifen · hart sind seine flanken wie der stein

DIE MO'ALLAQAT
IMRU'L-QAYS
▸ 6./7. JAHRHUNDERT

auf dem die frauen das khol zerstoßen
und die bräute ihr parfüm · und auf dem hellen fell der mähne
trocknet das blut der feinde rot wie henna

Auf eine herde stießen wir und die schafe trippelten wie mädchen
wenn sie ihre djellabahs nachziehen im sand –
als sie die flucht vor uns ergriffen sahen sie wie ein onyx aus
den irgendein verzogener junge an einer kette
um seinen weißen hals trägt – nur etwas schwarz an seinem rand
So schnell holten wir sie ein daß die herde
keine zeit hatte sich zu zerstreuen · wir schlossen mit dem widder
und der färse auf ohne daß ich mein kamel
auch nur einmal hätte hetzen müssen · den rest des tages brieten
die köche kebab auf der glut des feuers
den rest kochten sie auf im topf – wir schlugen uns den bauch voll
und kamen abends spät zurück · die blicke
aber ruhten immer noch auf ihm obwohl es bereits dämmrig war
und keiner wußte woran zuerst sich sattsehen
am rist oder an den fesseln · ich nahm ihm nicht die zügel ab
und ließ ihn auch nicht hinaus zum weiden
sonst hätten sie mir meinen hengst wahrscheinlich noch geklaut

Schau ein blitz! und diese sturmwolken!
So schnell wie die hand eines bogenschützen in den köcher greift
leuchtet das licht und flackert dann hell auf
als würde ein eremit dort öl auf die wicken seiner lampen gießen
Wir aber warteten noch den donner ab zwischen
Darig und al-'Udayb weit von dort wo wir rast gehalten hatten
Qatn war links zu sehen al-Sitar und Yadbul
zur rechten und dann begann es heftig auf Kutayfah zu schütten
daß es die *kanahbul*-bäume zu boden bog
wie alte männer denen man auf ihre bärte haut · dann zog es weiter
nach al-Qanan und trommelte die antilopen
aus ihren löchern den hügel hinab · keine einzige palme verschonte es
in Tayma nur die paar häuser da aus stein
Es schien als die flut über den berg hereinbrach als wäre der Tabir
ein mann in einer jubbah in den falten dieses regens

es schien als wäre der hohe gipfel des al-Mugaymir nur die spitze
      einer spindel mit solch einer wucht schleuderte er
schlamm und muren auf die wüste – wie die händler aus dem Jemen
      ihre bündel auf einen marktplatz werfen
es schien am nächsten morgen dann als hätten die vögel des tales
      zuviel von einem gewürzten alten wein gehabt
es schien am nächsten abend als wäre weitum jeder wolf ertrunken
      wie eine aus der erde wild gerissene zwiebel

II
TARAFAH

Tarafah ibn al-Abd gehörte zu den Dubay'ah vom Stamm
der Bakr, deren Gebiet hauptsächlich in Bahrain und am
unteren Euphrat lag. Seine Legende weist für die Kind-
heit Parallelen zu Imru'l-Qays auf: sein Onkel Mutalammis
(der um 580 starb) und seine Schwester Hirniq erzogen
den Halbwaisen und förderten früh sein poetisches Talent
– das sich hauptsächlich auf Satiren und Spottreden verstand, die ihn ebensowenig beliebt machten wie sein ver-
schwenderisches Leben. Als das Erbe aufgebraucht war,
verstieß ihn der Stamm; er wurde von seiner Geliebten
Khaula getrennt und begann als Dichter umherzuziehen
und Verse im Stile Imru'l-Qays' zu dichten, bis er sich im
Krieg zwischen den Taglib und den Bakr ausgezeichnet
hatte. Sein Bruder Ma'bad nahm ihn dann wieder auf und
gab ihm seine Kamelherde zusammen mit der eigenen zu
weiden, wobei ihm ein feindlicher Stamm die Herden – um
die er sich kaum kümmerte – unter der Nase wegstahl. Im
Versuch, sie sich zurückzuholen, wandte er sich an seinen
Cousin Malik, der ihm nicht nur jede Hilfe verweigerte,
sondern ihn seines amoralischen Lebenswandels bezich-
tigte. Als Antwort darauf trug er dann seine *Mo'allaqah*
vor, die ihm für kurze Zeit die Patronanz eines reichen Verwandten eintrug, der ihm die gestohlenen Kamele ersetzte.
  Als Dichter inzwischen berühmt geworden, versuchte
er es – um 554 – am Hof der Lakhmiden in al-Hira beim
König 'Amr ibn Hind, der sich gerne mit Poeten umgab,
aber von eher cholerischem Temperament war. Tarafah
wurde zusammen mit seinem Onkel Mutalammis zum Hofdichter des Bruders des Königs, dessen Hauptbeschäf-
tigung im Trinken, Jagen und Bumsen bestand, wogegen
Tarafah nichts hatte; seine eigene Arroganz aber vertrug

sich schlecht damit, dauernd auf Abruf bereit zu stehen. Er verlegte sich also erneut auf seine Invektiven und beging die Dummheit, sie in Hörweite des Königs und seines Bruders vorzutragen. Dazu kam – so geht die Legende weiter –, daß er einmal an der Tafel des Königs das Gesicht von dessen Schwester in einem Glas widergespiegelt sah und ihr aus dem Stegreif ein Gedicht vortrug:

> *Die gazelle mit den glitzernden ohrringen*
> *schenkt mir ihre aufmerksamkeit –*
> *wär der könig nicht da mit seinem gefolge*
> *hätte ich den rest auch in der hand*

'Amr ibn Hind sandte Tarafah und seinen Onkel dann zurück zu ihrer Familie in den Südosten Arabiens und gab ihnen ein Empfehlungsschreiben an den Statthalter von Bahrain mit, der sie als Dichter übernehmen sollte. Sein Onkel war mißtrauisch geworden und öffnete, während Tarafah sich weigerte, sein Siegel zu brechen, den Brief: *Wenn Dir al-Mutalammis diesen Brief überbringt, hacke ihm die Hände und Füße ab und begrabe ihn bei lebendigem Leib.* Er setzte sich nach Syrien ab, aber Tarafah, wiewohl gewarnt, blieb stur und ging weiter nach Bahrain, wo er sich trotzdem die Gunst des Kalifen erhoffte. Die Episode – die an Bellerophon oder an David und Uria erinnert – endete mit dem Tod Tarafahs, wahrscheinlich um 569: zuerst wurden ihm Hände und Füße abgeschlagen, dann wurde er lebendig begraben. Daß er mit zwanzig starb, trug ihm den Beinamen *Der den Gott liebt* ein.

Der Diwan Tarafahs umfaßt neunzehn Gedichte und Gedichtfragmente im Umfang von etwa 450 Versen. Seine *Mo'allaqah* – im Metrum *tawil*, mit dem Reim auf *-adi* – wurde von seinem Onkel überliefert und dann mündlich weitergegeben, bis sie im 8. Jahrhundert aufgezeichnet wurde und als eines der schönsten Gedichte überhaupt galt, das nur noch von Imru'l-Qays übertroffen wurde.

Die spuren des lagers von Hawlah auf der kieswüste von Tahmad
waren wie tätowierungen am rücken einer hand
die nichts mehr halten würde · unser trupp schloß langsam auf
und meine gefährten drängten weiter: bleib hart!

Im morgengrauen waren die kamele der Malikiyya und ihre sänften
noch schiffe gewesen die in der enge des wadi Dada
krängten hin und her wie eine dhau unter vollen segeln · steuern
und halsen und wieder wenn der bug die wellen schneidet
wie ein kind das mit der kante seiner hand durch sandkörner fährt

In einer von ihnen saß sie · ein kollier von perlen
und chrysolith reihe um reihe um den hals und die lider blau wie
die einer gazelle die nach süßen samen scharrt
abseits der herde – ein schimmern im dickicht wenn sie vom *arak*
ein paar zweige abreißt in seine früchte beißt
und die flucht ergreift – die dunklen lippen ein schmales lachen
der mund wild wie die kamille im tau
der auf dem rot der dünen liegt · den glanz der sterne haben sie
und der mit antimon gefärbte gaumen
ist die nacht in der sich die zähne öffnen wie jasmin · ihr gesicht
ist weiß wie nur der seltene schnee im licht
des mondes · es strahlt als hätte sie die sonne bei ihrem aufgang
unter ihren mantel einfach mitgenommen
und hier jetzt abgesetzt · und ihre haut ist rein wie wind und salz

An sie zu denken schmerzt · ich vergeß es
erst am rücken meines kamels · tag und nacht · nie wird es müde
und es ist so sicher wie die bahre dir aus holz
Es hat einen festen tritt und ich jage es über die *mejbed* der berge
pfade wie von einem stoff gerissene streifen –
flanke an flanke nimmt sie das rennen auf mit jedem und gewinnt
Den frühling über lief sie in den hügeln frei
sie graste mit zwei milchkamelen die weiden ab dort wo es regnet
und kommt doch auf einen ruf zurück

Hat sie angst daß sie ein hengst bespringt und ihre haut aufreibt
   bis auf die knochen dann peitscht sie ihn
mit dem schwanz ein schopf weißer flügel quasten an einem pfriem
   mit denen sie die fliegen vom euter scheucht

Die muskeln ihrer hinterhand sind hart die torpfosten einer hohen
   weißen zitadelle · ihre rippen die arkaden
und der hals gerade auf ihrem grat · die brust sitzt als strebebogen
   an den kämpfern ihrer langen vorderbeine
wie pfeiler einer byzantinischen brücke von der der bauherr schwor
   er habe die tonziegel mit stein verstärken lassen
rot wie die büschel an ihrem kinn · und der widerrist ist ein dach
   unter dem die kruppe sich stark aufwölbt

Im trab stelzt sie auf ihren keulen breitbeinig und schwankend
   wie ein wasserträger mit zwei vollen eimern
und ihr langer schritt mißt sich am gespannten seil der vorderläufe
   im galopp beugt sie den hals während sie kopf
und schultern hebt wie um allem was da kommt zu widerstehen

   Ihre weichen sind wie gescheckt vom regen
wenn die tropfen ihre dünnen spuren über eine felsplatte ziehen
   zum weißen bach des sattelgurtes zusammenfließen
und sich verzweigen wieder wie flecken und flicken eines teppichs

   Der hals wenn er sich hoch über den sattel reckt
ist der mast einer dhau die den Tigris hinauf gegen den strom segelt
   während ihre beine schwimmen wie bei einem strauß

Ihre wangen sind weich wie das pergament der Syrer und die lippen
   im Jemen gegerbtes und an den rändern glattes leder

Der kopf ist der amboß am eisernen grat des genicks und wo die naht
   sich zur nase schließt ist sie schmal wie eine feile

Ihre augen sind wie zwei verborgene spiegel im oval der brauen
   oder glatt geschliffene kiesel in einer bucht

239

des flusses der jedes staubkorn ihr aus den winkeln wäscht
  sie sind schwarz und weit aufgerissen
wie die augen einer gazelle die für ihr kalb vor angst erschrickt

  Beim leisesten geräusch richten sich die ohren auf
sie hören jeden laut der nacht das trappeln winseln bellen im gehölz
  sie sind – ein zeichen guten blutes – spitz
wie dornen und lang wie die hörner der wilden stiere von Hawmal

  Das herz schlägt schnell und hart wie ein stein
auf einer reibefläche wenn man die getreidekörner zu mehl zerstößt

  Sie gehorcht den zügeln jedem schenkeldruck
und gibt ihr die gerte eins auf die nase läuft sie nochmal so schnell

  Unser trupp schloß auf und mein gefährte
sagte leise: *ich wünschte ich könnt dir helfen endlich frei zu sein*
  und ich wollt es ginge auch für mich gut aus!
Er hat es gut gemeint aber mir schlug das herz im leib doch der tag
  verging ohne daß wir in einen hinterhalt gerieten

Wenn im rat die rede davon ist daß sie einen suchen einen mann
  der genug mut hat denke ich sie meinen mich
als wollten sie mich auf die probe stellen · und ich lasse mich nie
  lange bitten sondern greife mir die peitsche
und reite im galopp davon · grau flirren die hitzeschleier im geröll
  der wüste · eine fata morgana · und mein kamel
fällt in den paßgang wie eine junge sklavin die für ihren herren tanzt
  die kleider weit und die arme hoch erhoben

Ich bin keiner der vor lauter angst in den bergen zuflucht sucht
  nur ein wort und ich steh an deiner seite –
wenn du mich finden willst so bin ich im zelt beim rat der alten
  sonst such mich in einer taverne irgendwo
oder komm zu mir früh am morgen und wir trinken ein glas wein
  zusammen wenn du lust hast – auf das rot
der sonne – wenn nicht trink ich's für dich und dann alles gute!

Bei jedem fest habe ich einen ehrenplatz
wie's der familie gebührt · der ganze glanz der sterne gehört
dann mir allein und meinen freunden –
und auch die sängerin · wein schenkt sie uns ein in einem kleid
so gelb wie safran · vom hals herab steht es
offen und weit genug für unsere hände · darunter ist sie nackt
ein weicher warmer körper halb versteckt
Sie singt im tiefen canto der kadenzen die ihr mit geschlossenen
augen so leicht über die lippen kommen
wie uns der wein und ihre küsse · und ich werde weiter trinken
bis mir nichts mehr bleibt und wieder einmal
mein ganzes geld verprassen all mein hab und gut und den anteil
meines erbes bis kein einziger freund
mehr zu mir steht die familie mich verstößt wie ein räudiges kamel
und zu guter letzt auch noch der stamm:
nur die armen haben mich dann immer aufgenommen und fremde
gewährten mir gastfreundschaft in ihren zelten

Ihr aber verachtet mich weil ich in den krieg zieh und nennt mich
einen hurenbock und einen trunkenbold
Könnt ihr mir ewige jugend etwa verleihen? mein leben für mich
leben? laßt mich dem tod entgegenreiten
mit allem was ich bin – doch was ich habe werde ich ihm erst
zu füßen werfen wenn er mir beide beine bricht!
Wenn alle um mich am totenbett stehen werden es nur drei dinge
gewesen sein die mir etwas wert waren:
erstens den vorwürfen einer frau zu entgehen mit einem krug
voll rotem wein der beim mischen schäumt
zweitens dem angriff der feinde zuvorzukommen mit einem kamel
das wie ein wolf sich auf die herde stürzt
drittens mir die langen tage im schatten des regens zu vertreiben
im zelt mit einer frau die reif und willig ist
an deren arme ringe und kettchen klingeln wie an einer weide
oder einer tamariske wenn der wind sie beugt

Laßt mich von der fülle des lebens haben solange leben in mir ist:
der gedanke an den tod ist fürchterlich

241

Ein mann der seinen namen wert ist trinkt aus dem vollen krug –
    wer durstig starb hat es zu spät gemerkt:
dem geizigen und dem verschwender gräbt man das gleiche grab
    ein haufen sand unter ein paar steinplatten
Der tod ist nicht wählerisch was ihm zufällt nimmt er und armut –
    was sie betrifft so ist das leben wie ein schatz
den diebe plündern jede nacht und was übrig bleibt stiehlt der tag:
    wir sind nichts anderes als ziegen an einem strick:
wir kauen ein paar büschel gras · der pflock aber – ist der tod

Warum ich so rede? schau – mein cousin Malik
er geht mir aus dem weg kaum sieht er mich nimmt er reißaus
    und redet hinter meinem rücken schlecht
ohne daß ich weiß warum – genauso wie auch Qurt ibn Ma'bad
    Um was ich ihn auch bitte er läßt mich hängen
gibt nicht einmal antwort sondern bleibt stumm als hätte man ihn
    lebendig in ein ausgehobenes grab geworfen –
ich hab ihm nichts getan · als man mir seine kamelherde stahl
    hab ich sie tagelang gesucht und brachte
sogar deswegen die verstrittenen eltern von Malik und Ma'bad
    zusammen ohne daß einer mir geholfen hätt
Du kennst mich wenn etwas wichtiges zu tun ist bin ich der erste –
    wenn man mich bittet dann bin ich dabei
stellen sich die feinde gegen dich steh ich vorne in der reihe
    und besudelt man deine ehre bin ich's
der ihnen das blut zu trinken gibt den becher randvoll mit tod

Niemandem hab ich nichts schlechtes angetan
obwohl man mich mit schimpf und spott überhäuft mich anklagt
    und verstößt · wär mein vater ein andrer mensch
würde er sich einsetzen für mich oder wenigstens mir das geld
    für die kamele stunden – so aber hält er mich
unter seinem joch egal ob ich ihn bitte bettle oder die ablöse zahle
    seine mißgunst schlägt mir tiefere wunden
als mein indisches schwert · hätte der Herr es nur so gewollt
    wär ich geworden wie Qays ibn Halid

242

oder 'Amr ibn Martad – angesehen wäre ich und ein reicher mann
      und um mein feuer würden alle stämme sitzen:
so aber laß mich wie ich bin und ich werd's dir wirklich danken
      auch wenn ich weit von hier in Dargad lebe

Ich bin immer noch derselbe hagere hungrige kerl den du von früher
      noch kennst und schnell wie eine schlange
ich hab mir geschworen mich nie mehr von meinem zweischneidigen
      indischen schwert zu trennen – ein schwert
das einmal gezückt mit dem ersten hieb den zweiten nutzlos macht:
      ich hab es nicht nur um äste abzuschlagen
Dann aber hör ich von meinem getreuen bruder nicht: *laß dir zeit!*
      sonst schreit der feind: *tut mir leid – zu spät!*
wenn der ganze stamm erst zu den waffen greift habe ich bereits
      blank gezogen und haue sie heraus
den kamelen weiten sich vor schreck die augen wenn sie mich
      vorne in der vordersten welle angreifen sehen
Da war eine riesige stute mit prall pendelndem euter der ganze stolz
      eines alten haudegen · ich fesselte sie
und sie fiel · da brüllte er vor zorn: *laß sie los! siehst du nicht was*
      du da tust? was fällt dir eigentlich dabei ein
du betrunkner lümmel! laß sie laufen und das lösegeld gehört dir
      ganz allein! er gab klein bei · wir aber brieten
das kamel und stritten uns um die besten stücke die vom höcker
      und ich war es: ich – der auch dann gewann!

Sollte ich fallen – Khaula tochter des Ma'bad – dann verkünde
      meinen tod daß mir gerechtigkeit erwiesen wird
rauf dir die haare und zerreiß dir dein kleid wie für einen der
      deiner liebe einmal würdig war und mach
mich nicht weniger als ich wirklich war: keiner der lange zaudert
      für jeden betrug zu haben und allen ergeben war
Sing von mir wie du mich sahst: als einen der besten der erste
      im kampf mutig und tapfer mit einem herz
von ehre denn wär ich feig gewesen hätten sie mich wohl gestellt
      und dann gefesselt und ich würd noch leben

Für dich wird mir nichts mehr zu schwer und all die tage und
      nächte werden auch einmal zu ende gehen
wie oft faßte ich im gemenge der schlacht wieder den mut
      wenn einem der tod vor augen stand
die muskeln sich verkrampften und die hand begann zu zittern:
      wie oft habe ich die gelben und die schwarzen
pfeile kommen gehört wenn wir das *maysir* beim feuer spielten
      und alles in der hand dessen lag der sie schoß

Eines tages wenn du es am wenigsten erwartest kommt einer
      den du noch nie gesehen hast und er wird
dir viel von dem erzählen dem du weder deinen mantel gabst
      noch ihn noch einmal treffen wolltest
Bei deinem leben! die tage sind uns nur geliehen und keiner kann
      wissen was morgen sein wird und was nicht
Versuch nicht diesen mann zu verstehen sondern sieh ihn dir an:
      alles schauen sie einander ab die menschen!

III
'ANTARAH

'Antarah ibn Saddad wurde wahrscheinlich um 550 geboren, als Sohn einer abessinischen Sklavin und eines
Arabers vom Stamm der 'Abs – einem entfernten Verwandten des Dichters Labid, der ihn anfänglich nicht als
legitim anerkannte. Als dieser Stamm einmal angegriffen
wurde, befahl ihm der Vater, den Feind zu attackieren.
'Antarah antwortete, daß er als Sklave zwar die Kamele
zu führen, nicht aber zu kämpfen habe, worauf ihn der
Vater für frei erklärte: er bekam seinen Platz im Stamm
und zeichnete sich besonders im Dahis-Krieg durch seinen
Mut aus. Seine *qasidah* nimmt Bezug auf das Unrecht, das
ihm anscheinend zwei Brüder eines feindlichen Stammes
im Dahis angetan hatten; sie ist deshalb auf die letzten
Jahrzehnte des 6. Jahrhunderts zu datieren.

Was man von seinem Leben weiß, ist seine lange
unglückliche Liebe zu seiner Cousine 'Ablah. Schenkt man
den Anekdoten Glauben, so rezitierte er Verse über sie,
und als diese ihrer Mutter zu Ohren kamen, lud sie ihn ein,
sie in Abwesenheit des Vaters vorzutragen. Eingenommen von seiner Schönheit, bot sie ihm an, 'Ablahs Dienerin zu heiraten, was er ablehnte, worauf 'Ablah dann selbst
der Hochzeit mit ihm zustimmte. Wie es weiter heißt,
starb er als alter Krieger im Sattel, bei einem Überfall auf
die Tayyi.

Seine Gestalt oszilliert mehr als bei den anderen zwischen Geschichte und Legende; die Episoden seines
Lebens wurden zum Kern einer berühmten Romanze,
deren letzte Version auf die Kreuzzüge zurückgeht. In
dieser *Romanze von 'Antarah* vermischen sich Elemente
der vorislamischen und der islamischen Zeit, persische
und christliche Geschichten; die Abenteuer und Reisen

des Helden werden in zehn Bänden gereimter Prosa mit dazwischengeschalteten Gedichten erzählt, spielen in Arabien wie im Nahen Osten, in Europa und in Afrika und bringen alle möglichen Gestalten mit ein, von Herakles bis zum Negus; der österreichische Arabist Joseph von Hammer-Purgstall schätzte sie höher ein als *Die Geschichten von 1001 Nacht.*

Was von seinen eigenen Gedichten erhalten ist, beschränkt sich auf etwa dreißig Bruchstücke und die *Mo'allaqah,* die im Metrum *tamil* gehalten ist und sich auf -*m* reimt.

Haben die dichter überhaupt etwas zu sagen übrig gelassen?
    Oder erkennst du auch so das lager wieder?
Die spuren ließen sich nicht lesen nicht wie du es wolltest
    du sahst das stumme und fremde sprechen –
lange saß ich auf meinem kamel und ich hielt zwiesprache
    mit der erde und den rußigen herdsteinen:
'Ablah lebte hier 'Ablah die ihre augen scheu niederschlug
    außer wenn sie aufsahen in meinen armen

Ich brachte meine stute auf die knie – sie ist so hoch wie
    eine mauer in der wüste – und dachte daran
daß 'Ablah hier am weg nach al-Giwa rast gemacht hatte
    während wir in Hazn waren und Samman
Auf dem leben das jetzt nur in trümmern liegt lag einmal tau
    sie zogen weiter und ließen nur leere zurück –
sie zog mit ihnen und fort von diesem ort und unserer liebe
    ich werde dich kaum je noch wiedersehen
Ich verliebte mich in sie in einem kampf mit ihrem stamm
    bei deines vaters leben die schlechteste zeit
und da bist du – denk ja nichts anderes – in meinem herz
    eine frau geworden die man verehrt und ehrt –
wie aber bei dir sein wenn dein stamm noch bis zum frühling
    in 'Unayzatayn bleibt und wir in al-Gaylam?
Wenn du es warst die beschlossen hat mich zu verlassen
    habt ihr wohl in der nacht schon aufgezäumt –
daß man die tiere zusammentrieb merkte ich erst als sie
    im lager schon die *chimchim*-beeren kauten
und ich zählte zweiundvierzig milchkamele die so schwarz
    wie die weiten fittiche der kolkraben waren

'Ablah nahm mich gefangen das weiß ihrer zähne der rote
    glanz ihres mundes: wie süß er doch küßt –
sie sah mich an und ihre augen waren groß wie eine gazelle
    die ungelenk noch die ersten schritte versucht
Sie roch wie der moschus im tonkrug eines händlers und
    der duft stieg zu mir auf wie frischer atem

ein verborgener und unberührter garten den nicht einmal
    die tiere kennen · ich fiel aus allen wolken
wie der regen der von den blumen rann und jedes wasserloch
    zurückließ so blinkend wie ein silberstück –
er strömte und floß und lief über die ränder des abends und
    wir hörten nur die fliegen endlos ohne pause
vor sich hin summen sorglos und hell wie ein betrunkener
    der wieder und wieder dasselbe lied singt –
sie wetzen ein bein am anderen wie ein einarmiger der sich
    beim feuermachen über die reibhölzer bückt

'Ablah · sie lag von morgens bis zum abend auf einem kissen
    während ich auf meinem weg zurück ins lager
erst auf dem rappen schlief · nur der sattel war mein polster
    die prallen weichen und der satte bauch
Doch nicht einmal mein kamel kann mich jetzt zu ihr bringen:
    ein fluch verschlug der stute ihre milch
daß sie auch bei einem nachtritt mich schlägt mit ihrem schweif
    und schweren tritts über die hügel stampft –
es ist als ritte ich auf einem strauß einem der nur ganz kurze
    schritte macht weil die zehen ihm zu eng stehen
und die jungen laufen hinterher wie einer horde Jemeniten
    diese barbaren mit ihrem kauderwelsch
sie folgen seinem spitzen kopf und dem elendslangen hals als wär er
    eine stange an der stoffetzen hängen –
ein strauß der seine eier in Du al-'Ushayrah sucht und aussieht
    wie ein sklave mit abgeschnittenen ohren

Meine kamelstute trank ihr wasser am brunnen von al-Duhrudayn
    lief an der zisterne al-Daylams dann aber vorbei –
sie hat diese unart einen bogen weit nach rechts zu schlagen
    als hätte sie angst vor dem gebrüll der löwen
oder als jagte eine wildkatze an ihrer seite gegen die sie sich
    mit allen hufen mit maul und zähnen wehrt
von dem langen ritt ist ihr rücken hart wie ein felsblock und
    ihre läufe knorrig wie die pfosten eines zeltes

Am wasser von al-Rida kniete sie nieder und schlürfte so schrill
    als würde man auf einem flötenrohr blasen
und was aus den drüsen hinter den ohren quoll war schwarz wie
    khol der ruß an einem topf und ranzige butter –
wenn du dich vor diesem anblick verbirgst hinter deinem schleier
    dann tröste dich mit anderen dingen und damit
daß wenigstens ich weiß wie man seinen mann beim kampfe steht
    Denk an meine guten seiten: daß ich sanft bin
wenn man mich nicht allzu ärgert – tut man es aber dennoch
    ist mein zorn bitter wie der saft der koloquinte

Nachdem die glut des mittags sich legte trank ich meinen wein
    alten wein aus einem schön verzierten krug
den ich durch ein tuch in ein kostbar verziertes glas seihen ließ –
    das trinken kostet mich mein ganzes geld
aber so behalte ich wenigstens meinen guten ruf und namen
    Aber auch nüchtern bin ich als freigebig
bekannt wie du wohl weißt – wenn nicht dann frag die reiter:
    jeder der mit mir einmal in den kampf zog
wird dir erzählen daß ich mich mutig ins getümmel stürze
    bei der beute jedoch äußerst bescheiden bin
Wie sollte ich mich auch darum kümmern wo ich doch dauernd
    im sattel sitze gegen eingelegte lanzen renne
und mich wieder zurückziehe ein ausfall nach dem anderen?
    Manchen gegner ließ ich hingestreckt zurück
nur weil ich ihm zuvorkam daß das blut aus seinen rippen spritzt
    zischelnd und rot wie aus einer hasenscharte
Wenn sich das fußvolk nicht an einen reiter wagt der weder
    flieht noch sich ergibt weil er eine rüstung trägt
hebe ich ihn eben mit einem langen speer vom pferd – ein stoß
    der ihm so tiefe wunden schlägt daß das blut
laut noch bis in die nacht rinnt und die hungrigen wölfe lockt
    die sich um ihn reißen und seine finger abbeißen
Einem anderen wieder knöpfte ich sein kettenhemd litze um litze
    auf – er war ja auch am schlachtfeld so aufgeputzt
und arrogant wie ein *saijid* der im winter den köcher und die pfeile
    nur in die hand nimmt wenn er um geld spielt

oder die fahnen der weinbuden herunterschießt um sie in beschlag
zu nehmen – ein held wie ein *sarha*-baum so arabesk
samt hemd und teuren sandalen darum aber noch kein schwächling:
als der sah wie ich abstieg und auf ihn losging
zeigte er mir all seine weißen zähne – aber nicht vor lauter lachen!
Ich erwischte ihn zuerst mit der lanze und dann
mit meinem schwert einem aus indischem eisen blank und scharf –
so sah ich ihn zuletzt in der hitze der sonne:
der kopf gelb wie färberwaid seine finger rot wie maulbeersaft!

'Ablah – meine antilope: jeder macht jetzt jagd
auf dich – sie sind tag und tag um dich – ich wollte es wäre ich!
Ich schickte meine sklavin aus und sagt ihr:
späh es aus mein seltnes wild! · und sie kam zurück und meinte
daß die feinde nicht aufpassen würden und das reh
wohl zu treffen wär käme man nah genug in schußweite heran –
scheut sie und dreht sich um ist ihr hals so zart
wie ein gazellenjunges mit einem weißen fleck am schnäuzchen

Man hat mir gesagt daß 'Amr meine taten
nicht belohnt – gibt es schlimmeres als den undank eines königs?
Aber ich denk an die sprüche meines onkels:
am morgen der schlacht wenn sich vor angst die lippen über
die zähne schieben wie zu einem grinsen
und mitten im kampf wenn er wie eine sturzflut über dich bricht
da klagen helden nicht – sie murmeln nur!
Als lebendes schutzschild gegen die lanzen hat man mich benützt:
ich wich nicht feige zurück sondern reckte
die brust vor als ich hörte durch wolken von sand wie Murrah
und Rabi'ahs zwei söhne laut schrien
und die Muhallim krumm unter der flagge des todes lagen –
und wußte ein kampf würde jetzt kommen
daß es die vögel aus den zweigen verschreckt und sie ihre jungen
zurücklassen im nest · sie rückten vor
und stachelten einander an – da machte ich kehrt und warf mich
ihnen entgegen · sie riefen: *'Antarah!* und

die lanzen saßen in der brust meines kamels so straff wie die seile
     mit denen man wasser aufzieht · ich gab ihm
die sporen daß es mit dem hals gegen sie prallte wieder und wieder
     bis es ganz naß war von eimern voll blut
und es sah mich mit aufgerissnen augen an und wieherte laut
     es wandte den kopf zu mir auf als wollte es
reden als könnte es reden und hätt es nur sprechen gekonnt
     wie hätt es geklagt · ihr brüllen jedoch –
auf 'Antarah! vorwärts! – brachte mich wieder zur besinnung
     und die tiere brachen aus sie galoppierten
über dieses zerrissene land schaum vorm mund die zähne gebleckt
     Mein kamel aber weiß ich mir zu zähmen
es folgt mir aufs wort und einen kühlen kopf behalt ich leicht

     'Ablah – warum ich nicht kommen kann
hast du gehört – aber da ist noch vieles von dem du nichts weißt:
     mit waffen verwehren die Banu Baghid mir
den zutritt zu euch und angst vor einer fehde hält die anderen ab
     Ich werde es wohl nicht mehr erleben daß dies
sich endlich gegen die söhne Damdams wendet die meinen namen
     in den schmutz ziehen mich ohne einen grund
den sohn eines schwarzen schimpfen und aus sicherer entfernung
     mir mit blutrache drohen – laß sie kommen
und sie wahr machen die leeren worte – schon ihren vater warf ich
     den hyänen und den geiern zum fraß vor!

IV
'AMR IBN KULTUM

'Amr war vom Stamm der Taglib, die zu den Gusham
gehörten; der Überlieferung zufolge wurde er mit fünfzehn Jahren ihr Anführer und starb fast so alt wie Labid
mit über hundert Jahren, als der Islam sich bereits ausgebreitet hatte. Viel mehr als Anekdoten sind auch bei
ihm nicht erhalten, so etwa die folgenden:

König 'Amr ibn Hind – der den Dichter Tarafah hatte
umbringen lassen – war so stolz auf seine Mutter, eine
christliche Prinzessin, daß er entgegen der arabischen
Tradition ihren Namen annahm. Als er eine Hofdame für
sie suchte, gab es nur eine Frau, von der anzunehmen
war, daß sie diese Stellung ausschlagen könnte, 'Amr ibn
Kultums Mutter Layla – weil ihr Vater der Dichter Muhalil und Imru'l-Qays' Onkel war, ihr Mann Kultum und ihr
Sohn der Anführer des Stammes. Der König lud daraufhin Sohn und Mutter in die Hauptstadt ein. Beim Essen
dann schickte Hind die Sklaven weg und bat Layla, sie
zu bedienen. Sie weigerte sich, und als Hind insistierte,
schrie sie nach ihrem Sohn 'Amr ibn Kultum, daß man
sie beleidigt habe und er ihre Ehre verteidigen solle.
Darauf griff er sich das Schwert des Königs und erstach
diesen.

Das war im Jahr 568, und der König der Lakhmiden
derselbe, der als Schiedsrichter im Streit zwischen den
Taglib und den Bakr nicht ihm, sondern seinem Gegen-
spieler Al-Harit recht gegeben hatte (dessen Ode findet
sich bei den Glossen). Ein Grund dafür lag wohl auch
im selbstbewußten Ton der *qasidah*, die das Recht des
Stammes gegen jede Einmischung von außen verteidigt,
die Unabhängigkeit der Beduinen in den Vordergrund
gestellt und nicht zuletzt auch die Mutter des Königs

gleich zu Anfang beleidigt hatte, indem er sie im Gedicht als Schankmädchen hatte auftreten lassen.

Zu seinem Tod gibt es zwei Geschichten. Der einen zufolge rief er seine Söhne ans Totenbett und legte ihnen noch seine Vorstellungen von Recht und Gesetz im Ton seiner *Mo'allaqah* nahe; die andere behauptet, daß er sich ganz bewußt selbst vergiftet hatte, indem er nichts mehr aß und nur ungewässerten Wein zu sich nahm.

Seine Gedichte wurden nicht gesammelt, wahrscheinlich weil es außer der *qasidah* nur noch wenige kurze Verse gab.

253

Na! mädchen steh schon auf! reich uns den krug und
    schenk ein voll bis zum rand · der wein von al-Andarin
wird hell und gelb als wäre safran drin wenn man ihn
    mischt mit heißem wasser · über die zunge rinnt er mir
sanfter und sanft in die glieder · ein einziger schluck
    schon stillt dir jede begierde und macht er die runde
spuckt noch der größte geizhals sein gold im suff aus
    Warum – Umm 'Amr – bringst du mir nicht den becher
weshalb kreist er nicht wie sonst von rechts nach links?
    Sag doch – bin ich etwa schlechter als die anderen zwei
hier daß du mir keinen frühtrunk gönnst? in Balbek
    in Damaskus und auch in Qasirin hab ich manchen krug
geleert und von der neige des todes – die uns bestimmt
    ist und wir ihr – werde ich wohl auch noch kosten!

Bleib doch noch bevor du endgültig gehst –
    sag uns was wahr ist und wir dir · bleib noch ein wenig
und sag ob du gehst weil der stamm jetzt aufbricht
    oder ob du mich verläßt weil du einen anderen hast:
denn morgen heute und übermorgen bringt das was
    du nicht weißt und auch keiner von uns je wissen wird

Als alle schliefen schlich ich mich ins lager · da sah ich sie:
    ihre arme die läufe eines langhalsigen kamels ein junges
das das noch nie geworfen hat lohfarben und licht · ihre brüste
    weich und so weiß wie ein schmuckkästchen und
eingelegtes elfenbein das grobe finger nie noch öffneten
    ihr rücken hoch und schlank doch ihre schenkel schwer
und rund · ihr hintern satt im fleisch daß die enge spalte
    mich fast in den wahnsinn trieb · ringe und kettchen
klingelten an beinen glatt wie marmor oder alabaster
    An die liebe habe ich gedacht und an meine sehnsucht
als die tiere fortgetrieben wurden · und da war Yamamah
    stolz und aufrecht wie das blanke schwert in meiner hand:
die wunde die es schlug war schlimmer als die verzweiflung
    eines kamels das sein junges verlor und vor trauer brüllt
ich spürte mehr schmerz in mir als eine alte graue frau
    der das schicksal von ihren söhnen nur neun gräber ließ

Was dich das angeht – Abu Hind – willst du jetzt wissen?
　　Werd nur nicht ungeduldig und warte bis du erst alles
auch gehört hast – wie wir mit weißen fahnen
　　zur tränke zogen und sie zurückbrachten rot vor blut
Laß mich erzählen von den tagelangen schlachten
　　in denen kein könig uns je hätt unterwerfen können:
heerführer zu dem sich die stämme vor uns flüchteten
　　ließen wir tot liegen und ihre leichen umstanden die kamele
mit losen zügeln und scharrten mit den hufen
　　Von Dhu Tuluh bis nach Samat schlugen wir sie überall
zurück und unsere zelte auf · jenseits der grenze
　　rissen wir den sträuchern die dornen ab und sogar die hunde
der *djinn* kauerten feige hechelnd vor uns im staub

　　Das getreide für das brot mahlten wir wo wir wollten
ganze stämme wurden zermalmt von unseren mühlen –
　　der osten des Nedjd war die matte auf die wir sie stellten
und die Quda'ah waren nur körner auf unseren reibeschalen
　　Unser haß ist bitter und reizt du uns weiter bis aufs blut
werden wir wie egel dir am fleisch sitzen · ehre und mut
　　erbten wir von den vätern – das wissen selbst die Ma'ad –
und unseren ruf werden wir mit jedem lanzenstoß beweisen:
　　und sollten zelt und pfosten über uns zusammenstürzen
bei einem überfall wissen wir uns immer zu verteidigen
　　Kein wehrgeld verlangen wir und den nachbarn nehmen
wir nur jene last ab die man uns auflädt · solange wir
　　ausholen können stoßen unsere speere zu – wir hauen
mit den säbeln drein rücken uns die feinde auf den leib –
　　biegsam und braun sind unsere lanzen wie die rohrschäfte
von Hatt die schwerter hell wie der mond und seine hacke:
　　wir spalten grind um grind und ernten dann die hälse
wie eine sense die durch ein kornfeld mäht und die schädel
　　 rollen wie die ballen die vom rücken eines lastkamels
mit zerrissenen gurten zu boden stürzen und zerplatzen
　　So hauen wir sie ab – mir nichts dir nicht und nichts
hinter uns – und keiner weiß wo ihm mehr der kopf steht:

DIE MO'ALLAQAT
'AMR IBN KULTUM
▸ 6./7. JAHRHUNDERT

unsere schwerter sind wie die federn zerschlissener kissen
in den schlachten unserer kinder – doch es ist kein spaß
wenn sich die kleider tränken mit unserem und ihrem blut
und sich dunkel färben als wären sie getaucht in purpur

Zögert ein stamm anzugreifen weil die furcht ihn überkommt
dann schließen sich unsere reihen dicht wie die flanken
des Rahwa und rücken scharf wie eine einzige klinge vor
Unsere jungen männer sehen immer nur den ruhm im tod
und die alten kennen jede finte – allen sind wir gewachsen
wir treiben sie vor uns her und immer weiter in die flucht
Haben wir einen überfall zu erwarten so sind den kindern
die reiterscharen schutz genug – ist die gefahr aber vorbei
ziehen wir auf raubzug aus wir plündern und brandschatzen
mit einem trupp den einer von den Gusham ibn Bakr führt –
er kennt jeden stein von den tälern hier bis in die berge

Jeder weiß wir waren niemals feige noch jemals schwach
oder unter einem fremden joch · jeder weiß es und will er
uns dennoch in die knie zwingen werden wir uns nicht
unterwerfen sondern aufruhr bringen übers ganze land
Warum sollten wir – 'Amr ibn Hind – die speichellecker
deines statthalters sein – warum demütigst du uns denn
und hörst nur auf jene die uns in den schmutz ziehen?
Drohst du uns kehren wir den spieß um und gegen dich:
waren wir denn je deiner mutter hörig und ihre diener?
Einen speer zu schäften war schon immer große kunst –
noch keiner vor dir konnte uns jemals biegen oder brechen:
den schraubstock der unsere lanze krümmen will sprengt's
sie schlägt aus wie ein kamel das sich nicht melken läßt –
willst du es zwingen wird es störrisch und springt dich an
daß es dir den schädel brüllend spaltet hinunter bis zur stirn!

Hast du je gehört daß sich die Banu Gusham ibn Bakr früher
eine blöße gegeben hätten? der ruf des 'Alqama ibn Said
kam auf uns allein – des ruhmes burg nahm er für uns ein:
Ich bin der erbe Muhalils und des noch größeren Zuhayr
– wie viele früchte am baume nur eines einzigen stammes –

ich bin der erbe 'Attabs und auch des großen Kultum
  – die besten früchte liegen vor dir angehäuft und dargeboten
Du al-Burrah der mit dem nasenring – du hast von ihm gehört –
  schützt uns mit seinem namen und wir dafür die schwachen
und auch der legendäre Kulayb war von unserem stamm:
  gibt es noch mehr das man sich auf die fahne schreiben könnte?

Wenn man eins unserer kamele an ein fremdes fesselt
  zerreißt es die lederstricke und verbeißt sich an seinem hals
doch eiden halten wir die treue – ehre gilt als höchstes gut:
  an dem morgen wo auf dem Hazaz feuer angezündet
wurden als ein signal der not da brachten wir zuerst entsatz –
  wir machten rast in Dhu Urati wo die dürren *arta*-sträucher
wachsen – doch auch das war weide genug für unsere kamele
  Bei der schlacht standen wir am rechten flügel und links
unsere eigenen brüder – sie stürzten sich auf ihre gegner
  wir auf unsere – sie griffen sich die weiber und die kinder
wir jedoch kehrten zurück mit den königen in fesseln –
  also schert euch – Banu Bakr – zurück woher ihr kamt
oder wißt ihr noch immer nicht wer wir wirklich sind?
  Habt ihr die schlacht vergessen zwischen euch und uns?
Wir hatten im Jemen gegerbte schilde und helme
  und krummschwerter die kein hieb wieder gerade biegt
wir hatten panzerhemden die bis zu den knien fallen
  und über dem gürtel ihre falten werfen wie weiße laken
auf der leine wenn der wind sie ganz zerzaust – die haut
  war rot gefärbt vor rost nahm man sie nach dem kampfe ab

Diese rüstung ererbten wir von unseren vätern und geben sie
  an unsere söhne weiter · doch am tag der schlacht erkennt
man uns auch an den hellen pferden mit der kurzen mähne
  die wir unseren feinden abgenommen und gebändigt haben –
gepanzert ziehen sie in den kampf und kehren zottig und
  struppig daraus wieder zurück · die frauen stehen hinter uns –
schöne frauen ihre haut so weiß wie milch – damit sie nicht
  dem feind zur beute werden – diese frauen in den *howdah*
der Gusham ibn Bakr die ebenso anmutig wie rassig sind:

257

beim gehen setzen sie nur kleine schritte in den sand und
ihre silhouetten schwanken wie der rücken eines trinkers –
ihnen schwören wir daß wir für sie jeden reiter fangen
der sein banner offen trägt und wir bringen ihnen
helm kamel und panzer von ihm mit · sie sind es auch
die uns die hengste füttern und deshalb zu uns sagen:
ihr seid unsere männer nur könnt ihr uns auch beschützen
wenn nicht seid ihr zu nichts mehr gut – wozu noch leben?
Doch nichts beschützt sie besser als ein gut gezielter hieb
der einen arm abschlägt wie einer ausgestopften puppe

Wenn wir ihn stellen und herausfordern zu einem kampf
sucht sich jeder stamm aus angst vor uns seine verbündeten
wo er sie nur finden kann · und doch wissen alle der Ma'ad
wenn wir in ihrem tal unser zelt aufschlagen daß wir allein
es sind die in einem jahr der mißernte sackweise das getreide
verteilen an jeden der uns darum bittet · sie wissen wir
verteidigen unsere nachbarn ohne rücksicht auf verluste –
mit blank gezogenen schwertern lassen wir die köpfe rollen
wie wenn unsere kinder im sand mit ihren murmeln spielen
Wir tun gutes wenn man uns läßt und töten wenn man uns
zwingt – doch wir geben nur das was wir wollen und lagern
dort wo's uns gefällt · im zorn gilt uns der handschlag nichts
doch im frieden alles · aus einem wasserloch trinken wir
als erste und lassen den anderen nur den schlamm zurück

Geht und sagt den Banu at-Tammah und den Dumi wie ihr uns
gefunden habt · heilig ist uns die gastfreundschaft und eilig
haben wir euch auch bewirtet noch bevor der tag anbrach –
der besten zeit zum kampf – wir buken mehl für euer brot
Will ein könig uns erniedrigen gehen wir darauf nicht ein:
rebellen nennt ihr uns ohne grund – doch sucht ihr einen
werden wir euch einen geben · das land ist unseres und uns
auch bald zu eng · der Euphrat schwarz von unseren kähnen
gehört die ganze erde uns · wir herrschen – auch mit gewalt:
noch vor unseren jüngsten knaben fallen tyrannen in die knie!

V
LABID

Labid ibn Rabi'ah Abu 'Aqil gehörte zum Stamm der
Ga'far, bei denen er schon bald dank seiner Eloquenz eine
führende Rolle spielte. Sie entsandten ihn an den Hof der
Lakhmiden – zum König Abu Qabus al-Nu'man († 602) –,
um eine Klage gegen den Stamm der 'Abs vorzubringen.
Obwohl sein Kontrahent den König bereits gegen ihn vor-
eingenommen hatte, gelang es ihm, mit seinen Argumenten zu gewinnen, eine Tatsache, die er in seinen Gedichten
immer wieder hervorhob, als Ausdruck der Verbundenheit zu seinem Stamm. Im Gegensatz zu seinen Vorgängern sah er sich nicht als vaganter Dichter; er war auch
nicht gewillt, seine Gedichte vorzutragen, bis er nicht
eines verfaßt hatte, das ebenbürtig neben denen von
Imru'l-Qays und Tarafah stehen würde; entstanden ist
seine *qasidah* dann wohl zwischen 610 und 630.

Wie 'Antarah gehörte er der letzten vorislamischen
Generation professioneller Beduinendichter an. Geboren
in den *Tagen der Unwissenheit* ging er 629 mit den Füh-
rern der 'Amir nach Medina – wo Mohammed bereits seit
sieben Jahren residierte –, um mit dem Propheten ein Ab-
kommen zu treffen, das allerdings nicht zustande kam.
Ein Jahr später kehrte er zurück und trat bei dieser
Gelegenheit zum Islam über. Von diesem Zeitpunkt an
hörte er der Legende nach auf, Gedichte zu verfassen
und sagte, Gott habe ihm statt dessen den Koran gegeben,
und selbst wenn er weiterschriebe, würden es nur mehr
Gebete werden – worauf sie ihn den *Mann mit dem
Krummstab* nannten; die späteren Generationen sahen
denn auch hauptsächlich den religiösen Menschen in ihm.

Erst als er im üblichen legendären Alter von über
hundert Jahren im Sterben lag und Instruktionen für die

Essensverteilung an die Armen (wie sein Vater vor ihm, stand er in dem Ruf, den Armen gegenüber freigebig zu sein) und für sein Begräbnis gegeben hatte, soll ihn wieder die dichterische Inspiration überkommen haben. Er starb zwischen 660 und 662 in Kufa, wo er sich nach seiner Konversion niedergelassen hatte; damit hat er Mohammed überlebt.

Alle frühen Ausgaben seiner Gedichte sind verlorengegangen; was von seinem Diwan erhalten ist, stammt aus dem 9. Jahrhundert und wurde von dem persischen Philologen Al-Tusi zusammengestellt. Die erste Edition erschien aber erst 1880 in Wien. Das Werk besteht aus 55 Gedichten und zahlreichen Fragmenten in einem Umfang von 1100 Versen. Die *Mo'allaqah* ist im Metrum des *kamil* gehalten, eine Konstruktion, bei der das Adjektiv oder das Partizip mit dem folgenden Substantiv im Nominativ steht und zudem auf das weibliche Pronomen *-uha* reimt – eine Komplikation, weil der Vers sich nur entweder auf ein weibliches Hauptwort oder den Plural einer unbelebten Sache beziehen kann.

Das land ist leer · Mina wo ihr lager war aber auch Gawl
    und Rigam verlassen · die regengräben wälle
und herdsteine an der flanke von Raijan sind verwittert
    wie in den fels gekratzte inschriften · reste
über die seit dort menschen lebten ein ganzes jahr verging
    mit seinen heiligen und unheiligen monaten
Die sterne brachten den frühling und die gewitter brachen
    der donner der regen und sein leises nieseln
die nacht nahm sich wolken und reichte sie an den morgen
    bis sie ihm dröhnend aus den händen fielen
auf den hängen der täler reckte die ranke ihre zweige auf
    Dann kamen herden von gazellen und straußen
schafe und ziegen warfen gerade – lämmer mit augen groß
    wie antilopen und die jungen liefen schon frei
Der regen hat die staubschicht weggespült und die spuren
    bloßgelegt · eine schon halb verblaßte schrift
deren züge man mit einem schreibrohr sorgsam nachzieht
    wie eine frau beim tätowieren die mit der nadel
erst punktiert und dann das schwarze pulver in die bögen
    einstreut bis endlich sich die zeichnung zeigt
Doch wozu taubes gestein befragen die asche der feuerstelle
    wenn sie eine sprache sprechen der wir nicht
mächtig sind · alles liegt brach · sie zogen früh am morgen
    fort und ließen nur die dämme gegen den regen
zurück und das kraut mit dem man die ritzen der zelte stopft

    Das verlangen überkam dich als du die frauen
weiterziehen sahst gehüllt in bunte tücher und die stangen
    der *howdah* in denen sie saßen knarrten hart
zwei teppiche auf dem holz der planken darüber eine decke
    und gegen den wind und die sonne ein tuch
Ihr plappern hörte man bis hierher – bähend wie die gazellen
    von Wagrah und die antilopen von Tudih
wenn sie ihre kälber säugen – und da verlor ich sie schon
    aus dem blick · die luft spiegelte sie
als wären sie tamarisken und der basalt im tal von Bisa
    Doch wozu sich erinnern an sie an Nawar?

Sie ist weit weg jetzt und ihr zaumzeug gerissen in stücke
        Eine Murra ist sie und lagert nun in Fayd
bei den Higaz – besser also du denkst nicht mehr daran
        sie sind wohl schon irgendwo östlich
der beiden berge oder in Muhaggir · egal – Fardah und
        Ruham liegt sicher bereits hinter ihnen
und auch Sawa'iq und hielten sie sich nach rechts sind sie
        bei den weiden von al-Qahr oder in Tilham

Du weißt am besten hat man's mit einer frau mit der man es
        nicht ernst meint – drum zerschneide diese bänder
der begier und beiß dir auf die zunge · schenk ihr deine liebe
        solang sie erwidert wird – doch ist sie launisch
und macht einem anderen augen als dir – dann brich mit ihr:
        trenn dich von ihr wie von deiner stute
die von der reise abgehetzt nur ein schatten ihrer selbst ist
        der höcker ganz abgezehrt · doch selbst wenn
ihr fleisch ganz hart und dürr geworden ist und die huflappen
        ganz zerschlissen zerrt sie noch am halfter
und läuft als ob sie eine trockene wolke wär so gelb wie ocker
        die der südwind einfach vom himmel wischt –
oder ein wilder esel: zerschunden zerstoßen und zerbissen
        ist er nach dem kampf mit anderen hengsten
und mager daß der weiße streifen um den bauch wie ein gurt
        ihn einzuengen scheint · trächtig ist seine stute
und obwohl sie nur im tal halbwegs vorankommt treibt er sie
        die flanke hinauf – ihre widerspenstigkeit hat er
so in der gewalt – ihr läuft er voraus über die klüfte und hänge
        von Talabut und schaut von einer warte
auf die ebene – wo hinter jedem stein ein jäger lauern kann
        Juni ist vorbei die wasserlöcher lange trocken
regnen wird's wenn überhaupt dann erst in einem halben jahr
        – bleibt also nur sich entschlossen zu entscheiden
schnell und hart zu sein – wie ein strick ja um so stärker wird
        je fester man die stränge dreht und zieht –

die wilde gerste zerfällt zu grannen der staub unter den hufen
    spitze dornen zerstechen ihren rücken
und der sommerwind erhebt sich um den sturm zu bringen
    So rennen sie hinaus über die ebene · zwei
schatten die im V auseinanderlaufen und zwei lange fahnen
    staub wie der rauch eines hoch lodernden feuers
wenn der wind es schürt: wie zweige grünen *arfags* der rasch
    aufflammt nur raucht und schnell wieder erlischt
Schlägt sie einen haken und bricht aus treibt er sie vor sich her
    das ist eben seine art – und so kommen sie
schließlich zu einer wasserstelle im schatten von schilfrohren
    die niemand noch zertreten hat und
um das becken wächst das *qullam* in dichten schweren büschen

    Mit dieser eselsstute verglich ich Nawar
oder mit einer oryxantilope die von der herde sich entfernte –
    wäre sie beim rudeltier geblieben
hätten die raubtiere nicht ihr kalb gejagt · so aber hat sie es
    verloren und blökend irrt sie in der wüste:
sie schreit nach ihrem halb entwöhnten jungen das aschgraue
    wölfe hin und her jetzt zerren und sich
sattfressen an seinem kadaver · nur für einen augenblick
    war es unbewacht geblieben und schon
wurde es erwischt: der pfeil des todes findet stets sein ziel
    In der nacht dann ging der regen nieder
er tränkte die verdorrten büsche und der sand saugte ihn auf
    er trank ihn leer und wurde hart zu schollen
Im hohl einer krummen wurzel in einer kuhle am fuß der düne
    verkroch sie sich und der sand rieselte
auf sie herunter und rann ihr über die streifen am rücken
    Der regen floß kalt und kälter in der nacht
wo die wolken vor den sternen standen und ihre weiße flanke
    schimmerte inmitten all dieser finsternis
wie eine perle die man von der schnur riß · als sich das dunkel
    auftat und der morgen anbrach glitten
ihre hufe hart über den boden und sieben tage lief sie

263

und lief durch sieben nächte ganz verstört
bei den *gueltas* von Su'aid im kreis · dann gab sie die hoffnung
	auf und ihr pralles euter wurde schlaff
wenn auch nicht vom säugen · da hörte sie auf einmal schritte
	und sie flüchtete in ein versteck
denn der mensch brachte ihr immer schon den untergang –
	sie witterte gefahr auf allen seiten
sie kam von hinten und lag vor ihr · doch als die bogenschützen
	nicht zum schuß kamen ließen sie die hunde los
ganz ausgehungerte mit hängenden ohren – und sie stellte sich
	ihnen mit dem geweih – die hörner so lang
und spitz wie eine lanze der Samhar · keinen fuß breit wich sie:
	kämpft man nicht ist der tod alles was sicher ist –
Kasab – der räuber – ging auf sie los und blieb blutend liegen
	und den schwarzen Suham spießte sie mit auf

Mit einem kamel so schnell wie diese gazelle bin ich bei ihr
	noch vor dem mittag wenn sich das licht
flirrend im glas der erde spiegelt und die sonne ihren mantel
	um die hügel legt · ans ziel meiner begierden
werd ich gelangen und nichts würde mich abhalten davon
	nicht innere unrast noch irgend jemandes
abfällige worte zu mir · Nawar – hat dir etwa keiner gesagt
	daß ich einer bin der die knoten der liebe
nur knüpft um sie dann mit einem schlag durchzuhauen?
	Mich hält nichts an einem ort wenn er mir
nicht gefällt – sei denn er wär mein grab · manche nächte
	hab ich mit langen gesprächen zugebracht
bis der abend lau zum morgen wurde · bei jedem weinhändler
	der sein schild draußen hatte kehrte ich ein –
damals als der wein teurer war und stärker noch als heute:
	für einen alten schlauch und einen schwarzen
krug gab ich all mein geld aus – wir zerbrachen sein siegel
	und gossen ihn ein dafür daß eine uns lieder
sang und eine andere die finger über die saiten gleiten ließ
	In der früh kam ich dem hahn zuvor und trank
schon den zweiten krug als andere noch beim aufstehn waren

Wie viele nächte wehrte ich den winter ab
die kälte und den wind dessen halfter die hand des nordens hält
    Ich stand für meinen stamm alleine wache
während mein kamel die waffen trug und ich den zügel morgens
    als gürtel nahm · dann kletterte ich auf
eine felsnadel die aus der ebene stach – staubwolken lagen
    dicht auf den hügeln und erst als die sonne
ihre hand in diesen dunst steckte der den paß und die grenze
    zum feind in seinem dunkel barg
stieg ich wieder herab in die ebene und mein kamel stand da
    und stieg in die luft wie der hohe geschälte
stamm einer palme der zu glatt ist um die dattelbüschel
    zu ernten · dann gab ich ihm die sporen
daß es ausgriff fast wie ein strauß · seine flanken dampften
    und die knochen wurden so schmal
daß der sattel rutschte und der gurt vor lauter schweiß
    ganz naß war · die hinterläufe hoben sich
es stieß in den zügel und flog voran wie eine taube zur tränke

Wie viele versammlungen hab ich schon erlebt
mit lauter fremden von denen man geschenke sich erhoffte und
    ihre worte fürchtete · leute mit dickem nacken
die einem mit blut und rache drohten als wären sie die dämonen
    von al-Badyi so breitbeinig im sand
Ich ließ mir von ihnen nichts gefallen und erkannte nur das an
    was recht war: keiner kann sagen er hätte
mich jemals kleinlaut gesehen und vor ihnen knien im staub
    Ich war es auch der den spielern des *maysir*
die pfeile brachte die von gleicher länge waren damit nur das los
    entschied welches tier man schlachtete:
ob ein unfruchtbares kamel oder besser eins mit einem jungen
    weil das mehr fleisch für alle hieß – den gästen
schien es dann als wären sie in den reichen oasen von Tabala
    Die frauen die man allein gelassen hatte
kamen zu meinem zelt gelaufen wie tiere die man opfern will –
    vor hunger schon ganz kraftlos und in lumpen

die zu kurz waren um sie ordentlich zu kleiden · das war die zeit
    als die winde aneinander wüteten und die kanäle
sich wieder so hoch mit wasser füllten daß auch die waisenkinder
    endlich ihren durst einmal stillen konnten

Und wenn die stämme sich zum rat versammeln fehlt es uns nie
    an klugen und beredten leuten die wissen wie
man eine sache anpackt und einen riegel vor das unrecht schiebt
    die als richter uns das zuweisen was unseres ist
und den anderen das was ihnen zusteht – ja mehr noch aus güte:
    die freigebig sind und gerade deshalb auch reich
Wir sind aus einem stamm der sich an das gesetz der väter hält
    jede familie hat ihren brauch und ihr vorbild –
die ahnen haben für sie ein haus mit einem hohen dach gebaut
    unter das sich die alten wie die jungen drängen

Wir leben nicht nur in den tag und denken dabei nicht nur an uns
    wir handeln sehr besonnen und halten maß
Beneid uns nicht sondern gib dich damit zufrieden was der Herr
    dir verlieh – er weiß was er wem und warum gibt
Was willst du wetteifern mit uns? bleib doch bei dem was du hast!
    Von allen stämmen sind dem könig wir am treusten:
wir sind es die gegen jedwedes unrecht geschlossen marschieren
    wir sind die reiter und die richter des stammes
wir sind ein frühlingsregen für alle – die waisen und die witwen
    wenn ihnen das jahr der trauer zu lang wird
wir kennen keinen neid der die guten nur hindert das beste zu tun
    und keine armut in der immer nur gier entsteht

ABU NUWAS

8. JAHRHUNDERT

Al-Hasan ibn Hani al-Hakami wurde um 757 (140 nach
der arabischen Zeitrechnung) in der Stadt Ahwaz in Khu-
zistan geboren, nahe der südwestlichen Grenze des heutigen Iran zum Irak. Er stammte aus bescheidenen Verhältnissen; seine Mutter war eine persische Näherin, sein
Vater ein arabischer Soldat aus dem Süden. Nach dem
frühen Tod seines Vaters folgte er mit zehn Jahren seiner
Mutter nach Basra, wo er in die Koranschule geschickt
wurde. Dort fand er Anschluß an Abu Usama Waliba,
einen Liebes- und Zotendichter, der es anfangs weniger
auf die Ausbildung seines poetischen Talents als auf den
bartlosen, hübschen Jungen abgesehen hatte – den er
Abu Nuwas nannte, den ›Mann mit den langen Locken‹.
Der Spitzname blieb ihm – ebenso wie die poetischen
und privaten Vorlieben seines Lehrers –, auch als er nach
dessen Tod von dem *rawi* Khalaf al-Ahmar aufgenommen

267

wurde, einem Rezitatoren präislamischer Dichtung, der zu den angesehensten Poeten seiner Zeit zählte, und ihm den Grundstock an traditionellen Formen beibrachte. Er lernte nicht nur die alten Dichter – er konnte angeblich 700 Gedichte auswendig vortragen –, sondern auch ihren Stil in eigenen Gedichten zu imitieren. Daneben befaßte er sich in der Schule intensiv mit arabischem Recht, Geschichte und der Auslegung des Korans.

Mit dreißig Jahren ging er nach Bagdad, das mit einer Million Einwohnern die größte Stadt der Welt war, neben Damaskus, Córdoba, Byzanz und Kairo – im Vergleich dazu hatten die größten europäischen Städte in Flandern und Italien nur um die 40 000 Bewohner. Abu Nuwas blieb dort an die fünfundzwanzig Jahre und wurde durch die Protektion der persischen Barmakiden in den Kreis der Hofdichter um Harun ar-Rashid aufgenommen; die Rolle als dessen Vertrauter, die man ihm in *1001 Nacht* zuschreibt, ist jedoch erfunden – Harun warf ihn zweimal ins Gefängnis, nicht nur wegen seiner Trunksucht, sondern auch wegen der unverhohlenen Satiren gegen arabische Herrscher und seiner offenen Sympathien für die damals mächtigen persischen Wesire. Der Fall der Barmakiden schließlich zwang ihn – nach einer Pilgerfahrt nach Mekka – um 805 in ein kurzes Exil nach Ägypten.

Als Harun ar-Rashid 809 starb, holte ihn dessen zwanzigjähriger Sohn Al-Amin, ein ehemaliger Schüler von Abu Nuwas, wieder zurück. Die nächsten vier Jahre, die er in der Gesellschaft seines Freundes verbrachte, scheinen zu den schönsten seines Lebens gezählt zu haben: er teilt mit seinem Herren nicht nur das Bett, sondern auch den Wein, die Jagd und die jungen Burschen, meist christliche persische Sklaven, die man als Mundschenke nahm. 813 wurde Al-Amin von seinem Halbbruder ermordet; kurz darauf, 815, starb auch Abu Nuwas. Den Überlieferungen nach kam er entweder in einem Gefängnis um, in das man ihn wegen eines blasphemischen Verses geworfen hatte, im Haus einer Schankwirtin oder – und das ist eher wahrscheinlich – in einem Haus, das einer Familie von schiitischen Gelehrten gehörte. *Ich habe keinen Menschen gekannt*, schrieb einer seiner Zeitgenossen, *der mehr gewußt hätte als Abu Nuwas, noch einen, der trotz seines großen Wissens so wenig Bücher besessen hätte. Nach seinem Tod durchsuchten wir sein Haus, fanden aber nur einen Buchdeckel, der einen Stapel Blätter enthielt, eine handschriftliche Sammlung seltener Worte und Idiome und grammatikalischer Überlegungen.*

Zum offiziellen Korpus der Gedichte Abu Nuwas' zählen Lob-, Schmäh- und Trauergedichte, die er in seiner Funktion als Hofdichter verfaßte; in ihnen hält er sich an die klassischen Muster, auch wenn er besonders in den Spottliedern ob seiner Scharfzüngigkeit gefürchtet war. Gemeinsam war allen drei Gattungen der *nasib*, wie wir ihn bereits von den *Mo'allaqat* kennen – die erotische Einleitung, die mit ihrer Beschwörung der fernen Geliebten und ihrer körperlichen Vorzüge den Vorwand für weitere, nicht unbedingt damit verbundene Ausführungen bot. Abu Nuwas' Kunstfertigkeit zeigt sich in der stilgerechten Beherrschung der alten Themen, seine Originalität jedoch darin, daß er sich bei anderen Gelegenheiten von ihren Formeln distanziert und sich über sie lustig macht; als erster urbaner Dichter stellt er ganz bewußt das städtische Leben den alten Traditionen gegenüber. Und diese Art von Gedichten – Weinlieder, erotische Poesie und die Jagdgedichte, die er zu einer eigenen Gattung ausbaute – waren es, die Abu Nuwas seinen Ruf als Neuerer und *enfant terrible* der arabischen Poesie eintrugen.

Vor allem die Wein- und Trinkgedichte machten ihn bei seinen Zeitgenossen notorisch und bei der Nachwelt berühmt. Formal sind sie weniger streng gehalten als die Lobgedichte, ihre Variationsbreite ist deshalb um so interessanter; zum Teil im Stegreif entstanden, wurden sie in den Kneipen von Karkh vorgetragen, dem Vergnügungsviertel von Bagdad. Da der Islam die Herstellung, den Genuß und Verkauf alkoholischer Getränke auch damals schon verbot (die Peitsche, manchmal das Exil oder der Tod standen als Strafe darauf), waren es meist die religiösen Minderheiten, die sie vertrieben, Zoroastrier, Christen und Juden. Der Name *ar-rahil*, ›aus der Ferne‹, belegt überdies, daß man Wein importieren mußte und ihn als Luxusgut handelte.

Weinlieder gab es zwar schon zu präislamischer Zeit, aber daß sie nach Mohammed wieder offen vorgetragen werden konnten, lag an der wachsenden Macht des arabischen Reiches, die mit den Omayyaden begann, und dem daraus resultierenden neureichen Klima der Städte: der Wein wurde zum Statussymbol, der verschwenderische Umgang mit ihm zum Zeichen des eigenen Reichtums. Demgemäß stammten die ersten Weinlieder aus der Feder eines omayyadischen Prinzen namens Walid II., der fünfzig Jahre vor Abu Nuwas den babylonischen Wein besungen hatte. Ihn jedoch zum Anlaß ganzer Milieuschilderungen und zum Mittelpunkt einer Philosophie zu machen, blieb Abu Nuwas vorbehalten. Die Weinlieder nehmen deshalb auch einen großen Teil des ihm zugeschriebenen Œuvres ein, das je nach Edition zwischen 70 und 323 Gedichte umfaßt.

Der Wein ist im Arabischen von weiblichem Genus, was eine elegante Überleitung zu Liebesgedichten bot; der überwiegende Teil von Abu Nuwas' erotischer Poesie jedoch bezieht sich auf seine Vorliebe für Knaben um die fünfzehn, noch bartlos, meist etwas bäurisch, aber dafür hübsch. Die puritanische Einstellung des Islam hatte die Freizügigkeit der präislamischen Gedichte eine Zeitlang fast ganz verdrängt, was dazu führte, daß nach und nach kurze Liebesgedichte als selbständige Gattung – *gazal* – entstanden, und mit ihnen auch ihre fixe Themen: Trennung, Abweisung, Tadler, Verleumder, Aufpasser. Die Knabenliebe als akzeptiertes Gesellschaftsspiel dagegen scheint sich erst zu Abu Nuwas' Zeit etabliert zu

سَلاَفٌ دَنَّ الكَاسَ نَسجُ دُخَّنِ   كَذِى عَجِفٍ لَكُمُ عَينِ

جَبهَةُ شَمسٍ كَلَونِ أَزَرَى   رَيبَ كَذَ حَلِيفُ سِجنِ

رَأَيتُ عَاجِلاً بَاطِنَها   لَها الوَجِى فَلَم تَرَنَّ

حَتَّى تَبرَى وَقَد لَصَدتَ   أَنا وَمَلَّت حُمُولُ دِنِ

فَاهَت بِرَنكِ كَربِ شِيحِ   يَومَ صَبُورٍ وَعَنمُ دُخَّنِ

يَسقِيكَ سَاقٍ عَلاكَ الشِّيَاقِ   إِلَى السُّلاَفِى بِماءِ مُزنِ

يُدِيرُ طَرفاً يُعِيرُ حَتفاً   إِذا تَكفَّى مِنَ التَّمَنِّى

عَلَى غِناً وَصِبىً نَا   دَواءُ داءٍ مِنَ التَّجَنِّى

وَللنَخِ خُذ لَعَمرِ شَقدِ   مِن ذَلِكَ جَدٌّ وَفِى ضَفَّى

غَناءُ دَالٍ وَصَرى ضَبلٍ   وَحُسنُ كُلِّ جَنبٍ جَنَّى

يَا مَن لَها عَلَى رَجائِى   اللَّذُّ شَائِى فَلا تَلُمَنِّى

أَهلَكَ عَنلاَ فَلَم مِنَ ا   يُرِيدُ إِلاَّ الصَّلُوعِى

أَرسَحنَت عَينا مَلَكَ زَنا   فَأَينَ أَينَ الفِرارُ مَغِى

هَتَكَ سِترِى فَباوَردِى   وَعِيلَ صَبرِى بِحَولِ حَربِى

271

haben – im Kontakt mit den Persern, weil man dort dem Heer verbot, wie sonst üblich, Frauen mitzunehmen; so erklärten sich jedenfalls die ersten arabischen Literaturhistoriker den Ursprung dieser Sitte, die einige Parallelen zum frühen Griechenland aufweist. Einigkeit herrscht jedoch darüber, daß Abu Nuwas der erste war, der sie literaturfähig machte.

Abu Nuwas ging zu Lebzeiten bereits der Ruf eines erklärten Päderasten voraus, was jedoch nicht heißt, daß er keine Liebesgedichte an Frauen geschrieben hätte. Zum einen gibt es eine Reihe von Texten an androgyne Mädchen mit knabenhaften Hüften und flachem Busen, zum anderen an Tänzerinnen und Sängerinnen in den Weinschenken, die durchaus dem üblichen Schönheitsideal entsprachen – üppiger Busen und Hintern samt Wespentaille. Zu Bekanntheit brachte es jedenfalls seine Liebesaffäre mit Ganan, die noch in die Zeit seiner Ausbildung in Basra fiel. Sie war eine Sklavin indischer Abstammung, gebildet und geistreich, die auch Gedichte schrieb und ihm durchwegs ablehnend gegenüberstand – selbst dann noch, als sie gemeinsam nach Mekka pilgerten.

Ich glaube, schrieb Taha Husain, *daß die Liebe des Abu Nuwas zu Ganan keine wahre, reine Liebe gewesen ist, sondern daß es nur eine Art Hoffnung war, die zu verwirklichen der Mann entbrennt, solange ihm diese Verwirklichung Schwierigkeiten macht; ihr aber Gutes zu wünschen, ihr Vergnügen dem seinen und ihre Sicherheit der seinen vorzuziehen, ist eine Empfindung, von der ich glaube, daß sie nie Zugang zu seiner Seele gefunden hat.*

Sklavin ist in diesem Zusammenhang ein etwas irreleitender Begriff; diese Frauen dienten in vornehmen Häusern, brauchten nicht körperlich zu arbeiten, sondern verdienten ihr Leben als Sängerinnen; sie genossen eine teure Ausbildung und waren de facto freier als die Frauen sonst. Die Haßliebe, die Abu Nuwas mit einer anderen Sklavin namens Inan am Hof in Bagdad verband, ihre

Konkurrenz und die gegenseitigen Provokationen in den vorliegenden dialogischen Gedichten geben weitere Einblicke in das Leben dieser Kurtisanen, die an keinen Harem gebunden waren und mit Männern verkehren konnten wie mit ihresgleichen.

Abu Nuwas soll ein schönes Gesicht gehabt haben, großgewachsen und etwas korpulent gewesen sein, nicht uneitel, und er soll – wie es damals Mode war – etwas affektiert das *r* gelispelt haben: ein Stenz, der vielleicht seine bescheidene Herkunft durch äußerlich zur Schau getragene Arroganz und Provokationslust kompensieren wollte. Revolutionär war er deswegen nicht, im Gegenteil – er scheint ein gesundes Maß an Diplomatie besessen zu haben, die ihn relativ unbeschädigt durch die Intrigen am Hof brachte, die andere seines Schlages das Leben kosteten. Was ihn dagegen auszeichnet, ist die Offenheit und Geradlinigkeit, mit der er für seine Vorlieben eintrat, die Selbstironie, aber auch die Spottlust, mit der er andere aufs Korn nahm – eine Haltung, die man ihm als Libertinage anrechnete und der spätere Generationen als Paradefall eines Freigeistes und Bohemiens nacheiferten. Sein Lebenswandel – die Trinkgelage und die homoerotischen Abenteuer – entsprachen dabei in keiner Weise dem eines Muslims. Das muß nicht heißen, daß er die Gebote des Islam angezweifelt hätte – er setzte sich nur darüber hinweg, wie er sich je nach Anlaß und Laune auch über die Gebote der traditionellen Dichtung hinwegsetzte: poetische Moral ist eben nicht gleichbedeutend mit moralischer Poesie.

Es ist eine der Eigenheiten der arabischen Poesie, daß sie über Jahrhunderte hinweg an den überlieferten Formen und einer streng geregelten Sprache und Grammatik festhielt. Abu Nuwas' Sprache ist deshalb eine klassische, wie auch ihr Wortschatz – bei dem er gerade seine Kenntnisse seltener, fremdsprachlicher (das heißt meist persischer) und kaum mehr gebräuchlicher Vokabeln, die er mit philologischem Interesse sammelte, unterstrich. Eine Ausnahme machen dabei die Liebes- und Trinkgedichte, die sich, dem Publikum gemäß, eher an der Umgangssprache orientieren und dabei auch in ihrem Effekt genau kalkulierte Vulgarismen einstreuen. Es ist ihr erzählender, pointierter Ton, zusammen mit der Bandbreite seiner Gedichte, die vor allem Abu Nuwas' thematische Modernität ausmachen. Die Auswahl an Versmaßen ist in der arabischen Poesie eher gering und ihr Gebrauch noch dazu restriktiv; in dieser Hinsicht war Abu Nuwas einer der wenigen, der sich in allen Formen eine große Fingerfertigkeit erwarb. Zum einen machte er das Kurzgedicht salonfähig; zum anderen aber brachte er die Strophe in die Dichtung – anders als bei Sappho, bei der sie ein metrisches Muster war, wird sie bei ihm zu einem auch sinnkonstituierenden Merkmal.

Die *qasidah* mit ihrem gleichbleibenden Reim und das Ghasel, in dem sich die ersten beiden Zeilen reimen und danach jede zweite denselben Reim weiterträgt, machten die beiden Grundmuster der hohen arabischen Dichtung aus; geläufig war ein Reimwechsel in Distichen nur in der volkstümlichen Poesie. Beide Genres formal miteinander zu verbinden, war nun die einflußreichste Neuerung von Abu Nuwas. Sein Weinlied, das die Struktur der *qasidah* durch Binnenreime aufstockt – das sogenannte ›Gürtelgedicht‹ AAAX BBBX CCCX –, stellt zumindest den ersten greifbaren Beleg für die strophische Teilung eines Liedes dar, das im maurischen Raum zur *muwashshaha* wurde und sich bei den Trobadors als Muster ihrer Lyrikproduktion etablierte. Der eigentliche Grund für die Erfindung der Strophe im arabischen Raum mag jedoch hauptsächlich in der Musik und ihren sich wandelnden Parametern zu suchen sein. Dabei hatten sich die Volksliedstrukturen des europäischen und des arabischen Raumes teils gegenseitig beeinflußt, teils aber auch eigenständig herausgebildet – in welchem Ausmaß, ist immer noch Gegenstand der Debatte. Plausibel ist zumindest, daß sich die Strophe als Sinneinheit herausbildete, als die Imitation der arabischen Reimfolgen in den europäischen Sprachen an lexikalische Grenzen stieß; ein öfter wechselnder Reim hätte so zwangsläufig zur Struktur einer Strophe geführt.

S*ein Talent ist so groß*, schrieb der Historiker Al-Masudi im 10. Jahrhundert, *daß er sozusagen ein für alle Mal die Türen hinter der bacchischen Poesie geschlossen hätte, wenn sie nicht so ein weites Feld wäre und die Möglichkeit bestünde, jemals an sein Ende zu gelangen.* Und für Ibn Khaldun im 14. Jahrhundert war Abu Nuwas einfach *einer der größten arabischen Dichter*, eine Einschätzung, die heute unbestritten ist.

Sein Werk wurde – anders als das seines Nachfolgers, des *poeta laureatus* Mutanabbi – jedoch nicht zeitlebens, sondern erst ein Jahrhundert später gesammelt; es umfaßt 500 Gedichte. Eine textkritische Ausgabe in fünf Bänden – auf Manuskripten in Istanbul, London und Rom basierend – ist erst nach dem Zweiten Weltkrieg erschienen, ediert von einem Arabisten der ehemaligen DDR. Die deutsche Rezeption hat dabei Tradition: Alfred von Kremer präsentierte bereits 1855 eine Auswahl aus seinem Diwan in Übersetzungen, 1861 legte Wilhelm Ahlwardt 71 Gedichte im arabischen Original vor – all das, auch ohne daß Goethe Abu Nuwas auch nur einmal erwähnt hätte.

Die hier vorliegende Auswahl beschränkt sich auf die weniger offiziösen Gedichte Abu Nuwas' und stellt sie in einer Übersetzung vor, die sich – bis auf das Weinlied – nur selten an die Reimstruktur der Originale hält: die deutsche Sprache ist an Reimen ärmer als die arabische.

Innsbruck, März 1997

275

I

Laß den südwind all jene spuren verwischen
die die zeit von ihren zeltlagern ließ
und die paar morgen land laß den kamelen
ihrem stolpertrott und hartem maul
für die stacheln der akazien und seidenbäume
wo es sonst nur schakale und hyänen gibt
Von beduinen aber erwarte dir keinen komfort
denn ihr leben ist so leer wie ihre wüsten
Laß sie die magere milch der schafe trinken
weil sie ihnen so zu schmecken scheint
und wenn sie den sauren rahm zu ranz schlagen
dann piß ruhig in ihren butterkübel!
Besser zu trinken aber ist ein becher heller wein
den dir ein gewandter mundschenk reicht
vor allem wenn er aus den alten krügen kommt
wo er ohne ein feuer zu seiner stärke reifte
Guter wein wenn er in seinem tongefäß vergärt
murmelt wie ein Christ vor seinem kreuz
Laß ihn dir einschenken von diesem sklaven
auch wenn er etwas näselt wie ein Perser:
hat er nicht das schnütchen einer jungen gazelle
kokett und parfümiert und gut genährt
einen satten arsch der sich beim gehen spannt
wie ein starker zweig unter dem gewand?
Gib ihm zu trinken bis er dir seinen gürtel gibt
und sich mit offenen hosen an dich drückt
was du dort spürst wird dich gewiß entzücken
Groß und hart genug um dich zu beglücken
wird er sich langsam und sanft bücken über dich
und dir bis zum nacken ein zweiter rücken sein

Das nenn ich leben – nicht die zelte der nomaden
und nicht die fade milch sondern roter wein!
Wo bleibt da die wüste – ihre pässe und gehege
im vergleich mit palästen und esplanaden?
Hör endlich auf zu schimpfen wie ein altes weib:
wenn ich mich bekehre dann zum zeitvertreib!

I I

Sag bloß du hast etwas gegen die blühende erde
den dunklen gut gelagerten wein der jung ist
weil ihn noch keiner anbrach? trink einen schluck
die blüte des rebstocks und der nacht ist er
und komm in die gärten hier nach Karkh die nie
ein krieg in seiner staubig dürren hand hielt:
ungezählte vögel gibt es dort und keinen einzigen
von dem ich nicht gehört hätte wie er singt –
nichts heilsameres weiß ich mir als ihren gesang
der allen schmerzen das vergessen bringt
Jede schenke kenne ich dort und auch die wege
im dunklen unterm mantel eines morgens
wenn ich den wirt aus dem haus klopfen mußte
weil er noch den rausch vom abend ausschlief
Er schwankte und hielt sich dabei den fetten bauch
und wollte zuerst wissen wer ich wäre –
Nicht irgendwer – sagte ich: *jemand ganz besonderer
der um die hand des weinkrugs anhalten will!*
Zuerst jedoch die morgengabe – sagte er: *das geld!*
und wurde freundlich als er schließlich sah
mit welch großem aufgebot ich zu heiraten gedachte

277

Der wein den er mir brachte roch nach moschus
klar wie eine träne auf einer ungeschminkten wange –
er schenkte mir von neuem ein und lachte
während ein becher um den anderen die runde machte
ein mädchen an meiner seite mit vollem busen
frisch und weiß und jung mit ihren satten schenkeln:
ein wenig verspielt aber dabei gar nicht dumm
Wie viele schöne lieder sang sie uns auf meine kosten
ohne daß einer wach war um uns dafür zu tadeln
während die sonne immer höher stieg im osten:
mir meine laster vorwerfen heißt sie doch erst adeln!

III

Gegen mich hat sich mein schwanz verschworen
und die geschichte dazu die ging so:
ich saß im paradies mit allem was dazugehört
schloß und garten unter dattelpalmen
dazwischen rosen die mit myrten sich umarmen
bäume schwer mit äpfeln und marillen
die an zweigen über kanäle hingen wo die boote
unter ufern glitten die mit blumen
dicht bestanden waren – gelb und weiß und rot
und ich für einmal richtig elegant
schön wie ein *djinn* in meinem feiertagsgewand
gab meinen kameraden wein zu trinken
der immer mehr und dabei immer dunkler wurde
bis er mit dem morgenrot rivalisierte
während mein schwanz schon auf der lauer lag
weil er mit anderen dingen konkurrierte

Deshalb sagte ich zu ihm – mit blick auf den knaben
den er lieber als allen wein wollt haben:
von mir aus in ordnung aber stehe es auch durch
sonst geb ich dich aus meiner hand!
Da sank er nieder und schielte verstohlen auf ihn
wie ein spieler auf ein verlorenes pfand
bis der bote des schlafs sich bei dem jungen einfand
und ihm sand auf die augen leerte...
Ich wartete bis er sich kraftlos zur seite kehrte
dann kroch ich heran wie ein skorpion
halb auf allen vieren und halb auf dem bauch
und drang mit meinem stachel dort ein
wo ihm die hose unter den hintern gerutscht war
Erwischt hätte ich ihn fast um ein haar
aber es scheint als käme ich langsam in die jahr
denn vor leidenschaft zielte ich blind
und glitt dabei an seinem einen arschbacken ab –
er aber spürte es hart an seinem rücken
sprang von der tarantel gestochen auf und warf sich
auf sie um mit dem schuh sie zu zerdrücken
Eine eingeschlagene stirn und zwei blutige ohren
trug ich davon als ich endlich ihm entkam
und als er mir dann auch noch einen apfel nachwarf
hatte ich nicht nur zwei zähne verloren
sondern auch die ehre – nicht aber mein schwanz
der aufrecht stand und nur schamlos lachte –
ein klarer fall von anmaßung und von präponderanz
während ich schamrot den narren machte
und obwohl es seine schuld war sagte er giftig:
wer redet vom durchstehen? treffen ist alles!

279

IV

Da war eine dienerin im palast – eine mit vollem busen
augen wie eine katze und haare wie die nacht
halb mädchen und halb knabe in ihrem langen kleid
dem der gürtel ihre hüfte zum geschenk band –
und ich verliebte mich eine zeitlang in sie und ihr gesicht
obwohl doch ein busen meine vorliebe nicht ist
Ich sandte ihr meine verse ich lockte sie mit worten an
nicht wahr – nur dafür schreibt man ein gedicht –
und schließlich schlug ich sie in meinen bann: *ich sterbe!*
sagte sie und ergab sich lustvoll diesem tod
um den wir beide rangen bis ich plötzlich den halt verlor
und zu versinken drohte in einem tiefen abgrund
eine höhle eine schlucht ein wellental und meeresschlund
In meiner verzweiflung schrie ich laut um hilfe:
ein page kam gelaufen – ich stak schon bis zum bauch
in dieser bodenlosen tiefe und fand noch immer keinen stand –
und wenn er mir nicht auf mein lautes schreien die hand
gegeben hätte wär ich in ihr wohl ganz ertrunken:
seitdem habe ich mir geschworen niemals wieder brust
zu schwimmen sondern nur mehr auf dem rücken

V

Ganz dunkel ist er in seinem krug
der sonne ihr tiefroter atemzug
als sie vor mir ihr auge aufschlug:
     ein wein wie aus dem paradies

Bei den Persern ist er ausgereift
dort hat ihn der sommer gestreift
wie man am markt in safran greift:
     und der becher ist sein verlies

Ich sah einen dieser Christen
einen wahren heiden und atheisten
das siegel an seinem krug überlisten
     wie's der kurze schlag bewies –

Der wein spritzte uns entgegen
als wollte er nur unseren segen
es kam ihm wohl sehr gelegen
     daß man ihn endlich fließen ließ!

Einmal heraus aus der modergruft
verbreitete er einen leichten duft
von wolken und von morgenluft
     nach absinth roch er und nach anis

Beides schenkt dir der schenke ein
den vollen und herb gewürzten wein
gemischt mit wasser eins zu zwein:
     eine blume die den regen regnen hieß

Mit einem bein dann aus dem grab
bricht er über das sterben den stab

281

ABU NUWAS
▸ 8. JAHRHUNDERT

er torkelt wie ein kamel beim trab
und wünscht dem tod ein bons dies!

Beim gesang und dem ton einer flöte
vergißt er die liebe und all ihre nöte
und die wangen voll gesunder röte
sagt er zu sich selbst: jetzt genieß!

Er wiegt sich die hüften und schwankt
nimmt sich das mädchen und dankt
für den kuß auf den mund wankt
mit ihr im tanz und weiß nicht: ist sie's?

Die trommel schlägt sie und singt
und sie weiß auch daß es gut klingt
und daß sie schön ist – ja unbedingt:
dieses biest eines djinns und genies!

Hör auf schimpfen – sagt sie zu mir
eine tänzerin bin ich und kein fakir
mein metier ist nur das leichte pläsir
oder willst du lieber daß ich verdrieß?

Du redest vom aufhören – sage ich ihr
dann laß aber auch jetzt und hier
dein posamentieren: komm her zu mir
sonst schrei ich – laut wie am spieß!

Ihre augen waren voll anmut und glut
meine jedoch voll wehmut und wut
weil sie mich quälte bis aufs blut
und mich wieder von ihrer seite stieß

Es brachte sie nicht einmal aus dem takt
als ich vor ihr kniete stumm und nackt
eine pose dumm und abgeschmackt:
soweit zum wein aus dem paradies!

VI

[Abu Nuwas]

Ich habe die sterne leuchten gesehen in der nacht
als hätte flüssiges gold sich rot entfacht

denselben vergleich hätt ich mit öllampen gemacht
vor denen nur ein alter mönch wacht

[*Inan*]

VII

[Abu Nuwas]

Ich mag ein mädchen wenn es widerspenstig ist
wenn es kratzt und tritt

Ich trinke lieber ihren mund und sie aus meinem
ohne all dieses gestritt

[*Inan*]

283

VIII

[Abu Nuwas]

Hast du kein mitleid mit einem verliebten
dem ein einziger kuß von dir genügt?

Meinst du mich damit? küß dich doch selbst
wenn du den mund zum schwanz kriegst!

Dann wirst du sicher eifersüchtig werden
weil dich meine hand mit mir betrügt

Ich bin nicht deine stinkend alte mutter
bei der du doch nur immer unten liegst!

[*Inan*]

IX

Inan hat soviel von meinem herz gewonnen
daß ihr wohl nichts mehr übrigbleibt:
zwei drittel von drei – zwei vom dritten drittel
und zwei wenn man das letzte schreibt –
ein teil für den schenken – bleibt also die sechs
die's einundachtzigmal mit anderen treibt

X

Lernen wollte sie wie's in meiner zunft so ist
mit all diesen lettern und staben
und sie führte mir den stift in meiner hand
um mit ihm etwas zu schreiben
Halt ihn selbst sagte ich *aber setz ihn an
wie es sich gehört!*
Da malte sie ein *l* in schönster kalligraphie
und rund um es ein *s*
Als so die silbe am papier stand da sah sie
daß der vokal noch fehlte –
sie spitzte ihre lippen und hauchte leise *ah*
doch als sie es dann vorlas
verschluckte sie's als hätte es legasthenie
auch damals schon gegeben

XI

Mein jüngelchen sitzt gerade in der schule –
statt dem schulgeld wäre *ich* lieber sein lösegeld –
und lernt gerade wie man buchstabiert:
man hat ihm dafür eine tafel auf den tisch gestellt
Wenn er das alphabet geschrieben hat
liest er es laut und wenn's dem lehrer nicht gefällt
leckt er die tinte mit der zunge wieder ab –
was mir an ihm nicht wenig meine lust vergällt –
denn jedesmal wenn ich ihn wieder sehe
ist sein süßes frätzchen vor lauter schwarz entstellt

285

XII

Man sieht erst im bad was die hosen so verbergen
nämlich alles – und das in aller ruhe
also schau dir diesen hintern an und den rücken
grad und schlank darüber während du
ihm *Gott ist groß* und *Allah sei dank* zuflüsterst –
was wäre denn dagegen einzuwenden
auch wenn die badejungen dir deinen kleinen spaß
mit ihren großen handtüchern verderben

XIII

Ich ziehe die knaben den jungen mädchen vor
und alten wein dem klaren kalten wasser –
weit ab vom rechten weg wählte ich die sünde
ohne umstände und genauso unumwunden
hab ich meinem pferd die zügel abgenommen
die zwei steigbügel und das zaumzeug
und mich verliebt in einen jungen Perser
der das arabische nur so massakriert –
ich nenn ihn mein kokettes kälbchen mein reh
sein spiegel hell wie mondenschein
und dunkel wie die nacht unter seinem hemd
wenn er eins trägt – er mag es nämlich nicht
wenn es aus baumwolle ist wie eben hier bei uns
und auch die pelzmäntel sind ihm zu heiß –
er mag nur hemdchen die ihm bis zur hüfte gehen
statt dessen aber lange ärmel – und der brokat

den ich ihm schenkte unterm überhang versteckt:
wenigstens aber trägt er schuhe
Dafür jedoch erzählt er mir was er sonntags treibt
wenn er auf's land zum angriff zieht –
den köcher voll mit pfeilen und eine lange lanze:
es scheint als wär er in der schlacht
wirklich so wohlgemut wie er's vor mir behauptet –
aber was versteh ich schon davon
in diesen dingen bin ich ignoranter als ein eunuch
Trotzdem ist er mir lieber als eine hündin
die den ganzen monat blutet und ihre jungen wirft
Wenn ich ihn dazu bringe daß er sich auszieht
ist er das was man wohl das heil der seele nennt
und alles was ich will liegt offen dann zutage
ohne furcht vor einem muezzin oder dem imam!

XIV

Wie oft lag ich im gras versteckt an einer wasserstelle
und lauerte auf wildgänse und die wasserhühner
mit ihren schwarzen augenwinkeln und den gelben lidern
und die anderen vögel mit dem grünen federmantel
und hörte ihren rauhen schreien zu als ob ihr schnabel
wie ein federkiel über einen glatten bogen kratzen würde
und seine buchstaben in abständen weit niederschriebe:
es war lange noch bevor der morgen anbrach
und das krächzen der raben die schrift wieder ausradierte
Ich hatte ein paar kräftige und hübsche burschen
an meiner seite – keinen dieser feigen faulen höflinge –
und sie säcke dabei voll schrot und korn
für ihre armbrüste aus schlankem biegsamen rohr:

287

der riemen von der hand eines guten bogenmachers
die sehne vierfach am pflock am ende aufgedreht
daß sich der bogen spannt wie eine dunkle braue
die man hochzieht wenn man ein ziel genau visiert
die ärmel aufgekrempelt bis zum ellenbogen –
dann geht auf das geflügel der geschoßregen nieder
wie ein wolkenbruch von einem blitz gespalten
der die vögel hart an der innenseite ihrer flügel trifft
und an der flanke wo sie ihre nieren haben
Gerupft sind sie dann schnell – und es ist ein fest
wenn man sich das fleisch brät dörrt oder in essig legt
Laß Gahm nur seine vorliebe für die jagd mit dem falken
die beize mit den schwarz geflügelten gabelweihen
und das schlingenlegen für die hasen und die sperlinge
denen er nachstellt hinterm dorf und am ufer –
ich kenne kein größeres vergnügen als die armbrust
und die jagd mit schießkügelchen aus stein!

XV

Ich schlief bis lange in den späten morgen
und wie immer versuchte mich
mein alter gegner indem er mich besuchte:
Satan der halb im himmel hing
und sich aus allen stockbesoffnen sternen
auf mich armen menschen stürzte –
er wollte mich erwischen auf der linken seite
der teufel den sie auch im koran
wohlweislich ›bitter‹ und ›gesteinigt‹ nennen:
Willkommen – sagte er im freien fall –
dem sünder dem buße nur eine neue falle ist!

Willst du 'n mädchen mit jungen brüsten
und haaren sag ich dir rot wie roter wein?
Oder lieber einen jungen ohne bart
mit einem arsch so hart wie eine jungfrau?
Nein – antwortete ich entschlossen
Gut – meinte er hartnäckig – *wie wär es dann*
mit einem jungen musiker?
Als ich fest blieb kam er aber erst in schwung:
Du willst also mit meinen geschenken
wirklich nichts mehr zu tun haben?
Auch gut – ich kann's erwarten
bis du narr deine meinung änderst!
Wenn du rückfällig werden wirst
wird es nicht einfach nur ein unglück sein –
bin ich nicht der den sie den Satan heißen?
Für den sie nur einen anderen namen fanden
für das was man sonst das bittere nennt?

XVI

Du klagst die liebe an weil dich die geliebte abwies
doch glaub mir – nicht an ihr liegt es
sondern an uns die wir nicht wissen wie's ertragen
da sie nichts andres ist als eine krankheit
für die wir kein gegenmittel noch gefunden haben
Vor dir hat sie schon andere angesteckt
an diesem brand im herzen litten schon Muraqqis
Gamil und Urwa – lauter kluge leute
von denen leider wahr ist daß sie an der liebe starben:
der wind legt jetzt ihre knochen bloß –
deshalb glaube ich daß auch du daran sterben wirst

289

weil es keinen anderen arzt gibt für sie
als nur leider eben die oder der geliebte in person
der meist jedoch alles nur schlimmer macht –
vor allem dich verlacht und übergießt mit einem hohn
wie ihn so nicht einmal deine feinde kennen
Ich versteh dich gut und weiß was dich gefangen hat
der gürtel der so locker auf der taille liegt
daß sich das kleid ein wenig öffnet und man die form
des schrittes an seinen weiten falten sieht
wie die spur die ein tamariskenzweig beim gehen
auf einem dünenhang hinter sich nachzieht –
bis in die nacht hinein und das omen eines mondes
der sein gesicht nur von der besten seite zeigt
Der mond ist fern in seiner liebe obwohl sein licht
dem feuer im hofe deines hauses gleicht
Weh mir – auch ich weiß um seine kalte weiße hitze
die mich von innen tief ausbrennt:
funken die von einem zweig zum anderen springen
auch wenn das holz nicht feuer fängt

XVII

Nichts als lebende tote sind die menschen
von toten geboren als sie noch lebten
und gab es je helden in unserem geschlecht
sieht man's den knochen nicht mehr an
wie auch – wenn du es dir nur gut überlegst –
all den sogenannten guten menschen:
nichts anderes sind sie als die innigsten feinde
verkleidet als unsere besten freunde

XVIII

Ich schreibe dir die verse eines toten
mit der hand dessen der noch am leben ist:
einem den so oft das schicksal schlug
daß er zwischen dies- und jenseits schwebt
dem nichts als nur sein körper blieb
fast unsichtbar aber doch noch gegenwärtig
Ich bin nicht wiederzuerkennen
nicht einmal deine augen könnten die linien
meines gesichts noch lesen –
nicht ein buchstabe ließe dich mich finden:
ein lidschlag aber wird genügen
um ewig diesen schmerz von mir zu nehmen

DIE MARGINALIEN DER IRISCHEN MÖNCHE

9. JAHRHUNDERT

Das westliche und nördliche Europa hatte sich das ganze Mittelalter über gegen den Imperialismus Roms zu wehren; jene Länder, die früh unterworfen wurden, verloren zusammen mit ihrer Freiheit auch ihre ursprüngliche Sprache und mit ihr die Literatur. Im 6. Jahrhundert schon war die keltische Sprache überall auf dem Kontinent ausgelöscht, ohne Schriftliches zu hinterlassen. Nur am Rande der solcherart zivilisierten Welt und jenseits des

293

römischen Einflusses konnten sich die alten Traditionen aufrechterhalten; drei davon erreichte die Schrift früh genug, um wenigstens fragmentarisch ein Zeugnis ihrer vorchristlichen Zivilisation in der Literatur zu hinterlassen: die Iren, die Angelsachsen und die Isländer.

Mit dem Christentum und der lateinischen Sprache kam es in diesen drei Ländern zu einem lange währenden Kampf um die Vorherrschaft des importierten Idioms mit der Umgangssprache; Frankreich und Deutschland entwickelten so erst im 11. Jahrhundert eine nationale Literatur. Irland übernahm im 4. und 5. Jahrhundert das klassische und theologische Erbe und mit ihm auch den Humanismus, der in den darauffolgenden Jahrhunderten im *Book of Kells* zu einem symbolischen Höhepunkt fand.

Der irische Humanismus beeinflußte in der Folge nicht nur das ganze europäische Geistesleben des Mittelalters, sondern verleugnete auch seine keltischen Einflüsse nicht. Der Grund dafür lag nicht allein in der geographischen Isolation der Insel, sondern auch in der Tatsache, daß Irland nicht direkt von Rom, sondern über Britannien und Frankreich missioniert worden war. Der neue Glaube gab dabei auch der keltischen Tradition neue Impulse, eine rudimentäre christliche Literatur entstand – und die irische Sprache fand nicht nur Eingang in die religiöse Poesie und Prosa, sondern auch in die scholastische Literatur. Darin unterschied sie sich von der des Kontinents, aber auch durch Äußeres: während überall sonst den Mönchen eine Tonsur geschoren wurde, trugen die irischen Mönche ihre Haare lang.

Die irische Literatur läßt sich in vier große Perioden unterteilen: vom 6. bis zum 12. Jahrhundert, vom 12. bis zum 16. Jahrhundert, vom 16. bis zum Anfang des 19. Jahrhunderts, wo die gälische Sprache ihren Einfluß zugunsten der englischen verlor, und schließlich ihre Renaissance, die Ende des 19. Jahrhunderts mit dem irischen Nationalismus einsetzte. Die Stellung des Dichters war in jeder dieser Epochen anders: in der ersten verband sich das überlieferte Wissen mit dem neuen des Christentums, und der Dichter war zumeist Kleriker; in der zweiten gehörte er zu einer Gilde von professionellen und weltlichen Dichtern, die man fälschlich meist Barden nennt; in der dritten ist er zu einem Geschichtenerzähler herabgekommen und in der vierten eine Randfigur wie überall.

Bis zum Kommen St.Patricks war in Irland die Sprache nicht einem, sondern dreien gegeben: dem Chronisten für das Bewahren und Erzählen der Geschichten; dem Dichter für Lobpreis und Satire; den Gesetzgebern, um gemäß der alten Tradition Recht zu sprechen. Nach der Ankunft Patricks aber kam die Rede dieser Männer unter das Joch der Mönche mit ihrer weißen, heiligen Sprache, welche jene der Bibel und der Schriften ist.

So formuliert es das *Senchus Mor*, die ›Große Tradition‹, jenes Buch, in dem die alten irischen Gesetze niedergelegt wurden. Der Name *fili*, Dichter, der ursprünglich auch die Bedeutung ›Seher‹ hatte, umfaßte all diese drei Funktionen der Gelehrsamkeit im vorchristlichen Irland – und auf sein Wissen griffen die monastischen Geschichtsschreiber des 6. und 7. Jahrhunderts zurück, um die Geschichte Irlands im neuen Medium der Schrift aufzuzeichnen.

Die vorchristliche Gesellschaft Irlands war nach aristokratischem Muster organisiert, und die Funktion des Dichters dabei war nicht nur die eines Hofpoeten; er hatte auch die Details der Genealogie der Königshäuser und die verschiedensten Ereignisse oral zu tradieren – eine mnemotische Kultur, die jetzt auf die neuen Formen schriftlicher Aufzeichnungen stieß. Geschichtsschreibung und Dichtung wurde in den *Dindshenchas*, den Sagen der heiligen Orte und Königshäuser, kodifiziert und von den Mönchen im Rahmen ihrer Universalgeschichte synchronisiert. Im *Lebor Gabala*, dem ›Buch der Eroberungen‹, ging es darum, die Geschichte Irlands mit jener der großen Weltreiche – Assyrien, Ägypten, Palästina,

Griechenland – in Einklang zu bringen und sie chronologisch zurück bis zur Sintflut zu verfolgen. Die *Imm-
rama,* die Legenden der Seefahrten von St. Brendan oder
Bran, bilden daraus nur einen Ausschnitt.

Von der Mitte des 7. Jahrhunderts an wurde die irische
Umgangssprache für literarische Zwecke kultiviert:

*Und da gab es drei Schulen an diesem Ort, eine Schule
für das lateinische Wissen, eine für das irische Gesetz und
eine für die irische Dichtung. Und alles, was er bei Tag in
den drei Schulen rezitieren hörte, lernte er nachts auswendig. Und er übertrug die Formen der Dichtung auf
dieses Wissen und schrieb es auf Schiefer und Tafel und
in die Bücher aus Vellum.* (Cath Muighe Rath)

Die nordirische Poesie wurde allgemein in Vierzeilern,
auf der Basis von Silbenzählung und regelmäßigem Reim
komponiert; im Süden griff man noch auf archaischere
Formen zurück, den alten rhetorischen Vers der *filidh*
mit seiner unregelmäßigen Anzahl von Silben, deren Vers-
fluß vom Akzent und der Kettenalliteration – wo eine
Anzahl von Wörtern auf einen Konsonanten oder Vokal
alliterieren, bis ein neuer Stabreim auftaucht – bestimmt
wurde.

Trotz des starken lokalen Bezugs der Dichtung aber
waren die irischen Mönche im frühen Mittelalter berühmt
für ihre *consuetudo peregrinandi,* ihre rastlose Missions-
tätigkeit auf dem Kontinent, die sie ins Exil trieb. Es gibt
in Irland keine Märtyrer, die für ihren Glauben starben;
ihr Martyrium liegt im Auszug ins Exil:

*Und dies ist nun das weiße, heilige Martyrium, wenn
man für Gott sich von allem trennt, was man liebt, und
auszieht in die Fremde, wo einen nur Hunger und Arbeit
erwarten.* (Thesaurus Palaeohibernicus)

Die Missionen gingen vom Norden, von Bangor und
seiner Umgebung aus. St. Columcille und St. Comgall
waren an der Bekehrung der schottischen Pikten beteiligt;
eine direkte Konsequenz der Tätigkeit St. Columbans
war die Gründung von Luxeuil, St. Gallen und Bobbio, den

Dom-farcai fidbaide fál
  fom-chain loíd luin lúad nād cél
hūas mo lebrán ind línech
  fom-chain trírech inna n-én

Fomm-chain coí menn medair mass
  hi mbrot glass de dingnaib doss
Debrath! nom-choimmdiu-coíma
  caín-scríbaimm fo roída ross

        Int én bec
        ro léic feit
        do rinn guip
            glanbuidi
        fo-ceird faíd
        ós Loch Laíg
        lon do chraíb
            charnbuidi

297

Hauptzentren der Religion und der Gelehrsamkeit im damaligen Europa. Bei aller Askese vergaß aber auch ein Sedulius Scottus nicht, im Ausland auf gute Beherbergung und Bewirtung zu pochen; auch das Martyrium hatte seine Grenzen.

Wie entstanden nun die Gedichte des vorliegenden Bandes, die Manuskripte dieser so ganz subjektiven, persönlichen Dichtung? Ein Beispiel: Im 9. Jahrhundert führte ein irischer Wandermönch aus Kildare, einer aus der Gefolgschaft des Scottus von Lüttich, ein Buch mit privaten Aufzeichnungen: Notizen eines Kommentars zur *Aeneis*, Auszüge der Kirchenväter (Zitate aus St. Augustinus' *De civitate dei*, der Lieblingslektüre Karls des Großen), einige lateinische Hymnen, ein kurzes Glossarium griechischer Worte, einige nicht allzu richtige griechische Abwandlungen, Passagen sehr eigener Naturkunde, ein Zitat von Horaz – sowie irische Glossen. An den Rand geschrieben während der mühseligen und monotonen Arbeit des Transkribierens der theologischen und grammatischen Texte, waren diese Glossen persönliche Memoranda, die einen Aspekt der Grammatik, des Vokabulars oder des Metrums illustrieren sollten, Anrufungen der Heiligen, kurze Gedichte und Gedichtfragmente. Das Gedicht vom Mönch und seiner Katze, ein bardisches Gedicht – der Lobgesang an einen König aus Leinster –, und ein Gedicht über Suibne Geilt in seinem Oratorium von Tuaim Inbir sind uns in diesem speziellen Buch erhalten. Aufbewahrt wird dieses nicht gebundene, sondern gerollte Buch jetzt im Stift von St. Paul im Lavanttal.

Im 8. und 9. Jahrhundert wurden so die Anfänge der modernen irischen Literatur gelegt, zugleich auch die alten Epen neu redigiert. In den letzten Jahrhunderten der altirischen Kirche aber kam wieder eine Reform in Gang, die das Asketische des Christentums in den Vordergrund rückte – das Eremitentum, das im Anachoreten das Ideal dieser Bewegung sah:

Und er lebte in seiner eigenen Zelle, die er selbst und für sich selbst gebaut hatte. Sie liegt zwischen Wald und Wasser, auf einem verborgenen Platz am Rande des Meeres, und ein klarer Fluß fließt daran vorbei, vom Wald in die See, und die Bäume sind ein wunderschönes Gehege rund um seine Zelle. (Das Leben des St. Deglan)

Charakteristisch ist auch, daß sich das Ideal des Anachoretentums durch die Figur des heiligen Narren ausdrücken konnte. Fast von jedem irischen Heiligen heißt es, daß er in enger Beziehung mit Aussätzigen oder geistig verwirrten Menschen lebte; der heilige Moling hatte seinen Suibne Geilt zum Gefährten. Diese Narren streiften, wie die Legende erzählt, durch die Wälder und lebten in den Bäumen; sie konnten unter Wasser gehen und die Fische in die Hände nehmen, und ihre Reden waren eine Mischung aus dunkler Narrheit und Illumination göttlichen Lichtes.

Schrift und Natur sind in der irischen Sprache eng verwandt: *fid* bedeutet sowohl Wald als auch Buchstabe, *rusc* die Rinde und *rosc* das deklamatorische Gedicht. Religion und Natur gehören in den Kontext, der das keltische Erbe verrät: die alten keltischen Götter waren gesichts- und körperlos, sie wohnten in den Bäumen und den Steinen, wie auch eine alte, aber falsche Etymologie die Druiden mit *doire*, dem Eichenhain, in Verbindung bringt. Was die Gedichte dieser Zeit verraten, von den Anachoreten bis zu den Scholasten in ihren Marginalien, ist ein tief empfundener Pantheismus.

Die *filidh* gehörten der Kaste der Druiden an, die das ganze Spektrum des medizinischen, legalen, historischen und religiösen Wissens vermittelten. Ihr Medium war die Sprache, die gebundene Sprache, die an und für die Erinnerung gebundene Sprache. Was das Erinnern gewährleistete, war das mit *fili* verwandte Wort *fel:* die Kunst der Musik, in die das Wissen transponiert wurde.

299

Die altirische Vokabel für Poesie selbst war *creth*, das mit *cruth*, der Form, ebenso verwandt ist wie mit dem vedischen Wort für machen und den slawischen und litauischen Wurzeln der Magie: dem Zauberspruch. *Creth* bedeutet also, das eine in das andere zu verwandeln, es durch das Wort, die Magie, die Metapher zu übertragen. So heißt es in dem Prosaeinschub zu einem Gedicht aus einem frühen Manuskript, das man dem legendären Finn zuschrieb:

Finn lernte die drei Künste, die einen Dichter in sein Amt erheben, nämlich teinm laeda *(prophetisches Kauen des Markes) und* imus for-osna *(die erleuchtende Divination) und* dichetal di chennaib *(Inkantation vor einem abgetrennten Kopf). Und dann machte er dieses Gedicht, um sein poetisches Talent zu beweisen.* (Bodleian Ms.)

Cormac mac Cuilennain schreibt in seinem Glossarium, daß der *fili* das rohe Fleisch eines Schweines, einer Katze oder eines Hundes kaute, über dem Kadaver eine Inkantation sang und ihn, zusammen mit einer weiteren Invokation, den Göttern opferte, die dem Dichter daraufhin im Schlaf einen Blick in die Zukunft gewährten: Poesie, Prophezeiung und Magie. Das altirische Wort für die Kunst der Poesie – *ai* – geht deshalb wieder auf das Unsagbare zurück, auf *cluas*, das Ohr, *guth*, die Zunge, und *anal*, den Atem und den Wind: die Inspiration.

willkommen *ai* poetische inspiration	*fo chen aí*
tochter aller gelehrsamkeit	*ingen soïs*
schwester der vernunft	*sïur chélle*
und tochter des denkens	*míadach mórdae*
du hohe erhabene große und reiche	*moigthech mainbthech*
die alles vermehrt	*moiges drucha*
die künste verdichtet	*dlúthas cerda*
was für ein handlich gutes handwerk	*cerd coím coïr*
es verkündet die urteile	*con-can bretha*
es verschafft fülle	*berid darba*
vertreibt die dummheit	*múchaid ainbis*
verbindet und verknüpft und erzählt	*in-fét anba*

In diesem Rahmen entstehen nun die irischen ›Natur-gedichte‹, die sich stark von den nur deskriptiven Versen der oralen Tradition und den Lobgesängen der Barden abheben. Sie haben eine neue, subjektive Note, eine neue Prägnanz, einen neuen Blick, der die Dinge wie zum erstenmal und in einem anderen Licht sieht: *Angenehm ist das Glimmen der Sonne auf diesen Rändern heute, weil sie so glitzert*, steht über einer Seite der Abschrift der Psalmen des Cassiodorus. Diese Naturgedichte entstehen nicht nur aus der Spannung zwischen der überlieferten pantheistisch ausgerichteten Kultur der Kelten und dem lateinischen Christentum, sondern sie sind auch Produkte eines dauernden spirituellen Exerzitiums. Ihre Sprache ist nicht mehr dekorativ, sie meidet das Zeremonielle und gewinnt durch ihre Einfachheit an Intensität. Der Blick des Dichters läßt den Dingen ihre Konkretheit; die Wurzel für den altirischen *fili* war ja der Imperativ *fil:* da ist, schau!

Bei diesen Gedichten handelt es sich also, was die Betonung der subjektiven Eigenständigkeit ebenso wie ihre Formen betrifft, um die chronologisch erste moderne Lyriktradition im europäischen Raum noch vor den Trobadors. Bis auf ganz wenige Ausnahmen (in Manu-skripten auf dem Kontinent) wurde aber nichts davon gerettet – die Wikinger zerstörten am Ende des 8. Jahr-hunderts die Niederschriften zusammen mit den Kirchen und Klöstern aus Holz. Im 11. Jahrhundert aber wurden die Klöster wieder aufgebaut, diesmal aus Stein, und von da an ist eine ungebrochene Reihe mittelirischer Manu-skripte erhalten, in denen alles, was der Zerstörung ent-gangen war, gesammelt und neu geordnet wurde. Viele der in dieser Form erhaltenen Geschichten und Gedichte gehen so auf das 8., wenige auf das 7. Jahrhundert und das Altirische zurück.

Die Dichtung des alten Irland läßt sich grob einteilen in jene der professionellen Barden, die an einen Hof und einen König gebunden waren, und in jene, die im Kontext des Klosters von dilettierenden Mönchen und in den Orden eingetretenen Barden verfaßt wurde. Die letztere wirkt unverbrauchter; sie kennt keine starre Rhetorik. Ihre Bildlichkeit unterscheidet sie von der theologischen Introspektion der Mystiker und vom Formelvorrat der professionellen Barden und Geschichtenerzähler und macht sie im europäischen Kanon einzigartig, vergleichbar allenfalls mit der *Griechischen Anthologie* oder dem japanischen Haiku. Hunderte von diesen Naturgedichten – Marginalien, Glossen, Epigramme und Verslehren – sind uns im irischen, schottischen und walisischen Sprachraum erhalten. Ihnen allen gemein ist, wie sie den keltischen Einfallsreichtum mit der lateinischen Strenge verbinden, in einer halb angedeuteten, assoziativen Abfolge von poetischen Bildern: ihre Konturen sind klar, ihr Realismus diskret und ihre Logik direkt.

Auf der einen Seite steht das *pagus*, die heidnische, wilde, grüne und ungezügelte Natur; auf der anderen das linierte Buch, die christliche *disciplina*, das spirituelle Prinzip, welches die fast fleischliche Fülle der Natur transzendiert; der Dichter, der eben zugleich Mönch ist. Die Frische dieser Tradition von Amateuren endete ihrerseits in der Rigidität der klassischen irischen Dichtung, aber auch mit dem erneuten Aufkommen der oralen Literatur der Barden, beides Formen, die den Blick aus dem Fenster in die Natur zur Randerscheinung degradierten.

Die professionellen Dichter der Iren – zuerst die *filidh*, dann die *eces* (Berufsdichter, die auch Grammatiker waren) und schließlich die Barden – komponierten ja ihre Verse ganz im Gegensatz zu den Mönchen im Dunkel verschlossener Kammern, das heißt, ihre Gedichte standen in einer oralen Tradition, die auf der Leistung des Memorierens aufbaute. Dies war eine Kompositionstechnik, die sich von den Urzeiten bis ins 18. Jahrhundert hielt, als die Barden endgültig ihre Funktion einbüßten. So heißt es in einem mittelalterlichen Manuskript:

Was mich betrifft, brauche ich für ein Gedicht – um keinen Fehler dabei zu begehen – eine Wand, die das Sonnenlicht abhält, und im Dunkeln eine Liege, damit es gelingt. Wenn ich meine Augenlider nicht zwischen mir und den hellen Strahlen schließen würde, damit sie wie ein Schleier sind, der mich vor dem Tageslicht schützt, würde ich meines ganzen poetischen Talents verlustig gehen.

Passend zu dieser Auffassung ist noch aus dem 16. Jahrhundert ein Gedicht erhalten, wo ein Poet dem anderen Vorhaltungen macht, daß er die Etikette verletzt habe, weil er extemporiert hatte, und das erstens im Freien und zweitens auf einem Pferd! Unsere Naturgedichte hingegen tauchen mit der schriftlichen Fixierung dieser Tradition kurz auf und verschwinden wieder mit der Renaissance der oralen Dichtung im 12. Jahrhundert; sie entstanden hauptsächlich beim Abschreiben der Bücher, während der Blick aus dem Fenster wanderte. Da aber nicht nur die Barden ihre Verse im Dunkeln verfaßten, sondern auch die ganze christliche Mystik die Fenster geschlossen hielt, stehen sie in einem prekären Gleichgewicht zwischen Religionen, Traditionen und Kulturen. Daß dem so war, daß der Blick hinaus in die Natur stets ein wenig blasphemisch war, davon zeugt das letzte Gedicht unserer Sammlung.

Was das poetische Handwerk betrifft, baut diese nur eine kurze Zeit lang eigenständig existierende Dichtung auf dem Stabreim auf, als mnemotisches Hilfsmittel, mit dem die *filidh* ihre Tradition mündlich weitergegeben hatten. Die Alliteration ist ein linguistisches Phänomen, das mit der lautlichen Abgrenzung der einzelnen Morpheme zu tun hat und auf das 5. Jahrhundert zurückgeht; der Reim ist nur eine Weiterentwicklung phonetischer Demarkationen von Wortgrenzen. Im Irischen hat er mit dem frühen Verschwinden von Suffixen, dem Beginn einer Flexion am Wortanfang, der daraus sich ableitenden Herausbildung einer Endbetonung der Worte und der festen Kadenz einer Verszeile zu tun. Seine älteste Form ist der Kettenvers, wo das letzte Wort des Verses mit dem ersten der nächsten alliteriert, und das Metrum meist auf sieben Silben beruht, mit einer Zensur nach der vierten.

Das Argument, daß die irischen Metren Imitationen der Versformen lateinischer Hymnen wären, ist inzwischen überholt. Die Ähnlichkeiten beruhen darauf, daß es in beiden Poetiken eine Unterteilung in Vierzeiler gibt, daß die Zeilen auf der Silbenzählung basieren (normalerweise 7 oder 8) und gereimt wird – wobei der katalexische trochäische Tetrameter und der Gebrauch des Binnenreims eine spezifische Neuerung des Irischen ist. Die Forschung hat gezeigt (Watkins, 1963), daß die metrische Struktur sich eigenständig aus den alten irischen Versformen entwickelte und daß sie typisch indoeuropäisch ist, wie sich an griechischen, vedischen und slawischen Beispielen belegen läßt.

Der Reim ist keiner indoeuropäischen (wie übrigens auch keiner nordamerikanischen) Sprache eigen; statt dessen taucht er sehr früh in den orientalischen Sprachen wie dem Süd-Semitischen und dem Chinesischen auf, wo er dann an das indische Sanskrit und das Iranische weitergegeben wurde. In der europäischen Literatur gibt es Hinweise auf ihn nur in der *Rhetorik* des Aristoteles, der ihn aber allein bei der Prosa kennt und die Redefigur *homoioteleuton* nennt – den Gleichklang mehrerer Satzteile oder kürzerer Sätze. Rudimentär taucht er in der Prosa auf, wie etwa im *Goldenen Esel* des Apuleius. Einen Ansatz zum Versreim findet man erst in den Hymnen der afrikanischen Kirche, bei den Nachfolgern des Tertullian im 3. Jahrhundert und kurz darauf bei Augustinus. Bei diesen aber betraf der Gleichklang nur die finale Flexion des Wortes *(suscipe : tempore)*. Der volle Reim aber – wie er bei der arabischen oralen Poesie üblich ist, die ganze Oden im Monoreim hielt – taucht bei uns erstmals bei den irischen Mönchen auf, die seine ganze Bandbreite sowohl im Lateinischen als auch im Irischen voll entwickelten. Erklären läßt sich das durch die engen Kontakte, die die christlichen Mönche in Ägypten mit dieser Hochkultur hatten. Seine Ausbreitung fällt in die Zeit, als der Islam das dort stark ausgeprägte Eremitentum – wie wir es aus der *Vita lausiaca* kennen – zu beeinträchtigen begann und die Mönche emigrierten. Was sie von dort mitbrachten, war neben dem Reim auch die Kunst des Ornaments; das *Book of Kells* mit den Arabesken seiner Majuskeln und den ägyptischen Katzenmotiven sind ein Beispiel dafür.

Komplexe Strukturen, die den Endreim mit dem Binnenreim verbinden, tauchen bereits in der *Lorica* des St. Patrick auf, die man um 433 datiert. Wo immer die irischen Mönche aber dann in Europa unterwegs waren, scheinen sie den Reim ebenso heftig propagiert zu haben wie das Christentum. Jedenfalls scheinen sie letztlich für die Strukturen in der Carmina Burana ebenso verantwortlich zu sein wie für den Reim in den Ambrosischen Hymnen des 9. Jahrhunderts. Beide Quellen führten dann zu seiner Verbreitung nicht nur in skandinavischen Ländern, sondern auch in Deutschland. Dort – wie am *Muspilli* ersichtlich ist – war die Technik der Alliteration bereits zur rhythmischen Unkenntlichkeit verkommen, und es war Otfried, der den Reim als neues poetisches Signal einführte; daß er damit jedoch kaum Erfolg hatte, zeigt die fehlende Vertrautheit seiner Zeitgenossen mit dem Reim.

Reine Reime jedoch, wie wir sie im Deutschen kennen, kommen schon im Irischen wegen der mangelnden sprachlichen Möglichkeiten kaum vor. Nach irischer Auffassung reimen sich, grob gesagt, die Vokale, während die Konsonanten von gleicher Klangqualität sein müssen – eine Form, die *deibide* genannt wird. Unterteilen läßt sie sich in sechs Klassen: I – betonte Verschlußlaute *(bdg)*, II – unbetonte Verschlußlaute *(ptc)*, III – unbetonte Aspirata *(ph [ff]*, *th*, *ch)*, IV – betonte Aspirata *(b [=v]*, *m [*=nasales *v]*, *d [*=englisches *th]*, *g)*, V – stark betonte Liquida *(mm*, *ll*, *nn*, *ng*, *rr* [Konsonanten dieser Klasse, gefolgt von

305

langen Vokalen oder Diphthongen, können mit IV reimen]), VI – der Konsonant *s*, der sich nur auf sich selbst reimt.

Dazu kommt häufig noch die Konsonanz, die eine subtilere Form des Reims ist: auf sie treffen alle Erfordernisse des Reims zu, nur daß die Vokale nicht dieselben sein, sondern sich allein in der Länge entsprechen müssen.

Die hier gebotenen Gedichte und Vierzeiler sind nur mehr spärliche Überbleibsel jenes mysteriösen Impulses, der zum irischen Eremitentum führte und die treibende Kraft der Wandermönche war. Die akkuraten Versformen aber, die in dieser Periode zur Vollkommenheit gelangten, waren noch lange ein Gegengewicht zu den ausufernden Tendenzen der irischen Prosa.

Von den eigentlichen Dichtern dieser Zeit, den Nachkommen der *filidh*, die sich nicht der Kirche angeschlossen hatten, ist kaum mehr etwas überliefert; sie werden als *mimi et histriones* oder *joculatores* abqualifiziert, mit ihrer etwas subversiven Neigung, sich über die Reliquien, asketischen Praktiken, Zeremonien und Gebete der Mönche lustig zu machen. Erst die sogenannten Barden der irischen Poesie knüpften wieder an die vorchristlichen Dichter an. Sie waren mit den alten gälischen Familien oder den anglonormannischen Herren liiert. Von ihnen ist ein riesiges Konvolut an Manuskripten überliefert, das bis ins 17. Jahrhundert reicht. Der Grund für den Niedergang der Dichtung der *scribae* und dem erneuten Aufkommen der Familien der Barden ist in der Okkupation Ostirlands durch die Wikinger zu suchen: die religiösen Zentren verlagerten sich vom 9. bis zum 11. Jahrhundert vom Osten und Süden ins Zentrum. Das führte zu einer Diaspora der dort ansässigen alten Familien, die sich über ganz Irland ausbreiteten und von 1200 an wieder die Tradition der Dichtung bestimmten.

Cape Clear, August 1994

I

Kommen wird er übers meer her
   mit seinem krummen stab
   im mantel einen schlitz
   für seinen schädel breit
  wie ein beil sein grind und
den kopf voll ungereimtem zeug

An einem tisch vor seinem haus
wird er aus voller kehle singen
gottlose litaneien auf den lippen
und antworten werden sie ihm
so wird's sein so wird's kommen

II

   Der blick nach
   nordosten
   über das meer
     der wale
   die robbe die
   glitzernd
   sich in der flut
     wälzt

307

III

Die weiße mähne des meers
und die tonsur des winds
nur eine stille see bringt
die wilden horden Lothlinns

IV

Der wind fährt über den kamm
des berges ächzend in die bäume
und fällt sie und
die mönche mühen sich klamm
über die gefrorenen steine in die
zwei stunden der nacht

*das heißt, der wind ist scharf und
schneidend, wenn die mönche
in Glendalough zur vesper und zur
nocturn hinüber in die kirche gehen*

V
IM GROSSEN MOOR

Die melismen des regens
und der baß der böen im
kontrapunkt des windes
über dem dach des waldes

VI

Der wind pfeift auf dem flaschenhals
der schluchten von Cua:
das röhren der hirsche das heisere
krächzen der reiher über den halden
und das heulen der wölfe
sind die drei dissonanzen seiner skala

309

VII

Ach amsel singst die achtel
aus deinem nest
        mitten im sprunge
ins gestrüpp hin ein eremit
dem keine glocke schlägt
dein klöppel ist die zunge

VIII

In der litze des laubs
die spitze des
schnabels
in der astgabel:
ein strich gelben staubs

Über Loch laig
die vokale
a und e:
hell hallt
die amsel
über die see

IX
DAS ORATORIUM IN TUAIM INBIR

Ich habe nie ein höheres haus
als meinen baum hier je bewohnt
die sterne stehn mir darin hinaus
wie gras die sonne und der mond

Gobban hat es mir gebaut (seine
geschichte könnte ich erzählen)
Gott es dann gedeckt: kein stein
kein dach nur gebälk und pfähle

Ein haus in das kein regen rinnt
wo eine lanze nur ins leere fällt
und jeder tag an licht gewinnt
weil das dunkel keine wände hält

311

X
SUIBNE IM WALD

Der buschige belaubte eichenbaum
ist hoch hier überm wald
in den haselgabeln da
verbergen sich die nester voller nüsse

Die erle ist mir der schönste baum
dort wo es lichter wird
die rinde rund und glatt
ganz ohne dornen und so voll im saft

Der schwarzdorn mit den schlehen
ist ein schartiges geflecht
und die kresse ist das dach
des brunnens wo die amseln trinken

Der steinbrech auf den pfaden hier
ist mir ein süßes kraut
die wilden strohbeeren
die dürren wicken und das fette gras

Und von den apfelbäumen fallen
früchte vor dem wind
während beere um
beere auf der esche rot zu blut gerinnt

Die hundsrose sie weicht jedem schritt
erst krümmt sie sich und
dann schnellt sie zurück
bis mir's blut von beiden beinen fließt

Die eiben auf dem friedhof hüllen
dunkel sich in ihr gewand
der efeu ist ein schwarzer
fee in diesem gehölz der tiefen nacht

Im haus des windes und des winters
ist die stockrose die tür
der steile schaft der esche
liegt in ihrer hand wie eine lanze

Nur die birken biegen sich im wind
sanft voll stillem stolz
und das gezweige oben
flicht sich wie haar unter der krone

Die espe zögert erst und zittert dann
und hebt zu flüstern an
laut raschelt das laub
eines ritters klirrendes kettenhemd

Doch was am meisten mich verstört
an diesem heer aus holz
sind die äste der eichen
die den wind wie riemen peitschen

313

XI

Eine hütte habe ich im holz
keiner weiß es nur mein Gott
eine wand ist esche – hasel hier
die andere und farn die tür

Ihr rahmen ist das heidekraut
und das geißblatt ihre schwelle
ihre einfriedung der wald wo
schweine sich an eicheln mästen

So groß ist meine hütte und
so klein im kreuz der pfade
eine frau – im gefieder einer
amsel – singt auf ihrer gabel

XII
CENN ESCRACH IM HAIN

Für die biene im anger
eine statt
und das dickicht hell
in der mitt
ein holzquell der becher
aus latt

XIII

Die gelbe biene fliegt von mulde zu mulde
es ist eine lange reise zur sonne
über die weite der weide hinweg
zum stelldichein mit der zeit und dem stock

XIV

Gott im himmel ach hinder mich nicht
an meinem so hehren und haltlosen gedicht
die sonne verschütt das rote gold leer's
über die blätter der bibel und diesen vers

XV
DER KATER UND DER MÖNCH

Pangur und ich sind meist mehr schlecht
als recht bei diesem unserem geschäft
ihm kommt es dabei auf die mäuse an
mir eher auf das wer und wo und wann

315

Ein buch ist lange noch kein erzbistum
die weisheit bleibt das letzte heidentum
und Pangur macht mir darin konkurrenz
voll ungeduld und voller präpotenz

Das kloster und nachts das refektorium
sind unser klammheimliches laboratorium
jeder hat dort seine maus im labyrinth
die ihm immer wieder doch entrinnt

Nur manchmal mit seiner bauernschläue
kriegt er sie schließlich in die klauen
ich allein werfe die perlen vor die säue
und staune mit hochgezognen brauen

Meist jedoch steht er vor einem loch
in dem sich gerade seine maus verkroch
ein ochs wie ich vor'm berg eines buches
enthält er sich nur ungern eines fluches

Aber hat er eine maus einmal im maul
wird er erst übermütig und dann faul
wie ich wenn dies kreißen etwas gebiert
und eine crux sich endlich resolviert

Wie lange wir auch dazu brauchen
keinem fällt es ein dabei zu pfauchen
es konzentriert sich jeder auf sein tun
und die lust daran ist mehr als opportun

Pangur ist ein meister seiner kunst
für die er wohl von Gott geschaffen ist
uns gemein mag sein die herzensbrunst
im verein mit hundsgemeiner hinterlist

XVI

Herbst hält einen lang im haus
last gibt es genug für maultiere
in der mahd tiefhängender tage
müd hängen die ähren an ihrem
halm und eicheln allein bessern
        die mast
stechäpfel stehen am steinwall
die dornen und disteln zerfaulen
den zaun schwer hält die erde die
frucht und die haseln fallen beim
fort hart von ihrer höhe und
        brechen fast

XVII

Schwarz schwillt im winter der wind
wellen ragen bis zum rand der welt
sie verschlagen die vögel nur nicht
die raben die wittern das blut und
        gebein
im röhren des winters seinem rauch
und dem ruß holen sich die hunde
die knochen und fangen sich die
        räude ein

317

XVIII

Den frost bringt der wind zur welt
im frühling wenn die fische in die
flüsse frieren und das krächzen des
kranichs sich in die wälder keilt
wo die wölfe noch bis morgen
warten bis die kreatur aus den
mooren   kriecht

XIX

Sommer sucht einen auf dem weg
und weit auf der lichtung wo der
wind leicht am laub leckt wie eine
gans an ihrem gefieder ein wirbel
im wasser ein flirren im fluß der
weiter durch wälder
                    mäandert

XX

Nachricht für dich:
das   rotwild   röhrt
der   winter   schneit
sommer hat aufgehört

Der   wind   schneidet
nun der sonne spann
flach in   ihrem   fall
nur die flut steigt an

Von   rot   zu   rost
zerfällt   der   farn
die wildgänse schreien
ihr   altes   schnarrn

Der   schnee   stöbert
und jeder flügel bricht
der frost frißt vögel:
dies ist die nachricht

319

XXI

Meine ebbe ist nicht wie die see
das leben rinnt aus mir wie blut
alter bringt nur harm und gram
zurück kehrt sich allein die flut

Ich bin die alte von Bearra Baoi
und nur mehr haut und knochen
hemden hatte ich für jeden tag
jetzt hält mir eins für wochen

Dürr geworden sind meine hände
könige hielten einst um sie an
jetzt versteck ich sie in der schürze
denn vor ihnen graut es jedem mann

Kalt wurden die küsse an der hand
sie sind male und lebrige flecken
die gichtigen knoten der hand
vor der sich die kinder erschrecken

Mein mund schmeckt nicht mehr
noch meine zunge nach heu
das haar ist grau und grannig und
der schleier nicht was ich bereu

Die wellen wüten heut nacht der
winter schlägt sie hoch bis zu mir
keine fähre bringt meine freier
der blinde tod ist ihr passagier

Es gab eine zeit da war mir noch
warm und den männern mit mir
die lust brennt wie eine kerze
und die begier gleich kurz mit ihr

Meine jugend hab ich verworfen
wie einen kiesel aufs flache meer
hätt ich mich eher besonnen wär
er gesunken wohl ebenso schwer

Jede gezeit wirft ihr treibendes gut
mit und ohne sturm an diesen strand
was die ebbe nimmt bringt die flut
feuerholz sammle ich vom sand

Noch reicht die flut nicht bis an
den herd und die stille der küche
doch wenn die welle sich bricht
geht auch das haus mit in brüche

Meine ebbe ist nicht wie die see
das leben rinnt aus mir wie blut
alter bringt nur harm und gram
zurück kehrt dann allein die flut

XXII

Des schreibens ist meine hand müde
den gänsekiel halt ich unstet
der scharfe schnabel der feder
verspritzt tropfen von grüner tinte

321

Aus meiner braunen schlanken hand
fließt saft von stechpalmblättern
und trocknet auf dem labyrinth
der seiten in die versalien der schrift

Daß er endlich zur mündung gelangt
führt diese feder den fluß
zeile für zeile und weiter:
müde ist des schreibens meine hand

XXIII

Die stämme der buchen und
die staben des weizens im
wind – die kursivschrift des
kornfelds und eine amsel
die dazu ihre majuskeln
schreibt:
und ich denk mir Gott sei
mir gnädig deine dichter
dichten im dunkeln doch
dieses gedicht diktiert mir
der hag

SAMUEL HA-NAGID IBN NAGRILA UND DIE HEBRÄISCHE POESIE

11. JAHRHUNDERT

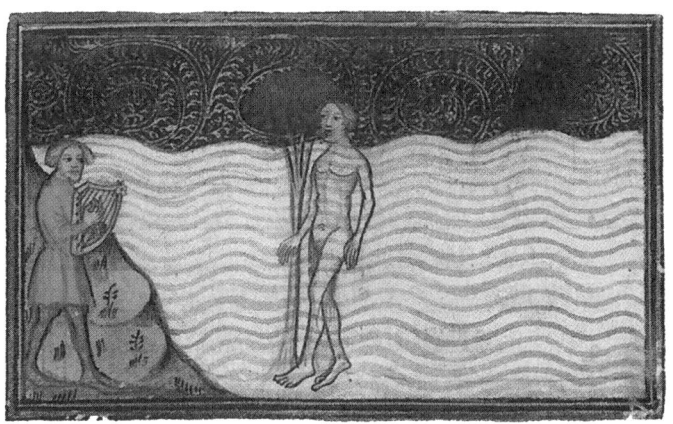

Die älteste Schicht der Bibel ist die Poesie: das Lied von der Durchquerung des Roten Meeres (Exodus 15) und das Lied der Deborah (Richter 5) sind wahrscheinlich die frühesten Aufzeichnungen der hebräischen oralen Poesie, die wie in allen anderen Traditionen Religion, Philosophie, Gesetz, Geschichte und Ethik in sich vereinte. Von all diesen Gedichten ist nur das *Lied der Lieder* eindeutig profanen Inhalts; es wurde auch nur deshalb in den biblischen Kanon aufgenommen, weil ihm die Rabbis eine religiöse Interpretation aufzwangen. Die zweifellos große Menge an sonstigen Liebesliedern ging verloren, weil man sie nicht als Teil der *Heiligen Schrift* ansah.

Auch die Poesie der folgenden tausend Jahre steht unter dem Zeichen religiöser Dominanz. Die Lyrik hörte nie auf, sich am ›reinen‹ Hebräisch der Bibel zu orientieren; ein modernes Hebräisch gibt es erst seit weniger als einem Jahrhundert. Der *Talmud* wurde im 5. Jahrhundert abgefaßt; neben seinen Schreibern gab es die *paytanim* (ein Lehnwort auf das griechische *poietes*), die ihre liturgischen Gedichte *(piyut)* als Improvisation auf biblische Themen komponierten. Sie arbeiteten mit einer qualitativen Metrik und der Form des alphabetischen Akrostichons.

Mit der Ausbreitung des Islam jedoch hörte Palästina auf, ein Zentrum der hebräischen Kultur zu sein; der Großteil der Dichter lebte in Babylonien und in Nordafrika, bis die Moslems 711 Spanien eroberten. Die eingesessenen Juden, die zuvor unter der Verfolgung der christlichen Wisigoten gelitten hatten, wurden von der arabischen Führungsschicht – wie es auch bei den Kalifen in Bagdad üblich gewesen war – in den Verwaltungsapparat integriert und übernahmen wichtige Funktionen in Wirtschaft und Handel. Die arabische Kultur stand in dieser Epoche auf ihrem Höhepunkt. Durch die vielen Übersetzungen, meist von jüdischer Hand, hatten sie das ganze Wissen der Antike übernommen und in der Medizin, der Astronomie und der Mathematik, der Philosophie und der Poesie weiterentwickelt – und über Spanien und Sizilien wurde diese Tradition schließlich auch an das europäische Mittelalter weitervermittelt.

Im 10. Jahrhundert, unter dem Kalifen Abd ar-Rahman III. und seinem Nachfolger Hischam II. wurde Córdoba zu einer der bedeutendsten Städte Europas, einem Zentrum der Poesie und Musik für das ganze islamische Reich, und zur Heimat der ersten Universität des Kontinents. Unter den Höflingen dort nahm der jüdische Arzt Hasdai ibn Shaprut eine herausragende

Rolle ein, und er war es auch, der zum Mäzen der ersten hebräischen Dichter in Spanien wurde: Menahem ibn Saruq und Dunash Ha-Levi ibn Labrat (920 bis 980). Menahem trat für die Beibehaltung der überlieferten Traditionen ein, die durch biblische Anspielungen und Zitate gekennzeichnet waren. Dunash dagegen, der in Bagdad studiert hatte, plädierte dafür, die Formen der arabischen Poetik ins Hebräische zu übernehmen. Von etwa 960 an entspann sich so eine heftige Polemik, bei der Dunashs Ideen schließlich die Oberhand behielten; von ihm selbst ist jedoch nicht genügend erhalten, um zu sehen, wie und ob er seine Postulate auch verwirklicht hatte.

Jedenfalls wandelte sich von da an die hebräische Dichtung: der einfache Reihungsstil wich der Gliederung in Strophen, der Akzent in der Metrik dem Maß der Silbenlänge, und statt dem Akrostichon wurde der gleichbleibende Reim zum Stilprinzip der Poesie. Eine poetische Sprache, reich an Bildern, Metaphern und Alliterationen, kristallisierte sich heraus. Der Vers wurde nach dem arabischen Modell in zwei gleiche Hemistichien gegliedert, die man *delet* und *soger* nannte, die ›Tür‹ und das ›Schloß‹, Einsatz und Ausklang. Die Imitation griff auch auf die Gedichtformen über: das Langgedicht über mehr als zwölf Verse – die *qasidah* mit ihrem einheitlichen Metrum und Reim – und seine epigrammatische Kurzform – die *qeta'* (arab. *maqtu'a*) wurden dominant. Aber auch thematisch richtete man sich an der arabischen Dichtung und ihrer Profanität aus: es entstanden Trink- und Jagdlieder, Gartendichtungen, Rätsel, Kriegs- und Liebeslieder, die das Thema der höfischen Minne bereits vorwegnahmen.

Im April 1013 wurde Córdoba von den Berbern erobert. Die Einwohner wurden ins Exil getrieben und die Omayyaden entmachtet; das Kalifat splitterte sich in dreiundzwanzig kleine Königreiche auf, die sich gegenseitig aufs heftigste bekriegten. Die Araber waren Herrscher über Zaragoza und Valencia, während Granada und Toledo den Berbern gehörte und Almería und Denia den sogenannten *mullawadun* – Konvertiten, die die ursprüngliche Bevölkerung Spaniens gestellt hatten. Paradoxerweise kamen diese politischen Wirren jedoch der Kultur zugute; die Rivalitäten erstreckten sich auch auf die Förderung der Künste – ein Phänomen, das später ähnlich in Sizilien oder auch bei der italienischen Renaissance zu beobachten ist. Es entstand ein Konglomerat von Kulturen und Traditionen unter der *lingua franca* des Arabischen, das nicht nur eine der wichtigsten Abschnitte in der arabischen Literaturgeschichte prägte, sondern auch der hebräischen Poesie dienlich war. Die ethnischen Konflikte hatten zur Folge, daß die Juden an den Höfen der Monarchen an Einfluß gewannen, weil man sie wegen ihrer Loyalität schätzte; de facto führten sie die Staatsangelegenheiten. Auf diese Weise konnte die jüdische Aristokratie eine Kultur entwickeln, die weltliches Vergnügen, Rationalismus und griechische Wissenschaft mit den traditionellen Werten zu vereinen wußte. Die herausragende Figur unter diesen Prinzen – *Nagid* – war Samuel Ha-Nagid, wie er für die Juden hieß; die Araber nannten ihn Ibn Nagrila.

Samuel Ben Yehoseph Ha-Levi Ha-Nagid ibn Nagrila, der Wesir des Königs von Granada und ein eminenter General, war der erste wichtige Dichter dieses ›goldenen Zeitalters‹, der entscheidenden Einfluß auf die Poetik hatte – ein Talmudist, der den Weg für Maimonides bereitete; zugleich kannte er den Koran und die arabische Poesie. Über ihn schrieb der arabische Historiker Ibn Hayyan: *Dieser verdammte Jude war in Personalunion einer der vollkommensten Menschen, obwohl Gott ihm jede Richtung verweigerte. Er zeichnete sich durch sein Wissen aus, seine Ausdauer, seine Intelligenz und seinen Witz, den Charme seines Charakters, seine Hartnäckigkeit, Schlauheit und Weisheit, seine Selbstbeherrschung und seine angeborene Höflichkeit. Er verstand es, so zu*

אֲצַפֶּה אֱלֵי שַׁחַק וְכוֹכָבָיו

וְאַבִּיט בְּאֶרֶץ אֶת רְמָשֶׂיהָ,

וְאָבִין בְּלִבִּי כִּי יְצִירָתָם

יְצִירָה מְחֻכָּמָה בְּמַעֲשֶׂיהָ.

רְאוּ אֶת שְׁמֵי מָרוֹם כְּמוֹ קֻבָּה,

תְּפוּרִים בְּלוּלָאוֹת קְרָסֶיהָ.

וְסַהַר וְכוֹכָבָיו כְּמוֹ רוֹעָה,

תְּשַׁלַּח בְּתוֹךְ אָחוּ כְּבָשֶׂיהָ.

כְּאִלּוּ לְבָנָה בֵּין נְשִׂיאֵי עָב

סְפִינָה מְהַלֶּכֶת בְּנִסֶּיהָ.

וְעָנָן כְּעַלְמָה עַל פְּנֵי גַנָּה

תְּהַלֵּךְ וְתַשְׁקֶה אֶת הֲדַסֶּיהָ.

וְעָב טַל כְּמוֹ נַעֲרָה, תְּנַעֵר מִן

שְׂעָרָהּ עֲלֵי אֶרֶץ רְסִיסֶיהָ.

וְשׁוֹכְנִים כְּמוֹ חַיָּה אֲשֶׁר נָטְתָה

לְלִינָה, וְחַצְרוֹתָם אֲבוּסֶיהָ —

וְכֻלָּם יָנוּסוּן מֵחֲתַת מָוֶת

כִּיוֹנָה אֲשֶׁר הַגֵּץ יְנִיסֶהָ,

וְסוֹפָם לְהִדַּמּוֹת לְצַלַּחַת

אֲשֶׁר שֻׁבְּרוּ כָתִית חֲרָסֶיהָ.

*handeln, wie die jeweilige Situation es verlangte, seinen
Feinden Honig ums Maul zu schmieren und jeden Verdacht durch seine ausgezeichneten Manieren im Herz zu
ersticken. Was für ein außergewöhnlicher Mann!*

Geboren wurde er 993 in Córdoba; seine Familie waren
Aristokraten aus Mérida. Erzogen wurde er in der arabischen und der hebräischen Kultur, und er soll schon
früh einiges Selbstbewußtsein bewiesen haben, das ihm
anscheinend eine Vision eingeflößt hatte: die Erzengel
Gabriel und Michael sollen ihm als Kind ihre Unterstützung versprochen haben. 1013, als die Berber Córdoba einnahmen, flüchtete er und ließ sich als Gewürz-
händler in Málaga nieder. Der Legende nach soll er dort
von einer Dienerin des Ibn al-Arif – dem *katib*, das heißt
dem Sekretär des Wesirs von Granada – angesprochen
worden sein, die ihn bat, Briefe für ihren Herren zu kalli-
graphieren. Von seinem eleganten arabischen Stil überrascht, empfahl ihn der Wesir dann an den Berberkönig
Habbous weiter. Seine Karriere ging schnell voran; er
übersiedelte mit Frau und Kindern nach Granada, wurde
zuerst Steuereintreiber, dann Sekretär des Wesirs Abu
al-Abbas und schließlich selbst Wesir. Die Juden Spaniens
ernannten ihn darauf 1027 zu ihrem Anführer (*Nagid* auf
hebräisch, *Rais al-Yahoud* auf arabisch), eine nicht gerade
einfache Funktion, die darin bestand, Recht und Religion
der Juden in Spanien zu regeln und zwischen ihnen und
den arabischen und berberischen Königen zu vermitteln.

Nach dem Tod Habbous' 1038 kam es zum Krieg zwischen seinen Söhnen Badis und Bulugin; mit der Unterstützung Ha-Nagids gewann Badis, was dessen Position
am Hof noch weiter stärkte, wo er als einziger Jude rang-
höher als Moslems und Berber wurde. Seiner Gewandtheit ist es zuzuschreiben, daß er diese Stelle auch bei-
behielt und einem Komplott gegen ihn entging. Der junge
König übertrug ihm in den Jahren 1038 bis 1056 auch
die Führung seiner Armee, die er in mehreren Kampa-
gnen siegreich gegen Sevilla führte – was die Juden jedes-

mal als ihre ›nationalen‹ Siege verstanden; der Sieg von Alfuentes 1039 wurde jedenfalls zum Anlaß eines außer der Reihe festgesetzten Purim-Festes. Samuel Ha-Nagid starb 1055/56 auf dem Weg zu einer weiteren Schlacht; das letzte Gedicht der Auswahl hat damit zu tun.

In Granada erbte sein Sohn Yehoseph Titel und Stellung, nicht aber sein Glück; zehn Jahre später wurde er umgebracht und die jüdische Gemeinde der Stadt von den Mauren massakriert. Yehoseph und sein Bruder Eliaseph aber waren es, die ihres Vaters Gedichte in drei Büchern gesammelt, aufgezeichnet und mit Titeln und Kommentaren versehen haben: *Ben Tehilim* (›Sohn der Psalmen‹), *Ben Qohelet* (›Sohn des Ekklesiasten‹) und *Ben-Mishle* (›Sohn der Sprichwörter‹). Die Pietät der Titel, die sich die Söhne ausdachten, entspricht kaum dem Inhalt der Bücher, wo eher selbstbewußte Individualität, Skepsis und Libertinage den Inhalt bestimmen – die epischen Kriegsgedichte, Trink- und Liebeslieder an beide Geschlechter stießen auf soviel Opposition in den eigenen Reihen, daß sich die Söhne damit herausreden mußten, alles wäre nur allegorisch gemeint. Samuel selbst aber hatte sie gewarnt: *Der Dichter verführt dich zum Bösen mit seinen Worten, die aus dem Stoff der Träume sind. Mit den Worten der Poesie läßt er dich der Täuschung anheimfallen. Nicht jeder Traum, mein Sohn, wird Wirklichkeit und nicht alle Worte eines Dichters sind auch wahr.*

Der Einfluß der andalusischen Dichter breitete sich auf die übrigen jüdischen Gemeinden in Europa aus, nach England, Italien und der Provence, mit Ausnahme von Frankreich und Deutschland. Auf Samuel Ha-Nagid folgten in der nächsten Generation Salomon ibn Gabirol, Moses ibn Ezra und Judah Ha-Levi, deren Einfluß ebenso groß war. 1150 aber, mit der Invasion Andalusiens durch die Almohaden, wurden auch dort die jüdischen Zentren zerschlagen; von Norden her hatte bereits die Reconquista

Spaniens durch die Christen begonnen, an der schon der Vater des ersten Trobadors – Guihelm von Aquitanien – beteiligt gewesen war.

Der Ausbreitung der andalusischen Dichtung, der arabischen wie der hebräischen, tat dies jedoch keinen Abbruch. Als bedeutendste formale Neuerung gilt das *muwashshaha* – AA BBAA CCAA DDAA – das sich in Spanien zur Zeit Samuel Ha-Nagids neu entwickelte und das erstmals nach Abu Nuwas in der Literaturgeschichte die Strophe dominant in die Lyrik einbringt. Sie belegt die Aufarbeitung der oralen, volkstümlichen Poesie in Spanien und ihrer Lieder durch die arabische Poesie und stellt zugleich eine Weiterentwicklung der *qasidah* dar. Genaueres ist nicht auszumachen; jedenfalls nimmt das *muwashshaha* bereits die okzitanische *canzone* – BBBBA CCCCA DDDDA etc. – und ihre vielfältigen Spielarten vorweg. Auch die Dominanz und Einheit des Reimes, die Verszäsuren, die parallelen Themen und nicht zuletzt die Musik bei den Trobadors verweisen auf die starke Affinität zum andalusischen Raum: okzitanische und andalusische Kompositionen sind der Art nach eng miteinander verwandt.

Direkte Einflüsse nachzuweisen, ist eine heikle Sache; die Trobadors konnten sicher nicht genug Arabisch, um eine unmittelbare Weitergabe dieser Poetik plausibel zu machen. Die geographische Nachbarschaft, der Kontakt und die Auseinandersetzungen zwischen beiden Kulturen legen aber nahe, daß Spielleute, wohlhabende spanische Christen – *Mozaraber* –, vor allem aber jüdische Gelehrte mögliche Vermittler waren. Letztere jedenfalls haben durch ihre Übersetzungen den Platonismus, Aristoteles und eine Vielzahl von wissenschaftlichen Werken dem übrigen Europa erst zugänglich gemacht. Diesen kulturellen Austausch belegen überdies die vielen arabischen Lehnwörter im Romanischen; auch die Übernahme bestimmter architektonischer Formen, der Arithmetik oder der Astronomie spricht dafür. Letztlich ist das kaum erstaunlich, wenn man sich in Erinnerung ruft, daß die drei großen Zivilisationen – der lateinische Westen, Byzanz und der Islam – in der Wurzel auf den Hellenismus zurückgehen, dessen Stereotypen, Ideen, Zeichen und Symbole sie weiter tradiert haben.

Die Blütezeit der hebräischen Kultur endete mit dem 14. Jahrhundert: 1391 setzten die Zwangskonversionen ein, 1492 wurden die Juden ganz aus Spanien vertrieben, wie sie zweihundert Jahre zuvor schon aus England und Frankreich verjagt worden waren – um nach Italien zu gehen, wo die hebräische Literatur einen neuen Aufschwung nahm.

Zum Vorschein kam der ganze Kanon der jüdischen Dichtung jedoch erst am Ende des 19. Jahrhunderts, als man in der Ezra-Synagoge in Kairo auf einen versteckten, fensterlosen Dachboden stieß, ein Depot für Votivgegenstände, Manuskripte und Bücher, das die Zeit seit dem 9. Jahrhundert unbeschadet überstanden hatte: 200000 beschriebene Seiten, von denen mehr als ein Drittel nur aus Poesie bestand – ein Fund, als hätte man das ganze Mittelalter erst jetzt entdeckt. Das ist mit der Grund, weshalb erst 1981 eine erste umfassende Anthologie der alten hebräischen Literatur überhaupt erschien. Was Samuel Ha-Nagid betrifft, so sind seine Gedichte ebenfalls erst 1934 erstmals ediert worden.

Die Übersetzung dieser Auswahl verzichtet auf eine Nachbildung des Reims, der in den überwiegenden Fällen dem Reimschema des Ghasel – AA ZA YA XA WA – folgt.

Antananarivo, Dezember 1996

I

Freu dich sagte sie daß Gott dir die welt
fünfzig jahre werden ließ – sie ahnte aber nicht
daß ich keinen unterschied sah zwischen den tagen
die mir vergingen und was ich von Noahs zeiten höre
Mir bleibt nichts auf der welt außer die stunde in der ich bin:
sie hält nur kurz inne und ist wie eine wolke dann nicht mehr

II

Die erde ist dem menschen ein gefängnis sein leben lang
laß dir das du narr gesagt sein · geh so weit du willst
du wirst doch nur an die mauern dieses himmels rennen
aber brich aus wenn du meinst daß du's dennoch kannst

III

Jongleure spielmänner auf dem rücken der erde
die nicht wissen daß das leben nichts ist
als aus den wurzeln des todes gewachsen
bis seine äste wieder zu seinen wurzeln werden

IV

Denk nach und du wirst darauf kommen daß die lust
nichts ist als der schmerz zwischen zwei schreien:
dem ersten laut wenn du auf die welt kommst
dem zweiten lauter noch wenn sie deinen tod beweinen

V

Du lachst mich aus jetzt wo du noch jung bist
weil du mich alt siehst und mit grauen haaren
aber ich habe den schreiner schon eine bahre
und einen sarg für jüngere kerle zimmern sehen

SAMUEL HA-NAGID IBN NAGRILA
▸ 11. JAHRHUNDERT

VI

Alles wissen eines menschen ist in der spitze seiner feder
all seine klugheit liegt beschlossen in seinen zeilen
Erst die tinte ist es die einen mann in jenen rang erhebt
den der szepter sonst nur einem könig zugesteht

VII

Av ist gestorben und Elul ist tot
september oktober und ihre wärme
und auch Tishri der november
starb und legte sich zu ihnen hin
Die kalten tage sind gekommen
und rot hat sich der most gefärbt –
er gärt nicht mehr in diesem faß
Jetzt mußt du gehen mein freund
und dir einen gefährten finden –
soll jeder nun seine begierden stillen!
Sie sagten: schau wie die wolken
brechen und wie der himmel birst –
da sind der frost und die zungen
des feuers: eine blakt zur erde
die anderen blecken hoch und wirbeln
Steh auf und trink aus dem becher
und noch einmal dann aus dem krug:
trink jetzt von nacht und tag!

VIII

Dem auge rot und der zunge süß
schenkt man ihn ein in Spanien
und schmeckt ihn bis nach Indien
In der trinkschale schwach steigt er
bis der kopf dir auf die schulter fällt –
und wenn dir die trauer im herzen
das blut verdünnt mit tränen
frischt es der dunkle saft der traube
wieder auf wenn man den becher
weiterreicht von hand zu hand
als würde man in einer runde lose
werfen um eine handvoll diamanten

IX

Sag's mir wenn ich dir wein
einschenken soll – der hahn
weckte mich und der schlaf
fiel mir von den augen
Komm und schau – der morgen
ist ein faden im roten osten –
beeil dich gib mir den becher
bevor der tag sich noch erhebt
voll granatensaft und würze –
ein duft aus der hand jener frau
die für uns singt · meine seele
sie erwacht und stirbt dann

335

X

Schau der jasmin seine zweige äste
blätter sind so grün wie olivin
seine blüten weiß wie felskristall
und seine ranken rot wie karneol –
das weiße gesicht von einem jungen
und seine hände die das blut
unschuldiger vergießen

XI

Mein leben würd ich geben für das reh
das nachts von harfe und flöte erwachte
in meiner hand den becher sah und sagte:
trink mir das blut der trauben von den lippen!

Und wie mit goldner tinte auf das gewand
der nacht geschrieben war der mond ein C

XII

Mein leben würd ich geben für die gazelle
(obwohl sie mich betrog ließ ich im herzen
ihre liebe) die dem mond beim aufgang sagte:
du siehst mich strahlen und doch zeigst du dich?

Und in den händen eines dunklen mädchens
in der nacht war der mond wie ein smaragd

XIII

An den himmeln und den sternen nehm ich maß
schaue auf die erde und ihre kriechenden kreaturen
und sehe wie alles noch im kleinsten ineinander paßt
Der himmel ist ein zelt dessen haken
in ösen und in schlingen stecken und der mond
mit seinen sternen eine hirtin
die ihre schafe auf die weide treibt
Unter den wolken aber ist er wie ein schiff
eine flagge flatternd am mast unter vollen segeln
Ein mädchen das durch einen garten geht
aber ist die wolke wenn sie die myrtenbäume gießt
der tau im nebel morgens und der regen
eine frau die ihr nasses haar ausschüttelt
daß die tropfen zur erde stieben
wo sich die menschen wie tiere zum schlafen legen:

337

eine armee die ihre zelte aufschlägt für die nacht
und die die kornspeicher plündert
Vor dem terror des todes flieht ein jeder aufgerüttelt
wie die taube auf der flucht vor einem falken –
wie eine schale aus ton werden wir
von der zeit und ihren hufen zu scherben zerschlagen

XIV

Schläfst du? steh auf und weck die dämmerung
und schau hinauf zum himmel – er ist wie das fell
eines leoparden gescheckt mit dunklen flecken
Und sieh nur wie der mond der in dieser nacht
voll sein sollte es jetzt nur zur hälfte ist –
schwarz wie eine ofentür oder ein kochtopf am rand
wie das gesicht eines mädchens dessen eine wange
ganz rot ist während die andere im schatten liegt

Und jetzt schau wieder am ende dieses monats
wo die sonne fast verschlungen wird vom schatten
Das bißchen licht das ihr im dunkel bleibt
glänzt wie ein diadem in den haaren einer negerin
Und die erde als ob sie um sie trauern würde
ist wie eine frau – das gesicht verweint und naß

Er der Herr ist über macht und schönheit
schlug beide Seine körper des lichts im selben monat
Er verhüllte das gesicht des mondes mit der kugel
dieser erde und schob vor die sonne Seinen mond
und all das ist Gottes werk der mit Seinen dingen
immer schon gemacht hat was Er will

338

Von allem anfang an legte Er ein wenig schatten
auf den mond aber die sonne die erschuf Er rein
Jetzt wo sie beide dämmern in dieser dunkelheit
die aufgezogen ist sind sie wie zwei klageweiber
die eine mit einem blauen fleck auf dem gesicht
die andere mit roter wunde und vielen narben

Er verdunkelte das licht des tages mitten
am morgen und die sterne dann um mitternacht
wie ein könig der seine statthalter wütend
in ihren eigenen ländereien schikaniert
Zuerst schlug Er das licht der nacht danach
das licht des tages wie ein könig
der dienerin zuerst einen schlaftrunk einflößt
und erst dann auch seiner königin

XV

Ich stationierte eine abteilung soldaten in einer zitadelle
die andere generäle schon vor langer zeit zerstört hatten –
wir lagerten in ihren gräben und rund um ihre wälle
während unter uns in der erde ihre herrscher schliefen
In dieser stille fragte ich mich wo waren sie geblieben
die menschen die hier gelebt hatten vor jahren?
Wo waren die ziegelbrenner maurer und die vandalen
wo die könige und die bettler die herren und ihre sklaven
die eltern und die hinterbliebenen die väter und die söhne
die trauernden witwen die braut und der bräutigam
und wo all jene die geboren wurden nachdem sie starben
während monate sich schlossen in den kreis der jahre?
Sie alle hatten dieser erde ins verbrannte gesicht gesehen –
jetzt aber waren sie zu ihr geworden zu ihrem staub

In häusern hatten sie gewohnt in höfen und in palästen
bis die mauern brachen und die steine auf ihr grab fielen
Sähen sie nun auf höben ihre köpfe und stiegen
aus den trümmern würden sie uns unseres lebens und
aller lust berauben – ja es ist wahr wirklich wahr:
ich werde morgen sein wie sie und mit mir auch mein heer

XVI

Der krieg ist zuerst ein schönes mädchen
mit ihr will jeder gern ins bett steigen
zuletzt aber eine häßliche alte
um die nur krankheit und tod mehr freien

XVII

Ist da einer unter all meinen freunden
dessen herz so schmerzt wie meines?
Ist da eine unter meinen nachbarinnen
die weiß wie ein weib zu klagen hat?
Wird das reh seine läufe mir leihen
um zu den schakalen zu laufen und
von ihnen zu lernen wie man heult?
Ist jetzt wo ich fast zweiundsechzig bin
noch raum in meinem herz und wär es
auch nur eine haaresbreite für die lust
an den frauen ihrem gesang und tanz?

340

Wer wird nun wo der himmel den regen
der jugend verwehte den tau mir bringen
für meine dürren blätter und die blüten?
Gibt es jetzt wo das licht eines mannes
schon herabbrennt noch öl das man
in meine lampen gießen könnte?

Die gräber meiner gefährten habe ich
sagen hören daß sie auf mich warten
bis ich bei ihnen in diesem fremden land
mein zelt aufschlagen werde – ja wirklich:
finde ich nicht zur jugend mehr zurück
dann nimm die hacke und hau mir
mein gesenk aus dieser dürren erde!
Das alter verbrennt mein herz zu asche
und feuerzungen bleichen mir das haar
vor schwäche knicken mir die beine ein
ich stolpre sogar dort noch wo es eben ist
selbst in meinem eigenen hof und garten
Ich mache mir um meine seele sorgen –
sie ist das wertvollste was ich besitze
und die klage angebracht um diesen schatz
Jetzt wo mir der bart ganz weiß wird
sehe ich an meinem herz den dunklen fleck
des alters schwarz wie ruß auf einem topf
Hätte ich doch macht über den Herr der zeit
ich würde ihn sofort mit stricken fesseln
bis er keinen finger mehr könnte rühren
um meinen bart mit grau zu schlagen
Wenn es nur das feuer dieser sorgen wäre
das mir die stirn versengt dann wäre wein
aus meiner traubenpresse linderung genug:
aber das alter hat das wasser der jugend
mir aus dem bart gesogen – ich habe
keinen saft mehr für die frauen
denen ich zu häßlich geworden bin!

341

Ich wollte ich wär wie Gott und wüßte
ob mir die stunde bald schlägt oder nicht
wie lange ich liegen muß in meinem grab
als ein häufchen staub und wann man mir
wieder eine seele für meine leere hülle leiht
Mein herz sagt daß ich weiterleben werde
und Gott die wunden meines fleisches heilt –
in der schwäche wird Er mir stärke schenken
meinen gliedern die kraft von adlerschwingen
In Seiner güte und Seiner liebe wird Er
all dies für mich tun weil ich mein leben lang
eine zuflucht in Ihm sah und alle hoffnung

Das grab so sagt man ist ein stiller ort
doch ich fürchte ich treffe meine sünden dort
Der tod sagt man heißt ›zu den vätern gehen‹
und ich zweifle nicht daß ich sie treffen werde
doch warum beeilt man sich bei meinem tod
den körper aus dem schutze meines hauses
in die schatten der unterwelt zu tragen?
Wofür die leiche in weiße tücher schlagen
wenn beides doch im grab verrotten wird?
Warum mich waschen und reinigen mit wasser
wenn schon am nächsten tag mein gestank
faul durch die robe und die schärpen dringt?

So viele generationen und so viele jahre
gingen über diese eine erde hin
und ich war nichts zu allen diesen zeiten
Dann hast Du Dich in Deiner ganzen güte
erinnert meiner und ohne daß ich darum bat
wurde ich in diese welt geboren –
doch dann hast Du mich ihrem unheil
überlassen und zur wurzel meiner übel
mich gemacht – ein stein für eine schleuder
mit der man nur das unglück trifft

Und obwohl Du mir bei der geburt
eine gerad gewachsene gestalt mitgabst
zerschlägst Du mir am ende alle glieder:
doch Deine taten sind gerecht wie immer
und Deine worte wahr – nur ich bin es
und meine worte die krumme wege gehen

Bringt mir pergament tinte und eine feder
und ich werde es mit der geschichte
meines elends füllen und beim schreiben
werden mir die tränen in bächen fließen
so wie sie dann im grab vertrocknen werden
Über diesen körper werd ich klagen
und seine vollkommenheit wenn man mich
in das beinhaus trägt und beklagen
werde ich seine so herrliche schönheit
die keine herrlichkeit erwarten darf
sondern nur die erde asche und den staub
die binde um das kinn und die lider zu
Dann wird meine zunge die in meinen taten
schwelgte im sarg für immer schweigen
wie ein stein am grund des meeres
und meine augen die einmal wunder sahen
werden in den höhlen faulen und verrotten
Kein geschmack bleibt mir dann am gaumen
kein wort mehr werden meine lippen formen
meine ohren nie mehr etwas hören
die hände und die beine untätig bleiben
Doch das schwerste schicksal das bitterste
ist es dann vom grab wieder zu erstehen
um zum jüngsten gericht zu gehen
wo man meine taten auf die waagschalen legt
und das gute mit den sünden wägen wird

Vielleicht wird dann einer der engel
zu meinen gunsten sprechen und
meiner tugend mehr gewicht verleihen

343

Er wird Meinen Fels bei Seinem urteil
daran erinnern daß ich sie studierte
seine schriften und sie auslegte die gesetze
und vielleicht höre ich dann daß er sagt:
es war gut und Gott hat es gefallen
So wird die waage auf die eine seite
ausschlagen und was ich gutes tat
mehr zählen als all meine verbrechen
Sterbend werde ich halleluja singen
und eingehen in Seine herrlichkeit
und frohlocken werde ich wenn man
mir die sonne nimmt und meinen mond

DIE ARABISCHEN DICHTER SIZILIENS

11. JAHRHUNDERT

Die Geschichte der arabischen Literatur in Nordafrika, dem Nahen Osten und Andalusien wäre eine eigene Anthologie wert; die sizilianische Poesie hier anzufügen, hat nur den Rang einer Fußnote mit einigen Beispielen, die aber nichtsdestoweniger von Interesse ist, weil sie den europäischen Raum direkt tangiert. Was die sizilianische Poesie – im Gegensatz etwa zu den sieben Jahrhunderten andalusischer Literatur – kennzeichnet, ist ihre relative Autonomie gegenüber politischen Umwälzungen, die auf die administrative Unabhängigkeit Siziliens zurück-

345

zuführen ist. Die Sarazenen – die Sizilien zu Anfang des 9. Jahrhunderts eroberten – hatten den Ruf, kultivierte und gebildete Fürsten zu sein, die sich gerne mit Dichtern und Wissenschaftlern umgaben. Obwohl sich in der relativen Isolation der Insel der orthodoxe Islamismus behauptete, herrschte dennoch ein Klima der Toleranz und des kulturellen Austausches zwischen den Immigranten, den Neubekehrten, den Christen, Juden, Berbern und Byzantinern, den asketisch gesinnten Malikiten und den weltlicheren Schiiten. Sizilien war ein Zufluchtsort auch für andalusische Gelehrte, die in der Zeit der politischen Wirren aus Spanien flüchten mußten – bis die Eroberung durch die Normannen eine Emigration in umgekehrter Richtung auslöste.

Männer verschiedenster Stellungen beschäftigten sich damals mit der Poesie, Fürsten, Heerführer, Richter, Lexikographen, Grammatiker, Wesire und Beamte. Der erste Dichter, der in den Manuskriptsammlungen genannt wird, war Mohammed ibn al-Qatta', ein Schriftgelehrter und Sekretär am Hof, der in der Mitte des 10. Jahrhunderts von Portugal nach Sizilien ausgewandert war.

Von dem zweiten großen Namen der Anfänge, Ibn at-Tubi, weiß man nur wenig mehr: er lebte um 1059, stand der höfischen Kanzlei vor, war als Arzt tätig, erwarb sich aber vor allem einen Ruf als hervorragender Grammatiker und Poet, der auch Makamen schrieb – jene gereimte, erzählende Prosa, die seinen Zeitgenossen Hariri berühmt machte.

Von Abu 'Ali al-Husayn und Abu l-Qasim 'Abd ar-Rahman im 11. Jahrhundert ist nur überliefert, daß sie die Funktion eines *katib* ausübten, also Sekretäre in der Verwaltung waren.

Zur selben Generation gehörten 'Abd al-Aziz al-Ballanubi und sein bekannterer Bruder 'Ali al-Ballanubi aus Villanova in Sizilien, der vor der Eroberung durch die Normannen nach Ägypten emigrierte und in Kairo wie in Alexandria zum Hofdichter ernannt wurde.

346

كتـب الحسـن فـوق خديـك لامـ

ـن ونـونـيـن خـطّ فـي الحـاجـبـيـن

ولهـذا الكتـاب معنـى لطيـف

فأعـره تـأمـل المقـلـتـيـن

إنـه قـال لـن لصـب عميـد

ثـم لـن فـي كتـابـه مرتـيـن

قـال ولـدت كـل معـنـى غـريـب

أنـت لا شـك أشـعـر الـثـقـليـن

347

Ihn wie die übrigen Dichter zeichnet die hohe Beobachtungsgabe und der Sinn fürs Detail aus, die beide zu einer fast symbolistischen Poesie führen. Sie verband formales Raffinement mit der strengen arabischen Rhetorik und nahm damit thematisch vieles der späteren europäischen Minnedichtung bereits vorweg. In Sizilien, auch im Zusammenhang mit Giacomo da Lentino, sind wie in Spanien höfische Welten sowohl poetisch als auch musikalisch miteinander verschmolzen. Thematisiert hat diese Symbiose erst Petrarca in einem Brief seiner *Senili,* wo er sich über den übermäßigen dichterischen Ruhm der Araber erregt und behauptet, etwas Verweichlichteres und Weibischeres gebe es nicht – was zumindest bedeutet, daß er Zugang zu ihrer Poesie gehabt haben muß.

Neapel, April 1993

I
MOHAMMED IBN AL-QATTA'

Wenn zeit ist für das glück dann nehme ich sie wahr
niemand weiß ob aus dem morgen auch ein abend wird

Und gelange ich wenn in diesem leben nicht zu ihr
dann werd ich neben ihr im dunkeln meines grabes sein

Sie hielt mich mit wein zurück und sie war wild
wie es nur je die menschen waren und die frauen immer

Ihren herzschlag aber hab ich von der frucht
der frischen lippen und ihrem rot mir bereits gepflückt

So ließ sie den weinkrug kreisen zwischen uns
ein sanfter trank noch sanfter als der atem für den atem

Und es war als ob erst in ihrer hand der becher
zu all den sternen in ihrem umlauf um die sonne würden

Wieviel beredte zungen wußte der wein zu fesseln
wie viele zungen aber hat er dem stummen schon gelöst?

II
IBN AT-TUBI

Ihr mund – und plötzlich das perlmutt
in den kreis des karneols gefaßt

Die zur spitze geschwungene klinge
der lider ist ein zweischneidiges schwert

Ein einziger kuß auf diesen mund
öffnet den weg der angst

➲

Deine schönheit schreibt zwei kleine klammern
in deine wangen ein und auf die brauen
zwei geschwungene *n*

So spricht diese schrift von einem feineren sinn
und leiht den augen mehr tiefe

Mir dem verliebten narren aber war es ein nein
zweimal gefaßt in diese klammer

als du meintest: *wunders sinn hast du geschöpft*
gewiß der wunderbarste dichter
unter allen denkern bist du!

➲

Bis zum tode schulde ich der krankheit dank
das fieber hat mein gelübde erhört

An meiner seite steht die ferne geliebte
willkommen sei der verhängnisvoll kurze atem

III
ABU 'ALI AL-HUSAYN

Vielleicht glänzt der bis zum rand gefüllte kegel
des bechers wie das licht an diesem morgen

als wäre seine mitte ein rot glühendes scheit holz
das ganz in funken und in stücke bricht

Erinnere dich dessen was du jetzt siehst und denk
an das wunder daß wasser und feuer eines sind

351

IV
ABU L-QASIM 'ABD AR-RAHMAN

Das zucken eines blitzes setzt in meine augen
die gier nach einer nacht der schlaflosigkeit

Die ganze nacht lang zogen sie die klingen
ihrer schwerter vom orient bis zum okzident

als wären es blanke pfeile die das gewand
der finsternis zerreißen und in brand setzen

V
ʿABD AL-AZIZ AL-BALLANUBI

Als ob die rose ihren geruch vergeudet
der deiner taten wert und tief und

das vergossene blut jener feinde wäre
das deine weißen hände schöpften

353

'ALI AL-BALLANUBI

Beim untergang tranken wir – die sonne eines guten weines
der sein licht wieder zur schwelle des aufgangs trägt

und die sonne entfachte den nil mit ihren funken wie lanzen
die noch zittern auf dem eisen eines kettenhemds

⟡◄

Dies sind ihre augen und dies ist das rund darin:
wer seinem herz vertraut der trete unter sie

Liebten sie mich würden sie mich nicht verfolgen
scharf sind sie wie der luchs: sie blicken

nicht tief zwar aber frech und hätten sie getrunken
vom krug der liebe würden sie ihr übergehen

Die liebe – sie ist ein enger pfad für nur einen fuß
in die schlinge an seinem ende tappt man leicht

und in diesem schatten fängt sich auch die schmale
und junge gazelle den löwen im unterholz

Gegürtet von der schönheit und gehüllt in ihren weiten
mantel überraschte sie mich hinterrücks

die eine strähne auf der stirn sie war wie das licht
wenn es morgens über die dämmerung fällt

Der nacht und ihrem stern dem hab ich zugetrunken
dort wo ihn die hand des horizonts mir zeigte

und an seiner hitze wär ich wohl verbrannt hätt ich
meinen becher nicht erhoben voll zum rand

Mit jedem schluck ließ ich den mond zur erde weiter
sinken und die sterne glänzen über ihr

ich küßte ihn auf seine wange und das feuer blieb mir
auf der haut in form des herzens als mal zurück

Ich schloß meine lippen auf die ihren und wandte mich
dann ab: begierden sie verführen die angst aber

entführt ihr opfer – und meine hoffnungen sie waren dürr
und deshalb durstig: das wasser jedoch war trüb

bis Abu Hasan zu ihr kam und das schilf an dieser quelle
wieder blüten trieb und neue blätter sprossen

Die welt verachtet er – doch dabei wird alles was seine
hände nur berühren zu silber und zu gold

von vollkommener gestalt ist er und er vereint in sich
die beiden seiten alles schönen: aussehen und güte

so großgewachsen ist er und so großmütig und freigebig
daß ihn ein jeder im grunde für einen trottel hält!

GUIHELM IX.,
GRAF VON POITIERS
UND HERZOG
VON AQUITANIEN

11./12. JAHRHUNDERT

Der Graf von Poitiers war einer der nobelsten Edelleute und einer der größten Verführer; er war ein tapferer und streitbarer Ritter und ein großer Schürzenjäger; er verstand es, trefflich zu dichten und zu singen, und lange Zeit zog er durch die Welt, die Frauen zu betören.

Er hatte einen Sohn, der die Herzogin der Normandie zur Gemahlin nahm, deren Tochter mit König Heinrich *von England vermählt wurde, die Mutter von König Johann und König Richard und König Gottfried von der Bretagne.* (Aus einer Liederhandschrift)

Der gehobenen Stellung des ersten uns überlieferten Trobadors ist es zu verdanken, daß sich sein Leben in groben Zügen nachzeichnen läßt – was nicht zuletzt auch an der Zahl seiner Gegner lag.

So war er zwar für Orderic Vital *wagemutig, tapfer und von überaus fröhlichem Charakter; in seinen ausgelassensten Scherzen übertraf er selbst die amüsantesten Komödianten,* aber für Geoffroi le Gros war er *ein Feind jeder Scham und Heiligkeit,* und für William of Malmesbury *suhlte er sich, von Jerusalem zurückgekehrt, so sehr im Morast des Lasters, daß man denken könnte, er glaube die Welt nicht von der Vorsehung, sondern vom Zufall regiert.*

Herzog Guihelm IX. von Aquitanien (der siebente Graf von Poitiers) wird am 22. Oktober 1071 geboren; als sein Vater 1086 an einem Jagdunfall stirbt, wird er um einige Jahre älter erklärt, um die Nachfolge ohne allzu viele Schwierigkeiten zu sichern – der Beiname *le Jeune* bleibt ihm noch lange haften. Mit fünfzehn Jahren erbt er Ländereien, die von der Loire bis zu den Pyrenäen, von der Auvergne bis zum Atlantik reichen und ein größeres Besitztum darstellen, als es der König von Frankreich sein eigen nennen kann; doch um sie zu halten, muß er im Lauf seines Lebens eine ganze Reihe von Querelen und Feldzügen auf sich nehmen.

1087 und 1089 reist er nach Bordeaux, um seinem Anspruch auf die Gascogne Geltung zu verleihen; nach der zweiten Reise heiratet er, wohl unter dem Druck seiner Ratgeber, die vier Jahre ältere Ermengard, Tochter von Foulque le Réchin, des Grafen von Anjou – eine etwas kapriziöse und launische Dame, auf die auch seine ersten Gedichte anzuspielen scheinen.

1091 läßt er sich aber bereits, mit Zustimmung der Kirche, von ihr scheiden und nimmt sich 1094 die ein

Jahr jüngere Filippa (auch *mahaut* genannt) zur Frau, die kurz zuvor Witwe Sancho Ramírez', des Königs von Aragón und Navarra, geworden war und als Tochter Guihelms IV. von Toulouse weitläufig mit ihm verwandt ist.

1095 proklamiert Papst Urban II. den ersten Kreuzzug; als er kurz darauf eine Reise durch Guihelms Ländereien macht, beweist dieser genug politisches Geschick, um der Aufforderung zu entgehen. Dasselbe Gespür beweist Guihelm, als er 1098 Anspruch auf die Erbländereien seiner Frau erhebt, nachdem ihr Onkel, Raymond de Saint-Gilles, der Graf von Toulouse, zum Kreuzzug aufbricht und die Besitzungen seinem zwölf Jahre alten Sohn überläßt. Die Kampagne verläuft erfolgreich, und im selben Jahr noch läßt er seine Frau in Toulouse zurück, um in der Normandie König Wilhelm II., den Roten, in seinem Kampf gegen den König von Frankreich, Philipp I., zu unterstützen.

1099 kommt sein Sohn, Guihelm X., zur Welt, und als Jerusalem am 15. Juli erobert wird, überkommt ihn die Lust auf andere Abenteuer. Er hofft auf die finanzielle Unterstützung des englischen Königs für seinen Kreuzzug, eine Hoffnung, die sich zerschlägt, als Wilhelm bei einem Jagdunfall umkommt. Von religiösem Eifer spricht dieses Vorhaben jedoch kaum: beim Konzil von Poitiers im Jahr 1100 legt er sich das erste Mal direkt mit der Kirche an – indem er seinen einstigen Gegner, Philipp I., und dessen skandalöse Affäre mit der Gräfin von Anjou verteidigt, ohne jedoch etwas zu erreichen –, ein diplomatischer Schachzug wohl ebenso wie ein ehrliches Anliegen seinerseits.

Die für den Kreuzzug nötigen Mittel treibt er schließlich auf, indem er die gerade eroberte Grafschaft Toulouse für eine große Geldsumme wieder an den Sohn Raymonds de Saint-Gilles abtritt. Im März 1101 bricht er mit einem Troß von 30 000 auf und zieht zusammen mit Welf, dem Herzog von Bayern, der Markgräfin Ida von Österreich und Konrad, dem Stallmeister Heinrichs IV., nach Palästina. Ihre Armee von inzwischen 300000 gerät bei Heraklia in einen Hinterhalt und wird fast vollständig aufgerieben. Seine Schuld ist es nicht, aber sein Ruf ist inzwischen schon so schlecht, daß uns Geoffroi de Vigeois überliefert: *In Wahrheit fügte er dem Ruhme Christi nichts hinzu; er war ein besessener Liebhaber der Frauen; deshalb fehlte es seinen Unternehmungen an Beständigkeit und wurde seine Armee von den Sarazenen massakriert.*

Er selbst kann knapp entkommen und nach Antiochia flüchten. Zu Ostern 1102 stattet er Jerusalem einen kurzen Besuch ab und schifft sich in Jaffa ein; ein Sturm aber zwingt ihn zur Rückkehr, sodaß er im September an der fruchtlosen Belagerung Askalons teilnimmt. Nach all diesen Desastern hat er endgültig genug und ist Ende Oktober wieder zurück in Poitiers. Es ist wahrscheinlich, daß er sich nach diesen einschneidenden Erfahrungen nun mit der Poesie auseinandersetzt; jedenfalls berichtet Orderic Vital darüber:

Der Graf von Poitiers kehrte mit wenigen Gefährten zurück, und da er von Natur aus ein leichtfertiger Mensch war, von seinem gegenwärtigen Wohlstand noch darin bestärkt, gefiel es ihm, von den Miseren seiner Gefangenschaft in rhythmischen Versen mit gefälligen Melodien zu singen, vor dem König, den Edelleuten und der ganzen christlichen Gefolgschaft. William of Malmesbury fügt hinzu: *Sein Gefasel war durch eine falsche Eleganz gefällig, er rezitierte zum reinen Vergnügen, daß die Zuhörer aus voller Kehle lachten.*

Filippa hat während seiner Abwesenheit regiert; die unzähligen Differenzen unter seinen Vasallen zu klären, das kommt jetzt auf ihn zu – ebenso wie ein distanzierteres Verhältnis zu seiner Frau, die unter dem Einfluß des Predigers Robert d'Arbrissel seinen lockeren Lebenswandel immer weniger zu tolerieren beginnt. 1104 hat er Schwierigkeiten mit den Angevinern, 1108 erneut; 1112

360

revoltieren auch die Herren von Lusignan und Parthenay gegen ihn, immer unterstützt von Foulque d'Angers, dem Grafen von Anjou. Er kann die Aufstände niederschlagen, wird aber am Oberschenkel so schwer verletzt, daß er zu einem längeren Genesungsaufenthalt im Krankenlager von Saint-Jean d'Angely gezwungen wird. Während dieser Zeit versucht er, sich mit der Kirche wieder gut zu stellen, indem er ihr einige Stiftungen macht.

Als er jedoch 1113 die Grafschaft Toulouse erneut besetzt und daraufhin Geld braucht, um seine Vasallen zu besänftigen, kommt er in Konflikt mit Pierre II., dem Bischof von Poitiers, wahrscheinlich wegen der Steuern, die er dafür der Kirche auferlegt. Er kann die Grafschaft nicht halten und wird 1114 vom Bischof exkommuniziert:

Die Szene, in der der Graf in der Kathedrale den Bischof, seinen alten väterlichen Ratgeber, daran hindern wollte, die Exkommunikation auszusprechen, war von unerhörter Gewalt. Der Graf, völlig außer sich, griff den Prälaten an den Haaren und zog sein Schwert mit den Worten: ›Du stirbst, wenn du mir nicht Absolution erteilst!‹ Der Bischof gab in seiner Bedrängnis zum Schein nach, doch sobald er wieder frei war, sprach er schnell die Formel und fügte hinzu: ›Jetzt schlag zu, schlag zu!‹ Worauf Guihelm, wieder Herr seiner selbst, mit der gewohnten Höflichkeit antwortete: ›Ich hasse dich so sehr, daß du meines Hasses nicht mehr würdig bist, und durch meine Hand fährst du schon gar nicht in den Himmel!‹

Er rächt sich dennoch, indem er ihn erst ins Gefängnis wirft und dann ins bischöfliche Schloß von Chauvigny verbannt, wo er im April 1115 stirbt, nicht ohne vorher noch einige Wunder vollbracht zu haben. Guihelm aber meinte dazu nur kurz, *daß er es bereue, ihn nicht schon damals umgebracht zu haben, weil er doch sicher froh gewesen wäre, gleich ins Paradies zu kommen.*

Guihelm hat seit einigen Jahren bereits eine berüchtigte Affäre mit der Frau des benachbarten Vizegrafen

361

von Châtellerault, auch *la dangerosa* genannt. Im Kampf trägt er anscheinend ein Schild, auf dessen Innenseite er das Porträt der Geliebten hatte malen lassen: *Weil sie ihn ja im Bett trug, konnte er sie wohl auf dem Schlachtfeld tragen!* Er quartiert sie schließlich in einem eher unbequemen Trakt seines Schlosses ein, was ihr den Spitznamen *la maubergeonne,* ›die schlecht Beherbergte‹, einbringt. Als es darum geht, seine Exkommunikation zu bestätigen oder nicht, fordert ihn der kahlköpfige Legat des Papstes, Girard, auf, sie sofort zu verjagen, worauf ihm Guihelm antwortet: *Das soll geschehen, sobald du dir deine rebellischen Haare zurechtgekämmt hast!*

Diese Affäre führte nicht nur zum Bruch mit seinem Sohn; im selben Jahr, 1115, läßt sich auch seine Frau von ihm scheiden und geht mit ihrer Tochter in das von Robert d'Arbrissel gegründete Kloster von Fontevrault, wo inzwischen auch schon seine erste Frau gelandet war. In diesem Zusammenhang paßt die von William of Malmesbury aufgezeichnete Anekdote, daß Guihelm bei Niort (dem *Nieuil* aus Guihelms Lied?), unweit von Poitiers, gewisse Gebäude wie kleine Klöster habe aufführen lassen und gesagt habe, er werde dort eine Abtei von Dirnen errichten; die tüchtigsten Frauen, die er beim Namen nannte, werde er zu Äbtissinnen oder Priorinnen, die übrigen zu Schwestern bestimmen – eine deutliche Anspielung.

Über den Rest seines Lebens ist weniger bekannt. 1117 macht er eine Pilgerfahrt nach Santiago de Compostela (auf die sein Abschiedslied anzuspielen scheint), im Jahr darauf wird seine Exkommunikation vom Papst wieder aufgehoben. 1120 ist er am Sieg Alfons I. bei Cutanda über die Almoraviden mit 600 Rittern beteiligt. 1122 wird er zum Großvater Eleonores, der späteren Königin von Frankreich und England, der Mutter Richard Löwenherz'. Am 10. Februar 1127 stirbt er und wird in der Abtei Montierneuf in Poitiers beigesetzt.

Guihelm IX. ist nicht nur der erste Trobador, von dem wir wissen, sondern auch der erste Dichter in einer modernen europäischen Sprache – und dabei einer der besten. Das soll jedoch nicht heißen, daß das Repertoire der elf erhaltenen Lieder zur Gänze sein eigenes zu nennen wäre; es ist wert, einen Einblick in die Wurzeln zu geben.

Guihelms Sprache, die *lengua romana*, ist eine junge – das Okzitanische, eine galloromanische Kunstsprache, eine literarische *koiné*, ging aus den Dialekten des Limousin, dem Poitevinischen oder der *langue d'oc* hervor (die Hypothesen bestehen). Sie überbrückt die regionalen Unterschiede und löst darin, weniger politisch als kulturell bedingt, das Latein ab; in ihrem meridionalen Charakter wird sie auch verbindlich für die katalanische, portugiesisch-galicische, die sizilianische und oberitalienische Dichtung – wo Dante dieser Sprache noch seinen Tribut zollt, die ihm fast schon wieder genauso fremd wie Guihelm ist, der sich ihrer erstmals bewußt für die Poesie bedient.

Eigenständige Lyrik findet sich vor Guihelm in anderen Kulturkreisen und -schichten; obwohl der Beleg eines direkten Einflusses immer noch eine Streitfrage ist, lassen sich doch Parallelen aufzeigen.

Zur einen: die arabische Dichtung, mit ihrer formalen Brillanz, ihrem Wortwitz und ihrer Formenakrobatik, in ihrer für den Reim prädestinierten Sprache. Die arabische höfische Dichtung steht zu Guihelms Zeit bereits auf dem Höhepunkt; sie weist bereits alle Merkmale des trobadoresken Konzeptes der ›minne‹ auf; die sinnliche Frauenverehrung, die unerfüllte Sehnsucht bleibt, die ›odhritische Liebe‹ (nach den *Banu al 'Odrah*, den ›Söhnen der Jungfräulichkeit‹, die bereits im Bagdad des 9. Jahrhunderts besungen wurden). Die Dichtung der Mauren in Andalusien ist ein vollkommenes Abbild jener Tradition, deren Ethik uns der Minnesang vermittelt: so erschien etwa 1022 Ibn Hazams *Collier de colombe*, eine Liebesschule, wie man sie später noch oft aufgreift. Zu dieser Zeit der *Reyes de Taifa*, der rivalisierenden kleinen Königreiche im maurischen Spanien, finden sich auch die ersten Vorläufer Guihelms, wie etwa Al-Mutamid, der Prinz von Sevilla (1040 bis 1095) oder Ibn Sara de Santarem (1095 bis 1123), die den Typus eines kultivierten Feudalherrschers verkörpern. Eine denkbare Etymologie des Wortes Trobador könnte dabei auch die arabische Wurzel *taraba*, ›singen‹, sein.

Ihre *muwashshaha* und *zagal* genannten Gedichte bauen auf der Melodie auf, die aus dem Rhythmus der Worte heraus entsteht und dem überraschenden Refrain; ihre Bilder erhalten ihre Einheit erst durch das Band des Reimes, das alle Strophen gleichmäßig durchläuft, und kreisen um einen Kernsatz, eine Moral, eine wiederkehrende aphoristische Phrase, der *cobla* der Trobadors.

Letztlich aber sind auch diese Poetik und ihre Inhalte auf Ovid und Platon zurückzuführen, auf die Dichtung der Griechen, die syrische Übersetzer dem arabischen Raum zugänglich machten. Das Wissen um die arabisch-andalusische, die mozarabische Dichtung ist den Trobadors mit keinem Dokument zu beweisen; doch gerade für Guihelm scheint eine Nähe mehr als wahrscheinlich. Im Zuge der Reconquista, an der sich schon Guihelms Vater beteiligte, war ein näherer Kontakt ebenso denkbar (so schreibt der Trobador Ramon Vidal über Spanien, wo *alle Leute, Christen, Juden und Sarazenen den ganzen Tag mit Dichten und Singen verbringen*) wie durch das Gefolge seiner zweiten Frau, die in diesem Kulturkreis länger lebte – und nicht zuletzt auch durch den Kreuzzug, währenddessen er Gelegenheit hatte, mit den verfeinerten Sitten der byzantinischen Höfe vertraut zu werden, von denen der rauhe Ton in Poitiers sicherlich abstach.

Zweifellos aber gab es im provençalischen Raum eine, wenn auch nicht schriftlich überlieferte, volkstümliche Tradition der Dichtung, wie sie im Französischen des 15. Jahrhunderts wieder aufscheint. Verkörpert wurde sie von den umherziehenden Spielleuten, Marionettenspielern und anderen Mimen im Gefolge der Höfe, die wiederum wahrscheinlich engen Kontakt mit dem andalusischen Raum hatten. Jedenfalls ist die Spielmannsdichtung mit ihrem Reservoir an Balladen und Liedern, ihrer Betonung des Vortrags und der griffigen Anekdote, ihrer musikalischen Komponente in den frühen Liedern Guihelms spürbar, denen man das Lachen aus voller Kehle glaubt.

Ein weiterer bestimmender Einfluß liegt bei der mittellateinischen Dichtung der Vaganten und Goliarden, der Schule von Angers – Marbod von Rennes (1037 bis 1123), Hildebert von Lavardin (1056 bis 1133), Baudry von Bourgeuil (1046 bis 1130) –, der Abtei von Saint-Léonard und besonders der von Saint-Martial in Limoges, der er selbst vorstand. Letztere war berühmt für ihre mehrstimmige Tropendichtung (etymologisch leitet sich der Trobador meist von *trobar*, ›finden‹, ab, das wiederum vom lateinischen *tropare*, ›Texte, Tropen zu Melodien erfinden‹, kommt). Unter Tropen verstand man im 10. Jahrhundert Texterweiterungen, die zur Melodie zwischen zwei langgezogene Silben eingeschoben wurden, Melismen, die man später auch frei komponierte. Sie weisen Formen auf, die auch Guihelm gerne benützt: Syllabischer Vers, Reim, die AAABAB-Struktur der Strophe (eine Neuerung im Vergleich zum AAA des Conductus, ein Schema, auf das auch die Spielleute zurückgriffen und das die ersten Lieder Guihelms kennzeichnet).

Auch diese mittellateinische Dichtung konnte auf eine lange Tradition zurückblicken: Ovid vor allem, die Quästionenliteratur der Karolingerzeit, den römischen Epigrammatiker Martial oder Venantius Fortunatus von Ravenna im 6. Jahrhundert, dessen Gedichte an die Äbtissin Radegonde von Sainte-Croix in Poitiers das klerikale Gegenstück einer *ars amandi* darstellen – und zu Guihelms Zeit durchaus bekannt waren. Ähnliches gilt auch für die platonischen Liebesdichtungen in den Briefen des Saint-Pierre Damien, zu dessen Ordensschwestern zwei Tanten Guihelms gehörten. Seine Aversion gegen die Kirche mag sprichwörtlich sein, durch seine Erziehung und als Landesherr wußte er aber sicher genauestens über diese damals prägende Kultur bescheid.

Mehr als einen konkreten Anlaß zur Auseinandersetzung mit ihr boten nicht nur seine Eskapaden, sondern auch der große Erfolg der Predigten Robert d'Arbrissels († 1117). Dessen Suaden gegen die Perversität der Welt voll Lüge, Mord, Ehebruch, Scheinheiligkeit und Wollust stellten ihr ein asketisches, spirituelles Leben gegenüber; sie waren vor allem an die Frauen des Adels gerichtet, die ihm in Scharen zuzulaufen begannen – darunter nicht nur die berüchtigte Geliebte des französischen Königs, die Guihelm einst verteidigt hatte, sondern auch seine erste Frau, seine zweite Frau mit seiner Tochter und zuletzt auch noch seine langjährige Geliebte, *la dangerosa*. Sie alle fanden sich, angezogen vom propagierten Ideal der keuschen Gottesmutter, der hehren *domna*, im 1101 von d'Arbrissel gegründeten Kloster von Fontevrault, einem gemischten Konvent, dem eine Äbtissin vorstand.

Die Spitzen in Guihelms Gedichten gegen den Klerus sind deutlich und pointiert; aus diesem Konflikt heraus entsteht jedoch bei Guihelm der Ansatz zu einem weltlichen Idealbild der Frau in den subtiler werdenden Liedern, deren zynischer Ton zunehmend in den Hintergrund tritt. Er kehrt gegen den asketischen Mystizismus d'Arbrissels eine mondänere Würdigung der Frau heraus, die die Schönheit und die Sehnsucht, die profane Liebe und die Hingabe an sie profiliert und der sakralen Ethik einen eigenständigen höfischen Kodex entgegensetzt.

Der Ursprung dieser Ideen ist ein Produkt der Epoche, zu dem das Christentum, das Rittertum, die antike und arabische Tradition und die Trobadors selbst ihren Beitrag leisten. Guihelms Verdienst liegt darin, die Poesie aus dem geistlichen Rahmen und seinem festgelegten Sinn gelöst und ihr zu einer ausdrucksstarken, vor allem individuellen Stimme verholfen zu haben.

Farai un vers de dreyt nien
Non er de mi ni d'autra gen
Non er d'amor ni de joven
    Ni de ren au
Qu'enans fo trobatz en durmen
    Sobre chevau

No sai en qual hora·m fuy natz
No suy alegres ni iratz
No suy estrayns ni sui privatz
    Ni no·n puesc au
Qu'enaissi fuy de nueitz fadatz
    Sobr'un pueg au

No sai quora·m suy endurmitz
Ni quora·m velh s'om no m'o ditz
Per pauc no m'es lo cor partitz
    D'un dol corau
E no m'o pretz una soritz
    Per sanh Marsau

Malautz suy e tremi murir
E ren no·n sai mas quan n'aug dir
Metge querrai al mieu albir
    E no sai tau
Bos metges er si·m pot guerir
    Mas non si amau

367

Amigu'ai ieu, no sai qui s'es
Qu'anc non la vi si m'ajut fes
Ni·m fes que·m plassa ni que·m pes
    Ni no m'en cau
Qu'anc non ac Norman ni Frances
    Dins mon ostau

Anc non la vi et am la fort
Anc no n'aic dreyt ni no·m fes tort
Quan non la vey be m'en deport
    No·m pretz un jau
Qu'ie·n sai gensor et bellazor
    E que mais vau

Fag ai lo vers no say de cuy
E trametrai lo a celhuy
Que lo·m trametra per autruy
    Lay vers Anjau
Que·m tramezes del sieu estuy
    La contraclau

Man mag die derberen Lieder gegen die eher höfischen Inhaltes gewichten, wie man will, die symbolische Wahl des ersten Gedichtes fällt dabei sicherlich auf das *Lied aus reinem Nichts*. Die negative Theologie unter dem Zeichen des Paradoxen, des Rätsels, der melancholischen Stimmung verrät neue existentielle Zweifel; ihre scharfzüngige Ironie, die Selbstbehauptung einer neuen, subjektiven Lyrik, die noch nach einem Ort für ihre Worte sucht – das macht die nicht allein chronologische Modernität Guihelms aus.

Die formale Sicherheit, mit der er diese Zwiespältigkeit in Szene setzt, ist ebenso erstaunlich, wie sie den späteren Trobadors vorausgreift. Die Sprache ist konzis, präzis, lebendig; die metrische Perfektion, die musikalische Sequenz im Korsett des Reims vermitteln bereits zwischem dem *trobar clus* – dem hermetisch dunklen – und dem *trobar ric* – dem klangvoll instrumentierten Dichten. Die innere Symmetrie des *vers* kompensiert dabei die Sinnkrise in dem Maße, wie sie *joi* und *amor* als Leitmotive einer sich von der Kirche emanzipierenden, feudalen Ethik herauskristallisiert: das Vokabular von Treue und Untreue, die Bitte um Gnade, die Begriffe von Recht und Unrecht, die Unterwerfung, die Ergebenheit, der Mut, die Kultiviertheit, die Manieren. Das Feudalsystem kommt so zu einer Überhöhung im Kult der Frau; gleichzeitig aber schält Guihelm die Gespaltenheit des ›Alles ist Nichts‹ zwischen *carpe diem* und *vanitas vanitatum* in sprachlich und formal gewandten Antithesen heraus.

Dabei kommt eine der Wurzeln der Poesie überhaupt zum Vorschein: ihre Legitimation in der Sprache, aus der ihr innewohnenden Struktur heraus, in der der *vers* erst zur Sprache und schließlich zur Schrift findet. Das Wort, der Buchstabe erhalten ihren Sinn durch ihren gematrischen Zahlenwert, ihre Materialität, die zum Symbol der Emanation Gottes wird. Diese hypogrammatische Struktur gibt einen Raster vor, der mathematisch kalkulierbar ist und erst dann zum Spielfeld der Imagination

369

wird; sie ist handwerklicher Qualitätsmaßstab neben dem des Vortrags und der selbst komponierten Melodie; sie ist das Wasserzeichen eines polierten Verses in der Werkstatt der Poesie, wie es Guihelm ausdrückt.

Für den *vers de dreyt nien* ist diese Struktur von Dietmar Rieger (Heidelberger Sitzungsberichte von 1975) deutlich herausgearbeitet worden. Sie macht das Lied zu einem *devinalh,* einem Rätselgedicht, das den Schlüssel zu seiner Lösung im Text selbst birgt. Ausgehend von der Symmetrie der Initialen am Beginn jeder Strophe und ihrem maßgeblichen Zahlenwert im 22stelligen lateinischen Alphabet wird die Häufung der Zahl sieben erkennbar – die für die Initiale des Namens *Guihelm* steht.

Die vier Eigennamen im Lied – *Marsau, Norman, Frances, Anjau* –, die kalkuliert, aber scheinbar unmotiviert im Lied verteilt sind, ergeben zusammengenommen die Lesart *mar saus no reman francx e sans jaus:* ›Aber die edle und reine Freude bleibt nicht unversehrt‹ bzw. ›Die unversehrte, edle und reine Freude bleibt nicht‹. Das Pendant zu diesem bestimmenden Topos der Trobadorlyrik erschließen die Antithesen der ersten beiden Strophen: *mi autra gen / amor joven* ergeben durch ihren gematrischen Wert die Sentenz *negar amor tua jovimen –* ›die sinnliche Liebe, den sexuellen Liebesgenuß verwehren, bringt die Freude zum Erlöschen‹.

Über den häufig vorkommenden Zahlenwert 29, der mit Guihelms Geburtsjahr 71 zusammen 100 und abgerechnet die 42 Zeilen des Liedes ergibt, erhält man zur Bestätigung dieser Lesart das Akrostichon *guillem ac ben condat* – Guihelm hat gut gerechnet. Die Zahl 29 öffnet aber auch einen Zugang zur eigentlichen Thematik des Liedes in bezug auf die damals weitverbreitete Astrologie: Guihelm ist an einem Samstag, am 29. Tag des 7. Tierkreiszeichens geboren, im Zeichen der Waage, unter dem Einfluß Saturns – was das damit vorgeschriebene melancholische Temperament, das Weder-Noch des Tagtraums, das Schwanken zwischen zwei Liebeskonzeptionen auf einen persönlichen Nenner bringt. Und diesem Raster ordnen sich auch die sexuellen Untertöne, die leichte Bitterkeit und die ironische Geste unter.

Guihelm war ein Mäzen und Freund des jüngeren Eble II., Herr von Ventadour (1096 bis 1147), dessen Lieder er sehr schätzte, von denen uns aber keines erhalten ist. Wahrscheinlich ist auch, daß Cercamon und dessen Lehrer Marcabru unter den Zuhörern Guihelms saßen, sodaß Bernart de Ventadour, einer der berühmtesten seiner Zunft überhaupt, von einer *Escola n'eblo* reden konnte – dem Kern einer sich ausbreitenden neuen Poetik, die sich zunehmend verfeinert, bis sie künstlich wird und über der *fin'amor* verfällt.

Der selten originelle und temperamentvolle deutsche Minnesang, der seine Muster letztlich von Guihelm bezieht, vermittelte in unserem Raum die Ethik der Trobadors. Von der Originalität Guihelms sind dabei aber weniger die ersten Minnesänger wie der Kürnberger oder Heinrich der Glichesaere (1165 bis 1197), sondern erst wieder seine letzten Exponenten, Oswald von Wolkenstein und Neidhart von Reuenthal.

Sie verkörpern wie der Archipoeta, Villon, Cecco Angiolieri, Hofmannswaldau, Carl Michael Bellman, um nur einige zu nennen, eine verschüttete Literaturtradition, die zuallererst das Leben betont und dabei aus einem vollen Faß schöpft; ganze Kerle eben, keine Wachsfiguren, Speichellecker, Hosenscheißer, Winkeladvokaten, Versicherungsvertreter, Parvenüs, Musterschüler, Hofräte, Wetterfahnen, Schrebergärtner und Abstauber, von denen das Literaturkabinett sonst ja zur Genüge hat.

Santiago do Cacém, Juli 1991

I

Gefährten – wenn man mir
       mein gastrecht bricht
muß ich davon singen
       das ist dichters pflicht
obwohl ich dabei lieber
       auf zuhörer verzicht

Ich sag euch gegen wen
       und was ich mich richt –
einem teich ohne fische
       die behütet musch gleicht
was ich sowenig leid
       wie schwätzer und gicht

Mein Herr Gott und König
       dem ich alles nun beicht –
wofür lebt einer der
       nur um die musch schleicht
sie voll geiz bewacht
       und seiner pflicht weicht?

Ich bin ein mann
       und eben darauf geeicht –
der musch ihr gesetz
       seh ich aus dieser sicht:
alles wird kleiner beizeit
       nur sie allzugroß allzuleicht!

Hat einer noch zweifel
       meint er nur vielleicht

dann zeige ich ihm wie sie
         einer waldlichtung gleicht:
dort wachsen zwei bäume
         wo ein baum der axt weicht

Egal wieviel man fällt
         der wald wird wieder dicht
der forstherr verliert
         weder den zins noch das gesicht –
klüger wär darum
         er beklage sie und sich nicht!

Denn unrecht hat der
         der keinen zoll ihr entricht'!

II

Gefährten – ich kann mich
         meines ärgers kaum erwehren
daß ausgerechnet ich
         diesen heiklen streit muß klären:
über eine dame soll ich richten –
         ihre anklage und ihr beschweren

Sie sagt daß ihre wächter sich nicht
         um recht noch unrecht scheren –
für ihre freiheit will sie sich
         und gegen deren willkür wehren:
lockert einer ihr die zügel
         will der andere sie sogleich entehren

373

Sie sind ihr mehr als lästig
        diese tollen und patschigen bären:
der eine verfolgt sie wie ein bauer
        mit zur schau getragenem begehren
der andere macht mehr tamtam
        als eins von meinen söldnerheeren!

Nun – euch heuchlerpack will ich
        im guten für diesmal noch belehren –
was seid ihr doch für narren
        die besser vor der eignen türe kehren:
keine einzige wache gibt es
        die sich des schlafes könnt erwehren!

Und keine frau ist mir bekannt
        selbst von noch so hohen ehren
die nicht hinterrücks
        voll hinterlist würde aufbegehren
wollte man ihr den auslauf
        für alle zeiten streng verwehren!

Hängt man sie ihr hoch
        die trauben diese süßen beeren
dann sticht sie der hafer –
        und ihr genügen seine ähren:
ein ackergaul tut's auch
        muß ein vollblut sie entbehren!

Keiner kann mich da
        bekehren oder gar andres lehren:
wem man der krankheit halber
        einen weinbrand will verwehren
wird nicht auf's verdursten warten
        sondern den krug wasser leeren!

Statt zu verdursten würden selbst wir
        zur not einen krug wasser leeren!

III

Gefährten – ein lied sing ich euch
                    auch wenn euch mißfällt
daß es statt saurer moral
                    nur närrische possen enthält
in dem die liebe sich aber
                    zur lust und jugend gesellt

Einem flegel und bauern
                    nur dem gelt euer geschelt
wenn er's nicht aufsagen lernt
                    weil's ihm ständig entfällt:
nur den läßt die liebe nicht aus
                    der sie schwer im herz hält!

Zwei pferde für einen sattel
                    stehen bei mir im zelt
vollblütig und streitbar beide
                    und wohl wert ihr geld –
aber ich kann sie nicht behalten
                    da eines über's andre herfällt

Könnt ich sie zähmen wär meine brust
                    vor stolz ganz geschwellt
kein zaumzeug mehr bräucht ich
                    für nichts auf der welt
und wär doch weit besser beritten
                    als sonst irgendein held!

Aus den bergen ist das eine
                    das ständig hochschnellt:

375

die lust hat's mir an ihm
                    deshalb so vergällt
weil es sich gegen mein striegeln
                    so widerspenstig stellt

Das andere bekam ich von Confolens
                    im tal unten überstellt:
kein schöneres gibt's daß man
                    für seine schenkel erhält
für diese stute ist selbst silber
                    und gold noch nicht geprellt

In den stall seines herren
                    hab ich's als fohlen gestellt
doch nur damit er's mir
                    wieder in einzelnen raten vergelt:
hundert jahre sei's mein
                    für ein jahr das er es behält!

Gefährten – ich hoffe daß
                    buridans esel nun euer rat gelt
denn was auch mein herz
                    in seiner verwirrung anstellt –
ich weiß nicht ob mir Frau Agnes
                    oder Frau Arsen besser gefällt!

In Gimel wird mir burg und
                    land auf das beste bestellt
während mir wegen Nieuil
                    der neid aller leute zufällt:
mir sind beide durch lehen
                    und schwur treu unterstellt

IV

Ich sag es euch allen ganz ohne hohn –
ich treffe ihn immer den richtigen ton
in meinen liedern – meiner werkstatt fron:
in dem metier trag ich den preis davon
       nicht nur auf dem papier
ist mein vers zeuge wider jede argwohn
       weil ich ihn richtig polier

Weisheit und ehre die habe ich schon
narrheit und schmach aber ist der welt lohn
weil sie dem mut mit ihrer furcht drohn
doch wenn ich nun einer dame beiwohn
       schwöre ich dir
daß ich mir auch dann hol meine kron
       und nicht verlier

Ich kenne jene die schmeicheln zum schein
und mir hinter dem rücken stellen ein bein
und die die mich noch verlachen obendrein
doch dem der mir sein gehör will leihn
       ma Dame et mon Sire
will ich gern in all meine künste einweihn
       zu seinem pläsir

Lehrt er mich neues so sei das lob sein
einen neuen kunstgriff üb ich leicht ein
doch die regeln bestimm ich ganz allein
denn auf einem kissen unter uns zwein
       kenn ich jede manier –
ich kann euch jedenfalls eins prophezein:
       ich bin der beste spieler hier!

Gepriesen sei Gott und Sankt Virgil
gelernt ist gelernt bei diesem spiel

377

hab eine gute hand und ein sicheres ziel
will eine es wissen – auch noch soviel
    ist's ein vergnügen mir:
ich verhehle ihr nichts und ist sie dozil
    stille ich ihr jede begier

Man nennt mich unfehlbar und anderes viel
war ich nachts bei einer dame so richtig viril
komme ich morgens nicht um ein neues spiel
ich pflege in dieser kunst eben den besten stil
    er gereicht mir zur zier:
auf jedem markt wär ich – so's mir gefiel
    der prächtigste stier

Ich will wirklich nicht prahlen 's stimmt ehrlich
daß ich keinen einzigen sieg je mir erschlich:
das würfelspiel war hart und nicht zimperlich
aber von anfang an ging der einsatz an mich
    ohne daß ich hasardier
und hätten auch die karten gewendet sich –
    ich siege bei jedem turnier!

Ihr vorwurf war deshalb mehr als ärgerlich:
herr – eure würfel die sind etwas jämmerlich
mit so kleinen macht ihr bei mir keinen stich!
Doch sobald ich mir einen trumpf versprich
    bin ich ganz kavalier –
meine hand sich unters grüne tuch schlich
    etwas näher hin zu ihr

Und als ich hob das tuch so minniglich
    würfelte ich vier:
drei waren gut doch noch zu zögerlich
    erst mit einer falschen vier
    gab ich's ihr!

Auf diesem tuche machte ich stich um stich
und noch lange würfelten wir

V

Ein neues liedchen will ich finden
noch vor regen eis und den winden –
meine dame prüft mich um zu befinden
ob ich sie denn auch wirklich liebe:
mag sie auch geifern und mich schinden
   meiner herrin ich trotzdem erbötig bliebe

Ihr bleibe ich stets treu ergeben
in ihr lehen kann sie mich erheben –
ich bin nicht trunken doch mein streben
treibt der hunger nach meiner dame liebe
denn ohne sie kann ich nun mal nicht leben
   obwohl sie vom speck mir nur läßt die griebe

Weißer ist sie als weißes elfenbein
darum begehr ich sie nur sie allein –
kommt sie mich nicht bald befrein
gibt sie sich mir nicht endlich hin in liebe
unter einem laubdach oder im kämmerlein
   Sankt Gregor mich wohl dem tod verschriebe

Wo läge denn edle dame euer gewinn
versagtet ihr mir eure liebe auch weiterhin –
nonne zu werden steht euch danach der sinn?
Wisset daß ich zu sterben fürchte vor liebe
bleibt ihr wie bisher solch eine richterin
   die einem nur zugesteht schmerzhafte hiebe

Wo wäre der gewinn wenn euer günstling
ohne ein widerwort einfach ins kloster ging?
Alle lust dieser welt ist unser leibgeding

379

meine dame gehört uns erst die liebe –
darum freund Daurostre ich bitt dich sing
　　　dies lied ohne so zu brüllen – daß es ihr beliebe

Ich zittere für sie und frier vor lauter gier
denn sie ist meines ganzen herzens liebe –
solch eine frau so zumindest scheint es mir
　　　gab es noch nie – seit vater Adams zeugutriebe

VI

Mit der süße einer neuen jahreszeit
wird der wald für die blätter bereit
und die vögel singen in ihrem latein
einen neuen vers einen neuen gesang:
jeder gibt sich nun dem hin allein
zu dem er spürt den höchsten drang

Kein brief kein bote und kein geleit
kommt von dort wo meine liebe weilt
ich finde keinen schlaf mehr – nein
ich wag keinen schritt – mir ist bang
vor schierem zweifel ob sie noch mein
ist oder dies aller hoffnungen abgesang

So wird es wohl mit unserer liebe sein
wie mit dem weißdornzweig im hain
der bei regen hagel und eis nächtelang
an seinem strauch zittert vor einsamkeit
bis der morgen findet zu einem anfang
in der sonne die ihn von der kälte befreit!

Der eine morgen fällt mir immer noch ein
wo alles versöhnung war und verzeihn
und ich von ihr ring und liebe errang
als geschenk und pfand der verbundenheit:
Gott schenk mir leben – zumindest solang
bis ich sie mit eigenen händen entkleid!

Ich gebe nichts auf unken und prophezein
bon vezi – nichts kann uns mehr entzwein
denn all dieses gerede ist doch ohne belang –
es gilt nur dieses sprichwort aus alter zeit:
laß andere die liebe rühmen im überschwang
daß von ihr uns brot und messer noch bleibt!

VII

Ein lied will ich machen weil ich schläfrig bin
ich sitz in der sonne geh müd her und hin –
es gibt damen die haben nur übles im sinn
   ich nenn euch den grund:
eines ritters liebe treten mit füßen sie
   ärger als einen hund

Eine dame begeht keine sünde wider die natur
erhört sie eines treuen ritters liebesschwur
doch wird sie eines mönches oder pfaffen hur
   dann gnade ihr Gott:
von rechtes wegen gehört sie dann
   auf ein schafott

381

Als pilger brach ich auf als braver peregrin
in die Auvergne jenseits des Limousin
und traf auf die werte gattin des Herrn Garin
       und die gattin des Herrn Bernart
einen herzlichen gruß entboten mir beide
       beim heiligen Leonhard!

Die eine bedeutschte mir in ihrem latein:
herr pilger – Gott soll auf euren wegen sein
ein hübscher bursche seid ihr gar fein
       und anmutig anzusehen
doch wir sahen schon zu viele narren
       durch diese welt gehen!

Meine antwort die sprach wohl für sich:
nicht muh noch mäh entgegnete ich
weder ein hüh noch hott mir entwich
       ich krähte nur wie ein hahn
       tarrababart marrababelio riben
       saramahart

Schwester sagte Frau Agnes zu Frau Ermessen
gefunden ist's wonach wir gesucht unterdessen:
schwester laden wir ihn ein zu bett und essen
       denn er ist stumm
und unser heimliches tun spricht sich durch ihn
       wohl nicht herum

Unter ihrem mantel nahm mich die eine mit
auf ihre kammer wo wir dann saßen zu dritt –
wisset daß ich's dort gut und gerne litt
       der ofen wärmte mark und bein
und mir gefiel es so bei ihnen zu sitzen
       im heißen feuerschein

Sie trugen mir kapaune auf und roten wein
langte ich nach so schenkten sie mir ein

und niemand war da außer uns drein –
      kein koch kein küchenjunge
und das brot war weiß schwer der wein
      pfeffer brannte auf der zunge

Schwester was wenn er stumm ist zum schein?
schwester was wenn er uns betrügt obendrein?
Rasch – holen wir unsere rote katze herein
      bei ihr wird er farbe bekennen
seine zunge sich lösen unter folter und pein
      und wir ihn als heuchler erkennen!

Frau Agnes kam der widerling hinter ihr drein
fett der schnurrbart lang – es war zum spein
als ich ihn sitzen sah zwischen den zwein
      und einen heidenschreck bekam
daß mich beinahe mein ganzer mut verließ
      so krumm und lendenlahm

Kaum war noch der letzte bissen gekaut
zogen sie mich aus nackt bis auf die haut –
hinter mir hör ich schon wie sie miaut
      die gräßliche katze
die sie mir vom schenkel zur sohle zogen
      mit der kralligen tatze

Sie zogen sie beim schwanz die rote katze
ohne unterlaß daß sie furchtbar kratze –
das biest schlug mir mit seiner pratze
      hundert wunden und mehr
doch keine wimper sahen sie mich zucken
      obwohl ich fast gestorben wär!

Schwester sagte Frau Agnes zu Frau Ermessen
er ist wirklich stumm – trotz unserer finessen
ein bad verlangten nun die beiden baronessen
      und ein wenig vergnügen

383

ich blieb bei ihnen acht tage und mehr
    und lebte in vollen zügen

Ich vögelte sie so oft wie ihr nun hört –
hundertundachtzigundachtmal auf ehre geschwört
doch fast hätten sie meinen riemen zerstört
    und das geschirr damit
nur nach der krankheit fragt mich nicht
    an der ich dann lange litt

Monet – gen morgen mach dich auf
mit meinem lied in der tasche und lauf
zum Herrn Garin und darauf
    zum Herrn Bernart
daß man mir zuliebe die rote katze
    endlich verscharrt!

VIII

Liebe ist's die mich jauchzend lieben macht
daß ich ihr voll freude den tribut entricht
und diese lust wird mir zur ersten pflicht
daß sie vollkommen ist trage ich acht
bei meiner ehre und wider jeden verdacht –
was ich höre erfüllt mich mit zuversicht

Ich war nie auf meinen guten ruf bedacht
und auf lobeshymnen noch weniger erpicht
doch wenn je eine blume ihre blüte verspricht
ist sie es in der sich die lust voll entfacht
und über allem erstrahlt mit ihrer pracht
jäh wie die sonne die durch die wolken bricht

Bei ihr hat niemand es niemals vollbracht
die gier stillt sich selbst demütig und schlicht
begierde und sehnsucht es vor ihr gebricht
solch eine freude hat noch keiner erdacht
und hätte man ihr jahrelang lob dargebracht
sie zu erringen gelänge einem doch nicht

Vor meiner dame versink ich in andacht
ein kniefall vor ihrer anmut ihrem gesicht
für ihre schönheit kennt mein recht nur verzicht
ich verliere vor ihren augen all meine macht
doch besteh ich ihrer liebe strenges gericht
wird mein leben von ihr wohl verhundertfacht

Ihr zorn hat gesunde ums leben gebracht
ihre liebe aber heilt krankheit und gicht
dem heiligen zieht sie ein narrengesicht
der schönling wird häßlich und ungeschlacht
der höfling gemein und voll niedertracht
zu einem edelmann aber der niederste wicht

Ohne makel und fehl wenn ich sie betracht
wird kein bild ihr gerecht und kein gedicht
nur sie allein hält mich im gleichgewicht
daß mir das herz im leib neu erwacht
und das alter verliert seine despotenmacht
einem anderen sie lassen war nie die absicht

So send ich ihr heut keinen boten zur nacht
ein brief kann sie kränken oder eine nachricht
besser ist's ich bin still schon aus vorsicht
ein wort jetzt eine geste wäre nur unbedacht
mein schicksal liegt nun in ihrer macht
sie weiß es – nur sie verleiht allem gewicht!

IX

Ein lied will ich machen rein aus nichts
nicht von mir noch von anderen spricht's
nicht von der liebe noch der jugend bericht's
      solange es währt
denn ich fand die verse dieses gedichts
      im schlafe auf einem pferd

Ich weiß nicht unter welchem stern ich geboren
nicht ob ich zur lust oder zum leid auserkoren
nicht ob ich von hier oder fremd und verloren
      noch nützt's wenn man sich wehrt:
auf einem berg hat sich die nacht mir verschworen
      und dieses los mir beschert

Ich weiß nicht wann ich eingeschlafen bin
noch wann ich wache – nichts ergibt einen sinn
fehlte nicht viel und auch mein herz wär dahin
      vor schmerz der sich verzehrt
doch bei Sankt Martial ich kann nicht umhin
      keine maus ist es mir wert!

Krank bin ich und zittere vor dem tod
nichts weiß ich außer was er anderen bot
einen arzt werd ich wohl rufen in meiner not
      nicht daß einer mich schert –
kann er mich heilen so verdient er sein brot
      wenn nicht war's eben verkehrt

Eine geliebte hab ich und kenne sie nicht
bei meiner treu – noch nie sah ich ihr gesicht
sie hat nichts was mich abstößt oder besticht

nicht daß es mich kehrt
auf Franken und Normannen war ich nie erpicht
daheim man sie gerne entbehrt

Ich sah sie noch nie und lieb sie doch sehr
weder wohl noch weh tat sie mir je bisher
was mir mehr trost ist als bittre beschwer
keinen hahn ist es mir wert
denn ich weiß eine andere die schön ist und hehr
und die mich begehrt

Das lied hab ich gemacht weiß nicht über wen
statt mir wird ein bote nach Anjou nun gehn
und es der singen die es erst kann verstehn
und die es ehrt –
in ihrem etui wird sie nach dem schlüssel sehn
daß er es mich lehrt

X

Von neuem sehen wir nun alles blühn
die weiden und wiesen in ihrem grün
die bäche und quellen und die frühn
winde sind klar –
so soll sich jeder um die lust bemühn
die er verlor letztes jahr

Ich kann nur gutes von der liebe sagen
ich spür sie nicht – wozu dann klagen?
Ich könnte sie ohnedies nicht ertragen
obzwar

387

sie dem schenkt lust und behagen
der ihr treu war

Schon von jeher war dies mein schicksal
die liebe ließ mir keine andere wahl
so war's so wird es sein – jedesmal
unwandelbar
die liebe wird mir im herzen schal
da alles stets nichts war

Andere überschüttet sie mit ihren gaben
doch was ich will kann ich nie haben
das sprichwort stimmt auf den buchstaben
ist es wahr:
nur wer geduldig sich kann gehaben
wird des glückes nachbar

Ergeben ist wohl keiner ganz der liebe
der sich nicht von herzen ihr verschriebe
den sie nicht von freund und feinden triebe
der nicht dankbar
ihren launen und kaprizen erbötig bliebe
und ihrer dienerschar

Demütig und unterwürfig muß er sie hofieren
will er nicht plötzlich ihre gunst verlieren
hochmut und stolz würden ihn verunzieren
das wäre tadelbar
und vergißt er auf seine höfischen manieren
läuft er ihr gefahr

Dieses lied sollte als beweis genügen
wer's lernt dem dient es mit vergnügen
denn jedes wort muß sich einer regel fügen
so wird sogar
die melodie – ohne allzusehr zu lügen –
schön und rar

Für Narbonne muß es genügen
            obwohl ich nie dort war
daß man ihr es biete zum vergnügen
            und mir zum lobe dar

Für Estève muß es genügen
            obwohl ich nie bei ihm war
daß man ihr es biete zum vergnügen
            und mir zum lobe dar

XI

Ein lied zu singen überkommt mich die lust
etwas stilles über den schmerz in meiner brust
Poitiers und der Limousin wird mir bewußt –
ich kann ihnen nicht mehr zu diensten sein

Morgen muß ich in die verbannung gehen
in furcht und gefahr werde ich stehen
meinen sohn zurücklassen und das lehen
seine nachbarn wohl in der feinde reihn

Der abschied tut mir aufs bitterste weh
von meiner herrschaft über Poitiers
die obhut überlaß ich Foulque d'Angers
über das land seines vetters allein

Hilft ihm Foulque d'Angers nicht beizeit
auch nicht der könig mit seinem geleit
kommt es mit der Gascogne zum streit
wird auch die Auvergne ihn kastein

Beweist er nicht ein wenig klugheit und mut
wenn alles fern von mir ohne mich ruht
wird sie ihn stürzen die schäbige brut
denn noch ist er zu jung für diesen verein

Gefährte ich bitte dich erbarme dich meiner
geschah dir auch unrecht es wollte keiner
und Gott im himmel erbarme sich deiner –
sei dein gebet auf provençal oder latein

Der lust und den waffen ihnen war ich geneigt
aber da ist ein weg der sich vor mir verzweigt
und jenen werd ich wählen den Gott mir zeigt
der mich zum seelenfrieden führt statt zur pein

Die freuden des fleisches die liebte ich sehr
doch unser Herr Gott will's nimmermehr –
die irdische last wiegt mir nun zu schwer
so nahe bin ich dem tod und seinem gebein

So lasse ich hinter mir denn alles zurück
das rittertum den stolz und mein ganzes glück –
Gott ist's für den ich aus dieser welt rück
und ich bin sicher er kann mir alles verzeihn

Freund und feinde bitt ich bei meinem tod
mich zu ehren mit einem großen aufgebot –
denn freude und unterhaltung war mein brot
und kurzweiligkeit schon immer mein wein

So laß ich denn freude und lust in der not
wie fehwerk grauwerk und den zobel sein

GIACOMO
DA LENTINO
ODER VON
DER ERFINDUNG
DES SONETTS

13. JAHRHUNDERT

Factum est, quicquid nostri predecessores vulgariter protulerunt, sicilianum vocetur; quod quidem retinemus et nos, nec posteri nostri permutare valebunt (I, XII 2–3) – selbst wenn Petrarca für die Dichter der Sizilianischen Schule wenig übrig hatte, so beginnt doch die Chronologie der italienischen Sprache und Dichtung mit diesen seinen Vorgängern in der ersten Hälfte des 13. Jahrhunderts. Die Sizilianer waren mit einigen Jahrzehnten Verspätung das

391

Pendant zu den okzitanischen Trobadors, den Trouvères im Norden Frankreichs, dem deutschen Minnesang und den *cantigas de amor* der galicisch-portugiesischen Trobadors. Am Hofe Friedrichs II. und Manfreds in Palermo, an diesem Außenposten Europas – der sein Territorium gerade von den Abbasiden erobert hatte und trotz der Massendeportationen von Sarazenen immer noch größte Schwierigkeiten hatte, das Land befriedet zu halten –, läßt sich das ganze Konglomerat mittelalterlicher Kultur ablesen.

Man imitierte die Ethik und den Kodex des Höfischen, man importierte die Gelehrten, die Gaukler, die Spielmänner, die okzitanischen Sänger, und imponierte mit dem Kosmopolitentum innerhalb der damaligen Grenzen: Friedrich II. sprach fließend Arabisch und den lokalen Dialekt, war des Okzitanischen und Lateinischen mächtig und stand mit Walther von der Vogelweide in engem Kontakt, während sein Schwiegervater Giovanni von Brienne auf französisch dichtete und Konradin auf mittelhochdeutsch. Eine eigene Identität jedoch entstand erst, als man der *lingua franca* des Lateinischen und der *koiné* des Okzitanischen eine eigene Sprache entgegensetzte, eine Hochsprache, die sich von der Umgangssprache ebenso zu distanzieren bemüht war, wie sie zugleich Latinismen und Gallizismen übernahm. Zeitlich fällt dies mit den Anfängen der Sizilianischen Schule in den dreißiger Jahren des 13. Jahrhunderts zusammen.

Unter den Dichtern am Hof Friedrichs II. räumen die *canzonieri* des 13. und 14. Jahrhunderts einem gewissen Giacomo da Lentino – auch *il notaio* genannt – den meisten Raum in ihren Abschriften ein; ein anonymer Dichter nennt ihn dort einmal den ›Meister der hohen Minne‹. Dante zählt ihn zum Hauptvertreter der Sizilianischen Schule, obwohl auch er, wie Petrarca, ihm im Vergleich mit dem *dolce stil nuovo* nur Konventionalität und Künstlichkeit zugesteht und ihm deshalb erst im Fegefeuer

392

begegnet. Greifbar ist von da Lentinos Leben recht wenig. Sein Name taucht in Dokumenten aus den Jahren 1230, 1233 und 1240 auf, und aus einem Gedicht läßt sich auf das Jahr 1248 schließen; aus weiteren Umständen liegt nahe, daß er um 1200 geboren wurde und zwischen 1250 und 1270 starb. Er war Notar – *Iacobus de Lentino domini Imperatoris notarius* –, was hieß, daß er für Lehensverträge und für die Abfassung der Privilegien Friedrichs II. zuständig war, dem er auf seinen Reisen durch Süditalien folgte; zudem agierte er als Gesandter, wurde aber auch als Kommandant der Festung von Carsiliato, in der Nähe von Lentino, aufgeführt. Seine offizielle Funktion teilt er sich mit den meisten übrigen Dichtern am Hof: Pier della Vigna war Kanzler, Jacopo Mostacci königlicher Falkner, Guido delle Colonne und Stefano da Messina waren Notare wie er.

Überliefert sind uns unter dem Namen Giacomo da Lentino 22 *canzoni*, von denen zwölf authentisch scheinen, und ein *discordo;* von den 35 Sonetten der frühen Sizilianischen Schule werden ihm 25 zugeschrieben, von denen wiederum wahrscheinlich ist, daß 21 von seiner Hand sind. Der Korpus besteht bis auf ein einziges Sonett an das Ideal der Freundschaft ausschließlich aus Liebesgedichten, die sich im Rahmen der okzitanischen Poetik bewegen. Die Metaphorik dieser Gedichte ist erstaunlich schlüssig – fast in jedem kommt er auf Bilder von Licht oder Feuer hinter Glas, auf das Vokabular der Optik und der Wahrnehmung zurück. Der Ton ist dabei uneinheitlich: er schwankt zwischen der konventionellen Verehrung der Frau, um dann wieder gegen dieses Artifizium zu protestieren; er umfaßt Experimente technischer Virtuosität ebenso wie einfache, fast naive Lieder, und es ist dieses Bemühen um einen realistischeren Ansatz, der heute das Interesse an den Gedichten ausmacht. Im Versuch einer Neubewertung des höfischen Ideals der Liebe galt er schon zu seiner Zeit als *arbiter elegantarium,* wie seine *tenzos*, die Streitgedichte über die Kasuistik der Minne mit della Vigna, Mostacci und dem Abate di Tivoli zeigen. Vor allem jedoch gilt er als der Erfinder einer eigenen poetischen Gattungsform: des Sonetts.

Wollte man die Poetik auf ihre hinlänglich bekannten Formen reduzieren, so bliebe nur eine Handvoll übrig: die klassischen Formen wie Ode, Hymne und Elegie, obwohl die Grenzen zwischen ihnen unscharf geworden sind; Volkslied und Ballade, die weniger formal, denn thematisch bestimmt werden; Marginalien wie das Lautgedicht oder die visuelle Poesie; eine Kurzform wie das Haiku; und schließlich das Sonett – als Idealtypus des Kunstgedichts, wenn man so will.

Die Ausprägungen, die das Sonett in seiner Geschichte erfahren hat, sind durchaus unterschiedlich; ein Grundmuster – sieht man von dem gemeinsamen Nenner von 14 Zeilen ab – wird dabei nur ansatzweise deutlich. Petrarca stellte zwei Quartette zwei Terzetten voran, wobei er für beide Quartette mit einem Zweierreim, für die Terzette mit einem Dreierreim auskam, auch legte er den Vers auf einen fünfhebigen Jambus fest. Im Zuge der Renaissance imitierten Ronsard und die Franzosen, danach die deutsche Dichtung dieses Schema und brachten mit dem alexandrinischen Versmaß eine Zäsur in jede Zeile. Das englische Sonett dagegen spitzte sich formal noch weiter zu, indem auf drei Quartette mit eigenen Reimen ein deutlich abgesetzter Zweizeiler folgte.

Keine andere lyrische Gattung thematisiert die Eigenarten und Probleme ihrer Form so häufig wie das Sonett, keinem anderen Typus wird eine so konzentrierte und pointierte Gedankenfolge nachgesagt – scheinbar ein Paradoxon, das letztlich die Frage aufwirft, inwieweit einer Gedichtform eine feste Sinnstruktur zuzuschreiben ist, inwieweit die Anordnung von Strophen und Reimen von sich aus einen bestimmten Aussagemodus zu erzeugen imstande ist.

Alle uns überlieferten Sonette Giacomo da Lentinos und die seiner Zeitgenossen zeigen kaum Varianten, was in Anbetracht einer gerade sich etablierenden Gattung erstaunt. Alle bestehen sie aus 14 elfsilbigen Versen, und jedes Gedicht wird von einem Wechsel im Reim in zwei Blöcke geteilt: eine Oktave und ein Sextett, die deutlich voneinander abgesetzt sind.

Für die Oktave ist das Reimschema ABABABAB das ursprüngliche. Die Sinnpausen verteilen sich statistisch gesehen auf einzelne Zweizeiler; die nachträglich eingeführte Zeichensetzung markiert immer die letzte, meist auch die vierte Zeile mit einem Punkt, während auf die zweite und die sechste ein Strichpunkt oder ein Gedankenstrich entfällt – was nichts anderes belegt, als daß poetische Sentenzen naturgemäß eher vier Verse als zwei oder sechs umfassen. Dennoch kannte das Sonett die größere formale Unterteilung in zwei Quartette nicht, die später durch das Schema ABBA ABBA akzentuiert wurde; die Oktave der Sizilianer wurde ursprünglich statt dessen in vier Distichen eingeteilt. Dies belegen auch die frühesten Manuskripte um 1300, wo die Schreiber der Oktave nur vier Zeilen gaben, ein Distichon für jede Zeile, die zusätzlich durch eine Initiale hervorgehoben wurde. In diesem Sinn teilen auch die ersten Theoretiker des Sonetts – Francesco da Barberino um 1315 und Antonio da Tempo 1332 – die Oktave in vier Zweizeiler ein, die sie *pedes* respektive *copulae* nennen: Versfüße und Bindeglieder.

Für die zweite Hälfte des Sonetts – das Sextett – liegen zwei Varianten im Reimschema vor: einmal als Fortsetzung der Oktave CDCDCD, doppelt so häufig jedoch CDECDE. Bei der ersten Variante ist augenfällig, daß die Sinnpausen hier nicht auf Distichen verteilt sind, sondern in der Mitte und am Ende liegen (bei wenigen Ausnahmen nur wäre ein Punkt an das Ende der vierten Zeile zu setzen), was einer Unterteilung in Terzette entspricht, welche die zweite Variante durch ihr Reimschema noch bestärkt. Gegen eine Auflösung des Sextetts in drei Zweizeiler als Sinneinheiten wie bei der Oktave spricht auch ein kompositorisches Argument: als Ganzes würde das Sonett so in zwei ungleiche Hälften zerfallen, antiklimaktisch und monoton – als würden sie eine Symmetrie von Auf- und Abgesang intendieren, der zwei Zeilen zur Perfektion fehlen. Eine Transponierung der Distichen in Terzette und des Paarreims in einen Dreierreim schafft jedoch eine Wendung und zugleich einen Abschluß, dessen Komplexität der einfacher gebauten Oktave noch gerecht wird. Für die Grundform CDE-CDE und die Untergliederung in zwei Hälften sprechen zudem die Manuskripte der Liedersammlungen, wo das Sextett in Terzette zu je eineinhalb Zeilen aufgelöst ist, wiederum mit einer sich klar auszeichnenden Initiale. Francesco da Barberino und Antonio da Tempo bestätigen diese Differenzierung – der eine nennt die beiden gleichen Teile *mutae*, der andere *voltae:* Wandlung und Sprung.

Zum Ursprung des Sonetts gibt es zwei Theorien. Die eine geht von der am häufigsten auftretenden, aus dem okzitanischen Raum stammenden Form des Minneliedes aus: der *canzone*, deren einzelne Strophen sich in zwei *pedes* – die beiden Stollen des Aufgesanges –, gliedern lassen, die zusammen die *frons* – die Stirn – bilden, im Gegensatz zum Abgesang, der *sirma*. Dagegen spricht jedoch, daß die Kanzone eine Form war, die abgesehen von ihrem Aufbau in allen anderen Aspekten sehr stark variiert, sowohl in der Anzahl der Zeilen wie im Metrum und dem Reimschema; die Einfachheit des Reimschemas im Sonett sowie seine Rigidität in der Form läßt sich von dieser technisch anspruchsvollen Gattung her nicht erklären; dazu kommt, daß weder in den Kanzonen der Trobadors, noch der Trouvères und des Minnesangs ein Modell nachweisbar ist, das dem sizilianischen Sonett als genaue Vorlage gedient haben könnte.

Die zweite, weit wahrscheinlichere Theorie geht davon aus, daß das Sonett aus dem *strambotto* entstanden ist, einer volkstümlichen sizilianischen Liedform, die jedoch erst nach dem Sonett aufgezeichnet wurde; ihre acht elf-silbigen Verse in der Reihenfolge ABABABAB ent-sprechen exakt der Oktave des Sonetts. Wie dort bildet auch im *strambotto* das Distichon die musikalische Ein-heit: die Melodie des ersten Zweizeilers wiederholt sich in allen folgenden, wobei es wie in der Oktave in der Mitte eine kurze Atempause gibt.

Die Erfindung des Sonetts bestand also im wesent-lichen darin, eine verbreitete Volksliedform aufgegriffen und durch ein Sextett erweitert zu haben: den Gleichklang alternierender Reime mit einem strafferen und offeneren Versmaß konterkariert, der in regelmäßig abwechselnden Schritten voranschreitenden binären Struktur eine dis-parate, triadische entgegengesetzt zu haben. Die Frage ist nur warum, und was all dies mit der Logik des Sonetts zu tun hat.

Was man beim Sonett – trotz der Bedeutung des Namens: ›kleiner Tonsatz‹ – fast zu Recht vergessen hat, ist, daß es zu einfachen Melodien gesungen wurde; das abschließende Sextett hatte dabei anfangs die Funktion eines Refrains zu erfüllen, genauer gesagt einer *volta:* eines Sprungs von den Distichen zum Dreiklang der Terzette. Diese unerwartet abschließende Wendung deutet zugleich mit dem abweichenden Reimschema auch eine leichte Disso-nanz an, eine Kadenz wie von C-Dur zu As-Dur oder a-Moll: in der Musik nennt man so etwas auch einen Trug-schluß.

Daß dieser Wechsel von AB zu CDE anfangs auch so empfunden wurde, legen jene Sonette nahe, die ent-weder einen oder auch beide Reime der ersten Hälfte in die zweite übernehmen, oder es bei nur zwei neuen Reimen – CD – belassen. Eine weitere Abweichung von der einfachen Linearität des Volksliedes hat vermutlich anfangs ein gewisses Unbehagen bereitet, weil sie unmoti-viert scheinen mußte. Wie da Lentino diesen vermeint-lichen, weil ungewohnten Defekt elegant behob, wird vielleicht an seinem ältesten Sonett deutlich, das durch seine Struktur wie der Übergang vom *strambotto* zum Sonett erscheint: *So wie den Schmetterling* (VI). Es ist, als Ausnahme von der Regel, das am besten singbare des ganzen Korpus: nicht nur durch Binnenreime – die sonst nur in einem einzigen weiteren Gedicht vorkommen –, sondern vor allem deshalb, weil da Lentino, statt den dritten Reim am Schluß zu doppeln – also CD*E*CD*E* –, gleich die ganze Zeile wortwörtlich wiederholt, die so die Prägnanz eines Aphorismus gewinnt und die Funktion eines *ritornello* hat, der Wiederkehr eines Refrains: *Die Liebe nimmt das Leben wie sie es schenkt.*

Das Problem bei der Erfindung des Sonetts scheint demnach folgendes gewesen zu sein: wie war dieser Bruch zwischen Volkslied und Kunstgedicht zu überbrücken? Wie nach dem ruhigen Gleichklang der Oktave der plötzlich hastige Sprung in drei neue Reime auf so kleinem Raum kompositorisch zu lösen? Wie im Grunde den dritten, zusätzlichen Reim im Terzett legitimieren, der in der Symmetrie der übrigen Verse für die damaligen Ohren wie ein Fremdkörper wirken mußte?

Eine Antwort darauf liegt im Übergang von der oralen Tradition zu einer schriftlich fixierten, wie er mit der Sizilianischen Schule und dem Entstehen der italienischen Schriftsprache geschieht. Metrum, Alliteration und Reim dienten der mündlichen Überlieferung von Geschichte und Gedankengut als Erinnerungshilfe, nicht als kompositorisch frei einsetzbare Elemente; sie waren Folien für den Vortrag, die seine Breite bestimmten, ein Rückgrat, das den Inhalt und die Abfolge seiner Segmente stützte. Weder die Metren der Antike noch die der Basken und Korsen zu Anfang unseres Jahrhunderts kennen deshalb eine gewollte Abwechslung innerhalb eines Schemas.

Die Geschichte des Reims dagegen ist eine andere, spätere, aber auch sie läuft darauf hinaus. In der arabischen Literatur, die in ihrer Perfektion Jahrhunderte vor dem höfischen Zeitalter sowohl für die Okzitanen als auch die Sizilianer als Modell bestimmend war, sind die Metren und Alliterationen sprachlich bedingt weniger akzentuiert ausgeprägt; dominant ist der homophone Reim, den die Sprache anbietet, und der über eine ganze *qasidah*, mehr als hundert Verse hinweg, gleich bleiben kann. Aber auch hier ist der Spielraum eng: der Reim organisiert immer nur Basiselemente des Vortrags; seine Abstände müssen kurz gehalten werden, um hörbar im Gedächtnis zu bleiben. Nachvollziehen läßt sich das etwa bei den Liedern des ersten uns überlieferten Trobadors, Guihelm IX., wo die meisten mit zwei Reimen jede fünfzeilige Strophe bestimmen, zwei Reime sich in einem Gedicht auch über 42 Zeilen kreuzen können, und schließlich ein einziger Reim – in der am weitesten gehenden Imitation arabischer Dichtung – allein einen *vers* von 27 Zeilen umfaßt. Und erst eine Generation später vergrößert sich mit Raimbaut d'Orange und Arnaut Daniel die Distanz zwischen den Reimen, bis sie nur mehr von ferne, ja fast unhörbar werden.

Zu finden sind diese freien Zeilen aber auch in den *muwashshaha* der andalusischen Dichter wie Ibn Zaydun im 11. Jahrhundert, wo sie, zwischen homophone Blöcke eingeschoben, den Gedichten eine Transparenz verleihen, die sich akustisch zunehmend einer Grenze nähert. Der Grund dafür ist, daß die Gedichte mehr und mehr auf Pergament komponiert wurden, und – wie das Geleit bezeugt – zunehmend von anderen gesungen; sie wurden visuell überschaubar: was der Lyrik eine andere Dimension und Dichte eröffnete. Das akustische Phonem wird so zu einem visuellen Lexem, das einer anderen Logik gehorcht, weil es beliebig wiederholbar und damit überprüfbar wird; es beginnt sich statisch im Raum als Einheit zu organisieren, nicht mehr nur allein in der Zeit als einmaliges Ereignis. Und dieser Freiraum ist es, der schließlich auch das Sonett prägt und ihm eine visuelle Klarheit verleiht, je mehr es akustisch an deutlicher Kontur ver-

liert. Dementsprechend sind da Lentinos Sonette eher
schlecht als recht intonierbar: die Elfsilbigkeit der Verse
existiert nur im Schnitt, was die Melodie unberechenbar
macht; sie sind eher sprechbar als singbar, da die Komplexität der Syntax kaum mehr durch die Erfordernisse
des Gesangs abgeschliffen wird.

Noch einmal zurück zum Reim. Die Disparität innerhalb
der 14 Zeilen musikalisch durch das *ritornello* zu lösen,
war durch die Herkunft des Sonetts aus dem sizilianischen
Volkslied fast vorgegeben. Bei da Lentino aber gibt es als
Ausnahmefall einen anderen Versuch, um den Bruch zwischen Oktave und Terzetten in einer Harmonie aufzulösen;
wie die Trobadors vor ihm imitiert er in drei überlieferten
Sonetten die Homophonie der arabischen Literatur: *Bricht
man eine Lilie* (X); *So wie die Sonne* (III); *Allein das
Sehnen* (IX). Die sizilianische Sprache – nicht nur durch
ihre Nähe zu den Sarazenen auf der Insel – bot sich bis zu
einem gewissen Grad dafür an. Die quantitative Auswahl
an Reimen ist zwar begrenzt, dafür aber enden sie durchwegs auf Vokalen, was zwar noch vernehmlich, aber doch
wieder nicht prägnant genug ist für einen starken Reim.
Da Lentino findet nun einen intelligenten Mittelweg, um
den beiden ungleichen Hälften des Sonetts ein einheitliches Gerüst zu verschaffen: er wiederholt durchgehend
seine Reimwörter, sodaß fünf davon ihm für ein ganzes
Gedicht genügen. Die akustische Monotonie, die sich dadurch ergibt, kompensiert er auf der lexikalischen Ebene:
er nützt die Mehrdeutigkeit, die das einzelne Reimwort
hat, und läßt es bei keinem Versende dasselbe bedeuten.
Dieses poetische Verfahren aber hat etwas Erratisches
an sich – es zwingt zu einer Virtuosität, der die Sinnstruktur manchmal hinterherhinkt, und schafft damit eine
Kompliziertheit, die nur eine mehrmalige Wiederholung
aufschlüsseln kann: überblickbar wird sie erst als Ge-
schriebenes, kaum mehr als Gesungenes. Wo also das
Sonett mit dem *ritornello* noch sein Potential an Kunst-

fertigkeit zu wenig ausgeschöpft hatte, ist es in diesen drei Sonetten bereits etwas überstrapaziert: mehr erratisch als erotisch, eher kompliziert als komplex. Was bei diesen Versuchen teilweise noch fehlt, ist die zwingende Legitimation der Sonettenform durch den Aufbau des Inhaltes. Und die Matrix von Inhalt und Form war es ja letztlich, der das Sonett seine Verbreitung und seinen Erfolg zu verdanken hat.

Giacomo da Lentino war wie gesagt Notar, also Jurist und Beamter wie die meisten anderen Dichter der Sizilianischen Schule, geschult und sicher auch gewandt im Auslegen und Darlegen von Sachverhalten. Ein großer Teil der Sonette steht im Rahmen von *tenzos*, Wett- und Streitliedern, die das Thema eines Liedes in einem anderen aufgreifen, kommentieren und den eigenen Standpunkt darstellen. Das erste von Jacopo Mostacci stammende Gedicht (Ia) einer solchen *tenzone* etwa beginnt mit dem für diesen Dialog programmatischen Satz: *solicitando un poco meo savere / e con lui voglendomi diletare / un dubio che mi misi ad avere.* Das *solicitando* ist dabei wirklich in einem juristischen Sinne gemeint, wie man einen Anwalt (der englisch immer noch *solicitor* heißt) im Zweifel um Beistand bittet – ein Appell an das *savere*, den Verstand, das Wissen schlechthin; am Schluß wendet sich das Gedicht denn auch an den Richterspruch eines *sentenziatore*. Die Sonette waren also Teil eines richtiggehenden Disputes über das Thema Liebe, genauer: über die für die Sizilianer neue höfische Ethik der Liebe.

Der Standpunkt, den Giacomo da Lentino, der Notar, dazu bezog, war dabei erstaunlich kritisch und differenziert; in einer anderen *tenzone* mit dem Abt von Tivoli etwa weist er ihn wegen seiner Jammerei über die Frauen zurecht, indem er ihm zu verstehen gibt, daß ihm eine solche Wehleidigkeit schlicht auf die Nerven geht – eine in der höfischen Poesie doch eher ungewöhnliche Stellungnahme, welcher der Abt im nächsten Sonett dann zudem in aller Reverenz recht gibt. Das Sonett gewinnt in diesen Debatten an Profil, indem es zum Vehikel konzise dargebotener Erörterungen und Entgegnungen wird – was in zweifacher Hinsicht auf eine dritte, mögliche Entstehungstheorie hinausläuft: zum einen, weil das Sonett als Teil des Zyklus einer *tenzone* konzipiert und vorgetragen wurde, welche die Disparatheit der Sextette durch mehrmalige Wiederholung wieder auflöst, zum anderen, weil es das Gedicht selbst auf ein herausgearbeitetes Argument festlegt.

Wenn man die lange Rezeptionsgeschichte des Sonnets im deutschen Raum betrachtet – stellvertretend für die übrigen Literaturen –, so fällt auf, daß alle theoretischen Texte sich ausschließlich auf das Reimschema und die Zweiteilung des Gedichts konzentrieren. Eine innere Struktur wird dabei nur ausnahmsweise und sehr allgemein wahrgenommen, bei Philipp Zesen etwa, der das *Kling-gedicht recht in drei teile / als in den satz / gegensatz / und ab-gesang / auf Pindarischer lieder ahrt / teilen wolte (Der Helikonischen Ober-treppe dritte stuffe)*. Noch August Wilhelm Schlegel in seiner wohl immer noch einflußreichsten *Vorlesung über das Sonett* sieht den Satz und Gegensatz des Sonetts bedingt durch die *paarende und trennende Kraft des Reimes* und entwickelt daraus seine metaphysische Konfiguration des Reimschemas zum Kubus. Das heute übliche Schlagwort des Dialektischen schließlich fällt erst Anfang unseres Jahrhunderts. Das Problem an diesem Begriff ist jedoch, daß er zwar in die richtige Richtung zielt, aber die Struktur des Sonetts nur ungenau umreißt.

Nach Aristoteles erfand Zenon von Elea die Dialektik als die Kunst der Disputation durch Frage und Antwort, die Platon zu der Kunst weiterentwickelte, Ideen an sich zu analysieren und Gemeinplätze zu hinterfragen. Bis zur Scholastik blieb die Dialektik dann das allgemeine, philosophisch unterlegte Äquivalent zur Logik, im Sinne einer logisch-formalen Beweiskunst, nicht mehr. Die scholastische Methode des *sic et non* führte zuerst Gründe für und wider eine These an, brachte dann die Problemlösung und antwortete endlich auf etwaige Einwände. Sie konnte sich dabei nur auf wenige Quellen stützen; bis zum 13. Jahrhundert standen den Mönchen nur fünf bis sechs grundlegende Bücher in lateinischer Übersetzung zur Verfügung: Boetius, Platons *Timaeus*, die hauptsächlich grammatikalischen *Principiae dialecticae* des Augustinus, Aristoteles' *Categoriae decem* und *De interpretatione* sowie Martianus Capellas Satyricon *De nuptiis*, dessen viertes Buch der Logik gewidmet war. Zu Giacomo da Lentinos Zeit waren die Spekulationen des Universalienstreites zu den Kunstgriffen reiner Rhetorik herabgesunken, während die durch die arabischen Philosophen Avicenna und Averroes vermittelten Originaltexte des Aristoteles gerade erst wieder neue Impulse zu setzen begannen, die häretische Züge hatten.

Den Begriff der Dialektik auf das Sonett anzuwenden, wie es gemeinhin gemacht wird, ist problematisch. Inhaltlich mag er die Reaktion des sizilianischen Hofes auf die neue, von den Provenzalen importierte höfische Ethik charakterisieren, in dem Sinn, daß das Sonett ein Instrument war, um logische Unterscheidungen in die Doktrin der Liebe zu bringen und auf ihre Universalien zu stoßen. In einem engeren Sinn trifft er eigentlich nur auf die von mehreren verfaßten *tenzos* zu, in deren Rahmen das Sonett steht. Nur hier paßt er zu diesen offen auf einen analytischen Dialog ausgelegten Ensembles und zu ihren später sich herausbildenden Abarten: dem *Sonetto di riposta*, dem Echo- und Dialog-Sonett, der *catena* – die Sonettenkette –, und schließlich der 15teiligen *corona*, dem Sonettenkranz, bei dem die letzte Zeile eines Gedichts zur ersten des nächsten wird, bis sich alle Zeilen schließlich zu einem Meistersonett fügen.

Brauchbar ist die Dialektik somit nur als Oberbegriff, der auf die analytische und logische Perspektive des

403

Sonetts verweist; für die ihm immanente Struktur bleibt die Bezeichnung eigentlich falsch, weil das Sonett einzeln besehen stets nur eine These aufstellen kann, Antithese und Synthese erst dem Kontext eines Diskurses vorbehalten sind. Was nun die spezifische Logik des Sonetts betrifft, so ist sie in der Rezeptionsgeschichte eigentlich erst von Friedrich Schlegel wahrgenommen worden, wenn auch nur als kurze Notiz:

> *In dem wahren Sonett müßte das erste Quartett Prämisse, das zweite Major und Minor sein, und die Terzetts Conclusion. [...] Das Sonett [...] entspricht der Form des Syllogismus, wo ein Gedanke nach der ganzen Förmlichkeit des Denkens in sich selbständig entwickelt, abgeschlossen und gegründet wird, nach Vor-, Nach- und Schlußsatz.*

Es ist das Faktische, was das Sonett ausmacht, und das Analytische, das da Lentinos Poetik auszeichnet. Als Notar hat seine Ausbildung das *trivium* von Grammatik, Rhetorik und Dialektik durchlaufen – mit eingeschlossen in dieser Scholastik natürlich auch die Schlußmodi des Aristoteles: womit wir bei der Logik wären. Logik, heißt es, ist die Wissenschaft des Schlußfolgerns, die zwei zusammenhängende Prämissen in eine Konklusion überführt. Die drei Stufen des Syllogismus bauen auf den nur speziell gültigen Prämissen des Analogieschlusses auf, der seinerseits zur Grundlage der Induktion wird, wo vom Besonderen auf das Allgemeine geschlossen wird, was die Deduktion wieder umkehrt, wenn sie von einem Axiom Einzelfälle ableitet. Das Prinzip bei all diesen Schlußfiguren ist das Sich-Entsprechen von Begriffen, die Ähnlichkeit innerhalb eines Vergleichs, die Analogie, die Aristoteles ursprünglich *Paradigma* nennt. Anders nun als in seinen Kanzonen wendet Giacomo da Lentino, *il notaio*, diese Grundformen der Logik auf seine Sonette an, wie um sich über dieses neumodische Phänomen der Minneliebe Klarheit zu verschaffen. Belegen wir es mit Beispielen.

Das Sonett *So wie die Sonne* beginnt bereits mit der Ableitung konstitutiver Merkmale der Liebe; es besteht aus reinen Konsekutivsätzen, welche Folgen kennzeichnen, die scheinbar parallel strikte Ähnlichkeiten darlegen: *So wie Liebe ist auch die Sonne, die durch das Fenster geht, so wie die Liebe ist aber auch das Spiegelbild, das durch die Augen geht, und so wie die Liebe ihre Pfeile schickt, so schickt auch die Sonne ihre Strahlen und der Spiegel sein Licht; daraus folgt, daß auch die Liebe durch die Augen geht, sich wie das Licht am Herz bricht und es damit.* Jeder Zweizeiler entwickelt so seine Prämisse, die streng die syntaktische Aussage der vorherigen redupliziert; und dieses Bemühen um eine logische schlüssige Explikation der Similes geht bis in die Wiederholung einzelner Worte – *manda, spera, passa, vetro, parte* –, die aufgezählt werden wie die Konstanten aristotelischer Kategorien, aufgrund derer Schlußfolgerungen erst wahr werden.

Den vier Distichen der Oktave – die ja ursprünglich mit dem aus der Logik stammenden Begriff *copula* bezeichnet wurden – wird so erst ihre eigentliche Funktion zugewiesen: die ersten drei stehen für den Obersatz, den Untersatz und den Schlußsatz eines Analogieschlusses. Was das vierte und letzte Distichon betrifft, so beschließt es die erste Hälfte des Sonetts, indem es einen logischen Schritt weitergeht. Der begrenzt gültige Analogieschluß wird zum Ausgangspunkt einer Induktion, welche daraus dann eine allgemeingültige Aussage ableitet: was vorher nur der Einzelfall eines Lichtreflexes im Spiegel oder der Sonneneinfall durch ein Fenster war, wird jetzt zur *condition humaine* der Liebe, daß sie nämlich verwundet und dem Mann überhaupt das Herz bricht. Die Oktave arbeitet so auf ihre Pointe zu, auf einen Satz von der Prägnanz eines Sprichwortes, eines Aphorismus, der ja auch nichts anderes ist als eine Verallgemeinerung aufgrund einzelner Phänomene.

Damit ist ein Punkt erreicht, bei dem jeder andere Gedichttypus – der auf weniger pedantische Art vorgeht –

es belassen würde; daß ein Sonett jedoch nicht mit der Oktave enden kann, hat einen bestimmten Grund. Das Gedicht als poetische Struktur geht ja von einer subjektiven Dimension aus: von der primären, intuitiven und metaphorischen Erfahrung eines Ich, die einen Raum eröffnet; was es als Ganzes auf einer logischen Ebene zu leisten vermag, ist bestenfalls, daß es einen Rahmen für dieses Ich schafft, es in einem Kontext profiliert und bündelt. Giacomo da Lentinos Sonette stellen hingegen – wie strenggenommen jedes Sonett – das Ich zurück, sie implizieren es nur, um das Faktische in den Vordergrund zu stellen, das allein den Anforderungen eines Syllogismus gerecht werden kann. Im Zusammenhang mit den Minneliedern seiner Zeit ist dies das Erstaunliche und Neue am Sonett: es objektiviert seine Emotion, wo die trobadoreske Poetik vom Expressiven, dem Appell, der Anrede und der Apostrophe der Geliebten lebt, die bei da Lentino namenlos, ja körperlos bleibt wie das Ich: keine Personen, sondern Figuren, Begriffe in der logischen Operation einer Schlußfolgerung. Ein Ich als symbolischer Träger der Aussage muß beim Sonett erst hergeleitet werden. Und dies ist die Aufgabe und die eigentliche *raison d'être* der zweiten Hälfte des Sonetts, ihre inhaltliche Legitimation, die dem Disparaten der Form einen Sinn gibt und die *volta* des Sextetts zwangsläufig fordert.

Das erste Terzett zieht zuerst einen weiteren, diesmal elliptischen Induktionsschluß auf der Basis der vorhergehenden Analogien: *So wie ein Sonnenstrahl etwas glühend heiß werden lassen kann, so setzt auch ein Liebespfeil Herzen in Glut, ohne daß sie wirklich brennen.* Dann aber kehrt das zweite Terzett die Schlußrichtung um und wird zur Deduktion, die von einer derart erarbeiteten Wahrheit wieder einen einzelnen Sachverhalt ableitet; es wird zur Maxime und zum Dogma, mit denen sich eine Moral, eine Verhaltensweise oder ein Sachverhalt begründen lassen, es wird zu einer damals beliebten Form: der

Sì come il sol che manda la sua spera   e passa per lo vetro e no lo parte
E l'altro vetro che le donne spera   che passa gli oc<c>hi e va da l'altra parte
Così l'Amore fere là ove spera   e mandavi lo dardo da sua parte
Fere in tal loco che l'omo non spera   e passa gli oc<c>hi e lo core diparte

Lo dardo de l'Amore là ove giunge   da poi che dà feruta sì s'aprende
Di foco c'arde dentro e fuor non pare
E [li] due cori *insemola* li giunge   de l'arte de l'amore sì gli aprende
e face l'uno e l'altro d'amor pare

Or come pote sì gran donna intrare   per gli occhi mei che sì pic<c>ioli sone
E nel mio core come pote stare   che nentr'esso la porto laonque i' vone
Loco laonde entra già non pare   ond'io gran meraviglia me ne done
Ma voglio lei a lumera asomigliare   e gli oc<c>hi mei al vetro ove si pone

Lo foco inchiuso poi passa di fore   lo suo lostrore sanza far rot<t>ura
Così per gli oc<c>hi mi pass'a lo core   no la persona ma la sua figura
Rinovellare mi voglio d'amore   poi porto insegna di tal criatura

407

scholastischen Sentenz. Und erst damit erlaubt es, die Rollen, die Mann und Frau, Subjekt und Objekt in dieser logischen *copula* spielen, Schritt um Schritt explizit werden zu lassen; es erlaubt sozusagen in seiner Konsequenz erst ihre Existenz: *Und weil das Feuer der Liebe zwei Herzen verbindet und sie in der Folge die Kunst der Liebe lehrt, macht sie einen dem anderen in Liebe gleich.*

Analogien führen zu Induktionen, aus denen sich prälogische Erfahrungen deduzieren lassen: wahrscheinlich liegt in dieser rigiden Beweisführung die Faszination, die das Sonett bis heute ausübt; als ob sich in ihm wie in einer Matrix bestimmte poetische Daten wie mathematische Größen in einem Schema von senkrechten und waagrechten Zeilen einordnen ließen; als ob sich in ihm Chiffren wie Ziffern und Zahlen multiplizieren ließen, um unter dem Strich eine Wahrheit zu erhalten; als ließe sich über diese kombinatorische Logik die Welt begreifen. Oder zumindest als könnte man mit der in sich geschlossenen Form des Sonetts etwas schaffen, was so vollkommen in sich ruht wie ein Ding, wo jede Emotion objektiviert und unantastbar wird. Natürlich aber ist dies nur die Aporie, an der sich das Sonett ausrichtet. Die sterile Perfektion eines logischen Schlusses erreicht es nicht.

Den detaillierten Beweis für die einzelnen Syllogismen müssen wir jedoch schuldig bleiben – obwohl er auf den ersten Blick leicht führbar zu sein scheint. *Der Strahl der Sonne geht durch das Glas; der Strahl des anderen Glases geht durch das Auge:* aber dann? Ganz abgesehen davon, daß die Reihenfolge der Begriffe logisch nicht korrekt ist, ist auch der Mittelbegriff doppeldeutig, weshalb ein Schluß nicht deduziert, sondern denunziert wird. Um die logische Struktur des Gedichtes aufzuschlüsseln, müßten wir ganze Äste von Analogieschlüssen aufstellen, um nur die ersten zwei Prämissen zu erklären, ohne den Sinnsprüngen der Sprache wirklich auf die Spur zu kommen, die ja bereits in der Vieldeutigkeit der einzelnen, wenn auch dauernd wiederholten Worte liegen: *Die Sonne scheint durch das Glas hindurch, das andere Glas aber reflektiert.* Aktiv und Passiv, Subjekt und Objekt verdrehen die Begriffe; wie ist *der Spiegel, in dem sich Frauen widerspiegeln* als Analogie zu verstehen, außer dadurch, daß beide durch das *spera* gekoppelt werden? Wo liegt die Ähnlichkeit, wenn *der Strahl das Glas nicht zerbricht,* aber *der Pfeil der Liebe verwundet?* Oder was eigentlich ist d*as Glas:* wenn es wirklich Fenster und Spiegel ist, woher dann das Feuer? Oder ist es nicht eher das Brennglas, die Linse, die sich vom Namen des Notars – Lentino – herleiten läßt, deren konvexe Seite das Feuer erzeugt, während man sich in der konkaven spiegeln kann? Konkav und konvex wie das Herz, wie Mann und Frau in ihrer Symmetrie? Wenn wir es also mit Schlüssen zu tun haben, dann mit *sorites,* Kettenschlüssen, in denen A zu B zu C und schließlich zu Z wird, ohne daß dies logisch noch nachvollziehbar wäre.

Wir haben es im Grunde mit Hülsen von Syllogismen zu tun, rhetorischen Attrapen, die sich zwar um Logik bemühen, sie aber letztlich doch nur suggerieren können: als Konjektur. Die Aporie, der sich das Sonett trotz bestgemeinter Intentionen gegenübersieht, liegt bereits in der Komplexität der Sprache überhaupt, und nicht einmal so sehr nur in der poetischen Sprache: auch Aristoteles hat in *De interpretatione* die Prämissen, die über wahr und falsch entscheiden, von den übrigen Sätzen ausgenommen und sie auf die Rhetorik und die Poesie verwiesen.

Dazu kommt, daß das Ich gar nicht in diesem Ausmaß depersonalisierbar wäre, daß es in das Schema eines *barbara, camestre, festino* – oder wie sie alle 19 heißen – passen würde. Die Kunstgriffe der Logik gelingen nur, wenn man das Subjekt unterdrückt; sobald das Ich mehr Raum beansprucht, stört es die Folgerichtigkeit. Ein Beispiel dafür ist *Nun – wie kann eine so hohe Dame* (IV). Auch hier läßt sich der Aufbau von Analogie und Induktion bis zur schließlichen Deduktion nachweisen, nur eben ein wenig durch- und untereinander: das Ich spielt von Beginn an eine zu große Rolle, als daß es sich dem Schema fügen würde, sodaß Induktion und Analogie ihre Reihenfolge tauschen und sich durchdringen. Letztlich behält freilich die Rigidität der Sonettstruktur die Oberhand, indem die Deduktion ihren Imperativ doziert. Die Grundstruktur bleibt so, auch wenn sie trügerisch ist, bestehen, das Sonett, wenn es gut ist, weicht davon kein Jota ab: was sich bei Shakespeare, aber auch bei Queneaus *Cent mille milliards de poèmes* oder Franz Josef Czernins *Sonettenkranz*, gerade an diesen, belegen ließe.

Es gibt zwei Theorien der Metapher. Die eine, moderne, geht von der Interaktion jener beiden Begriffe aus, die in ihr gekoppelt sind: in der Spannung, in der sie zueinander stehen, werden sie durch ihre Konnotationen und durch den Kontext so modifiziert, daß sie ein eigenständiges, drittes Ganzes bilden, das nicht mehr in seine semantischen Einzelteile zerlegt werden kann. Dieser Auffassung zufolge konstruiert die Metapher ihre eigene, alogische Welt.

Die ältere, auf Aristoteles zurückgehende Substitutionstheorie besagt, daß das Prädikat der Metapher das Subjekt näher bestimmt, das Verhältnis also einseitig ist; die Metapher ist dabei nichts anderes als ein verkürztes Simile, das auf der Analogie aufbaut: so wie A ist zu B, so ist C zu D – wobei diese Beziehung natürlich nur implizit zum Tragen kommt, weil die Metapher bloß eine elliptische Aussage innerhalb eines logischen Rahmens trifft.

So gegensätzlich die Theorien sind, so beziehen sie sich doch beide auf die zwei Gegenpole, die in der Metapher gleichzeitig zum Ausdruck kommen: die wörtliche Ebene und die figurative. Die Logik des Sonetts hat damit zu tun.

Es gibt in ihm in der Regel keine starken Metaphern in einem interaktiven Sinn, ganz einfach deshalb, weil sie das

Korsett des Sonetts sprengen würden. Die Unmittelbarkeit, die Überraschung und letztlich die Unauflösbarkeit, welche die Metapher in ihrem figurativen Extrem kennzeichnet, läßt sich in sein Schlußsystem nicht einbinden; die radikale und apodiktische Subjektivität der Metapher widerspricht dem Sonett geradezu. Was ihm dienlich ist, ist die elliptisch auf der Analogie aufbauende Metapher und das Simile. Gerade letzteres in seinem Auseinanderhalten der Begriffe und seiner Distanz hilft dem Sonett, seine Prämissen einzuführen. Die betont figurative Metapher schafft eine intensive Totalität widersprüchlichster Dinge und Emotionen in einem Augenblick; das Simile und der verkürzte Vergleich sind weniger aufdringlich: sie behaupten zwar, daß zwei Dinge einander gleich sind, aber sie eröffnen damit einen Diskurs, den das Sonett als Ganzes aufnimmt und zu Ende führt. Das heißt jedoch nicht, daß die Metaphern im Sonett weniger suggestiv wären, im Gegenteil: in ihrer Digrammatik führen sie einen doppelbödigen Diskurs, der um so suggestiver ist, je konturierter und scheinbar definierter sich die wörtliche Ebene und die figurative, die logische und die metaphorische einander gegenüberstehen.

In diesem Sinn ist das Sonett eine einzige Metapher, die ihre Komponenten gegenläufig durchexerziert. Es profitiert von der Suggestivität der Metapher – aber es viviseziert diese Suggestion gleichzeitig durch seine logischen Instrumente. Und dabei synchronisieren sich Emotion und Intellekt, Intuition und Vernunft nicht bloß für den kurzen Moment eines einzigen lyrischen Bildes, sondern für den ganzen dynamischen Prozeß eines Gedichts – das über diesen Kunstgriff sein Ziel zu erreichen scheint. Als könnte man wirklich erklären, *weshalb eine so hohe Dame durch so kleine Augen gehen und wie sie im Herzen bleiben kann, daß man sie mit sich tragen kann, wohin man immer geht.* Als wären die Metaphern real, als wären sie wirklich faßbar und vermeßbar; als würden sie einmal an ihr Ziel gelangen.

411

Die über Jahrhunderte gleichgebliebene Anziehungskraft des Sonetts und sein Schwierigkeitsgrad mögen eben darin liegen, daß es uns die Vernunft der Poesie vor Augen zu führen und ein Paradoxon logisch zu erklären vorgibt – und *vice versa.* Im Grunde versucht es damit, die ewige Utopie der Dichtung zu verwirklichen: einen poetischen Raum zu schaffen, der auf ein reales Koordinatensystem abbildbar wäre.

Stuttgart, März 1996

TENZONE Ia

Nur an das was ich weiß will ich mich halten
   das soll mir ein wenig die zeit vertreiben
   einen zweifel heg ich – einen ganz uralten
   den will ich so gut wie ich kann beschreiben
   Jeder redet von der liebe und ihrem ›walten‹
   die einen jeden zwingt sich zu beweiben
   ich billige es nicht dieses seltsame verhalten:
   liebe gibt es nicht – wie wollte sie auch bleiben?

Kann man sie denn sehen? hat man es denn je?
   Es gibt zwar fleischliches vergnügen
   doch das übrige ist allein etwas für dichter
   Ich halt es substantiell nicht für materie –
   will mich aber gern eurer meinung fügen:
   und bitte um eure sentenzen – ihr seid die richter!

Jacopo Mostacci

413

TENZONE I b

Obwohl die liebe doch nie zu sehen ist
   und man sie nicht körperlich berühren kann
   tut er mir doch ein wenig leid – der kasuist
   der dieses verrückte argument ersann
   denn wie auch ihr von dieser liebe wißt
   beherrscht sie jedes herz wie ein tyrann:
   die meisten haben ohne bedenk und frist
   sie erst dann gesehen als sie macht gewann

Es ist ja gerade das besondere an ihr
   daß man sie nicht sieht – sie gleicht einem magneten
   dessen kraft und anziehung das eisen unterliegt
   Aufgrund dieses faktums scheint es mir
   daß es die liebe gibt – es braucht keinen propheten
   um zu postulieren daß dies argument schwerer wiegt

Pier della Vigna

TENZONE I c

Die liebe ist eine begierde die im herz entsteht
    durch ein übermaß an glück und seligkeit –
    man könnte sagen daß sie zuerst vom aug ausgeht
    und das herz ihr nahrung gibt insonderheit
    Ich weiß zwar daß es manchmal auch so geht
    daß man sich blind verliebt für eine zeit
    doch die wahre liebe um die es sich hier dreht
    bedingt eben das element der sichtbarkeit

Denn die augen sehen für das herz
    sie sehen alles – sei es gut nun oder sei es schlecht
    im rechten licht und wie es wirklich ist
    und das herz dabei denkt rückwärts:
    es fühlt's begehrt's und pocht dann auf sein recht
    das konterfei zu sehen wie je ein – nominalist

Giacomo da Lentino

415

TENZONE IIa

An Euch Ihr Gott der liebe richt ich mein gebet
  erhört mein flehen und die inbrunst meiner bitten
  denn so wie Ihr mich hier jetzt sitzen seht
  bin ich Euch wie aus dem gesicht geschnitten
  Haare und bart hab ich gekämmt – diskret
  und modisch üb ich mich in exquisiten schritten
  vor Deinem thron um den die jahreszeit sich dreht
  und habe flügel ganz wie Eure hermaphroditen

Die vier stufen zum throne hoch bin ich gestiegen
  und wollt mich setzen – da wurde ich verwundet
  von Deinem goldenen pfeil und blieb liegen
  Das herz zerriß es mir – doch was mich wundert:
  weshalb ließt Ihr jenen aus blei danebenfliegen
  warum habt Ihr der dame die wunde noch gestundet?

L'Abate di Tivoli

TENZONE IIb

Verwundert bin ich auch auf ganz andre art
  verwunden tut die liebe: nur – aus welchem grund?
  Liegt es nicht daran wie sich ein dichter offenbart
  der ewig nur dasselbe schreibt – scheinbar so profund?
  In ihren gedichten behaupten alle hochgelahrt
  die liebe sie spräche den göttern aus dem mund
  doch ist dies eine unart die fast mit ketzerei sich paart
  denn nur Gott allein kann ihr schirmherr sein und vormund!

Und wer mir das bestreiten wollte dem beweise ich
  mit dem *quia* und *quanto* der scholastik
  daß es mehr als einen Gott nicht geben kann
  Unter diesen eitlen hochmut zieh ich gerne einen strich:
  vergeßt doch endlich *a priori* die phantastik
  sonst büßt ihr eure sünden im inferno – spätestens dann!

Giacomo da Lentino

TENZONE IIc

Wer einem anderen solche vorwürf macht
   muß damit rechnen auch einen einzustecken
Mein freund ich sag es voll bedacht –
   die wahre liebe die müßt ihr erst entdecken
denn wüßtet ihr nur was sie ist: die schmacht
   würdet ihr nicht so heillos vor ihr erschrecken
daß ihr sie theologisch sosehr vereinfacht –
   was sonst sollte denn dieses argument bezwecken?

Es ist mit dieser dunklen wissenschaft
   wie mit allen schlachten auf verlornem posten:
wer nur zuschaut hält die taktik nie für überlegt
   Euch fehlt es offensichtlich an beweiskraft:
wer am markte äpfel kauft weiß was sie kosten
   die last trägt nur der esel – nicht wer ihn schlägt!

L'Abate di Tivoli

TENZONE IId

Selten war eine *tenzone* bisher so vehement
   daß ich was ich fühle mich zu sagen schäme
   und fürchte daß man mich einen lügner nennt
   obwohl doch keiner leben kann mit solcher häme
Ihr aber werdet kaum verliebt schon eloquent
   putzt euch heraus mit leerem wortgebräme
   und sagt: wenn man meine liebe weiterhin verkennt
   schwöre ich bei Gott daß ich mir das leben nehme!

Mir geht diese scheinheiligkeit wirklich auf die nerven
   einem unverschämt noch ins gesicht zu lügen
   Dagegen finde ich daß man die wahrheit sagen kann
   ohne sich so stark in die brust zu werfen:
   erwidert oder nicht – die wahre liebe wird sich fügen
   sie erfüllt das herz wie wasser einen schwamm!

Giacomo da Lentino

TENZONE IIe

Mit eurer erlaubnis mach ich euch ein kompliment
   Meister Giacomo – vor euch ziehe ich den hut:
   so fest und recht steht eure liebe wie ein sakrament
   daß ich vor euch knie – in allergrößter demut
   Gleich als ich's hörte euer galantes argument
   machte es mir mut wie nur ein frischer wind es tut:
   gegen die anderen monate ist der mai ein ornament
   weil er überall voll blumen auf den feldern ruht

Deshalb nun will ich euch mit dem mai vergleichen –
   ihr seid so freigebig mit euren sentenzen
   wie selten sonst ein troubadour
   In der liebe kann ich euch nicht das wasser reichen
   ich werd euch kein sonett mehr aufkredenzen:
   von heute an übe ich mich in selbstzensur!

                L'Abate di Tivoli

III

So wie die sonne wenn sie scheint
  durch glas geht und es nicht bricht –
  und im andren glas das für frauen scheint
  durch die augen geht und sich dahinter bricht –
  so verletzt die liebe wo sie scheint
  mit ihrem strahl der sich am spiegel bricht
  Sie verletzt wo man's nicht zu glauben scheint:
  durch das auge geht sie und in ein herz das bricht

Der pfeil der liebe wenn er trifft
  läßt eine wunde die sogleich feuer fängt:
  von innen brennt es – ohne daß man's außen sieht
  Wenn so ein herz aufs andere trifft
  und sie die kunst der liebe für sich fängt
  dann ist's daß einer am anderen erst die liebe sieht

GIACOMO DA LENTINO
▸ 13. JAHRHUNDERT

IV

Nun – wie kann eine so hohe dame gehen
  durch meine augen wo sie so klein doch sind?
  Und wie kann sie mir im herzen stehen
  daß ich sie mit mir trage wie ein leibgebind?
  Wo trat sie ein? wie konnte es geschehen?
  es ist als wäre ich auf einem auge blind
  So will ich's eben wie ein dichter sehen:
  die augen sind das glas – sie das licht am spind

Die derart eingefaßte flamme erstrahlt vor licht
  ohne daß das hohle glas vor hitze springt –
  der blick zerbricht an ihr nur deshalb nicht
  weil sie als silhouette in das herz eindringt:
  so wächst mir neues leben zu im angesicht
  der liebe die sie als schattenbild in mir bedingt!

V

Wer niemals noch feuer hat gesehen
  würde nicht glauben daß es brennt
  nur aus farbe scheint es zu bestehen
  es flirrt und flackert in dem moment
  Schiebt man aber mit den zehen
  ein scheit hinein steht gleich das hemd
  in flammen – so ist's mit mir geschehen:
  ich kam nur an und schon – potz element!

Ach würd es euch doch ähnlich gehen
  daß aus dem flattern ein flackern würde
  und aus dem kalten glanz hitzige substanz!
  Doch nur mit spott erwidert ihr mein flehen:
  die liebe ist eine schurkerei und eine bürde –
  alles wär mir lieber als dieser stete feuertanz!

VI

So wie den schmetterling – ihm seine natur
  und die bravur – vor feuer keine furcht zu kennen
  so habt ihr mich gemacht – sanfte kreatur:
  ihr bleibt stur – selbst wenn meine flügel brennen
  Mut faßt sich mein herz in eurer nähe nur
  der glut ihr purpur – will es sein spielzeug nennen
  wie ein kind das noch nie schmerz erfuhr:
  des lebens rezeptur? – weiter ins verderben rennen!

So ist das herz daß es nie hat wonach es sich verzehrt:
  es stirbt versehrt von dieser sachten flamme
  die das leben schenkt wie sie es wieder nimmt
  Die natur der liebe ist es daß sie's für sich begehrt:
  denn was ihm schönheit lehrt ist die flamme
  die das leben schenkt wie sie es wieder nimmt

VII

Aus heiterem himmel habe ich es regnen sehen
   und im dunkeln alle lichter auferstehen
   und flackerndes feuer in eis übergehen
   und in dem schneekristall die flamme leben
   und viel süßes auch in bittrem zergehen
   und an dem bitteren süße zungen kleben
   und zwischen freunden feindschaft stehen
   und zwei feinde sich friedvoll vor ihr ergeben

Gezeigt hat mir die liebe aber noch größere macht:
   eine alte wunde heilte sie mit neuen wunden
   das feuer in dem ich brannte löschte sie mit feuer
   Das leben das sie mir gab hat mir den tod gebracht
   und das feuer nahrung neu in der asche gefunden:
   im widerspruch der worte wird mir die liebe teuer

VIII

Im herzen hab ich mir vorgenommen
Gott zu dienen – um dann ins paradies
an diesen heiligen ort zu kommen
wo Er auch trost und lachen uns verhieß –
so zumindest habe ich's vernommen
Doch ohne meine dame wär es ein verlies:
froh wären dort nicht einmal die frommen
wenn man sie ohne gespons dahin verstieß

Doch dieser satz ist nun nicht so gemeint
daß ich in sünde leben wollte – nein:
nur ihre sanften augen will ich sehen
ihren blonden schopf – darauf ist's gereimt
Wer will im garten Eden schon alleine sein?
Drum laß Er uns gemeinsam auferstehen!

I X

Allein das sehnen läßt ihr gesicht mich sehen
  doch nachsehen nur bleibt mir von dieser einsicht:
  das sehnen halt ich für anders als das sehen
  denn sehnen ist eins – das zweite aber zuversicht
  In dieser hinsicht kann ich sie nicht sehen
  obwohl ich mich doch sehn nach ihrem angesicht:
  so seh ich bei diesem hin- und hersehen
  weder eine übersicht noch die gehoffte durchsicht!

Einmal abgesehen davon liegt's an ihrem aussehen
  wenn ich mich sehne auf das wiedersehen –
  doch mit rücksicht auf mein ansehen voller vorsicht:
  umsicht ist geboten – macht die aufsicht aufsehen
  versuch ich sie ... ganz finster anzusehen:
  doch ob's was nützt – bei meiner großen kurzsicht?

427

X

Bricht man eine lilie von ihrem stamm fällt
   die blüte weil ihr nichts mehr saft gibt
   genauso geht's mir mit meiner dame – mir fällt
   es schwer zwei schritte hinter ihr zu gehen – sie gibt
   mir einen tritt daß mein ich stolpert und zu boden fällt
   Mir tun schon die gelenke weh vor lauter gibt
   sie's mir – und auch den anderen schon fällt
   es auf daß es so eine liebe wie meine nicht mehr gibt

So wachs ich über mich hinaus in eine höhe
   die ihresgleichen sucht – das solltet ihr doch wissen –
   und daß ich keine andere jemals so hab geliebt
   Und doch bin ich nicht richtig auf der höhe
   weil ich mich weiß ... gar mit etwas zuviel wissen:
   keine andere gab's die mich jemals so hat geliebt!

XI

Der basilisk wenn er sich selbst erblickt
  im spiegel geht heiter in den tod
  und wenn dem schwan der flügel knickt
  wie klar klingt er in seiner not
  Auch ein pfau der glücklich ist erschrickt
  weil alle seine krallen sehen im kot
  Der vogel phönix aber wenn er erstickt
  im feuer weiß es ist doch nur das morgenrot

Solch eine natur denke ich ist auch die meine
  wenn die schönheit in den tod mich lockt
  und das ende mich zum singen zwingt
  Einmal froh werd ich traurig und verstockt
  seh allein im feuer mehr das reine –
  und hoffe daß ihr mir neues leben bringt

XII

Schau dir doch den bösen basilisken an
  man stirbt vor seinem blick
  Denk auch an das gift der natter dann
  wie sie zubeißt – und erschrick
  auch vor dem drachen und seinem bann
  der die jungfrau hält am strick
  Gleich ihnen schmerzt die liebe jedermann
  und springt dir ins genick

Sie saugt dich aus wohl bis aufs blut
  sie lähmt dich voller hinterlist –
  mit einem blick nimmt sie dir allen mut
  Sie nimmt dich und sie frißt und frißt
  und wird nie satt wie diese höllenbrut:
  so geht es dir wenn du in ihren klauen bist!

XIII

Weder smaragd noch saphir oder diamant
   nicht rubin noch irgendein anderer edelstein
   weder topaz hyazinth und anderer tand
   noch heliotrope mögen sie auch magisch sein
   weder amethyst karbunkel und brillant
   nicht opal noch olivin oder selbst mondstein
   haben soviel schönheit in ihrem brand
   wie ihr – noch wären sie je so hell und rein!

An tugend seid ihr allen anderen voraus
   und nur mit den sternen zu vergleichen –
   von denen euch die liebe auf die erde fällt
   Und schöner seid ihr als ein rosenstrauß:
   möge Christus ihn euch überreichen –
   und mag er niemals welken in dieser welt!

431

XIV

Meine frau sie strahlt vor glanz und licht
  heller als noch ein edelstein:
  ihre schönheit beschreibe ich ihr gesicht
  und sehe doch nur den widerschein
  Wie diese helle fangen für ein gedicht
  womit vergleichen dieses reine sein
  an dem sich jeder blick der augen bricht
  und nur worte sich kann leihn?

Nichts gab es je und nichts wird es geben
  was euch gleich käme an rang
  wo keine andere euch ebenbürtig ist
  Müßte Gott in einem anderen leben
  euch neu erschaffen – ein leben lang
  wäre nichts so Romana wie du jetzt bist!

DAFYDD AP GWILYM UND DIE WALISI- SCHE POESIE

14. JAHRHUNDERT

Neben den Griechen und Römern besitzen die Waliser eine der ältesten Literaturen Europas, die vom 6. Jahrhundert fast ungebrochen in die Gegenwart reicht. Wales wurde zur Latènezeit von keltischen Stämmen aus Frankreich und Belgien besiedelt. Die Dichtung hatte in diesen Stammesgesellschaften hauptsächlich die Aufgabe, die herrschenden Dynastien im wahren Sinn des Wortes zu ›verherrlichen‹; ihre Poeten waren professionelle Propagandisten und Hofdichter wie die Skalden in Island oder die Skops der Angelsachsen. Bei den Walisern hießen sie

433

beirdd (Sing. *bardd*), ein Wort das auf die Wurzel ›Sänger
des Lobs‹ zurückgeht; wie die klassischen Historiker
überliefern, sangen sie zu einer Art Leier Preisgesänge
und deren Gegenstück dazu, Satiren und Verfluchungen,
wie sie auch von den griechischen Iambendichtern bekannt sind. Das Lob war, anders als man heute denken
mag, eine eher schwierige Kunst und hatte nichts mit
Schmeichelei oder Lobhudelei zu tun; es war ein sozial
stabilisierendes Prinzip, das der Dichtung einen genau
umrissenen Rahmen vorgab, in dem sie sich – wie in anderen auch – zu großer formaler Breite entwickelte.

Der hohe Status dieser Poesie erstreckte sich auch auf
das okkulte Wissen und die prophetischen Gaben, die man
den *vates* oder *manteis* zuschrieb, jenen Dichtern, die als
Seher und Propheten die Zeichen der Natur lasen; das
walisische Wort für die Inspiration – *awen* – geht etymologisch auf den Wind und das Wehen zurück. Daneben
gab es noch eine dritte Klasse, die *druidai*, die als Dichter
neben ihren priesterlichen und gesetzgeberischen Funktionen erzieherische Aufgaben wahrnahmen; ihre Ausbildung war streng geregelt und konnte, um sich das Wissen
einer oralen Kultur anzueignen und weiterzureichen, bis zu
zwanzig Jahre dauern. Der Mythenzyklus der *Mabinogi*
stellt ein Beispiel dieser frühen Dichtung dar.

Die römische Okkupation Englands im 1. Jahrhundert
assimilierte diese Traditionen, ohne sie zu zerschlagen;
was sie ihrerseits mitbrachte, war die Schrift und die lateinische Kultur. Der eigentliche Wandel begann erst mit
dem Rückzug der römischen Legionen im 5. Jahrhundert
und der Welle der Germanen, Angeln und Sachsen, die
Europa von England bis Rom eroberten und einen Keil
in die keltischen Kulturen trieben. Die Stämme zogen sich
in das eher unzugängliche, meist bergige Hinterland
zurück und wurden voneinander isoliert; die zuvor ein-
heitliche Sprache des Brittonischen spaltete sich in das
Walisische, Bretonische, Kornische und Irische. Wales selbst
löste sich in eine lose Konföderation von Königreichen auf,

die von Schottland bis nach Cornwall reichten und mit dem Rücken zum Meer gegen die Sachsen kämpften. Auf diese Periode von 450 bis 600 geht der Sagenkreis um König Artus zurück, ein Stoff, der jedoch erst über die Normannen ein halbes Jahrtausend später – als letztlich einziger heute noch präsenter Beitrag – in die europäische Kultur überging.

Der Rückfall in den Tribalismus wird an den Gesängen von Taliesin und Aneirin deutlich. Sie waren die *cynfeirdd*, die ›Ersten Dichter‹, die mit ihren Elegien auf Schlachten und Gesängen auf Könige und Helden einen Kanon schufen, wie er den griechischen Epen oder den *Mo'allaqat* vergleichbar ist – mit dem Unterschied, daß sie nicht eine große Vergangenheit besangen, sondern bereits ihrer unmittelbaren Gegenwart heroische Dimensionen verliehen. Lyrik in einem modernen, romantisch geprägten Sinn – wie sie sich zur selben Zeit in Irland entwickelte – findet sich nicht. Der Ton ist ein harter und realistischer, ebenso bitter wie das Bild des Christentums, zu dem die keltischen Stämme zwischen dem 5. und 8. Jahrhundert von den Wandermönchen bekehrt wurden. In diesem Zeitraum, in dem Wales von seinen Nachbarn im Süden und Norden abgeschnitten war, entstand der heutige Name für die Region: *Cymry*, was soviel bedeutet wie ›Leute desselben Landes‹, im Unterschied zu der Bezeichnung, welche die Engländer dieser Gegend gaben: Wales bedeutet die ›Welschen‹, die Fremden.

Zwischen 1050 und 1100 eroberten die Normannen England mit jener militärischen Effektivität, die sie auch in Italien, Sizilien und Syrien bewiesen, was die Unabhängigkeit Wales' zunächst weiter auf den Norden der Halbinsel beschränkte. Die Dichter dieser Epoche nannte man *gogynfeirdd* – die ›Dichter, die nach den Ersten kamen‹ –, was bereits ihre retrospektive Ausrichtung und Archaik verrät. Der Ranghöchste in dieser immer noch hierarchischen Kaste, die eigene Privilegien und Pflichten besaß, war der *pencerdd*, der ›Hauptsänger‹, der am Hof das Recht auf einen Sitz neben dem Prinzen hatte. Seine Aufgabe war es, die Lieder auf Gott und den Herrscher zu singen und die anderen Dichter auszubilden, die wie beim modernen Universitätsstudium Prüfungen zu bestehen hatten, um Titel und Diplom zu erhalten. Nach ihm kam der *bard teulu*, der ›Sänger für das Heer‹, der für die Einstimmung in die Schlacht zuständig war. Für den profanen Teil der Unterhaltung waren die rangniedersten Poeten zuständig, die *cerddorion*, die Joculatores und Jongleure, Gaukler und Spielleute. Um die Disziplin zu erhalten und Zugehörigkeiten zu regeln, hielt man Versammlungen wie das auch heute noch bekannte *eisteddfod* ab, einen jährlichen Wettbewerb der Barden und Poeten, aber auch der Musiker.

Die strenge Reglementierung dieser Zunft, die sich auch auf die Rhetorik erstreckte, führte dazu, daß Taliesin und Aneirin weiterhin als Modell betrachtet wurden. Eine Entwicklung ist deshalb allein in der formalen Verfeinerung der überlieferten Techniken erkennbar, ohne daß sich der Inhalt – Eulogie und Satire – wesentlich geändert hatte. Die orale Dichtung der Waliser war, wie anderswo auch, hauptsächlich von musikalischen Gesetzen geprägt; bei den Kelten aber zeigt sich, anders als bei den Griechen oder Römern, in der Kunst wie in der Dichtung eine Vorliebe für das Ornament, das mit seinen ineinanderverwobenen Strukturen die Flächen füllte. Was bei Taliesin noch ein lockeres prosodisches Schema war, wurde jetzt zu einem zunehmend anspruchsvolleren Muster von Alliterationen, internen Konsonanzen und Assonanzen und Binnenreimen innerhalb der Zeile, das man *cynghanedd* nennt. Ein Beispiel von Casnodyn – aus der Generation vor Dafydd ap Gwilym – vermag diesen rigiden Formalismus schon allein durch die Symmetrie der Buchstabenwiederholungen zu illustrieren:

Ll*yw* b*yw* b*erth* m*awrn*erth nyt m*urn*yat
R*ot* *arvot* *arveu* ken*eu* kynnar

Zu den reinen Reimen am Versende kam noch die systematische Verwendung unreiner Reime: das *proest*, in dem die Konsonanten gleich bleiben, während die Vokale wechseln, und das auch im Irischen häufige *deibide*, das die Vokale beläßt, aber die Konsonanten verändert. Zwei, drei oder noch mehr dieser Reim- und Assonanzarten konnten dann innerhalb eines Distichons zusammenfinden.

Die Metrik beruhte auf zwei Kategorien – der Kurzform des *englynion*, das Ähnlichkeit mit den Haikus und Tanka besitzt, und der Langform der Ode, dem *awdlau*. Das Englyn besteht aus einem Vierzeiler aus 30 Silben mit dem Schema -A -A -B -BA (wahlweise auch mit *proest*-Reimen), wobei der erste Reim irgendwo zwischen die fünfte und neunte Silbe fällt, und bei der 16., 23. und 30. dann wiederholt wird. Die Ode hingegen war auf Verse mit acht oder neun Silben – wie im Arabischen – in einer langen Sequenz von Monoreimen festgelegt; und selbst dies komplizierte man noch zusätzlich, indem mehrere verschiedene solcher Sequenzen über Alliterationen und Wortwiederholungen aneinandergebunden werden konnten. Die Dichtung wird so zu einer *tour de force*, die in der Weltliteratur ihresgleichen sucht; Spuren davon finden sich am ehesten noch bei Gerard Manley Hopkins.

Wales wurde 1282 unter Eduard I. vollständig dem englischen Machtbereich untergeordnet. Englisches Recht und Lehnswesen wurden eingeführt, was das gesellschaftliche und politische Gefüge der Stammesstrukturen, die sich trotz aller Invasoren über mehr als ein Jahrtausend behauptet hatten, ein für allemal begrub. Für die Dichtung bedeutete dies, daß sie ihre angestammten Aufgabenbereiche verlor und sich dem weniger traditionsbewußten Feudalismus stilistisch wie inhaltlich anpassen mußte – sich dadurch aber von ihren Anachronismen befreien konnte und zu neuen Themen fand. Was dieser Umbruch einleitete, war eine Renaissance der walisischen

Poesie, die mit Dafydd ap Gwilym begann und mit ihm zugleich zu einem Höhepunkt fand.

Das enge Verhältnis zwischen Prinzen und Hofdichtern bestand nicht mehr; an die Stelle des ersteren traten die *uchelwyr*, Landbesitzer und Lehnsherren – wie Dafydds Vater einer war –, denen Leibeigene unterstanden: eine gesellschaftliche Klasse, die bis ins 19. Jahrhundert dominant blieb. Die Kaste zerbrach, und die vorher an den Hof gebundenen Dichter mußten nun zwischen Stadt, Herrenhaus und Kloster hin und her wandern, um sich ihr Brot zu verdienen. Ihr Monopol war aufgehoben, die Konkurrenz größer und das Publikum breiter geworden, sodaß sich die Grenzen zwischen hoher und niederer Dichtung und den einzelnen Gattungen langsam verwischten – obwohl man sich weiterhin bemühte, eine preskriptive Aufgabenverteilung beizubehalten.

Ausdruck des Versuchs, diesen Umbrüchen mit einer neuen Poetik gerecht zu werden, war die walisische Version der *Ars grammatica* des Donatus, eines römischen Gelehrten aus dem 4. Jahrhundert. Von Einion Offeirad um 1330 verfaßt – und in verschiedenen Schriften wie dem *White book of Rhydderch* erhalten –, stellte sie eine bardische Grammatik dar, welche das überlieferte Curriculum der Poeten durch einen Kompromiß zu retten versuchte: sie adaptierte es den Umständen entsprechend und griff dafür nicht nur auf lateinische Beispiele zurück, sondern auch auf die Dichtungen der *cler*. Diese ursprünglichen Wandermönche, *clerici vagantes*, waren zu Spielleuten, Goliarden, Gauklern und umherziehenden Musikanten geworden – wobei im 14. Jahrhundert der Begriff *cler* noch beides umriß. In unserem Kulturkreis zählten der Archipoeta und die Sammlung der Carmina Burana zu dieser Art Lyrik.

Einion Offeirad legte die Inhalte der Poesie wie in einer Ständedidaxe fest, in einzelnen Abschnitten, die vorgaben, wer genau mit welchen Vorzügen zu preisen wäre: *Man hat zu wissen, auf welche Art jedes Ding, auf das man ein*

438

Gedicht schreiben will, zu preisen ist. Es gibt zwei Arten von Dingen, über die die Dichtung schreiben soll, nämliche spirituelle und körperliche: spirituelle Dinge wie Gott und die Heiligen; körperliche Dinge wie der Mensch, die Tiere oder einen Ort.

Die Vorschriften für die Frauen lauteten etwa folgendermaßen: *Es gibt drei Arten von Frauen, die man zu preisen hat, adelige Damen, Jungfrauen und Nonnen. Eine adelige Dame preist man wegen ihrer Weisheit, Anständigkeit, Keuschheit und Großzügigkeit, der Anmut ihrer Gestalt, ihres Aussehens und ihrer Figur, und der Treuherzigkeit ihrer Worte und ihrer Taten. Dagegen gehört es sich nicht, eine adelige Frau für ihre Vorzüge beim Liebesspiel und ihre Schäkereien zu preisen, weil Liebesgedichte ihr nicht anstehen.*

Neben einer strikten Regelung der 24 verschiedenen metrischen Formen und der Reimschemata werden auch die einzelnen Gattungen neu definiert. Die *cler* werden so mit der Satire, der Diffamation und dem Betteln, aber auch mit Zauberei, Prophezeiung und anderer Magie in Verbindung gebracht, während die hohen Dichter – die man nun *prydydd* nannte – weiterhin die Aufgabe zugewiesen bekamen, zu preisen, die Satire zu meiden und die technisch anspruchsvolleren Gedichte zu schreiben.

Dafydd ap Gwilym benützte dieses Manuskript in jungen Jahren als Lehrbuch, wie aus mehreren Anspielungen zu sehen ist; er kannte den Besitzer der Abschrift, auf den er eine Elegie schrieb, und wahrscheinlich auch dessen Verfasser. Dafydd hat diese *exempla* zu beherrschen gelernt, sich mit der gleichen Gewandtheit aber darüber hinweggesetzt, sie mit anderen europäischen Einflüssen verbunden und damit eine eigenständige Poetik entwickelt, die ihn zum ersten modernen walisischen Dichter macht.

Sehr viel weiß man nicht von ihm. Geboren wurde er – ein wenig später als Chaucer, und etwas früher als Boccaccio –

439

um 1320, ein paar Meilen nordöstlich vom heutigen Aberystwyth in Bro Gynin am Flüßchen Steiwi, unweit der Küste, wo die Berge langsam beginnen. Die Ruinen seines Geburtshauses sind heute noch im Garten eines Bungalows zu besichtigen – ein für unsere Verhältnisse kleines Haus, damals aber ein Landsitz. Die Gegend von Aberystwyth bis Ponterwyd, Dyfed in Mittel-Wales, ist denn auch eine der zentralen Landschaften in seinen Gedichten.

Seine Familie waren verhältnismäßig reiche, adelige und einflußreiche Lehnsherren, welche seit 150 Jahren in Südwest-Wales wichtige Stellungen unter der englischen Krone innehatten; ursprünglich stammte sie aus dem Pembrokeshire. Drei seiner Vorfahren werden in den Chroniken als Dichter angeführt, sodaß es wahrscheinlich ist, daß die Kenntnisse der traditionellen Lyrik an Dafydd weitergereicht wurden. Aus den Gedichten – wo er sich einmal als ›tonsuriert‹ beschreibt – scheint hervorzugehen, daß er in seiner Jugend in einen kleineren religiösen Orden eintrat und in einem Kloster einen Teil seiner Ausbildung erhielt. Daher stammt nicht nur seine Vertrautheit mit den Termini technici der Kirchenmusik und der Bibel, sondern auch das zwiespältige Verhältnis, das er zu den Mönchen und den *clerici vagantes* hatte, den *cler*, zu denen er sich manchmal selbst zählte, sie an anderer Stelle aber mit Spott und Hohn überzog.

Sein Onkel Llywelyn ap Gwilym, der eine Art Polizeipräfekt im Dienst der Engländer in Newcastle Emlyn in Dyfed war, scheint ihn sehr gefördert zu haben. Dafydd würdigt ihn jedenfalls in zwei Oden als äußerst kultivierten Mann, nennt ihn einen Dichter und Linguisten (*prydydd* und *ieithydd*), der ›alles wußte, was es zu wissen gibt‹, und in der Verslehre des Einion Offeirad bewandert war. Er scheint es auch gewesen zu sein, der ihm die Sprache und höfische Poetik der anglonormannischen Trouvères vermittelte. Dafydd sprach Englisch und Französisch; für die vielen französischen Lehnwörter auf den

Yr wylan deg ar lanw dioer
Unlliw ag eiry neu wenlloer
Dilwch yw dy degwch di
Darn fel haul dyrnfol heli
Ysgafn ar don eigion wyd
Esgudfalch edn bysgodfwyd
Yngo'r aud wrth yr angor
Lawlaw â mi lili môr
Llythr unwaith llathr ei annwyd
Lleian ym mrig llanw mar wyd

Cyweirglod bun câi'r glod bell
Cyrch ystum caer a chastell
Edrych a welych wylan
Eigr o liw ar y gaer lân
Dywed fy ngeiriau duun
Dewised fi dos at fun
Byddai'i hun beiddia'i hannerch
Bydd fedrus wrth foethus ferch
Er budd dywed na byddaf
Fwynwas coeth fyw onis caf

Ei charu'r wyf gwbl nwyf nawdd
Och wŷr erioed ni charawdd
Na Myrddin wenieithfin iach
Na Thaliesin ei thlysach
Siprys dyn giprys dan gopr
Rhagorbryd rhy gyweirbropr

Och wylan o chai weled
Grudd y ddyn lanaf o Gred
Oni chaf fwynaf annerch
Fy nihenydd fydd y ferch

441

Feldern der Architektur, der Waffen, des Geldes und der Gesetze, die in dieser Zeit in das Walisische übernommen wurden, zitieren die Wörterbücher seine Gedichte als die frühesten Belegstellen. Die Beziehung zu seinem Onkel war kurz; er wurde um 1346 von einem gedungenen Mörder umgebracht, als Dafydd 26 war.

Danach zog er als wandernder Dichter in Wales herum; sein Publikum war aristokratisch und mit der Tradition gut genug vertraut, um die zahlreichen und komplexen Anspielungen in seinen Gedichten zu verstehen. Mit den Spielleuten und Wandermönchen ging er auf eine Art Betteltour und Tournee; ob er jedoch jemals das Land verließ, ist nicht zu sagen. Seine zweite wichtige Bezugsperson war der gleichaltrige Ifor ap Llywelyn, den er Ifor Hael nannte – Ifor den Großzügigen – und der 1350 an der Pest starb; auf ihn schrieb er mehrere *awdlau* und *englynion* im herkömmlichen Stil. Engere Kontakte hatte er auch mit anderen mächtigen Lehnsherren in Süd-Wales, die sich Dichtern gegenüber als Mäzene ausweisen: dem Statthalter von Bangor und der Familie von Rhydderch ab Ieuan Llywd, einer Autorität auf dem Gebiet des Rechts – aus seinem Umfeld scheint Dafydds Kenntnis der Juristensprache herzurühren. Ebenso bedeutend war der Lehnsherr über Ceredigion, Sir Rhys ap Gruffudd, der eine Abschrift der bardischen Grammatik in Auftrag gegeben hatte und mit ihm entfernt verwandt war. Befreundet war Dafydd mit zeitgenössischen Dichtern wie Madog Benfras, Gruffudd ab Adda und Gruffudd Gryg; sie tauschten poetische Hommagen aufeinander, aber auch Streitgedichte aus. Sein Ruf unter den späteren Dichtern war groß – er wurde von ihnen die ›Nachtigall‹, aber auch der ›Pfau von Dyfed‹ genannt, der ›Falke der Mädchen von Deheubarth‹, ein ›Pfeiler der Dichtung‹ und ›Architekt der Sprachen‹, der ›wichtigste und beste aller Poeten‹ und der ›größte Lehrer‹.

Was die Gedichte über seine Lebensumstände verraten, ist anekdotisch bezeichnend für dieses 14. Jahrhundert, das Mißernten, die Pest und den Hundertjährigen Krieg ebenso kannte wie die Subtilitäten der höfischen Ethik. Er konnte mit Bogen, Armbrust und Schwert ebensogut umgehen wie mit der Harfe, und er verstand sich auch auf die Jagd und die Falknerei. Die Welt, mit der er außerhalb der Lehnsherren in Kontakt kam, bestand aus Mönchen, Nonnen, Pilgern, Einsiedlern, Kesselflickern, Viehtreibern und Stallknechten; der soziale Treffpunkt war die Taverne, wo neben dem Bier auch der französische Wein ausgeschenkt wurde. Neue von ihm erwähnte Errungenschaften der Zeit waren die Kirchenuhren mit Schlagwerk, die neue Orgel in der Kathedrale von Bangor, Steckenpferde, oder auch Katapulte, die man bei Belagerungen verwendete. Mit Segelschiffen war er vertraut, er wußte einiges über Astrologie und Alchemie und hatte Pergamentrollen zur Hand – auch wenn kein einziges Manuskript seiner Gedichte, weder von ihm noch von anderen, existiert: sie wurden während der nächsten hundert Jahre nur mündlich weitergegeben.

Der einzige Bericht über ihn ist eine kurze und erst 1587 verfaßte Notiz von der Hand eines Vikars: *Im Jahre 1572 traf ich eine alte Frau, die eine andere kannte, die mit Dafydd ap Gwilym geredet hatte. Er sei groß und schlank gewesen, mit langen, gelockten, blonden Haaren, mit vielen Schnallen, Spangen und silbernen Ringen, sagte sie.*

Neben den traditionellen Oden und Elegien besteht ein großer Teil seines Werkes aus Liebesgedichten an Morfudd. Sie lebte in der Nachbarschaft seines Geburtsortes, war, was man damals sehr bewunderte, blond mit dunklen Augenbrauen, scheint viel Temperament – er beschreibt sie als ›glühende Kohle‹ – gehabt und es ihm nicht leicht gemacht zu haben. Die Tatsache jedoch, daß er ein Verhältnis mit ihr hatte, scheint solch einen Skandal verursacht zu haben, daß ihn Morfudds Eltern für eine Zeit des Landes verwiesen. Danach heiratete sie und bekam ein Kind von einem Mann, den sie trotzdem über die Jahre immer wieder mit Dafydd betrog; Dafydd nennt ihn immer nur verächtlich *Y Bwa Bach,* den ›kleinen Buckligen‹. Weniger häufig taucht als ihre Rivalin eine gewisse Dyddgu auf, die im Gegensatz zu Morfudd dunkle Haare hatte, von aristokratischer Abstammung war, gut genährt, wohlerzogen, aber eher etwas distanziert.

Wie lange Dafydd lebte, ist nicht bekannt; vielleicht starb er um 1380. Begraben liegt er im Friedhof der Zisterzienserabtei Strata Florida bei Pontrhydfendigaid, die zum Bereich seines Gönners Sir Rhys ap Gruffudd gehörte und für ihre Kontakte mit Dichtern bekannt war. Auf sein Grab pflanzte man einen Eibenbaum, der von seinem jüngeren Kollegen Gruffudd Gryg (um 1340 bis 1400) besungen wurde und heute noch steht:

> *Für einen der besten ein eibenbaum*
> *bei der mauer von Ystrad Fflur –*
> *unter ihm ist die stille ein nahes grab*
> *nicht wie ich eines wollen würd:*
> *ein bienenstock schwirrender engel*

Von den mehreren hundert Gedichten, die Dafydd zugeschrieben wurden, sind an die zweihundert authentisch. Sein Repertoire umfaßt alle Gattungen, die sich auch im Korpus der mittelalterlichen europäischen Lyrik nachweisen lassen. Ein Drittel seines Werkes machen die üblichen Loblieder und Elegien für seine Gastherren aus, religiöse Gedichte, poetische Kontroversen mit seinen Kollegen sowie – ähnlich den *tenzos* der Trobadors – auch Hommagen und Satiren auf sie. Das zweite Drittel besteht aus Liebeslyrik, und der Rest sind Ding- oder Naturgedichte, die manchmal auch dialogisch abgefaßt sind. Wie es Gruffudd Gryg formulierte: *Einen Minstrel so wie Dafydd, diesem Passions-Poet von Lust und Zorn, braucht die Dichtung eben sehr.*

Nicht nur diese thematische Bandbreite macht ihn zur ersten innovativen Figur der walisischen Dichtung,

sondern auch das Spektrum der Einflüsse, mit denen er
die traditionellen Formen belebte und flexibel machte. Er
assimilierte, was immer ihm an kontinentaler Kultur
zugänglich war, verband es mit den überlieferten hohen
Formen und der gängigen Volksdichtung – und all dies
auf solche Weise, daß man die Grundzüge der Poesie
des Mittelalters allein aus seinem Werk rekonstruieren
könnte.

Was die lateinische, weltliche Lyrik betrifft, so spielt
er öfters auf Ovid an, seine *Ars amandi*, *Amores* und
Metamorphosen, die damals weit verbreitet waren und
nicht unwesentlichen Einfluß auf die Standardthemen der
Trobadorlyrik gehabt hatten: den symbolischen Tagtraum,
die Liebe als Kunst, Krankheit oder Krieg, und ihr Arse-
nal an Figuren – der betrogene Ehemann oder die eifer-
süchtige Dienerin einer Geliebten.

Den Kontakt mit Frankreich brachte nicht nur der
Hundertjährige Krieg, an dem Dafydds Freunde und Verwandten teilnahmen, sondern auch der Handel mit dem
normannischen Kulturkreis. Einflußreich wurde so der
damals zum Standardwerk gewordene *Roman de la rose*,
fast eine Bibel für die höfische Minneethik; eine Kopie
befand sich am Hof seines Mäzens Ifor Hael. Auch spielt
er auf die französischen Legenden um Karl den Großen an,
auf seinen Zeitgenossen Guillaume de Machaut und auf
Jean de Condés *La Messe des oiseaux*. Er übernimmt alle
gängigen Formen, von den burlesken *fabliaux* bis zu den
genres der *alba*, der *pastourelle* und der *sérénade*.

Aus der walisischen und irischen Tradition übernahm
er die Topoi der Naturgedichte, wie sie sich auch in den
mittelenglischen *Harley lyrics* finden. Rätselgedichte und
Sprichworte sind bei ihm ebenso präsent wie Verweise auf
die *Mabinogi*, irische Mythen und Epen, den arthurischen
Sagenkreis oder Taliesin.

Listen wie diese bringen nur allzu leicht den Vorwurf des
Epigonentums mit sich. Was Dafydd jedoch auszeichnet,
ist nicht allein die erstaunliche Breite seiner Kenntnisse,

sondern vor allem sein Tonfall, der frech und zugleich subtil ist, unkonventionell und dennoch traditionell, obszön und gebildet, von einem Einfallsreichtum, der an H. C. Artmann erinnert – einen Autor, der ihn denn auch des öfteren zitiert.

Die meisten seiner 30 bis 60 Zeilen langen Gedichte sind in einem Metrum gehalten, das zum Großteil Dafydds Erfindung ist: das *cywydd*, das für die nächsten Generationen zur bindenden Versform wurde. Aus einem populären Versmaß weiterentwickelt, ist sein Grundelement ein Zweizeiler, der aus siebensilbigen Versen besteht. Sein Reim ist unrhythmisch, das heißt, eine akzentuierte Silbe am Versende reimt sich mit einer unbetonten Endsilbe im zweiten Vers – wie ›ehrlich‹ auf ›erschlich‹ im Deutschen; dies entspricht in etwa auch Hopkins' *sprung rhythm.*

Dazu kommt innerhalb des Verses das *cynghanedd*, das sowohl aus Alliterationen wie aus Binnenreimen besteht. Die Komplikation geht aber noch weiter: jede Zeile wird in drei Einheiten aufgelöst; die erste und die zweite reimen sich, und im dritten Teil alliteriert das letzte Wort des Verses mit einem Wort im nächsten. Dies klingt nach den komplizierten Rezepten eines Oskar Pastior oder Gerhard Rühm, unterscheidet sich jedoch von ihnen durch den relativen hohen Grad der Verständlichkeit und die Fähigkeit, dennoch pointierte Geschichten zu erzählen.

Eine Einschränkung besteht freilich darin, daß mit diesem Verfahren syntaktisch komplexere Sätze kaum möglich sind, was einen eher elliptischen Stil zur Folge hat. Um diesem Manko abzuhelfen, erfand Dafydd das *sangiad* – einen nachgestellten Gliedsatz, der die eigentliche Aussage des Gedichts auf einer parallelen Ebene kommentieren oder konterkarieren kann: eine Art exklamatorisches Beiseitereden.

Damit nicht genug, ist das eigentliche stilbildende Merkmal bei Dafydd das *dyfalu*, der poetische Vergleich. Sein Ursprung liegt in der keltischen und angelsächsischen

Tradition des Rätselgedichtes, das seinerseits auf das Orakel zurückgeht. Dafydd hat diese Reihungen von Similes, Metaphern und Übertreibungen – mit denen ein Gegenstand über mehrere Zeilen hinweg bedacht wird und die Vokabular und Phantasie weit über das übliche hinaus strapazieren – als die Quintessenz der Dichtung betrachtet. Dabei nutzt er aber nicht nur ein umfangreiches Vokabular aus den unterschiedlichsten lexikalischen Bereichen mit allen Nuancen und Doppeldeutigkeiten, sondern ist auch in der Lage, ein einziges Bild zur Grundlage des ganzen Gedichtes zu machen, indem er es nach und nach in all seinen Konturen herausarbeitet. Damit, zusammen mit der Überraschung kontrastreicher Metaphern, nimmt er bereits eine Art *stream of consciousness* voraus.

Ein Beispiel, das *cywydd*, *cynghanedd* und *sangiad* demonstriert, soll das, über die reine Beschreibung der Techniken hinaus, etwas verdeutlichen. Die Akzente des Metrums werden ausgewiesen, das *cynghanedd* steht kursiv, und die wichtigsten Zäsuren sind markiert. Die Zeilen sind aus Dafydds *Ein Mädchen beim Anziehen*, wo er sich von all der Kosmetik an ihrem Busen nicht übermaßig begeistert zeigt.

*Ma*ir! ai *g*wáeth bod y *m*ur gwýn	*Maria! ist es schlimmer daß man eine weiße mauer*
*Da*n y cálch, | *d*oniog *g*ýlch*y*n,	*mit kalk übertüncht (eine ganz nett große rundung),*
No phe rhodd*id*, *g*éubr*id g*w'r	*oder daß man (teuer und seinen mann dazu täuschend)*
Pú*n*t er dyfod o'r *p*éintiwr	*einem maler geld fürs kommen gibt,*
I *b*eintio'n *h*árdd, | *b*wyntiau'n *h*óyw,	*um das hübsch anzumalen (voll lebhaftester absichten),*
*Ll*e *á*rloes | a *ll*iw eúrloyw,	*was nackt und bloß ist, von der farbe hellen goldes*
A lliwiau gl*â*n ych*w*áneg	*und noch schöneren farben*
A llun*ia*u *t*arián*au t*ég?	*und bildern von glänzenden schilden?*
*Dí*lys, fy nghorff, lle *d*élwyf,	*Sicher ist's so, mein körper, wo immer ich hinkomme,*
*D*euliw'r sê'r, | *d*olu*r*us *w*ýf.	*dem glanz der sterne gleich, schmerzt es mich.*
Dith*au*, di*f*ród*iau* dy *f*ráwd,	*Auch du, der spott deines bruders,*
Dyn*y*n dan*h*éd*dw*yn *h*áed*d*wawd,	*über alles gelobtes mädchen mit deinen weißen zähnen,*
Gwell *w*yd mwen pais *w*énll*w*yd *w*íw	*siehst du in einem guten grauweißen unterrock besser aus*
No*g* iàr*ll*es mewn gwis*g* éur*ll*iw.	*als eine gräfin in goldenen gewändern.*

447

Das oft zitierte Vorurteil, daß Poesie das ist, was beim Übersetzen verlorengeht, hat bei Dafydd ausnahmsweise einmal Geltung: es ist die deutsche Sprache, die dafür nicht flexibel genug ist. Will man die formalen Zwänge beibehalten, wirkt sie wohl oder übel manieriert, und der Sinnzusammenhang ist nicht mehr nachvollziehbar. In den folgenden Übertragungen steht der Inhalt im Vordergrund. Der *vers libre* kann in seiner typographischen Verteilung wenigstens den Parenthesen und Ellipsen gerecht werden; die strenge Prosodie des Originals wird durch eine lockere Struktur aus Alliterationen, Assonanzen und Reimen ohne große Systematik ersetzt.

Pontrhydfendigaid, August 1996

I
MÖWE

Möwe
  deine schönheit
                    schnee in der gezeit
                                      mond
                  in der flut
ist sicher fleckenlos
                    ein scherben sonne
            kristall auf einer düne
      ein handschuh auf dem salzigen meer
Flach streifst du die gischt
                          im schnabel einen fisch
    fliegst
        und liegst vor anker
                      seite an seite mit mir
          eine seelilie
              das helle schreibpapier der natur
          eine nonne in ihrem konvent
                          auf dem kamm der wellen

Wenn du ihr diesen brief bringst
                        ihn vorsingst meinem schatz
            wird man dich weit hören
flieg um den turm und das kastell
              such dir eine zinne auf der festung
    und stell fest
                ob du auf der brüstung
                            ein mädchen siehst
        eine so rein und hell wie nur Igraine

449

DAFYDD AP GWILYM
▸ 14. JAHRHUNDERT

Bring ihr meine reime
     mach daß sie mich wählt
  geh und erzähl
 ihr von mir wenn sie allein ist
    und sei resch:
     ein fesches mädel ist sie

Sag ihr ich wär ein mann von welt
      und ein netter kerl
  der nicht länger mehr leben will
    ohne sie
sag ihr ich liebe sie
   voll vertrauen will ich drauf bauen

Kein mann
  nicht Merlin mit seiner goldenen zunge
 noch Taliesin
    liebte je eine schönere frau:
Kypris ist sie und kupfer
   das kupfer ihrer haare
     die alchemie –
   nach ihr suchen sie
    ihrer fast zu schönen schönheit

Ach möwe
    sieh zu daß du sie siehst
  ihr gesicht ihre wangen
   schau genau
  ob sie meinen gruß
   mit einem kuß vergilt:
     sonst ist dies mein ende!

II
WIND

Vom himmel aus
    schreitest du geradeaus mit einem schrei
       der aufruhr der gewalt
  hast die gestalt
     der großen krieger
gibst niemals nach
     und machst nie halt
   zügellos
       ohne fuß und ohne flügel

Seltsam
    daß man dich vom dach der wolken warf
  wie du ohne einen schritt zu setzen
     über grate
       gipfel
     und die hügel läufst –
brauchst keinen pferderücken unter dir
    keine brücke
   weder furt noch fährkahn
kannst nicht ertrinken
     bleibst nirgends hängen
hast keine ecken
      niemand kann dich abdrängen
worfelst das getreide
      wirfst blätter übern haufen
   und stiehlst die vogelnester
niemand kann dich gängeln
       keiner dich verhaften
  weder heer noch hauptmann oder rotte
   nicht das blau

DAFYDD AP GWILYM
▸ 14. JAHRHUNDERT

von stahl flut oder regen
zerzaust das laub
reißt ihm die federn aus
drischst auf baumwipfel ein
nicht der könig noch sein gefolge
kann dich gefangensetzen
kein kerl dich erschlagen
feuer dich nicht sengen
kein verrat dich schwächen
deinen widerstand niemand brechen
keiner hat dein lager je gesehen
aber tausende dich gehört –
bist das nest des regens
der buchhalter und kalligraph der wolken
und springst über länder neun

Bringst Gottes segen
hoch über aller erde
im brüllen brechender eichenkronen
in diesem widerhall –
von dir prallt alles ab
hast einen trockenen humor
tanzst auf den wolken ohne naß zu werden
und zertrittst sie dann
du bogenschütze des schnees
schießt die leeren hülsen des heidekrauts
laut über die felder
perlen eines rosenkranzes
Was ist dein credo?
welches tal deine richtung?
norden?
wo liegt die nächste lichtung?
was ist dein kurs?
sturm über dem ozean
orkan
ein ungestümer bub bist du

wie er spielt am strand
immer hinter den blättern her
säst dich selbst
siehst über die welt
legst die lanze ein gegen die laubkronen
dein vorrecht ist das lachen
auf den hügelkämmen
über das weißbrüstige meer
wenn du schiffsmasten
in der gischt zerbrichst
bist ein schreiber
dem alles nur so aus der feder fließt

Fliegst die welt weit aus
gewitter an dem berghang
sei hoch heut nacht
ach mann –
geh nach Uwch Aeron
sei halbwegs hell und hübsch
hab eine klare stimme
und keine angst vor Y Bwa Bach
dem *kleinen buckligen*
Morfudds gatten
diesen giftspritzer von einem mann
Ich sitz in seinem land
gefangen bin ich von ihr
eine zu schwere liebe gab ich
meinem goldnen mädchen
exil und knechtschaft nahm ich für sie in kauf

Die strecke nimm im schritt im lauf
hoch zwischen dir und ihres vaters haus
poch mit deiner panzerfaust
an die tür bis sie dir öffnen
vor tagesanbruch noch

453

DAFYDD AP GWILYM
▶ 14. JAHRHUNDERT

                    sonst brich sie ein
               dräng sie zur seite
          sieh zu daß du sie siehst
                    wenn es irgend geht
     bring ihr mein ächzen und seufzen
                         als atemloses keuchen

Du kommst von den konstellationen
                              du kannst das
          sag ihr was mir alles fehlt
          sag ihrem warmen herzen
                    was mich alles quält
     ein spielball bin ich in ihrer hand
     solange das quecksilber des lebens in mir bleibt:
          wenn ihre treue wahr ist
     steig hoch bis du mein mädchen unten siehst
               ihr fahles blondes haar
          und komm gut zurück
                    komm schnell zurück

III
BLAUMERLE

Jeden mai
      wie verabredet
           wie vorab eingefädelt
          jedes stelldichein
   stellt er sich ein
    sitzt auf der spitze seines zweigs
  ein schneidiger sänger
    in seiner burg aus glas im haselstrauch
        eine emsige amsel
    rührig unter grünen flügeln
    drosselt er vor sich hin
    jeden mai am morgen
seine zunge ein geschenk
   statt einer orgel
  singt das blaumerlen-männchen
      wie sich's gehört
       von rechtes wegen

Ein ewiger prediger in allen sprachen
       von idiom zu idiom
   dom und domizil im wald
ein richter
  wie er sein kodizill verkündet
        ein statthalter
     im birkenhain des mai
  er singt mit sieben mal sieben zungen
    der seneschall des widerhalls
  truchseß wie er auf seinem grünen tuch saß
   ein braver magistrat
     am ende seines astes

455

DAFYDD AP GWILYM
▸ 14. JAHRHUNDERT

ein herr gerichtsvorsteher
                    wenn das gericht noch ehe es tagt
                        im forst wieder einmal tagt
        ein kämmerer der dämmerung
            der mir auf seinem kamm bläst
                der haushofmeister im gehölz
ein lehrer mir und eine aushilfe ein leben lang
                        ein grammatiker
            am dach
                        seines hauses in den bäumen
        ein dramatiker
            was sein fach betrifft
                        einen ehrlichen diener hab ich da
                        in der krone des laubs
mein gefährte im gehölz
                    hat wirklich herz und hirn
                und nur die besten lieder singt er mir
                        und mehr

Für eine Creirwy der christen
                        für mein mädel und mich
                        flog er ins holz
            stolz und seiner sicher
                    als wüßt er wie man zaubert
        von lichtung zu lichtung
                    aus liebe
                    von hain zu hain
                    nur für sie
wendig hatte er sein grußwort ausgelernt
                er ließ sich bei ihr nieder
                                und baute
                    sich sein nest in ihrer hand:
        nett war sie zu ihm

Meinem schatz dem sagte er
satz für satz die botschaft auf
rechtschaffenheit ist sein verdienst
und seine sache macht er meisterlich
ein schatzmeister ist er
und schaut daß es der liebe dient –
er zeigte meine vollmacht vor
verbürgt versiegelt und verbrieft
und hielt ihr eine rede
gebunden und gereimt
jeder vers nach dem genauen maß
ein gutes gedicht
aus seinem haus aus blauem glas:
er lud mich vor
innert gesetzesfrist
und setzte meinen namen auf die liste:
aufrufen würd er mich
sagte er
sobald es sommer ist

Ich wußte ich würde mich verspäten
und ließ ein pfand in seiner hand –
seinen unwillen wollt ich mir
auf keinen fall zuziehn
und zahlte hohen zoll
ein reuegeld
für die mißachtung des gerichts
ich wußte
dieses pfand könnt ich verlieren
er kümmert sich ja wie gesagt
sehr verdient um den verdienst
buße unter den bäumen
die er mir nicht nachließ
doch nachlassen so dachte ich
wird für mich
auch eines mädchens wahre liebe nicht:

457

sie wird nicht schwächer
        sie hat eine bedächtige macht –
ist des boten botschaft beredet vorgebracht
    wird er statt meiner
                sie versuchen zu verführen

Doch Du
        mit den dunklen gedanken
                Gott
            füge für mich und meinen heiligen David
                für dies verschmitzte mädchen
    noch eine klausel ein
        in bezug auf den besagten boten
            diesen gewitzten meister seiner kunst:
soll er bei seiner ureigenen begabung bleiben
        dem drosselschlag des dichters eben
        und der liebe allein im garten Eden
                        und nicht insgeheim
            noch andere talente haben:
dieser magistrat des mai
            der mir die mädchen so verschustert
        soll bei seinem leisten bleiben

IV
FUCHS

Meiner sache sicher saß ich erst gestern
   unter den bäumen
    damit sie mich nicht gleich sieht
 die beine angewinkelt
   und über mir ganz Ovid
  ich hab gewartet
     auf mein mädchen hier –
aber es kamen mir die tränen
     als ich sie kommen sah
denn so beim schauen
    der schatten eines affen
    in einem augenwinkel
 wollt ich meinem blick nicht trauen
  ich luchste mit dem andren auge
und sah einen roten fuchs
     er mag die hunde
    von unsren höfen nicht
 wie angewurzelt nur so da sitzen
   ein zahmes tier
  ja einsam fast
  hockte er auf seinen pfoten vor dem bau

Mit einem satz war ich auf den beinen
    und zog die armbrust
  es sah wohl aus als wär ich auf der hatz
aus dem holz der eibe
   ist der bogen und der stock
  grad wie ein pfosten
     ein wachposten
   auf einem hügelgrat

459

DAFYDD AP GWILYM
▸ 14. JAHRHUNDERT

und die hand gespannt
auf seiner sehne –
wie sie singt
und erst das holz
eine waffe die jeden wettbewerb gewinnt
Ich lief den rain entlang
um ihn mit einem langen starken bolzen
zu erwischen
legte einen schaft an:
er ging ihm
teufel sei dank
an der flanke vorbei

Was für ein beschiß
nicht nur die sehne riß – nein
auch der bogen brach mir in drei stücke
auf eines
kamen zwei unglücke
und ich biß mir in die zunge
vor wut und zorn auf den fuchs
oder hätt ich etwa angst
vor diesem tanzbärn haben sollen?

Der kerl hätt sicher eine henne gern geheischt
ein zwei bissen von einem dummen huhn
ein bißchen vogelfleisch
ein jagdhorn mag da tuten und tönen
es ist ihm wurscht
er folgt dem eigenen geruch
der fuchs kreischt
sich die eigne stimme heiser
der seine ist kein schlechter spruch
und wird dabei erst recht nicht leiser
ein fuchsroter fleck ist er
auf dem hang der halde
wie ein affe im unterholz der föhren

ein meerkätzchen unter einem grünen baum –
da tauchen am saum der wiese
                              so etwas wie hunde auf
          und hecheln hinter den gänsen her

Den krähen eine bake ist er
                    der fuchs
              an der gemähten kuppe eines hügels
          über die äcker setzt er im flug
                              ein feuernest
                  ein brocken glut
      so gut wie der köder mit dem man elstern
          auf jahrmärkten anlockt
behäbig wie ein drachen
                    ein herr über das hurra und hallali
      reißt er den rachen auf
                  für gewöhnlich fette hennen
          zwischen den scharfen zähnen
            oder das flammige fleisch von schafen:
eine ahle im zaun
      ein tunnel gescharrt aus fahler erde
                        und dann ein teller voller feuer
      in der ecke eines fensterbretts
ein kratzfuß aus kupfer
                  die langen läufe wie ein roter bogen
          fänge wie zangen
                  ein schnabel blut

                        Ihm noch zu folgen
war nicht leicht
          sein revier richtung Annwn unten
der rote streuner war mir nicht ganz geheuer
                        schneller als ein pack hunde
          mit einem satz und einem sprung
      gings durch den ginster:
ein leopard mit einem pfeil im arsch

461

V
RASSELBEUTEL

Als ich
    Gott sei's gedankt
        an einem tag
      der schon fast sommer war
    unter bäumen lag
  oder von einem ast meine beine baumeln ließ
      zwischen berg und wies
und auf mein mädel wartete
      auf jene harrte
  die so leise
      so sanft zu mir spricht –
da kam sie auch
    nichts zu leugnen dran
      dorthin wo sie's versprochen hatte
  auf die stunde genau wie der mond
Wir saßen beisammen
      ein tolles thema für ein gedicht
      doch wenn ich's recht überlege
        dann doch besser nicht
  mein mädel
    und ich
    der rädelsführer dieses gesprächs
und wir redeten und befehdeten einander
ohne daß ich ein anrecht hatte
    sie bei ihrem wort zu nehmen

Als wir da so saßen
        sie eher scheu
    und lieben uns lernten
      die eine sich genierte
      der andere sich zierte

462

wir vor der sünde uns hüteten
           und in der sonne brüteten
     ein schläferstündchen ohne schäfchen
                eine stunde lang
da kam
     trauriger trost eines tumben tropfs
  der krach
             die plärrende plage einer plauze
    das grelle
               grölend gellende
          brodeln vom boden einer bauchblase
von so einem als hungerleider von einem hirt
                verkleideten zwerg
   mit seiner
       altweiberwangig ausgebeulten
           schrill scheppernden beutelrassel –
er klapperte
           dieser blähbäuchige bastard
   mit seiner sackschnarre
                   räude diesem lumpenhund!
     die krätze diesem hundsfott
              von einem fetzenschädel!
Bevor ich also mein schäfchen
                   noch im trocknen hatte
        bekam's mein mädchen
                mein milchig weißes mädel
   mit der angst zu tun – ach
                wehe mir:
als sie
     ihr schwaches herz setzte fast aus dabei
     das schwirren und sirren der steine hörte
                nahm sie reißaus

Jesus Christus
       von keinem christenland im norden
                von einem hundert
           schmutziger schmähungen

463

wurd je uns so ein heidenlärm
                    dieser furzton einer blähung
            bekannt:
das geknatter von einem sack
                    der an seinem stock steckt
das glockengeklingel und geklirre
                    von kiesel kies und schotter
das geklapper und geplapper
                    stinkiger steine
das gequake von ein paar Angelsachsen
            in einer ochsenhaut
das krakeelen eines kupferkessels
                    ein käfig für dreitausend käfer
            ein schwarzer eiersack
            samt vorhaut
dieser feld-herr und wiesen-general
                    ein scheuchvogel aus faulem stroh
            jahrmarktsbudenritter
            aus holz und splitter
dieser zischelnde ziegenbock
                        in einem weiberunterrock
narrenschelle
            mit einem teufelsschwanz anstelle
                    eines klöppels
                    dörper
                        mit einem stecken in den eiern
            ein zerschrundener zerschundner
                    sack aus angebrunztem leder:
zerstückeln soll man ihn
            in striemen zerspleißen und zerschmeißen
            zu einem kälberstrick
                        und ihn mit den riemen
                den rücken blutig peitschen:
verflucht und verdammt
                sei dieser krüppel und hennendieb
                        amen
                    der mein liebchen mir vertrieb!

VI
SPIEGEL

Ich hab immer angenommen
     soll mich der teufel in die pflicht nehmen
        der mich mit seinem blitz erschlägt
  daß mein gesicht
      erträglich ist
         hübsch und gut
bis ich
                schwer war's nicht
     den spiegel in die hand nahm:
           was für ein schock
   er zeigte mir ganz trocken
       und absolut verläßlich
        wie häßlich ich geworden war

Die wange
    ist für Enite stroh genug
       von frohem rot nicht viel zu sehen
   bei unserem gestöhn danach
      wird sie wie glas
eine gelb gequetschte beule wie eine zwetschke
     ein fünf jahre alter bluterguß
ein rasiermesser
  könnte man aus meiner langen nase machen –
ist es nicht fürchterlich
    daß so blaue augen jetzt
        blind wie bohrlöcher sind?
und das schock haare
      mit den locken für die mädels
   kann man mir büschelweis
     vom schädel brocken

465

DAFYDD AP GWILYM
▸ 14. JAHRHUNDERT

Maßlos nur ist meines schicksals mißgunst mir
    nach stierem räsonieren
        sagte ich zu mir:
  entweder bin ich meiner
           das halbdunkel eines köchers
    und bös aus von natur
        eine unke
     oder der spiegel taugt zu nichts –
liegt's an mir
             ich weiß ja was passiert
          wenn man zu lange liebt
   dann laß mich in einer ecke sterben!
Wenn aber der spiegel sich irrt
   mit seinen löchern und seinen flecken
ah – was für ein leben könnt es dann werden!

Blau dunkler mond im umfang deines kreises
   magisch wie ein magnet
        von welcher farbe – wer weiß es
       ein halb hergezauberter edelstein
   haben hexer dich geheißen
träume in seinem weißen schaum
   kalter verleumder und brudes des eises
   falscher rüpel und saukrüppel von einem kerl
      in flammen
   dieses flache schiefmaul eines spiegels:
           brenne!

Kein anderer hat mein gefrieß
         in dieses gelb gerunzelt
   wenn man dem spiegel trauen kann
  als das stück weib aus Gwynedd
  dort weiß man ja wie ein gesicht verhunzt wird

VII
SCHNEE

Kann nicht schlafen
  kann und will nicht vor die tür
      bin betrübt und
     ganz aus dem häuschen dafür
heute gibt's keine welt mehr
   kein fort kein feld
       weder hügel noch himmel
      oder erde

Wenn mich ein wort meines mädels
         hervorholt hinterm ofen
    in den schnee
  ist der lohn für ihre plage diese pest
     von flaumfedern auf hemd und hose
  die an einem kleben
      schaum und spucke am rachen
  wie an einem schauspieler
     der einen drachen zum besten gibt!
Meine kleider sehen dann leider so aus
   wie eine verkleidung
  so weiß wie der hintern von hochwürden
      oder der latz eines müllers
    wenn er den winterspelz mahlt
seit dem neujahrstag
    es ist wahr
   zieht jeder nur mehr einen weißen pelz an

Mitten im januar
    macht Gott uns zu eremiten

467

DAFYDD AP GWILYM
▸ 14. JAHRHUNDERT

Gott wäscht die schwarze erde dann
weißer als weiß
kein dickicht ohne diese decke
kein gehölz ohne dies gewand
kein baum hier der nicht eine hand hat
auf diesem blatt papier
auf der erde und den erlen
perlen salz kristalle
Feines flugmehl
ist das fell auf jeder fichte
hafermehl des himmels
das aus zerrißnen tüten fällt
wie die blüten im april
schafe als würden sie im weißen schlafen
schaufeln kalk auf den wald
ein bitterkaltes laken aufgespannt
über moos und moor
ein kettenhemd auf hain und holz
hart wie gneis und weiß wie kies
die äcker zu schollen zerbrochen
furchen falten und dellen
wellen gefrorener gischt
salzschaum auf den feldern
talg und schminke auf dem gesicht
der erde
ein vlies dicker als eine geballte faust
der balg eines hermelins –
tag für tag fallen sie über den norden her
die bleiweißen bienen des himmels:
wo hat Gott nur diese beulenpest her
woher nur soviel platz
für die gänsefedern aller heiligen?
Der schnee
stiefbruder der weizenstreu
hüpft über das heidekraut
wie er das kann!

Wo der staub der straße war
                    flüsse und auen
        die vögel flatterten oder im klee saßen
            und würmer fraßen
ist jetzt der frost
            die dünen und driften des schnees

Weiß einer welche bengel sich im winter
            so auf den boden zu spucken trauen?
    es müssen wohl die weißen engel sein
        die im himmel das holz
                        zu spänen sägen –
schau doch
    in der dachkammer machen sie
                        die falltür auf
        und werfen das sägemehl heraus

Das eis ist ein kleid
            der kälteste mantel den ich kenne
        kügelchen von quecksilber überall
    der zement von tal und teich
            deich und damm
        ein pflaster aus alabaster
                das weiter in die welt reicht
    als der friedhofsweg zum see
eine mure
        die auf meine länder fällt
                eine milchweiße mauer
        von meer zu meer
Wer würd es wagen sich darüber zu beklagen?
    Wie blei ist es
            an meiner alchemistenjacke!
                Wann kommt der regen endlich?

469

VIII
LERCHE

Tag für tag
    für glorreiche stunden
                            steigt
die lerche
        auf von ihrem haus
    der welt frühaufsteher
    ein gesang wie brodelndes gold
                zum himmel empor
      der torhüter
      der türsteher des april

Ein schrei vollendeter anmut
                    verseschmied
      ein schöner weg
              meister der reime
    eine feine arbeit ist deine:
schreibst lieder hoch über dem haselstrauch
    der zeitvertreib
           deiner grauen flügel –
der sinn
         diese leidlich angenehme klügelei
    und die höchsten töne der sprache
      stehen dir nach allem ewigen
         die macht der predigt
    ein tiefes lied
      aus dem brunnenschacht des glaubens
        dein privilegium vor Gott
Steigst auf zum firmament
         hast Kais temperament
    und über dir die achtelnoten der lieder

helle sigel
auf den zeilen der sterne
ein langes crescendo zur höhe hinauf
und ein endloses diminuendo
das du von oben schmetterst:
bist hoch genug geklettert
hast Gottes gunst gewonnen

Laßt jede glückliche kreatur ihren Herrn preisen
das helle licht und die natur
hast lang genug geprobt wie man Gott lobt
tausende haben's gehört
halt daran fest
hör nicht auf
Auf welcher seite find ich dich
als illustration in Seinem buch
das lustrum der liebe
deine stimme ist so sanft und frisch
im graubraun ihres gewands
deiner kleinen kutte
klar und voller trost sind deine lieder
du poet der triller
kantor in der kapelle Gottes
und amen

Ein gutes omen ist's:
bist geschickt
einer voller sonderrechte
und vieler schlagfertiger gedichte
du
mit der großen haube und dem grauen schopf
komm zu diesem himmel
den du so gut kennst
du sänger
dem land unter dem himmel der gänse

471

DAFYDD AP GWILYM
▸ 14. JAHRHUNDERT

Man wird dich oben stehen sehen
                    zur sommerwende der sonne
        Gott Eins und Drei
                hat dir Sein geschenk gegeben:
es sind nicht die baumwipfel über der welt
                welche dich tragen
                            du hast die sprache
                            die sprache allein
die gnade des gerechten Vaters
das wunder Seiner wunden ist's
                das dich hoch im himmel hält

Von morgens bis abends lehrst du das lob
                            komm herab
        Gottes segen auf den flügeln
mein hübscher grauer vogel   wenn du gehst
mein begabter bruder   als liebesbote
                nimm meinen gruß mit
        sag ich denk an ihr antlitz
        das gesicht
                            um ihre zuneigung
                            ist jeder zu beneiden
        der mond über Gwynedd
Du mußt um einen kuß sie fragen
                            zwei oder mehr
        kapitän des himmelsmeers
                auf deiner windjammer
        nimm kurs auf ihre kammer
        bei ihr will ich liegen und eines morgens
                wird es
                            Eiddigs eifersucht
                            wird ihm der dorn
                            im eignen fleische sein
ja so wird es sein

Niemand wird dich zu töten wagen
                dafür sind die strafen zu hoch
      doch wenn er es versucht
                        ein unbedachter schritt
      gib acht: ich schneid ihm die eier ab
                und geb ihm einen tritt
      sei nicht bang – dir wird nichts passieren
der himmel ist ein hoher sitz
                        und eine sichre stange
            den bogen
            in der hand
                wie weit weg du bist!
      Kennst deinen weg auf schritt und tritt
                dem bogenschützen wird es nicht
                        zum ziel gereichen
            zittern wird sie
            seine hand –
du kannst seinem zorn ausweichen
                wenn er seine falken schickt

473

IX
SCHWANZ

Mein Gott mein gehänge
            man muß dich bewachen
    in deinem stand
      mit aug und hand
   weil's gericht hereinbricht über dich
  grad gezogner pflock
     lange gewachsener stock
        besser als je zuvor
 korkschwimmer am netz
    schwanzfeder und stachel
zahnstocher und zimtstange
   der musch
      muß kuschen nur wegen deiner
  einer beschwernis und anklage wegen
muß man deiner schnauze zaumzeug anlegen
   um dich im zügel zu halten
    damit ich allen anstalten begegne
  und deiner verurteilung entgehe
nimm dich in acht
du trübsinn und trauer eines jeden troubadours!

Bist ein nudelholz ein schlimmes
         ein stecken am sack
  das stierhorn am vollen euter
     stell dich nicht auf und wedel herum
  du geschenk aller christlichen dämchen
     stock
 der die erdnüsse aus dem gesenk
       der schenkel scharrt
  leimrut und vogelschlinge

du dussel dummkopf und gänserich
                    schläfst in seinem gefieder
              naßkopf
      mit dem langen hals
                    und dem milchschaft
              keimspitze und blütenkern
Hör auf so komisch zu rucken und zucken
        du krumm verstumpfte stange
      dachfirst und dachreiter
                für die zwei flügel ihres hinterns
      steifkopf eines aals
                    mit einem schlitz in der mitt
        ein frischer haselwurzelstock
          wie mein schenkel lang und dick
der schlagbaum
      am ende eines langen tages reise in die nacht
          der meißel hundert langer himmel
      und der bohrer im türstock
              mit einer spitze aus leder

Seit neuestem nennt man dich auch schwanz
                du szepter der lust
      deckelbolzen auf einem nackten mädchenarsch
          eine flöte steckt dir im kopf
              eine trillerpfeife
        die jeden tag eine andere bläst
hast nur ein auge am grind
          so ist dir jedes mädel lieb kind
        du runde mörserkeule und kanone
              pistille und pistole
      bist pulver und schwefelfeuer
                in jedem feinen engen fötzlein
ein tragbalken in der dachluke der musch
      und der glockenklöppel am giebel
              bohnenstange
        der ganze familien aus der schote springen

475

und der strick daran
nasenloch mit den eiern unterm bart
hast einen hosenlatz voll lust und geilheit
und den hals verschrumpelt
wie eine nasse gans
du falsches stück
flaschenhals voll fick
und faschingsstrick
deinem genick droht noch der galgen

Eine anklageschrift steht gegen dich
und ein haftbefehl
drum duck dich und such dir ein versteck
du dibbelstock mit dem man kinder setzt
und sei nicht so kreuzfidel
wie halt ich dich bloß unter kuratel
du krakeeler
und kalter stoß
soß und schoßgesell
quälst mich mit einer querele nach der andren
du salamander
mit nichts als morsch und mehl im kopf

X
SATIRE AUF RHYS MEIGEN

Na da ist er ja der pfuscher und pfaunzer
    einer von Gaiwans verhunzten gatzern
  ein hudriwudri den noch die hund verbellen
  vor lauter reschpekt und ehr und gunst

Nur schimpf und schand über den sturschädel
    von Rhys Meigen dem hohlen neger
  dem ausgehungerten hundling und strawanzer
  mit seinen hingehudelten mai-gedichteln

Du ausgschamter bettler und bettseicher
    gibst an von Teifi bis Menai und zruck
  du zwackelnder zwerg und zwiderwurzen
  du zwetschgnmandl von einem zwiebelkopf

Blutrot wird er der rothaarige fetzenschädel da
    bei seinem lobhudlerischen gsanglwerk
  daß die madeln dem holzaffen sein herz
  und schmerz nur so um die ohren hauen

Der katzbucklerische kuttenbrunzer stottert
    jedes wort mühsam ausm steifen maul:
  schimpft sich dichter der damische hanswurst
  der schmalzige schmierfink und pimperlpoet

Du hinterfotziger finessensepperl legst dich an
    mit einem der im stegreif gschwinder ist
  als du auf deinem gaul von einem musenroß
  du sautreiber der als habergeiß im sattel sitzt

Du troubadour für trampeln und für trutschen
        futneidiger frotzler froschaugiger fretter
    hundsfott von einem lottersack und falotten
    du verhatschter hennengreifer und hurenigel

Du heugeign und häuslschleicher dreh di' heim
        und löffel selber deinen haferschleim
    keine ahnung nicht von versfuß oder reim
    schmierst alles zu mit deinem pappenleim

Dreigroschenschreiberling du trommlerjunge
        einer schwarz angefaulten zunge
    bei der gespreizten scheiße drehts hundert
    und tausend kellerasseln auf den rücken um

Der verskasperl und keifend kurzatmige köter
        wackelt mit der wampe bei jedem wort
    wedelt der arsch mit seinem wasserkopf
    wachtelt er winselnd wie ein waglhund dazu

Möwenstelze von dieser mistamsel des meeres
        du meisenköpferl mit deinem gimpelhirn
    wie ein spatz nur eine nußschale voll grips
    und die auch noch abgsoffen mitten im meer

Wimmerlgsichtiger wichtigmacher du windiger
        du würschtl von einem flachwichser
    hängt dich einer auf hat er meinen segen
    du gieriger vergeltsgott von einem grattler

Widerhaariger wirtshaushocker und bierdimpfel
        und dann kotzt das kasgsicht auch noch
    die eigene kachel voll – der kniepiesler
    der kartoffelkanak und kohlrabikacker

Der giftzwerg der gfotzte galgenschwengel
      hat überall seine dreckfinger drin
   aber dann den kirchenrutscher markieren
   den weihwasserträger und karfreitagsratscher

Ein krumper hund und feig wie ein fechtbruder
      der zu keinem kampf nicht taugt
   ein nudelaug und spucknapfneigeltrinker
   ein lugenbeutel wo ihn die leere haut anrührt

Lauslikör würd er noch saufen der lehmarsch
      eine goschen – aber kommt's drauf an
   ist der lackl leidig und lahm wie ein lankl
   und trenst sich die eigene bappen an

Hat jeden aufgehetzt der scheinheilige schnabel
      wen wie und warum war ihm wurscht
   mit seiner mausharpfe von einem schwanz –
   der schneebrunzer in seiner schneckerlmadame!

479

XI
SCHEREREI IN DER SCHANK

Ich kam in dieses kultivierte kaff
      mein knappe zwei schritt hinter mir
  es war was los
        sozusagen kost-spielig
 feiern und fest wenn man geld genug hatte
und ich nahm mir
      stolz bin ich schon seit meiner jugend
  was mir zustand an zimmern
 ziemlich teuer aber ziemend für mich
       und wollte auch ein wenig wein

Ein schlankes und schönes mädel
        sah ich in dieser schank
   es war mein schatz
und ich hatte nur sie allein
    mehr in meinem schädel
     die farbe des sonnenaufgangs
Ich bestellte einen braten
    nicht nur als angabe
  und teuren wein der es wert war
      für mich und das mädel
und rief sie
       die scheue seele
  her zu mir auf die bank
  und flüsterte
     beharrlich und frech wie ich bin
    und kein tor – das einmal ist sicher
 ihr zwei magische worte ins ohr
Ich machte es aus
  mit diesem munteren mädchen

die liebe ist nun einmal nicht langsam
mich nachher zu ihr zu schleichen
wenn die anderen schon schliefen
so schwarze augen hatte sie und brauen

Als alle weg waren außer mir und ihr
ein furchtbarer ausflug wurde es
das sag ich euch gleich
bemühte ich all mein geschick
in ihr bett zu gelangen
aber wie ich es auch anschickte
ich bekam nur verdruß
und hatte kein glück –
ich machte nur krawall
tat einen bösen fall
und brach mir fast bein und genick:
nichts gutes brachte es mir ein!
Das leichteste war es noch
das unheil war ja bereits angerichtet
sich danach wieder aufzurichten
schwerfällig und langsam
Ich hieb mir
wie dumm bin ich herumgehüpft
mein schienbein
schade um meinen fuß
an der kante
die lausige tischlerei eines stallknechts
eines lauten stumpfsinnigen stuhls an
gerade über meinem knöchel!
Ich stand
eine richtige büßergeschichte
wird es jetzt werden
ich stand also auf
mein mädel liebte mich heiß dafür
und schlug mir
zuviel verlangen heißt böses empfangen

481

als ich nicht wußte wohin mit dem schritt
        je dümmer der kraftlackel
      desto schlimmer der kraftakt
die stirn an
    an der ecke des tisches
   auf dem ein waschbecken stand
     und eine scheppernde schale aus messing
Sie fielen vom tisch
        diese zwei großen trümmer
das gestell mitsamt dem anderen mobiliar
     und die wanne dröhnte und stöhnte
daß kein hahn sich mehr um's wecken
    zu kümmern brauchte
   und das becken schrie auf
        ich selbst war
       zu eitel dafür
und die hunde begannen zu bellen

Hinter der wand waren drei Engländer
      auf ihrem stinkenden lager
voller angst um ihre säcke –
   drei kesselflicker
   mit namen Hickyn Jenkyn und Jack
und einer von ihnen
    das dreckmaul noch voll bier
    murmelte stier
      zornig den zwei anderen zu:

Es ist sicher so ein hundsfott
     von einem Welschen
  der bei der tür dort nur krach macht
     um uns hinter's licht zu führen
ein dieb ist es ein gauner
    und wenn wir nicht aufpassen
    beklaut er uns noch!

Der viehtreiber trommelte alle heraus
                              grausig war's
                    und eine greuliche geschichte
      sie grollten griffen
              und suchten nach mir
und ich in meiner gräßlichen
                        häßlichen
                            wut
        tat daran gut
                  im dunkeln zu bleiben
                      und mich still zu verhalten:
ich betete zu diesem zweck
                    und zitterte ziemlich dabei
      in meinem versteck
                    ein mann voller zähren und zagen
                        das kann ich euch sagen
und kraft eines innigen gebets
                und der gnade des gütigen Gottes
      gelang es mir schließlich
                geteert und gefedert von schlaflosigkeit
                    und um jeden lohn verlustig
      zurück zu meinem bett zu schleichen
Ich kam noch einmal davon
                  alle heiligen hatten's eilig mit mir:
      und ich bitt auch
        alle engel für einen bengel wie mich
                  um verzeihung!

XII
STERNE

Bei Gott
      wir müssen jetzt gehen
               mein mädchen
   aus dem gehölz das der monat mai war
      und den hang hinab wandern
     den weg durch hügel und wälder
        mein mädel mit dem blondhaar
   bevor wir aus dem see trinken
   und uns ein bett unter den birken finden
Die liebe ist verwegen und frech
      und meine ein gewirr lauter stimmen:
   sie ist so dreist
      daß sie einen von den beinen reißt

Auf eine mühselige reise
      hemm und hindernisse gab es genug
machte ich mich
     sie dauerte das kalte drittel der nacht
mit der absicht
          sonne und warmes licht
von meinem mädchen einen kuß zu bekommen
     das versprechen hatte sie mir gemacht
Auf einem karrenweg ging ich gestern
      blind wie ein mohr im moor
auf einer endlos lang gewundenen straße
        wie ich sie hasse
  wie Trystan damals zu seiner geliebten
Über grat und kamm der heide wanderte ich
    über die weiten ebenen hinan
  durch neun dornige dickichte

an alten wällen und kahlen ruinen entlang
und von dort zu einem fort auf dem hügel
einer festung von teufeln und geistern
diesen höllischen gefährten und meistern

Grau war es und groß
und dann kam ein gebirge
und hinter der braue des bergs
marschland sümpfe und moor
die landzunge lag schwarz bis zum meer
leicht war es nicht
die spitze im norden
stand mir dunkel entgegen
als wäre ich
die letzte tücke der schlacht
in ein verlies geworfen
und vergessen worden

Ich bekreuzigte mich
und stieß einen schrei aus
da war es bereits schon zu spät
und zu kalt
zu weit hatt ich mich schon verlaufen
Ich murmelte
schon taub vor kälte
ein dunkles sprüchlein voll zauber
gegen dieses verruchte paar drachen
mit ihrer schuppigen haut
knochen und bein bis zum rachen
in goldene gewänder gehüllt
größer aber war noch der stein
unter dem sie begraben lagen
in ihrer truhe im fels
Das nächste opfer
was so ein schicksal betrifft

485

                    dacht ich bei mir bin ich:
ich gelobte bei Gott
                    samt kerzen und spenden
nach Llanddwyn zu pilgern
          wenn ich nur wieder heil
          und sicher aus dem sumpf herausfände!

Der sohn der Jungfrau Maria
                    sanft und stark ist Sein glaube
                              Er schläft nicht
                    wenn es um eine erlösung geht
sah wie schlimm's um mich steht
                    der fleißige und gute poet
                              der ich bin
          und binnen minuten
                    ja – Seine gnade war groß
          zündete er alle zwölf zeichen an
          den tierkreis
          wie fackeln aus binsen und schilf
          zahlreich genug gegen jedwedes mißgeschick
Schnell und stolz stiegen sie auf
                    die sterne
          die kirschen der nacht
          und hell war ihr leuchten
vom freudenfeuer aller Sieben Heiligen
                    seine funken
          brennende pflaumen eines kalten mondes
          überreife beeren des frostigen mondes
                    des mondes versteckte kerne:
          schönwetter-samen sind sie
          die glänzenden haselnußbüschel des mondes
          neben den strahlenden wegen des Herrn
          das omen der sonne sind sie
          im schnabel der adler über den feldern
                    wie feuersteine
                    die sonnen der erde

                    die glitzernden groschen Gottes
         reinstes rotgold das hagel und frost überdauert
            geschmeide am sattel des himmlischen Herrn
Die sonne hämmert ihre nägel
                          in das schild dieses himmels
         tief hinein in sein holz
         jedes paar kunstvoll geschmiedet
                 das laute waffengetümmel der nacht
                 so weit sein blau reicht
                              ein endloses verlangen
                          und eine pracht
         der heftigste wind
                 kann sie aus ihren löchern
                                    nicht reißen
             und sie nicht wegwaschen
                 sie reichen so weit
         daß nicht einmal er sie zu umrunden vermag
             in der asche des himmels
                    sind sie die glut
             die kleesaat auf seinem feld
         figuren auf diesem schachbrett der luft
             lange nadeln im kopftuch der nacht
                 embleme auf der seite des abends
                          und seine uralte geschichte
                 der vergoldete frost
             und die ringelblumen des himmels
                 wachskerzen vor hundert altären
                    die rosenkranzperlen Gottes
                 verstreut und vom faden gebrochen
         zeigten sie mir im steten licht
                 die hügel und das jammertal dieser welt
         ihr eitles närrisches treiben
                 die straße nach Mon
                          und meine eigene:
                 mein uneines ziel –
                          vergib mir mein Gott!

                              487

DAFYDD AP GWILYM
▸ 14. JAHRHUNDERT

So kam ich

                      ohne geschlafen zu haben

          bei tagesanbruch

               dorthin wo sie weilt

                     meine liebe

        und ich will mich nicht damit brüsten

              wieviel arbeit es war mit den ihren

sie gab mir alles mit offenen armen

                          außer dies eine:

mit einer scharfen axt

            fels zu zerhacken

                    könnte kaum härter sein!

XIII
DIE MÄDCHEN VON LLANBADARN

Die pest über alle mädchen in dieser pfarre
      ich winde mich wie wahnsinnig vor lust
weil ich
           all der zorn wenn man weiß
            daß kein stelldichein
               sich je einstellt
   keine einzige von ihnen hatte
      weder das süß gehaltene
     versprechen einer jungfrau
   noch ein mädchen
       eine frau
       oder ein weib
       nicht einmal eine häßliche alte

Welche schüchternheit
   was für mißgunst und bosartigkeit
     woran liegt es
      daß sie mich nicht wollen?
Was würd es ihr schaden
        einer mit schmalen brauen
   wenn sie mich kriegt
     in einem dunklen und dichten wald:
es wär wirklich keine schande
  mit mir auf einem bett von blättern zu liegen!

Das gab es noch nie
   daß ich nicht
     niemals zuvor war ein zauber so stark
       stärker noch als alle lust

489

selbst von solchen männern
wie Garwy einer war
eine oder zwei
an einem einzigen tag geliebt hätte
doch trotzdem gelang es mir nicht
auch nur eine für mich zu gewinnen –
trotz all meinem sinnen
waren sie mir spinnefeind alle
Keinen einzigen sonntag gab's in Llanbadarn
daß ich nicht einer
und die anderen fluchten
mir dafür den rücken ab
gegenüberstand
gesicht zu gesicht
aber den hals
hoch nach oben zu Gott gereckt

Und als ich so stand
und mir über meine federn
die gemeinde besah
hörte ich wie eines
dieser herzhaft sauberen mädel
mit einem anderen sprach
das bekannt war für seinen witz:

Dieser blaße bub da
mit dem blasierten milchgesicht
und den haaren
seiner schwester auf dem kopf –
sieht der tropf
nicht wie ein lüstling aus
mit seinem schiefen blick?
wird wohl schon von haus aus
mit allen wassern gewaschen sein!

490

Glaubst nicht daß er nur angibt?
                              meinte die neben ihr
   keine antwort kriegt er von mir
                  solange die welt besteht –
            daß der verrückte dort zum teufel geht!

Für mich war es hart genug
        fesche frauen fluchen zu hören –
    ein feiner trost für die wahre tragik der liebe!
Unbedingt muß ich sie mir abgewöhnen
        und mich mit den weibsbildern
                                    wieder versöhnen
                sonst habe ich weiter nur
                schreckliche träume
                und alles in scherben –
        ich werd wohl besser einsiedler werden
                            das ist das beste
            für so ein armes schwein wie mich
Weil ich mir dauernd
                es ist mir eine schmerzliche lehre
        über die schulter ins leere schaue
            als säße mir
                    mit aller schwere
                        das unglück im nacken
kam es dazu daß ich
                        immerhin verstehe ich's
                    die poesie zu packen
        daß ich jetzt nur mehr
                zu boden blicke:
                    geknickt
            und ohne einen gefährten auf erden

491

XIV DER DICHTER
UND DER FRANZISKANER

Jammerschade daß mein mädel
vielgepriesen
sei sie: wiese
holz und hain hat sie als hof
nichts von der rede weiß
die ich ihretwegen
einem grauen bettelmönche hielt
und zwar grad heut:

Ich ging zu diesem franziskanerbruder
um meine sünden zu beichten
und mein herz zu erleichtern
darüber daß ich eine art dichter bin
und immer schon verliebt war in frauen
besonders in eine
mit weißen wangen
und schwarzen brauen
und daß sie mein innigstes bangen
an das ziel meines glücks zu gelangen
als gunst oder beute
nur weiter schürt
ohne je feuer zu fangen
Ich war diesem mönchlein geständig
daß ich sie liebe
lang und beständig
und ebenso unbändig ihr lob
über ganz Wales verbreite
und daß ich es nicht bestreite
daß es mir lieber wär
sie machte es mir nicht so schwer
und läge bei mir im bett
zwischen mir und der wand

Da hat der komprater
                    mir wie folgt aufgetischt:
          einen rat
              könnt ich dir schon geben
          über die die so weiß ist wie gischt
              und so hell wie ein blatt papier
          und deine liebe
              diese lang verhaltene fleischliche gier:
lindere die pein die da kommt
              am tag des Jüngsten Gerichts
          denk an das heil deiner seele
                  und quäl dich nicht mehr
                      von gedicht zu gedicht
          sondern zähle lieber
                      die perlen am rosenkranz
Weder für ein cywydd *noch ein* englyn
          haben Gott und die engel
          dir eine seele verliehen
              und es wird dir auch nicht verziehen
          daß deine lieder
              nur für spielleute und gaukler sind
                  Nichts sind sie
          als salbaderei eines schlingels
              ein geklingel
                  von eitlen und vergeblichen wörtern
          die mann und frau
              nur zu sünde und falschheit zwingen
Nichts gutes ist es
          von schamlosen körpern zu singen
                  und die seele
              in die gewalt des teufels zu bringen

Da gab ich ihm
          dem adjunkt des Herrn
              punkt für punkt
                  meine antwort zurück:

493

Gott ist nicht so grausam
        wie die alten männer sagen
    Er will es auch nicht haben
        daß man einen edelmann verdammt
    nur weil er sein recht nach liebe verlangt
denn heilig ist der welt
      die dreieinigkeit
          von gesundheit
          gutem wetter
          und frauen

Eine frau ist wohl die schönste blume
          auf Gottes weiter ackerkrume
    außer Ihm selbst
Jeder wurde von einer frau geboren
     dazu hat sie ihre jungfernschaft verloren
      außer für die Drei
Wie könnte dann die liebe sünde sein
      ist man verliebt in solch ein blümelein?
Vom himmel herab kommt alles gute
      von der hölle herauf nur tunichtgute!

Die poeterey macht alle menschen frei
    die alten und die jungen
       die kranken und die gesunden
  so hab ich für die dichtkunst
     immer schon empfunden:
    ich kann nicht anders
      als meine lieder schreiben
  so wie du eben nichts anderes kannst
       als von deiner kanzel schreien
und so wie ich das recht hab
  um applaus und geld zu bitten
  so widerspricht's auch nicht den guten sitten
    wenn du um milde gaben bettelst

denn was sind hymnen und sequenzen anderes
   als die *englyn* und die *awdlau?*
Und die *cywyddau*
        mein persönliches affidavit
     sind unserem Herrn
         die psalmen des propheten David

Gott nährt seinen mann
        nicht nur auf eine weise
        mit einer speise
           und einer würze allein:
da ist eine zeit um zu essen
  eine zeit für gottesdienst und messen
    eine zeit um zu predigen
      und eine zeit
       um der sorgen sich zu entledigen –
das ist die zeit der dichtung
       wenn man sie auf der kirmes singt
   und sein mädchen zum lachen bringt
während den pater in der kirche verdrießt
     daß er immer noch nicht aufs paradies stieß

Ystudfach hat es schon richtig gesagt
        als er mit seinen dichtern feierte:
ein glückliches gesicht
      und dein haus ist voll –
   bei einem traurigen gesicht
         treibt's nur der teufel toll
Manche lieben eben das hohe und hehre
      manche geben lieber der lust ihre ehre
  nur wenige wissen wie ein gutes lied geht
       aber alle kennen ihr sonntagsgebet
und deshalb
     mein pedantischer pater
   ist ein poeter
        kein schlechterer tugendvater

495

Erst wenn es jeden genauso freut
ein gebet zur harfe zu hören
wie es keines der mädchen hier bereut
eines der frechen lieder zu hören
die dich nun einmal so empören
dann würd es mich auch nicht stören
selber bis in alle ewigkeit gebete zu singen
das kann ich dir schwören –
bis dahin aber schande über Dafydd
sollte er jemals anderes über die lippen bringen
als eines seiner *cywydd*

GLOSSEN UND BIBLIO-GRAPHIEN

NB: Die Transkription der einzelnen Namen aus den verschiedenen Sprachen führt zu Problemen. Bei den arabischen Begriffen lehnt sie sich an ein einheitliches System an. Für die römische Literatur gilt, daß die Namen der Götter und Helden soweit wie möglich auf ihren Kontext bezogen werden, das heißt, die griechische Schreibweise steht für den Kontext der griechischen Antike, die lateinische für die Mythologie Roms. Eingedeutschte Begriffe wurden nur übernommen, wenn man sie als sinnvoll eingebürgert bezeichnen kann.

Zweisprachige Ausgaben der Kapitel zu den irischen Mönchen und Guihelm IX. erschienen unter dem Titel *Rime*, Innsbruck 1991, und *Marginalien*, Frauenfeld 1996. Wir danken dem Haymon und dem Waldgut Verlag für die Abdruckgenehmigung.

VORWORT

Bibliographie

Die Entstehung der Dichtung ist näher behandelt in: R. Schrott, *Die Musen – Fragmente einer Sprache der Dichtung*, München 1997, und R. Schrott, *Poesie und Physis – Grazer Poetikvorlesungen*, Graz 1997; sowie Morton W. Bloomfield und Charles W. Dunn, *The role of the poet in early societies*, Cambridge 1989; Calvert Watkins, *Indo-European Metrics and archaic Irish Verse*, in: Celtica VI; zur Entstehung des Bewußtseins siehe die umstrittene Studie von Julian Jaynes, *The origin of consciousness in the breakdown of the bicameral mind*, London 1976.

Vergleichbar mit der vorliegenden Anthologie sind erschienen: Roger Caillois und Jean-Clarence Lambert, *Trésor de la poésie universelle*, Paris 1958; Desmond O'Grady, *Trawling tradition*, Salzburg 1994; Fritz Graßhoff, *Die klassische Halunkenpostille*, München 1982.

497

ENHEDUANNA, ILUMMIYA
UND DIE SUMERISCHE LITERATUR
(24. Jahrhundert v. Chr.)

Glossen

I – Die ursprüngliche Aufteilung in Zeilen und ihre Zäsuren wurde beibehalten. Untergliederung und Titel sind eingeschoben und richten sich nach der Edition von Hallo und van Dijk.

A – *Me* wären mit Akt der Gnade, göttliches Attribut und Gabe zu umschreiben; sie tauchen immer im Plural auf, obwohl ihr Charakteristikum das Einzelne und Besondere ist; hier werden Inanna die *me* von An, dem Himmel, verliehen – auf Kosten Nannas, des Mondgottes, und nicht Enkis, dem Gott des Wassers.

Daß Inanna mit An schläft, ist andererseits eine nur ungenaue Umschreibung für eine Hierodule oder göttliche Tempelsklavin; für Inanna war damit der höchste Titel, der Thronname gemeint.

B – Die Invokation Inannas durch die sargonischen Könige diente der Legitimation ihrer imperialistischen Pläne gegenüber Sumer; Inanna – oder die Könige von Akkad – werden demnach so dargestellt, als würden sie nur die Absichten Ans verwirklichen, des höchsten Gottes im sumerischen Pantheon.

C – Enlil, der Wind, ist traditionellerweise die rechte Hand Ans, des Himmels; um Inanna in diesen Rang zu erheben, wird sie als seine Geliebte dargestellt. Sie ist ihm behilflich, weigert sich aber dennoch, Enlils Fluch auf Uruk in die Tat umzusetzen – was sie damit auch zu einer Göttin des Krieges macht. Dieses Attribut wurde Inanna traditionell kaum zugewiesen; hier bekommt sie Züge, die sie eher mit Ishtar vergleichbar machen.

D – In einem späten, zweisprachigen babylonischen Text heißt es über Inanna: *In die schlacht fliege ich wie eine schwalbe, ich häufe kopf auf kopf wie geerntete binsen.* Das sogenannte ›Burney Relief‹ zeigt sie als Göttin mit den Krallen und Flügeln; Stürme oder Sturmwolken wurden üblicherweise als Vögel mit weit gespannten Fittichen dargestellt.

In den letzten zwei Zeilen versteht sich Enheduanna als Verkörperung Inannas; ihr ›Klagelied‹ wären demnach die folgenden vier Abschnitte.

E – Die Anunna sind die Götter mit geringerer Macht. ›Zügel und Herz‹ steht für ein sumerisches Idiom, das alle emotionellen und intellektuellen Reaktionen umfaßt. Naturkatastrophen wurden in den sumerischen Mythen traditionell so interpretiert, daß sie der Preis waren, mit denen die Götter wieder besänftigt wurden.

F – Der Berg Ebih ist Opfer von Inannas Zorn. Zeile drei spielt darauf an, daß bei Massenmorden die Leichen in den Fluß geworfen wurden, was das Wasser für die Überlebenden vergiftete.

G – Die ›Ställe‹ sind ein Symbol Inannas, das in den ältesten Darstellungen der Sumerer vorkommt.

H – ›Heilige Hymne‹ ist hier eher ein *terminus technicus*, der häufig mit dem Begriff einer Inkantation auftaucht und strukturell bereits auf den Höhepunkt in Abschnitt O hinweist.

498

I – Mit dem ›heiligen Kreis‹ ist die klösterliche Residenz der Enheduanna, der Hohepriesterin der Nanna in Ur gemeint, aus der sie vertrieben wurde; hier erinnert sie sich an die Höhepunkte ihrer priesterlichen Tätigkeit. In einem zeremoniellen Korb wurde den Göttern in einem noch unbekannten Ritus – wahrscheinlich einem Hochzeitsritus zwischen der Göttin Bau und dem Gott Marduk – Opfer dargebracht; er hatte die Form einer Muschel. Ein Beleg erläutert dies: *Du, Inanna, bist noch keine frau geworden! geh zum haus des traumdeuters; wenn du den korb mit gerste gefüllt hast, bring ihn als nahrung seinem geist.*

Enheduannas Exil war die Steppe, einer anderen Überlieferung zufolge auch das Sumpfland.

J – Suen ist der Mondgott, Enheduannas nomineller Gatte; Lugalanne ist der Name jenes rebellischen Königs aus Uruk, den Enheduanna nicht als ihren Herrscher anerkannt sehen will. Uruk ist dabei die Stadt, die An und Inanna geweiht ist, während Nanna-Suen die Gottheit Ur ist. Inanna selbst wird nur als ›diese Frau‹ angeredet. Enheduanna bittet also den Mondgott, ihr in Uruk zu helfen; da der Aufständische dort jedoch An aus dem Tempel geworfen hat, soll Inanna – die gleich mächtig wie er ist – Uruk von diesem Joch befreien. Historisch gesehen ist die Bitte an Nanna-Suen somit ein Aufruf an die Stadt Ur, den sargonischen König zu unterstützen, um die Revolte in Uruk zu unterdrücken.

K – In diesem Abschnitt spielt Enheduanna darauf an, daß sie ihr Priesteramt sowohl in Ur als auch in Uruk verloren hatte, wodurch sie also nicht mehr mit An und Nanna in Kontakt treten konnte; ›Eanna‹ ist der große Tempel in Uruk, den Lugalanne entweiht hat.

M – Ashimbabbar ist einer der drei Namen des Mondgottes; die Bitte an ihn stieß auf taube Ohren, da Enheduanna nicht mehr länger seine Hohepriesterin in Ur war, weil die Stadt Uruk nicht die Partei Sargons in Ur ergriffen hatte. Jetzt wird Enheduanna von Uruk in die Berge vertrieben wie vorher von Ur in die Steppe. Die Einwohner von Ur hatten sie verhöhnt; sie sollte sich umbringen oder verstümmeln wie die androgynen Derwische, die normalerweise mit einem Schwert oder Dolch in Verbindung gebracht werden.

N – Zu Enheduannas Amt gehörte auch die Traumdeuterei; dies ergibt sich daraus, daß sie in Ur nicht nur für Nanna, sondern auch seine Gefährtin Ningal zuständig war. Ningal war die oberste Göttin der Oneiromantie, und die Erwähnung eines rituellen Bettes (wörtlich einer ›fruchtbaren, leuchtenden Liege‹) läßt auf eine Inkubationstechnik schließen, um die göttliche Antwort zu erhalten. Die Traumdeuterei zählte neben der Hepatoskopie zu den wichtigsten Praktiken im sumerischen Reich.

O – Enheduanna vollzieht hier ihren Wunsch, die *me* zu rezitieren und sie nicht Nanna, sondern Inanna zuzuschreiben, um sie in den Rang Ans zu erheben. Aufgrund der alternierenden ›u‹ und ›a‹ im Originaltext kann man darauf schließen, daß dieser Chor im Wechselgesang gesungen wurde.

Hier läßt sich auch historisch erstmals belegen, daß sich in Inanna zwei gegensätzliche Funktionen vereinen: zum einen übernimmt sie ihre astrale Natur wie der Planet Venus von Ishtar, zum anderen ihre terrestrischen Charakteristika von Antum, deren Gatten.

GLOSSEN
UND BIBLIOGRAPHIEN

P – Diese Passage steht in der sumerischen Literatur einzig da. Der poetische Akt wird hier als Geburt und als ein Machen im Sinne intellektueller Aktivität gesehen. Die Inspiration vollzieht sich wie Geburtswehen und bei Nacht, eine *unio mystica*, wobei diese Art der Eingebung nicht auf das Dichten allein beschränkt war. Der Anfang des Abschnitts gibt die Vorbereitungen zu dieser Inkubation an; Enheduanna war dabei die Deuterin ihres eigenen Traumes, die dann darum bittet, daß ihre Hymne von den professionellen Sängern in ihr Repertoire aufgenommen wird.

Die letzten zwei Zeilen beziehen sich darauf, daß Inanna nach Enheduannas eigenen Ausführungen jetzt die traditionellen Lamentationen zustehen.

Q – Inanna und Enheduanna sind wieder in ihre ursprüngliche Funktion eingesetzt, wobei die Identifikation so weit geht, daß nicht zu sagen ist, auf wen das ›sie‹ sich bezieht. Trotzdem ist zum ersten Mal in diesem Gedicht nicht mehr Enheduanna der Sprecher, wie Syntax und Grammatik des Originals zeigen; alles ist in der dritten Person als *fait accompli* formuliert. Damit finden die Intrigen um die Götter ihren Abschluß: die Versöhnung mit Nanna und Ningal ist wieder vollzogen.

R – Die Signatur des Gedichts reiht es in die heterogene Kategorie der *zà-mí* ein, Hymnen des Lobes.

II – Dieses Gedicht wie auch die folgenden drei stammen aus den königlichen Liebesliedern an Shu-Suen, einem König der dritten Dynastie von Ur (um 2000 v. Chr.); sie wurden später Bestandteil des Schulpensums. Wahrscheinlich wurden sie alle von einer einzigen Dichterin komponiert, obwohl sie der Königin Kubatum in den Mund gelegt sind.

Die Vulva wurde in sumerischen Texten meist mit brachem Land, einem Feld oder einem Hügel verglichen, den es zu pflügen galt, um Milch und Käse zu erhalten. Der *dubdub*-Vogel ist unbekannt; hier symbolisiert er die Klitoris. Der ›Harnisch der Brüste‹ heißt wörtlich übersetzt ›mag er kommen‹.

III – Kresse steht für das Schamhaar; Gerstenhalm und Apfelbaum sind phallische Symbole.

IV – Das Schwören auf die Genitalien kommt auch in der Genesis 24, 8–9 und 47, 29 vor. Das Stück, das eine in der sumerischen Literatur ungewöhnliche Vertrautheit mit den unteren sozialen Schichten zeigt, war wahrscheinlich ein humoristischer Höhepunkt des Vortrags; darüber hinaus scheint der Einfluß einer volkstümlichen Liedkultur hier deutlich zu werden.

V – König Shu-Suen wartet zusammen mit einem Stellvertreter oder Prinzen, bis seine Frau Kubatum, assistiert von seiner Mutter Abi-Simti, entbindet – dann ist sie ›rein‹ und ›frei‹ vom Verdacht, unfruchtbar zu sein. Sie hat so eine Familie gegründet, die Shu-Suen mit dem Beginn der Webtätigkeit vergleicht, wo die Kettfäden am Webstuhl gerichtet werden, während er seine Mutter mit dem Weberbaum und dem fertigen Tuch vergleicht. Die Königin empfiehlt ihm unerwarteterweise dann die Kellnerin als Bettgefährtin – und die offensichtliche Art, mit der sie in diesem Kontext präsentiert wird, legt nahe, daß die Vortragende die Gelegenheit benützt haben könnte, sich in den Vordergrund zu rücken. Wenn dem so ist, stünde der nur teilweise lesbare Name *Il[..]jummiya* für eine Dichterin, der diese Liebeslieder zuzuschreiben wären.

VI – Die Verehrung eines jungen Gottes, der für die Fruchtbarkeit und den Lauf der Jahreszeiten steht, gehörte zu den ältesten Kulten in Mesopotamien; am häufigsten gab man ihm den Namen Dumuzi, den Schäfer, der mit dem Lammen und der Milch im Frühjahr assoziiert war; der Kult zelebrierte seine Heirat mit Inanna und seinen frühen Tod. Hier wartet Inanna, die Göttin des Himmels, des Morgen- und des Abendsterns auf ihn, der aber auch – als Ishtar – das Schwert einer Kriegsgöttin zusteht. Dem Mythos zufolge war diese ja auch die Liebesgöttin: verführt wurde sie von Sukkaletuda, dem ›Gärtner‹ – ein Attribut, das Königen bei der hl. Hochzeit im Ritus des Neuen Jahres zugeschrieben wurde –, und von Ishullanu, dem ›Gärtner‹ im akkadischen Gilgamesch-Epos.

Die Hals- und Brustornamente, schwer wie Harnische, wurden von einem langen Band, an dessen Ende ein Schmuckstein hing, im Gleichgewicht gehalten.

VII – Dieses Klagelied existiert nur in späteren, neobabylonischen Kopien, und es ist auch nicht anzunehmen, daß es sehr viel älter ist. Enlil – dem Gott des Windes – ist die traditionelle Rolle als Schiedsrichter über das Schicksal zugeschrieben, aber die göttliche Versammlung, die auf ihn hört, ist auf ein paar babylonische Götter zusammengeschrumpft. Erwähnt wird Enki, der Vater Marduks, der Stadtgott Babylons und die Gottheit des Wassers. Marduk trägt seinen sumerischen Namen Asalluhe; in seiner Ausprägung als Gott der Kanäle und der Bewässerung heißt er Enbilulu. Marduks Sohn Nabu ist unter seinem sumerischen Namen Mudugasa aufgelistet; in seiner Gestalt als der ›Buchhalter der Welt‹ trägt er den Namen Shiddukishara. Zuletzt kommt Dikurmah, der ›oberste Richter‹.

Enlils Urteilsspruch, der Akt der Zerstörung, wird von der Versammlung der Götter traditionellerweise angenommen. Die Götter äußern ihre Zustimmung durch ein *hé-àm* – ›so sei es‹. Die Atemstöße ihrer göttlichen Ankündigung werden im Verein zum Sturm, der über das Land herfällt; der Angriff des Feindes selbst ist nur eine oberflächliche, politische Erscheinung der tieferen theologischen Realität von Enlils Wort.

Bibliographie

William W. Hallo und J. J. A. van Dijk, *The exaltation of Inanna*, New Haven & London 1968

The harps that once – Sumerian poetry in translation, hrsg. u. übers. v. Thorkild Jacobsen, New Haven & London 1987

Bendt Alster, *Sumerian love songs*, in: Revue d'assyriologie et d'archéologie orientale, Heft 2, Paris 1985

Adam Falkenstein und Wolfram von Soden, *Sumerische und akkadische Hymnen und Gebete*, Zürich und Stuttgart 1953

Adam Falkenstein, *Die Altorientalische Literatur*, Kindlers Literaturlexikon, Bd. 1, Zürich 1974

Joachim Krecher in: *Neues Handbuch der Literaturwissenschaft*, hrsg. v. Klaus von See, *Bd. I: Die altorientalischen Literaturen*, hrsg. v. Wolfgang Röllig, Wiesbaden und Gütersloh 1978

Joan Goodnick Westenholz, *Enheduanna, En-Priestess, Hen of Nanna, Spouse of Nanna*, in: DUMU-E2-DUB-BA-A. Studies in honor of Åke W. Sjöberg, hrsg. v. Hermann Behrens, Philadelphia 1989

GLOSSEN
UND BIBLIOGRAPHIEN

ARCHILOCHOS
(7. Jahrhundert v. Chr.)

Glossen

I – West 109; Tetrameter.

II – West 1; Elegie; Ares ist im Original Enyalios, ein mykenischer Kriegsgott, der normalerweise mit Ares identifiziert wird; das Geschenk der Musen ist die Lyra.

III – West 2; Elegie; nach anderen Interpretationen kann sich das *en dori* auch auf das Holz eines Schiffes beziehen, und diese Zeilen könnten aus demselben Lied wie II stammen; Ismaros ist eine Stadt in Thrakien, deren Wein berühmt war.

IV – West 114; Tetrameter; die Gegenüberstellung entspricht auch der *Ilias* – Odysseus ist häßlich, Nireos schön, aber wertlos.

V – West 15; Elegie; in der Agora von Thasos fand man eine Vase aus dem 7. Jahrhundert v. Chr. mit einer Inschrift im parischen Alphabet – *Ich bin die Erinnerung an Glaukos, Sohn des Leptines, die Söhne des Brentes schenkten mich –*, was ein überraschender Beleg dafür ist, daß Archilochos' Freund wirklich gelebt hat.

VI – West 88, 101 und 107 zusammengenommen; Tetrameter; Erxia kann der Name einer der Hetären Archilochos' sein; es ist aber auch ein Appelativ einer Göttin möglich, die ›Verteidigerin‹ geheißen wird.

VII – West 5; Elegie; so antikonformistisch und antiheroisch, wie sich die Zeilen lesen, sind sie nicht; in der *Odyssee* (XIV, 266–284) gibt es eine ähnliche Stelle; die Thraker sind der Stamm der Saier, deren Gebiet vor der Insel Thasos lag.

VIII – West 119; Tetrameter.

IX – West 125; Tetrameter; die Anspielung ist homoerotisch gemeint, wie bei VIII.

X – West Adesp. 38; Trimeter.

XI – West 128; Tetrameter; die Selbstbefragung ist ein homerischer Topos – im Gegensatz dazu bezieht sie sich jedoch nicht auf einen Einzelkämpfer, sondern auf den Angriff der Fußsoldaten in der Phalanx.

XII – West 9; Tetrameter; die Stelle bezieht sich auf Thasos und der Stein war die Bestrafung des lydischen Königs Tantalos für seine Frechheiten.

XIII – West 22; Trimeter; das Tal des Siris, der in den Golf von Tarent fließt, wurde von den Ioniern unter Kolophon kolonisiert – seine Schönheit war sprichwörtlich.

XIV – West 21; Trimeter.

XV – West 116; Tetrameter.

XVI – West 105; Tetrameter; die Felsen von Gyrai gehen auf Homers *Odyssee* (IV, 500) zurück, wo er Schiffe auflaufen läßt; die Identifizierung jedoch ist ebenso unklar wie der allgemeine Bezug dieser Zeile, die sich auch auf das Nahen eines feindlichen Heeres auslegen ließe.

XVII – West 122; Tetrameter; Aristoteles behauptete von diesem Lied, es wäre dem Vater Neobules in den Mund gelegt, der so sein Entsetzen vor Archilochos kund gäbe; andere wiederum sagen, Archilochos' Vater würde diese Zeilen sagen – insgesamt bleibt es fraglich.

XVIII – West 213; Epode.

XIX – West 4; Elegie; *kados*, das Faß, ist ein Name phönizischen Ursprungs; *kothon* ist eigentlich ein Krug, wie man ihn bei Riten verwendete.

XX – West 124; Trimeter; an Perikles gerichtet; die letzte Zeile findet sich auch in der *Odyssee* (VII, 216).

XXI – West 120; Tetrameter; dem Dithyrambos ging als Einleitung ein monodischer Gesang voraus.

XXII – West 223; Epode.

XXIII – West 48; Trimeter; diese seltenen sentimentalen Zeilen werden Lykambes' Tochter zugeschrieben.

XXIV – West 30 und 31 zusammengenommen; Trimeter; Myrten und Rosen waren der Aphrodite heilig; gehört wahrscheinlich zu XXIII.

XXV – West 41; Trimeter; auch von Aratos in seinen *Phänomenen* überliefert.

XXVI – West 191 und 193 zusammengenommen; Epode; die Sprache ist episch – die Absicht jedoch anders; der zweite Teil nimmt bereits Sappho voraus.

XXVII – West 188, 189 und 190 zusammengenommen; Epode; es könnte sich um eine Spottrede auf Neobule handeln.

XXVIII – West 38, 39, 42, 43, 44, 45 und 46 zusammengenommen; Trimeter; oraler Sex war in der Antike weit verbreitet, aber zugleich Zeichen der Prostitution; daß die Barbaren Bier tranken, steht auch bei Xenophon (*Anabasis* IV, 5, 26); Priene war eine Stadt bei Milet in Ionien – was der Esel jedoch, außer als übliches Sexualsymbol, sonst noch für Qualitäten hatte, weiß man nicht.

XXIX – West 67, 66 und 40 zusammengenommen; Trimeter.

XXX – West 196 und 196 a; die sogenannte ›Kölner‹ Epode, die 1974 publiziert wurde.

XXXI – West 25; Epode.

XXXII – West Hipponax 115; die sogenannte ›Straßburger‹ Epode; es ist strittig, ob sie von Archilochos oder Hipponax stammt; Sal-

mydessa ist in Thrakien am Schwarzen Meer.

XXXIII – West 24; Trimeter; Gortyn war eine wichtige Stadt auf Kreta.

XXXIV – West 126; Tetrameter.

XXXV – West 19; Trimeter; Aristoteles schrieb in seiner *Rhetorik* (III, 1418 b) dem Archilochos zu, daß er der erste gewesen sei, der anderen Personen Worte in den Mund legte; Gyges war ein lydischer König, der ungefähr zur selben Zeit wie Archilochos lebte – er soll sagenhaft reich gewesen sein, jedenfalls im Besitz zahlloser Goldminen sowie eines Ringes, der ihn unsichtbar machte; Horaz hat diesen Vers nachgedichtet *(Epoden 2)*.

XXXVI – West 133; Tetrameter.

XXXVII – West 130; Tetrameter; das Modell dieses Schicksals ist Bellerophon.

XXXVIII – West 131 und 132; Trimeter; zu Glaukos siehe V.

Bibliographie

Der griechische Text richtet sich nach der Ausgabe von M. L. West, *Iambi et elegi Graeci ante Alexandrum cantati*, Oxford 1989–92.

Lirici Greci. Poeti giambici, hrsg. v. Antonio Aloni, Mailand 1993

Archilocus, *Frammenti*, übers. u. kommentiert v. Nicoletta Russello, Mailand 1993

Rosalind Thomas, *Literacy and orality in ancient Greece*, Cambridge 1992

Die griechische Literatur in Text und Darstellung. Griech.-Dt., hrsg. v. Joachim Latacz, Stuttgart 1991

Francesco Bossi, *Studi su Archiloco*, Bari 1990

Wolfgang Schadewaldt, *Die frühgriechische Lyrik*, Frankfurt am Main 1989

503

Glossen

I – Voigt 123.

II – Voigt 143.

III – Voigt 101 A; die Übersetzung orientiert sich hier jedoch an Bergks Rekonstruktion, *Poetae lyrici Graeci*, Teil III, S. 164.

IV – Edmonds 67.

V – Voigt 104a; Hesperos ist der Planet Venus; Catull übernimmt die Stelle in 62, 21–23; die Situation bezieht sich hier auf den Hochzeitszug zum Haus des Mannes.

VI – Voigt 154; beschrieben wird hier eine *pannychis*, ein nächtliches Fest als Teil eines Initiationsrituals der Mädchen.

VII – Voigt 34; wie antike Nachahmungen von Nonnos u.a. suggerieren, liegt dem Gedicht der Vergleich mit einem schönen Mädchen zugrunde; dieser Topos taucht jedoch schon in der *Ilias* auf (VIII, 555–559).

VIII – Voigt 40.

IX – Voigt 34; nur eine andere, freiere Übersetzungsvariante zu VII.

X – Voigt 151 und 126 zusammengenommen; der sprachliche Kontext der zweiten Zeile läßt darauf schließen, daß die Situation homoerotisch ist und es sich nicht um einen Vers aus einem Hochzeitslied handelt.

XI – Bergk/Diehl 145 D und Lobel–Page 197.

XII – Voigt 149 und 46.

XIII – Voigt 168 B; die Authentizität dieses wohl berühmtesten Liedes Sapphos ist immer noch strittig, vgl. Benedetto Marzullo, *Studi di poesia eolica*, Florenz 1958.

XIV – Voigt 52.

XV – Voigt 36 und 38 zusammengenommen; die Metapher des ›Bratens‹ und ›Schmorens‹ wird im Hellenismus häufig übernommen: Theokrit VII, 55; Kallimachos' *Epigramme* 44 und Meleagros in der *Griechischen Anthologie* XII, 92.

XVI – Voigt 51; Catull greift diesen Spruch auf.

XVII – Edmonds 118.

XVIII – Voigt 134.

XIX – Voigt 2; eine ähnliche Landschaftsbeschreibung kommt bei Theokrit vor (VII, 135); Aphrodite als Göttin des animalischen und vegetativen Lebens wurde besonders auf Kreta und Zypern – als ›Kypris‹ – verehrt. Äpfel und Rosen sind ihre Fruchtbarkeitssymbole, die auch erotisch konnotiert waren.

XX – Voigt I; mit diesem Lied fing das erste Buch der alexandrinischen Sammlung an. Die Hymne ist nur deshalb erhalten, weil Dionysios von Halikarnassos sie in seinem *De compositione verborum* vollständig zitierte; sie ist ein schönes Beispiel für das Objektivieren eines subjektiven Tons, das Gleichgewicht beider Seiten, der sich auch mit einem didaktischen Ansatz verträgt, ohne daß deshalb die Poesie verlorenginge. Die Vögel sind im Original Sperlinge, Fruchtbarkeitssymbole der Aphrodite.

XXI – Edmonds 18.

XXII – Voigt 118; Hermes erfand die Leier, indem er Saiten auf einen Schildkrötenpanzer spannte.

XXIII – Edmonds 1a; der Text ist ein Fragment einer Vasenmalerei.

XXIV – Voigt 44 A b.

XXV – Lobel–Page 210 b; ›*Thapsos‹ ist eine Holzart, auch ›skythisches Holz‹ genannt, wie u.a.*

Sappho sagt. Darin färbt man Wolle und macht sie quittengelb, und damit blondiert man die Haare. Es ist das gleiche, das bei uns Chrysoxylon – ›Goldholz‹ – heißt (Scholiast des Theokrit).

XXVI – Bergk/Diehl 63.

XXVII – Voigt 8.

XXVIII – Edmonds 82; der Text steht auf der Rückseite von XXIX und ist kaum mehr rekonstruierbar; die Übersetzung richtet sich nach Mary Barnards Nachdichtung.

XXIX – Voigt 96, 1–20; Sardis war die Hauptstadt des reichen Lydien; die Lesart *Anaktoria* ist sehr umstritten, es kann auch *Arignota* sein; der Kerbel und die hier gemeinte Kleeart sind ebenfalls weiß wie die Rosen und der Mond.

XXX – Voigt 49.

XXXI – Lobel–Page 131; Andromeda war eine Konkurrentin Sapphos.

XXXII – Voigt 94; ›Brentho‹ und ›Basileion‹ (die ›Königssalbe‹) waren Pflanzen, die man in Lydien für Kosmetik verwendete.

XXXIII – Voigt 54; der kurze Mantel der Epheben und Reiter ist damit gemeint.

XXXIV – Voigt 47; Sappho benützt hier eine Formel, wie sie für Hesiod typisch ist, vgl. *Werke*, 509.

XXXV – Voigt 130, 1–2; ›bittersüß‹ ist die Liebe bereits bei Hesiod, *Theogonie* 121, und bei Archilochos; mit der Schlange ist im Original ein monsterhaftes Kriechtier gemeint, das sich nicht besiegen läßt – *amachanon*, etwas, ›gegen das es keine Maschinen gibt‹.

XXXVI – Voigt 141; es ist möglich, daß die Stelle auf die Hochzeit von Peleus und Thetis anspielt.

XXXVII – Voigt 30; gehört zu jenen Hymenaien, die nach der Hochzeitsnacht gesungen wurden;

in der alexandrinischen Ausgabe war dies das letzte Gedicht des ersten Buches.

XXXVIII – Voigt 105 a und b; Fragment eines Hochzeitsliedes; der Vergleich geht auf die Jungfräulichkeit.

XXXIX – Bergk 150.

XXXX – Voigt 31; das Gedicht ist in Pseudo-Longinus' *Über das Erhabene* erhalten; Catull hat dieses Gedicht übersetzt, ihm aber eine eigene Schlußpointe gegeben.

XXXXI – Voigt 16; das Gedicht ist an die Kypris gerichtet; die Kavallerie der Lydier hatte damals großen Eindruck auf die griechischen Heere gemacht. Die Neuinterpretation Helenas und der Schönheit ist ein gutes Beispiel für die Aufteilung der sozialen Rollen auf Lesbos.

XXXXII – Voigt 132; Krösus' Reich steht hier figurativ für Lydien.

XXXXIII – Voigt 102; das Lied gehört zu den ›Webgesängen‹, eine eigene Gattung von Arbeitsliedern; vgl. auch Horaz, *Carminae* III, 12.

XXXXIV – Lobel–Page 150; der Essayist Maximus von Tyrus schreibt, daß Sappho diese Worte an ihre Tochter gerichtet habe, und vergleicht sie mit Sokrates' letzten Worten.

XXXXV – Voigt 98 a und b.

XXXXVI – Bergk 16, 95, 156, 157, 165, 167, 96 (Vers 20) und Bergk/Diehl 99, frei zusammengefügt; Lydien im Osten war damals ein Sinnbild des Luxus, Phokaia eine Stadt an der Westküste Kleinasiens.

XXXXVII – Reinach 140 und 139.

XXXXVIII – Voigt 57; nach Athenäus bezieht sich die Stelle auf Sapphos Konkurrentin Andromeda und deren Mädchenbund.

IL – Edmonds 45.

L – Bergk/Diehl 25, 26 und Herodot, frei bearbeitet.

LI – Voigt 121; die Zuschreibung ist sicher falsch; siehe LII.

LII – Voigt 137; die Zuschreibung dieses Dialogs geht auf Aristoteles zurück (*Rhetorik* 1237 a, 7 ff.); es ist anzunehmen, daß er auf eine nachträgliche Collage zurückgeht.

LIII – Voigt 136; vgl. *Odyssee* XIX, 518.

LIV – Voigt 42; Tauben und Schwäne waren Fruchtbarkeitssymbole der Aphrodite.

LV – Voigt 58; der Mythos von Tithonos und Eos, wie ihn die *Homerische Hymne an Aphrodite* und Mimnermos beschreiben, ist frei paraphrasiert und hinzugefügt.

LVI – Voigt 55; nach Plutarch bezieht sich diese Stelle auf eine Prophezeiung, die Sappho einer amusischen und ungebildeten, aber reichen Frau macht; Pierien in Mazedonien war der Ursprungsort des Musenkultes.

Bibliographie

Sappho et Alcaeus. Fragmenta, hrsg. v. Eva-Maria Voigt, Amsterdam 1971

Sappho, *Poetarum Lesbiorum fragmenta*, hrsg. v. Edgar Lobel und Denys Page, Oxford 1955

Wilhelm T. Bergk, *Anthologia lyrica Graeca*, Bd. I, hrsg. v. Ernst Diehl, Leipzig 1936

Wilhelm T. Bergk, *Poetae lyrici Graeci*, Leipzig 1878–82

Alcée. Sapho, hrsg. u. übers. v. Théodore Reinach, Paris 1937

John M. Edmonds, *Lyra Graeca*, Bd. I, London/New York 1922–27

Sappho: Lieder. Griech.-Dt., hrsg. v. Max Treu, München 1991

Donald A. Campbell, *Greek Lyric*, Bd. 1, Cambridge, Mass., 1983

Saffo, hrsg. v. Antonio Aloni, Florenz 1997

Lirici Greci: Saffo, Alceo, Anacreonte, Ibico, hrsg. v. Giulio Guidorizzi, Mailand 1993

Saffo, *Poesie*, Einleitung v. Vincenzo Di Benedetto und übers. v. Franco Ferrari, Mailand 1987

Sappho, *Poems and fragments*, Einleitung u. übers. v. Josephine Balmer, Newcastel upon Tyne 1992

Sappho, neu übers. v. Mary Barnard, Berkeley & Los Angeles 1958

André Bonnard, *La poésie de Sapho*, Vevey & Paris 1996

Yves Battistini, *Sappho: la dixième des Muses*, Paris 1995

Wolfgang Schadewaldt, *Die frühgriechische Lyrik*, Frankfurt am Main 1989

Benedetto Marzullo, *Studi di poesia eolica*, Florenz 1958

GAIUS VALERIUS CATULLUS
(Anfang des 1. Jahrhunderts v. Chr.)

Glossen

I – Nr. 2. Das Mädchen ist eine Anspielung auf Atalante, die nur heiraten wollte, wenn sie beim Wettlauf besiegt werden würde; Hippomenes gewann, weil er ihr goldene Äpfel auf den Weg streute, die sie aufhob. Mit ›Spatz‹ ist wohl weniger eine Blaumerle als Catulls Schwanz gemeint.

II – Nr. 3.

III – Nr. 5. Catull ist der erste, der *basium* – ein Wort keltischer Abstammung, aus dem dann *baiser* und *bacio* wurde – für Kuß benützt; analoge Begriffe wie *savium* und *osculum* wurden nicht in die romanischen Sprachen übernommen. Dem Zählen liegt der Aberglaube zugrunde, daß es Unglück bringt, sein Hab und Gut aufzuzählen, weil es den Zorn der Götter und den Neid der Menschen auf sich zieht.

IV – Nr. 8. Das ›unsere‹ steht in der Poesie und der Prosa häufig für die Einzahl; für Catull ist diese Dualität jedoch typisch.

V – Nr. 11. Aus anderen Gedichten wird klar, daß er mit Furius Geldprobleme hatte und beide seine Rivalen bei einem Jungen waren. Die Römer unterschieden zwischen dem *pathicus*, dem passiven Päderasten, und dem *cinaedus*. Die Griechen bezeichneten mit diesen Begriffen alle professionellen Schauspieler, Tänzer und Spielleute; der abwertende Ton rührt also auch daher.

Die Argumentation, daß Person und Werk zu trennen sind und es keine Blasphemie darstellt, wenn sich der Dichter, als Sprachrohr der Musen, in erotische Phantasien versteigt, findet sich überall in der Antike, aber auch bei Ovid, Martial, Hadrian und selbst noch bei dem Christen Ausonius.

VI – Nr. 25. Thallus ist der Name eines griechischen Sklaven und bedeutet ›junger Trieb, Schößling‹. Das *sudarium* benützte man als Taschentuch wie als Serviette; es war wohl ein Geschenk seiner Freunde Veranius und Fabullus; Saetabis ist heute Játiva in der spanischen Provinz Tarragona, Thynien steht für Bithynien in Kleinasien.

VII – Nr. 14. Gaius Licinius Calvus (82 bis 47 v. Chr.) war einer der Neoteriker und ein bekannter Rechtsanwalt; er schickte ihm dieses Buch am 17. Dezember, dem Tag der Saturnalien und Geschenke. Calvus hatte ein heftiges Plädoyer gegen einen Handlanger Caesars namens Vatinius gehalten, der ihn daraufhin derart zu hassen begann, daß der Ausdruck zur Redensart wurde. Sulla war der Spitzname für Cornelius Epicadius, den der Diktator Sulla freigelassen hatte, Suffenus jener des Alfenus Varus, der es vom Winkeladvokaten in Verona zu einer Persönlichkeit in Rom gebracht hatte.

VIII – Nr. 22. Mit Varus ist hier wahrscheinlich Quintilius Varus gemeint, ein späterer Freund von Horaz und Vergil; denkbar ist jedoch auch das doppelte Spiel mit dem oben zitierten Alfenus Varus und seinem Spitznamen Suffenus. Die Luxusausgabe eines Buches bestand aus Papyrus – und nicht Palimpsesten –, mit Stäbchen *(umbilici)*, auf denen das *volumen* aufgerollt wurde, und Riemen *(lora)*, um das Leder des Umschlags zu versteifen. *Manticae* ist ein über die Schulter geworfener Sack, mit einer Tasche vorne wie hinten.

IX – Nr. 50. Über Catulls Freund Calvus schrieb auch Ovid in seiner Elegie an Tibull. Nemesis bestraft den Hochmut und die Hybris.

X – Nr. 6. Flavius ist unbekannt.

XI – Nr. 10. Varus ist hier Quintilius Varus aus Cremona (um 75 bis 23 v. Chr.), ein römischer Ritter, dessen literarischen Geschmack Horaz lobte. Memmius Gemellus, der Statthalter von Bithynien, dem Catull mit seinem Freund und Dichterkollegen Cinna 57/56 folgte, war ein gebildeter Mensch und zugleich eine ziemliche Kanaille. Der Kult des griechisch-ägyptischen Gottes Serapis war, obwohl verboten, in der Oberschicht damals

Mode; sein Tempel befand sich weit außerhalb Roms.

XII – Nr. 29. Mamurra, ein Ritter aus Formiae, war ein hervorragender General unter Pompeius (66 v. Chr.) wie unter Caesar (61 v. Chr.) und deren Günstling; sein Verschleiß an Frauen trug ihm den Spitznamen *mentula*, ›Schwanz‹, ein. Pompeius hatte Caesars Tochter Julia geheiratet.

XIII – Nr. 31. Die Etrusker hatten Lydien, laut Herodot ihr Herkunftsland, verlassen und sich unweit des Gardasees niedergelassen. Am nördlichen Ende der Halbinsel Sirmi (Sirmione) am Südufer des Gardasees, wird das Haus von Catull vermutet.

XIV – Nr. 35. Caecilius war vielleicht ein Verwandter Plinius' des Jüngeren, der aus Novum Comum (das heutige Como) kam, einer 59 v. Chr. gegründeten Kolonie im Süden des damaligen *lacus larius*. Dindymus war der Name eines Gebirges in Phrygien, wo sich ein berühmter Tempel der Kybele befand, der Göttin Mutter, über die auch Catull schrieb. Sie verehrte man mit orgiastischen Tänzen.

XV – Nr. 68. Dies ist der erste Teil einer langen Elegie, die dann auch Lesbia ins Spiel bringt. Allius hatte beiden sein Haus für ihre geheimen Rendezvous zur Verfügung gestellt; in der Folge werden dann Manlius, Lesbia und Catulls Bruder mythisch überhöht, mit Anspielungen auf die *Ilias* und auf Herakles. Allius ist unbekannt.

XVI – Nr. 76.

XVII – Nr. 36. Volusius aus der Gegend von Padua war wahrscheinlich das Pseudonym des Tanusius, der in Imitation der *Annales* des Ennius eine Verschronik schrieb, die nicht mehr erhalten ist. Die Namen sind die Beinamen der Venus je nach den Orten ihrer

Heiligtümer: Idalium, Amathunt und Golgoi befinden sich auf Zypern, Knidos in Karien; Durazzo ist der italienische Name von Dyrrachium (heute Durrës in Albanien).

XVIII – Nr. 37. Die Taverne ist Clodias Haus am Palatin, unweit des Tempels von Castor und Pollux, die häufig mit hohen kultischen Mützen dargestellt wurden; da man damals noch keine Hausnummern hatte, zählte man von markanten Orten weg. Die Worte *sedetis, sessores* und *consedit* haben auch den obszönen Doppelsinn von: auf jemandem wie eine Prostituierte sitzen. Urin als Zahnputzmittel wird auch bei Strabo erwähnt. Der Spanier Egnatius gehörte zu den Gegnern der Neoteriker; er schrieb eine nicht mehr erhaltene Abhandlung *De rerum natura*.

XIX – Nr. 56.

XX – Nr. 59. Rufulus und Rufa sind vielleicht Anspielungen auf Marcus Caelius Rufus (siehe XXI). Der für die Leichenverbrennung zuständige Sklave hat im Original einen halbgeschorenen Kopf, was ihn als bereits einmal Entlaufenen ausweist.

XXI – Nr. 58. Marcus Caelius Rufus war ein ehemaliger Rivale Catulls bei Clodia, die ihn später wegen eines Giftmordversuches an ihr anklagte; Cicero übernahm dann seine Verteidigung. Das *glubit* bedeutet ›schälen, entkernen, die Grannen von der Ähre streifen‹.

XXII – Nr. 85.

Bibliographie

Der lateinische Text folgt im wesentlichen der Edition von G. P. Goold, London 1983.

The poems of Catullus, Einleitung u. übers. v. Peter Whigham, London 1966

508

Catullo, *Le poesie*, mit Anmerkungen v. Guido Ceronetti, Turin 1969
Catullo, *I canti*, Einleitung u. Anmerkungen v. Alfonso Traina, übers. v. Enzo Mandruzzato, Mailand 1982

Catulle, *Liber*, hrsg., ausgew. u. übers. v. Pierre Feuga, Paris 1989
Catull, *Sämtliche Gedichte. Lat.-Dt.*, übers. v. Carl Fischer, Frankfurt am Main 1995

SEXTUS PROPERTIUS
UND DIE ELEGIE
(Ende des 1. Jahrhunderts v. Chr.)

Glossen

I – Buch I, 1. Tullus war wahrscheinlich der Neffe des Lucius Volcatius Tullus, der 33 v. Chr. mit Augustus Konsul war.

Die mythische Szene spielt sich in Arkadien ab, am Berg Parthenion, der Heimat von Iasons Tochter, die als Kind ausgesetzt und von den Bären gesäugt worden war. Milanion verteidigte sie gegen den Zentauren Hylaeus, der sie vergewaltigen wollte, eroberte sie aber erst mit Venus' Hilfe in einem Wettlauf. Als Kunstgriff verweist dieses *exemplum* zurück auf die alexandrinischen Dichter und ihre subtil eingesetzten mythologischen Anspielungen.

Den Kolchern am Schwarzen Meer und ihrer Königin Medea schrieb man zu, daß sie den Mond vom Himmel holen könnten.

II – Buch 1, 3. Edonis steht für eine Bacchantin des thrakischen Volkes der Edoner, wo der dionysische Kult seinen Ursprung hatte; die Szene verlegt Properz im Originaltext nach Thessalien an das Ufer des Flusses Apidanus.

Das Geschenk der Äpfel gehörte zum traditionellen Repertoire der Liebeswerbung; wem sie jedoch in die Hand gegeben sind, ihm oder ihr, ist grammatikalisch nicht eindeutig zu bestimmen.

Bei Homer weben die Göttinnen und Heldinnen purpurrote Tücher.

Die Vorlage für dieses berühmteste Gedicht Properz' findet sich wahrscheinlich in einem alexandrinischen Epigramm, das in einer Version von Paulos Silentiaros in der *Griechischen Anthologie* V, 275, überliefert ist:

Wohlig dahingestreckt ruhte am abend Menekratis schlummernd
lieblich anzuschauen den arm über die schläfen gelegt
Kurz entschlossen bestieg ich ihr lager – den weg Aphrodites
hatte ich halb und halb schon glücklich zurückgelegt
als das mädchen aus seinem tiefen schlaf erwachte und mich zornig
mit seinen weißen armen an den haaren packte und zerrte
Allem sträuben zum trotz überwand ich auch die restliche strecke
Doch die besiegte vergoß bittere tränen und rief:
Du herzloser – dem was du wolltest habe ich solange fest widerstanden
als du auch reichlich gold bezahltest – jetzt hast du's gehabt
Rücksichtslos gehst du und möchtest schon wieder eine andere umarmen
ihr männer bekommt nie genug von Aphrodites genuß.

III – Buch I, 6. Das rhipäische Gebirge lag der Legende nach in Skythien, Memnons Reich in Äthiopien. Mit den alten Schätzen Kleinasiens sind wahrscheinlich Ephesos und das rund 75 km südlich gelegene Smyrna (heute Izmir) gemeint, während Lydien als Reich des Krösus galt, wo der Fluß Paktolos Gold führte.

Die ›Provinzialen‹ beziehen sich auf die *socii*, die Augustus im Zuge seiner Verwaltungsreform wieder in ihre alten Rechte einsetzen wollte.

IV a – Buch I, 8 a. Illyrien ist heute die Gegend um Bosnien und Albanien; der Aufgang der Pleiaden markierte das Ende der Winterstürme und den Beginn der Schifffahrt; Galatea ist eine Nereide, eine Meernymphe. Die Keraunischen Felsen waren ein Kap in Epirus, und der Hafen heißt heute Vlorë (Albanien). Ätolien ist Nordgriechenland, gegenüber der Küste Korfus.

IV b – Buch I, 8 b. Hippodamia fiel die Landschaft Elis um Olympia als Mitgift zu; ihr Vater hatte sie dem als Frau versprochen, der ihn bei einem Wagenrennen besiegte.

V – Buch II, 15. Selene war die Göttin des Mondes.

Die Schlacht von Actium war 31 v. Chr.; die Anspielung auf die Politik und die Eintagesgötter bezieht sich auf die Rivalitäten zwischen Marius, Sulla, Caesar und Pompeius.

VI – Buch II, 24 a; der Text weist eine Lücke zwischen Zeile 12 und 15 auf.

Das Buch, auf das angespielt wird, war das erste Buch von Properz' Gedichten, das sogenannte *monobiblos*, das wirklich gut aufgenommen wurde.

Via Sacra hieß die Geschäfts- und Triumphstraße Roms.

VII – Buch II, 29 a. Gemeint sind die Amoren, deren Ikonologie dem Gedicht entspricht.

In der phönizischen Stadt Sidon wurden pupurrote Seidenstoffe hergestellt.

VIII – Buch II, 34 b. Philetas von Kos und Kallimachos von Kyrene gehören zu den gelehrten alexandrinischen Dichtern; die *Aitia* des letzteren – ›Ursachen‹; Lieder über Feste, Bräuche und Benennungen – beginnen mit einer Dichterweihe am Helikon im Traum, in der Tradition des Hesiod: die ›Träume‹ spielen darauf an (vgl. X).

Achelous kämpfte um Deianira mit Herakles, wie auch der Mäander auf eine *Heracleis* mit der Geschichte von Herakles und der lydischen Königin Omphale verweist.

Die drei Episoden aus dem Krieg gegen Theben beziehen sich auf Adrastos, der sein sprechendes Pferd bei den Spielen zu Ehren des Archemorus seinem Schwiegersohn überließ, der dann abgeworfen wurde; den Seher Amphiaraos, der vor Theben in einem Abgrund versank und sich mit diesem Pferd rettete; sowie auf Kapaneus, einen anderen Heerführer der Sieben gegen Theben, der beim Angriff auf die Stadt Zeus verhöhnt hatte und deshalb vom Blitz erschlagen wurde. Es war Antimachos von Kolophon im 5. Jahrhundert v. Chr. – ein Dichter, den Kallimachos nicht mochte –, der eine elegische Dichtung auf Theben schrieb.

Die Töpferscheibe bezieht sich auf Demokrits und Platons Definition des Dichters als Handwerker und *poietes* – ›Macher‹.

Die Zeilen 31–34 wurden zu 25 vorgezogen.

Zu Augustus und die Landnahme, siehe Einleitung; zur Schlacht bei Actium V.

Das Zitat ist der Anfang der *Aeneis*.

Tityrus und Corydon sind die Namen der Hirten aus der ersten bzw. zweiten *Ekloge* Vergils. Die ›Gans‹ ist eine Anspielung auf den Dichter ›Anser‹ in der neunten *Ekloge*.

P. Terentius Varro (82 bis 37 v. Chr.) schrieb als Epigone des Apollonios von Rhodos eine Argonautensage und erotische Gedichte für seine Geliebte, der er das Pseudonym Leucadia gab. Licinius Macer Calvus (82 bis 47 v. Chr.) war ein Freund des Catull, der satirische Epigramme auf Caesar und Pompeius, im Epos und eine Elegie auf den Tod seiner Frau schrieb. Lycoris war die Geliebte des Cornelius Gallus (69/68 bis 26 v. Chr.), des Begründers der römischen Elegie, der ihr einen Elegienkranz widmete; er brachte sich um, nachdem sie ihn verlassen hatte und er bei Augustus in Ungnade gefallen war.

IX – Buch III, 1. Properz zitiert hier das seit Hesiod eingeführte Thema der Dichterweihe am Helikon, wo die Musen um die Hippokrene – die durch den Hufschlag des Pegasos entstand – tanzten, und der Dichter ein *musarum sacerdos* ist, ein Seher.

Baktra liegt im Osten des Partherreiches, das Augustus 20 v. Chr. zu einem Bündnis zwang.

Polydamas ist der Sohn des trojanischen Kämpfers Panthous.

X – Buch III, 3. Das Gedicht führt die auf Hesiods *Theogonie* zurückgehende Dichterweihe der Musen am Helikon bei der Hippokrene weiter aus. Direkte Vorlage ist dabei die in dieser Tradition stehende Passage aus Kallimachos' *Aitia:*

> *... da sagte mir der lykische Apollon:*
> *[...] mein hochgeschätzter sänger – um so fetter das opfertier*
> *um so mehr gefällt es den grazilen Musen*
> *Und überdies befehle ich dir: nimm jenen weg*
> *den die schweren karren nicht nehmen · daß du deinen wagen*
> *nicht in den spuren der anderen nachschleppst*
> *sondern auf wegen die noch nicht zertreten sind*
> *auch wenn es der schwerste und unebenste weg ist* (I, 22–28)

Die topographische Darstellung ist bei Properz jedoch etwas durcheinander, was zeigt, daß er – anders als Horaz oder Ovid – nie im Hain im Tal der Musen in Böotien war. Dementsprechend wurden in der Übersetzung hier die Angaben stillschweigend berichtigt, etwa wenn Apollo dem Properz in einem Kastalischen Wäldchen erscheint, das eigentlich nach Delphi gehört, oder die Tatsache, daß die Hippokrene nicht die Quelle des Permessos ist – ein Bächlein auf der anderen Seite des Gipfels des Helikon, in dem die rituellen Waschungen vor dem Besuch des Musenorakels stattfanden.

Die Anspielung auf diesen ›Strom‹ geht sowohl auf die epische Dichtung zurück wie auch auf Kallimachos und seine *Hymne an Apollon.* Auch die Darstellung der Grotte vermengt wohl Berichte vom Hörensagen über den Musenhain unten im Tal. Die Tamburine, Flöten und Satyrn gehören zum Dionysoskult, der ursprünglichen Ausprägung des Musendienstes; Apollo und Dionysos zu erwähnen, ist also ein eher später Synkretismus. Der Thyrsos, ein mit Weinlaub umwundener Stab und einem Phallus als Knauf, war das Abzeichen der Teilnehmer des Dionysoskultes.

Bei Horaz wird die Venus von Schwänen gezogen und mit ihr der elegische Dichter, im Gegensatz zum Rhapsoden eines Epos (vgl. *Oden* III, 28 und IV, 1).

Ennius (239 bis 169 v. Chr.) galt als Leitfigur des römischen Epos. Der Sieg über die Horatier entschied die Herrschaft Roms in Latium; Aemilius Paullus siegte in Pydna 168 v. Chr. und legte damit den Grundstein zum römischen Imperium. Die Schlacht von Cannae im 2. Punischen Krieg fand 216 v. Chr. statt, und die erfolgreiche Abwehr des Angriffs Hannibals auf Rom (211 v. Chr.) schrieb man den römischen Schutzgöttern zu; eingenommen wurde Rom jedoch schon durch die Kelten 389 v. Chr., wobei das Kapitol der Sage nach durch die Gänse gerettet wurde. Marius' Kampf gegen die Kimbern und Teutonen fand 102 v. Chr. in Aquae Sextiae (dem heutigen Aix-en-Provence) bzw. 101 in Vercellae (in Piemont) statt; die Sueben erreichten den Rhein ein Jahr später.

XI – Buch III, 8.

XII – Buch III, 13.

Die Geschichte, daß Ameisen in Indien Gold schürfen und es im Winter an die Oberfläche bringen – wo es dann die Inder stehlen –, geht auf Herodot und Plinius d. Ä. zurück. Venus wurde aus einer Muschel geboren.

Evadne war die Frau des Kapaneus, einer der Sieben gegen Theben, die sich zu ihrem Mann auf den Scheiterhaufen warf.

Die Inschrift ist frei übersetzt nach einem Epigramm des Leonidas von Tarent, *Griechische Anthologie* IX, 337.

Brennus war Anführer der keltischen Galater und fiel 278 v. Chr. in Griechenland ein.

Priamos hatte seinen jüngsten Sohn Polydoros dem thrakischen König anvertraut, der ihn jedoch ermorden ließ.

Amphiaraos war ebenfalls einer der Sieben gegen Theben, der mit seinem Kriegswagen in den Hades sank.

XIII – Buch III, 23.

Der Esquilin ist der höchste der Sieben Hügel Roms; Maecenas wohnte dort.

XIV – Buch III, 24.

Thessalien war das Land der Zauberer und der Magie, die Syrten gefürchtete Untiefen vor Nordafrika. Der Stier des Phalarides, ein berüchtigtes Folterinstrument, wird hier Venus zugeschrieben.

XV – Buch III, 25.

XVI – Buch IV, 7.

Die Geister sind im Original die römischen Manen.

Cynthias Grab lag an der Via Tiburtina, unweit der Stadt Tibur – dem heutigen Tivoli – am Flüßchen Anio (Aniene); sie hatte dort einmal auch ihren Aufenthaltsort gehabt und wurde in der Nähe des Herkulestempels begraben. In Rom hatte sie im Rotlichtviertel der Subura gewohnt, der Straße, die vom Forum nach Osten führt, am Esquilin vorbei.

Die *conclamatio* ruft einen Sterbenden beim Namen; die Anspielung auf ›ein Tag mehr‹ geht auf den Mythos des Protesilaos zurück, den seine Frau Laodameia noch eine Nacht nach seinem Tod zurückhalten konnte. Der *custos* hatte die Aufgabe, die bösen Geister von einem Verstorbenen mit einer Klapper oder Rassel fernzuhalten; zum Begräbnisritus gehörte auch das Aufbahren eines Toten auf einem Polster – hier ein Ziegelstein – und das Darbringen eines Trankopfers.

Schuld am Giftmord Cynthias ist der Sklave Lygdamus, der laut den Gedichten Cynthia und Properz

diente; Nomas soll einem Gottes-
urteil überantwortet werden. Chlo-
ris ist der Name seiner neuen
Geliebten; Latris heißt so nach
dem griechischen *latreu* – ›dienen,
arbeiten‹.

Parzen sind die Schicksalsgöttin-
nen.

Klytämnestra war die Frau Aga-
memnons, die ihn mit seinem
Cousin betrog; Orest und Elektra
waren ihre Kinder. Pasiphaë war
die Frau des kretischen Königs
Minos und verliebte sich in einen
Stier, den Poseidon gesandt hatte;
Daidalos baute die Atrappe einer
Kuh, und so wurde der Minotaurus
gezeugt.

Die mit Mitren geschmückten
Chöre waren Dionysos-Bakchos
heilig, Kybele eine phrygische Mut-
tergöttin, der man mit ekstatischen
Riten huldigte.

Die Träume kamen aus zwei
Toren, einem aus Elfenbein und
einem aus Horn; die einen waren
nur reine Phantasie, die anderen
Prophezeiung.

XVII – Buch IV, 8.

Zeile 19–20 wurde hier zu Zeile
3–4 vorgezogen; im Text ist von
einer Gegend namens ›Neue Felder‹ die Rede, die hier als die *Horti
Maecenatis* gedeutet werden.

Lanuvium und sein Junotempel
war eine zu Rom gehörige Stadt im
Südosten, durch die die Via Appia
nach Süden verlief.

Die Molosserhunde waren eine
berühmte Rasse von Jagdhunden;
keinen Bart zu tragen, galt als Zeichen der Vornehmheit.

Der Aventin ist ein Teil Roms.

Daß der Tisch wieder auf seine
Füße fällt, ist dadurch zu erklären,
daß Tafel und Gestell separat
waren; beim Würfelspiel galt es
als ein ›Venuswurf‹, wenn jeder
der vier eine andere Seite zeigte;
ein ›Hundswurf‹ bestand aus vier
Einsen.

Die Kolonnade des Pompeius lag
neben dessen Theater am Campus
Martius; am Forum streute man
Sand für die Gladiatorenkämpfe.

Bibliographie

Die Übertragungen dieser Auswahl
richten sich überwiegend nach dem
Text der Ausgabe von Paulus
Fedeli, *Sexti Properti Elegiarum
libri IV*, Stuttgart 1984.

Sexti Properti Carmina, durch-
ges. u. mit krit. Anmerkungen versehen v. E. A. Barber, Oxford 1960
Sesto Properzio, *Elegie*, Einleitung v. Paolo Fedeli, übers. v. Luca
Canali, Mailand 1989
Properzio, *Elegie*, hrsg. v. Ro-
berto Garich, Mailand 1993
Propertius, *The Poems*, Einleitung v. Betty Radice, übers. u. kommentiert v. W. G. Shepherd, London
1985
Properz, *Sämtliche Gedichte*,
hrsg. u. übers. v. Burkhard Moj-
sisch, Hans H. Schwarz u. Isabel
J. Tautz, Stuttgart 1993
*Roman erotic elegy. Selections
from Tibullus, Propertius, Ovid
and Sulpicia*, übers., Einleitung,
Anmerkungen u. Glossar v. Jon
Corelis, Salzburg 1995

GLOSSEN
UND BIBLIOGRAPHIEN

DIE MO'ALLAQAT
(6./7. Jahrhundert)

Glossen

I – IMRU'L-QAYS. Den Zeilen über das Wasserbecken von Dara Gulgul gibt eine andere Stelle einen größeren Kontext und bezieht sich auf 'Unayzah: sie ging mit anderen Mädchen baden; nachdem Imru sie überrascht hatte, versteckte er ihre Kleider und zwang sie, nackt aus dem Wasser zu steigen, um sie sich zu holen. Als letzte kam 'Unayzah heraus, und um sie um Verzeihung zu bitten, schlachtete er sein Kamel und gab ein Fest. Die Mädchen trugen dann das Schmuckgeschirr seines Kamels, während er mit der widerspenstigen 'Unayzah in die Sänfte stieg.

Jemandem die Kleider zurückzugeben bzw. die eigenen zu holen, bedeutete bei den präislamischen Arabern soviel wie Scheidung.

Wagrah liegt in der Gegend von Mekka.

II – TARAFAH. *Mejbed* ist der Begriff für die ausgetretenen Pfade, die Karawanen hinterlassen.

Die Tänzerinnen und Sängerinnen waren griechische, syrische oder persische Mädchen, die Lieder in ihrer Muttersprache sangen.

Das *maysir* war ein weit verbreitetes Glücksspiel, mit dem man das frisch geschlachtete Fleisch so verteilte, daß jeder das Stück bekam, das sein Pfeil traf; da der Pfeilregen aber sehr gefährlich werden konnte, wurde das Spiel schließlich vom Islam verboten. Wer verlor, bezahlte das Kamel.

III – 'ANTARAH. Die Ortsnamen beziehen sich hauptsächlich auf die Gebiete im Nordosten von Medina.

Die ›Vögel, die aus den Zweigen verschreckt‹ werden, lassen sich auch mit den Vögeln des Gehirns übersetzen, die nur leere Schädel zurücklassen – gemäß dem präislamischen Glauben, daß aus dem Blut neben dem Kopf eines Toten Vögel wachsen, die dann auf seinem Grab sitzen.

IV – 'AMR IBN KULTUM. Die Ortsnamen beziehen sich anfangs auf Syrien, nur Qasirin liegt bei Balis am Euphrat. Dhu Tuluh liegt in der mesopotamischen Wüste im Gebiet der Tamim, die dort später einen Überfall der Bakr zurückschlugen. Der Hazaz ist ein Berg im Südwesten von 'Oneze; Du Urata liegt nordöstlich von Fayd im Gebiet von Medina. Der Schluß der Ode wiederum nimmt Bezug auf den Euphrat.

Was das damalige Schönheitsideal betrifft, so waren Frauen mit breiten Hüften, aber schlanker Taille beliebt: ›wie ein Berg *(kuh)*, der von einem Strohhalm *(kah)* hängt‹. Das Schwanken der Frauen beim Gehen – wie die ›Silhouette eines Trinkers‹ – rührt daher, daß sie ihr Gewicht bei jedem Schritt von rechts nach links verlagern, während sie mit den Händen auf Brusthöhe den äußeren Saum ihrer Kleider halten; sie gehen langsam dabei, die Augen auf den Boden gerichtet. Die *howdah* ist eine Sänfte.

'Alqama ibn Said soll die Taglib nach Mesopotamien geführt haben; Muhalil ist der Onkel Imru'l-Qays und Zuhayr ist der siebte Dichter der *Mo'allaqat* und auf väterlicher Seite ebenso mit ihm verwandt wie 'Attab ibn Sa'd: 'Amrs vollständiger Name hieß also *'Amr Sohn des Kultum Sohn des Malik Sohn des Attab Sohn des Sa'd Sohn des*

Zuhayr Sohn des Gusham Sohn des Bakr.

Über den legendären Helden Du al-Burrah weiß man nichts, außer daß der Mann so genannt wurde, weil ihm die Haare aus der Nase wuchsen, daß es aussah wie ein Nasenring; Kulayb ist ebenfalls ein alter Held.

Die Banu at-Tammah und die Dumi gehören zum Stamm der Ijad; mehr weiß man nicht.

'Amrs Ode entstand im Wettstreit – einer Vorform der okzitanischen *tenzone* – mit Al-Harit; die genaueren Umstände, Al-Harits Biographie und dessen siegreiches Plädoyer für seinen Stamm werden hier folgend wiedergegeben.

Al-Harit ibn Hillizah gehörte zu den Yaskur vom Stamm der Bakr. Von seinem Leben weiß man nur, daß er von edler Abstammung war, die vorliegende Ode mit hundert Jahren geschrieben haben und noch viel älter geworden sein soll. Auch die Berichte zum Hintergrund seiner *Mo'allaqah* sind verwirrend. Nach jahrelangem Krieg zwischen den Stämmen der Taglib und der Bakr wandten sich beide als Schiedsrichter an 'Amr ibn Hind, den König der Lakhmiden. Der Grund für die Auseinandersetzung bestand darin, daß durch die Schuld der Bakr eine Schar der Taglib, die der König selbst auf Raubzug ausgeschickt hatte, in der Wüste verdurstet waren. Beide Stämme brachten ihre Dichter – Al-Harit und 'Amr ibn Kultum – mit an den Hof, um sie vor der Versammlung ihre Argumente vortragen zu lassen.

Nach einer Version verfaßte Al-Harit seine Rede und wollte sie von einem Rezitator vortragen lassen, was der König jedoch nicht erlaubte – worauf Al-Harit selbst die Rede hielt, sie jedoch erst später in Verse faßte, damit sie Teil der Erinnerung der Stammesgeschichte werden konnte. Nach einer anderen Fassung sprachen zuerst nur die Anführer: 'Amr ibn Kultum für die Taglib und ein anderer für die Bakr. Als Al-Harit jedoch merkte, daß 'Amr ibn Kultum diesen gnadenlos in Grund und Boden redete, stand er selbst auf und improvisierte seine *qasidah*, worauf 'Amr ebenso schnell seine eigene extemporiert haben soll.

Beide Anekdoten stimmen darin überein, daß Al-Harit so von der Lepra entstellt war, daß der König 'Amr ibn Hind ihn aus Angst nur hinter einem Vorhang sprechen ließ; erst als er von dessen Eloquenz so beeindruckt war, bot er ihm einen Sitz an seiner Seite an und gab – nach der Rede 'Amrs – schließlich seinem Stamm recht.

Von Al-Harit ist außer dieser *Mo'allaqah* im Metrum *hafif* und im Reim auf *-a'u* nichts aufgezeichnet worden:

Asma sagte daß sie mich verläßt · sie hat mich satt
      doch an denen die bleiben wird auch uns die zeit lang
Mit uns war sie über die weiden von Samma gezogen
      dann durch Chalsa und Muhaija · Sifah · die felsen
von Finaq 'Adhib und Wafa · die *gueltas* von Qata
      und die wadis von Shurbub und Shubatan und Ablah
Dann verlor ich sie aus dem blick und weinte mir
      die augen müde – doch dadurch kehrt nichts mehr zurück
Ich sah wie Asma abends ihre feuer groß entfachte
      und die kontur der hügel hoben sie bis in die nacht –

515

zwischen ‘Aqiq und Shachsan schürte sie es mit aloe
      so hell wie die dämmerung der morgen und der tag –
ich sah es in der ferne noch auf dem berg Hazaz
      und es war weit viel zu weit um sich daran zu wärmen
Vor der traurigkeit finde ich nur selten zuflucht:
      gehen stets nur weiter gehen macht das warten leichter

Mein kamel wiegt mich in den schlaf – eine stute
      hoch und schnell wie ein strauß der mit seinen jungen
durch die wüste läuft · abends jedoch erschrickt es
      über jeden laut und über die jäger die es überall sieht
Auf der flucht zieht es seine spuren in den sand
      wirbelt ihn wie wolken auf die in die sonne steigen
über schutt und halden · und seine hufen ziehen
      eine gerade fährte die die wüste bald wieder verwischt:
steht hitze am zenith werde ich blind wie ein kamel
      das man opfert – dann ist die stute alles was ich habe

Nur schlechtes haben wir von den Araqim gehört –
      gerüchte und drohungen um uns den mut zu nehmen
Doch dabei gingen sie zu weit: in ihren reden
      und in ihren taten · ganz gleich ob unschuldig oder nicht
sie scheren alles über einen kamm daß das eine
      dem anderen nichts nützt · wer einen esel blutig schlägt –
wie’s heißt – meinen sie steht unter unserem schutz:
      so haben sie’s beschlossen in ihrer ratsversammlung
nachts und am morgen dann war es in aller munde –
      war das ein lautes lästern ein lärmen und ein schreien
wie das gewieher von pferden und kamelgebrüll!
      Doch du der alles angezettelt hat und uns verleumdet
dich frage ich – bei ‘Amr – ob es damit so weitergeht?

      Glaub nicht daß deine hetzreden uns beeindruckt hätten
man zog uns auch früher schon in den schmutz:
      der haß ließ uns nur stärker werden – haben wir jemals
unseren stamm verraten oder die macht verloren?
      Schon vor deiner zeit bauten wir auf zorn und widerstand:
es ist wie mit dem steinbock wenn er seine haken
      den steilen hang hinauf plötzlich in den nebel schlägt –
doch der berg ungerührt unverrückbar stehenbleibt!

      Bringt eure forderungen vor und der rat wird sie behandeln
grabt meinetwegen Arabien aus von Milha bis Saqib –
      ihr werdet wieder nur auf all die lebenden und toten stoßen
Gebt euch mühe werft die alten streitigkeiten auf –
      ihr werdet wieder nur auf das gute und das schlechte stoßen
Überlegt ihr’s euch jedoch werden wir ein aug zudrücken
      selbst wenn unter dem lid das staubkorn schmerzen sollte –
wenn nicht dann steht uns rede und antwort und sagt:
      wer hat erzählt es gäbe welche die wären mächtiger als wir?

Erinnert ihr euch wie es noch vor jahren war
          als jeder stamm sich ewig über raub und plünderei beklagte?
Von Bahrains oasen ritten wir nach Hisa
          und dann geradwegs auf Tamim: noch vor dem Ramadan
nahmen wir die frauen dort als unsere sklaven –
          auf der ebene hielt keiner stand – flucht nützte keinem
weder die berge noch das geröll der *harra*
          Wir waren an der macht noch bevor al-Mundhir hier regierte:
am tag der großen schlacht von Hiyarin war er zeuge –
          ein könig dem keiner gleichkam zwang die welt zu boden

Hört auf so überheblich zu sein und auch so dumm
          ihr werdet euch sonst verirren wie ein blinder in der nacht
Denkt an den pakt von Dhulmagaz und die verträge –
          wir stellten geiseln als bürgen gegen übergriffe und verrat
Was sind eure wirren reden gegen siegel und pergament?
          Das bündnis das wir schlossen macht uns einander gleich!
Ist es unsre schuld daß die Kindah einen raubzug
          machten und viel beute? warum sollten wir das büßen?
Ist es unsere schuld was die Hanifa verbrachen
          die Banu 'Atiq oder dieser jammerhaufen der Muharib?
Was können wir für die verbrechen der Banu Ibad –
          lädt man einem voll bepackten esel noch mehr ballen auf?
Was können wir für die verbrechen der Banu Quda'a –
          glaubt ihr nicht daß sie uns ebenso zuwider sind wie euch?
Und was können wir für die verbrechen der Banu Ijad?
          Das ist wie wenn man einem sagt: dein bruder ist der feind!
Weder die Qais noch die Gandal oder Hahdha
          gehören zu uns – warum lastet ihr uns also diese stämme an?
Unrecht ist wenn man statt schafen die gazelle opfert!

          Achtzig mann von den Tamim hatten ihre lanzen in der hand
und wie ein banner stak der tod auf ihren spitzen –
          sie verschonten keinen der Rijah · sie ließen ihre leichen
liegen und kehrten dann mit soviel vieh zurück
          daß in dem gebrüll auch das geschrei der treiber unterging
Als die Rijah von ihnen dann die beute forderten
          bekamen sie nicht ein kamel zurück weder hell noch schwarz:
kein wasser kenne ich das ihren rachedurst
          jetzt stillen könnte! dann kam Ghallaq mit seinen reitern
und auch er kannte keine gnade – und die toten
          der Taglib sind bis zum heutigen tag noch nicht gerächt!

Gilt das was wir für al-Mundhir deinen vater taten
          nicht mehr als der aufruhr der Taglib die zornig sagten
sie wären weder hirten noch die sklaven Ibn Hinds?

          Die zelte der stolzen Maysun stellte er bei al-Alat auf
unweit von al-Awsa – und da kamen sie gelaufen
          hungrig wie bettler und gierig wie die geier beim fraß
und er kaufte sie für wasser und für datteln:
          pack wird immer pack sein und ein verräter es bleiben!

Illusionen habt Ihr Euch gemacht und sie herzitiert
und aus reiner übermut sind sie Eurem ruf jetzt gefolgt:
wir sahen sie am vormittag schon aus der ferne und
im flirren des mittags dann ihre jammergestalt erst richtig

Wann wirst du an deinen lügen ersticken und aufhören
uns zu verleumden beim könig? 'Amr kennt unsere treue:
unter seinen augen haben wir uns stets bewährt –
er ist ein gerechter könig der beste und edelste von allen
und keiner kann ihm auch nur das wasser reichen
Er stammt aus dem uralten Iram wo schon die *djinn*
sich um die wegsteine ringten · sie schlugen die feinde
für ihn in die flucht und das für immer · dreimal bewiesen
wir ihm bereits daß wir die besseren sind –
und sein urteil ging alle dreimal gerecht für uns aus:

Einmal im osten von Saqiqah als sich die stämme alle
um ihre führer scharten und unter fahnen standen
Und Qays trug einen helm und einen panzer
aus dem Jemen wo der *qaraz* das leder gerbt bis es
schwarz wird wie granit · eine herde wiehernder
roter stuten hatte er die nur ein blankes schwert
zurückhalten zu vermag · ihnen spalteten wir
die stirne bis zur nase daß das blut nur so spritzte
wie wasser aus dem schlauch und trieben sie
her vor uns und in die felsen der wüste von Thablan
Wir hieben ihnen die seiten blutig · Gott allein weiß
was wir taten: tote kennen keine blutrache mehr
Beim zweiten mal kam Hugr der sohn Umm Qatams
mit einem Perserheer im grünspan ihres harnischs
wie ein löwe der sich anschleicht von hinten
und wie der herbstregen war sein tod rot überm grau
eines aschenen landes · doch mit unsren lanzen
drängten wir sie zurück wie wenn man einen eimer
von der mauer hinab ins wasser klatschen läßt
Beim dritten mal aber da zerschnitten wir die riemen
von al-Mundhirs sohn dem großen Imru'l-Qays
dem man die hände auf den nacken gefesselt hatte
und ließen von den Ghassaniden für al-Mundhirs tod
und Qays' gefangenschaft jeden einzeln mit fässern
voll blut bezahlen · wir machten reiche beute
und aus seinem gefolge nahmen wir neun geiseln
Als al-Gawn kam um sie dann auszulösen
mit einem heer so groß und hoch wie eine sicheldüne
verloren wir auch im staub den ihre hufe
dicht vor uns aufwirbelten und in der glut der schlacht
nicht unseren mut sondern hieben auf ihre rücken ein

König 'Amr ist von unserem fleisch und blut
der enkel der Umm Unas deren brautgeschenke wir empfingen
Unsere rede kann deshalb nur die wahrheit sein:
unsre treue geht ins unermeßliche – eine wüste nach der anderen

518

Die Schwierigkeit der Ode beruht hauptsächlich darauf, daß die Ereignisse und Orte, auf die in ihr angespielt werden, meist unbekannt sind. Das Stammesgebiet erstreckt sich jedenfalls zwischen Bahrain und dem Irak; Dhulmagaz aber liegt bei Mekka – was zeigt, daß Mekka bereits im 6. Jahrhundert für die Beduinen von Wichtigkeit war.

Guelta ist der in Europa vielerorts verwendete Name für Wasserlöcher voll Regenwasser; der Begriff kommt aus Algerien und ist so gebräuchlich geworden wie *djellabah* oder *burnus*.

Als Zeichen ihrer Gastfreundschaft entzündeten die Beduinen Feuer auf einem Hügel, um späte Reisende in ihr Zelt einzuladen.

Die Tamim waren ein Nomadenvolk im Zentrum der arabischen Halbinsel, deren Urvater Murr war; sie standen unter der Herrschaft der Bakr bis zum Tod von Al-Mundhir ibn Ma' al-Sama, dem Vater des angesprochenen Königs. Letzter hatte sich Respekt verschafft, indem er für die zwei wichtigsten Dinge in der Wüste gesorgt hatte, Datteln und tiefe Brunnen.

Der letzte Teil des Gedichts kommt auf den Schiedsrichter des Streits – 'Amr ibn Hind – zu sprechen, der vom Stamm der Bakr war, und auf seine Vorfahren, die 'Amr ibn Umm Unas. Die drei Ereignisse, die dann vorgetragen werden, beziehen sich auf den Saqiqa-Krieg, wo es den Bakr gelang, Qays ibn Ma'ad aufzuhalten, der als Anführer der Himyar gegen den König rebelliert hatte; den Kampf gegen Hugr, dem letzten König der Kindah und Vater von Imru'l-Qays; die Befreiung Imru'l-Qays – des Bruders 'Amrs III. – und die Ermordung Al-Harits, des Königs der Ghassaniden, der Al-Mundhir III.

(503 bis 554) hatte umbringen lassen, den Vater des 'Amr ibn Hind.

V – LABID. Die Ortsnamen beziehen sich zuerst auf ein Gebiet in der Gegend von Medina; Wagrah war ein Wüstengebiet auf dem Weg von Basra nach Mekka; Bisa ist ein großes Wadi, das von Nordjemen bis nach dem Nedjd reicht, wo man auch das Wadi Talabut findet; zum Bisa-Tal gehört auch die Oase Tabala. Fayd liegt im Gebirge der Tai.

Das Bild der Schrift bei einem Beduinen, der kaum lesen oder schreiben konnte, ist auffällig; aber im Jemen oder in Mekka sahen die Nomaden sicherlich manchmal Schriftstücke und ihre Verfertigung; als Labid die Ode schrieb, waren wohl manche Suren des Koran schon niedergeschrieben. Es könnten aber auch prähistorische Felsbilder und -gravuren gemeint sein.

Vier Monate – der erste, siebente, elfte und zwölfte – eines Jahres waren im alten Arabien heilig. Mit den Sternen, die den Frühling und den Regen bringen, sind die 28 Häuser des Mondes gemeint, die bei ihrem Auf- oder Untergang Regen, Wind, Hitze oder Kälte brachten – nach dem Glauben der präislamitischen Araber.

Bibliographie

William A. Clouston, *Arabian Poetry for English Readers*, Glasgow 1881, Reprint London 1986 (enthält Sir William Jones' Übersetzungen)

Theodor Nöldeke, *Fünf Mo'allaqat, übersetzt und erklärt*, in: Sitzungsberichte der kaiserlichen Akademie der Wissenschaften, Wien 1899–1900 (enthält 'Amr ibn Kultum, Al-Harit, 'Antarah, Labid und Zuhayr)

519

W. S. Blunt, *The Seven Golden Odes of Pagan Arabia, know also as the Moallakat*, London 1903

Jacques Berque, *Les dix grandes odes arabes de l'Anté-Islam: Les Mu'allaqat*, Paris 1979
Le mu'allaqat: alle origini della poesie araba, hrsg. v. Daniela Amaldi, Venedig 1991
M. V. McDonald, *Orally Transmitted Poetry in Pre-Islamic Arabia and other pre-literate Societies*, in: Journal of Arabic Literature, 1979, S. 14–31

James T. Monroe, *Oral Composition in Pre-Islamic Poetry*, in: Journal of Arabic Studies, 1973, S. 1–53

Régis Blachère, *Histoire de la Littérature arabe*, Bde. 1–3, Paris 1966

Orientalische Dichtung in der Übersetzung Friedrich Rückerts, hrsg. u. Einleitung v. Annemarie Schimmel, Bremen 1963

ABU NUWAS
(8. Jahrhundert)

Glossen

I – Statt wie bei den *Mo'allaqat* die verlassene Lagerstätte der Geliebten zu beweinen, ist die ironische Distanzierung zu den alten Themen klar; der Wirt ist wie meist ein Christ, sein Mundschenk ein persischer Sklave.

II – Der Wein – dessen weiblicher Genus es erlaubt, ›um seine Hand anzuhalten‹ – wurde gewürzt getrunken, versetzt mit Moschus, Muskat oder Pfeffer; die letzte Zeile wiederholt das Ende von I.

V – Der safrangelbe Wein wird mit der Augenfarbe verglichen, weil ›Pupille‹ auch ein Homonym ist für den persischen Mundschenk. Der arabische Text dieses ersten strophischen Gedichtes lautet in der Transliteration: *Sulâfu danni / ka-shamsi dajni / ka-dami jafni / ka-khamri adni! // Tabîkhu shamsi / ka-lawni warsi / rabîbu Fursi / halîfu sijni!* (1. und 2. Strophe)

VI bis VIII – Über die Sklavin Inan, mit der Nuwas ein berühmtes Verhältnis hatte, schrieb der Historiker An-Nuwairi: *Sie war schnell im Stegreifgedicht. Die Koryphäen unter den Dichtern rivalisierten mit ihr und traten mit ihr in dichterischen Wettstreit. Sie aber revanchierte sich ebenbürtig.*

IX – Dieses mathematische Rätsel bezieht seine Arithmetik aus der damals üblichen Art der Erbteilung.

XII – Der Hammam, eigentlich ein Badehaus, war der bevorzugte Treffpunkt für Päderasten; allein in Bagdad gab es im 10. Jahrhundert an die 50000 – ›in den Hammam gehen‹ war ein Synonym für den Geschlechtsverkehr in vielen arabischen Ländern.

XVI – Muraqqis und Gamil waren die Namen zweier alter Dichter, beide Helden eines Liebesromans; Urwa ein Dichter aus der Omayyadenzeit.

Bibliographie

Ewald Wagner, *Abu Nuwas. Eine Studie zur arabischen Literatur der frühen Abbasidenzeit*, Wiesbaden 1965

Der Diwan des Abu Nuwas, Bde. I–III, hrsg. v. Ewald Wagner, Wiesbaden 1958, 1972 u. 1982; Bd. IV., hrsg. v. Gregor Schoeler, Wiesbaden 1983
Abu Nuwas: le vin, le vent, la vie, hrsg. u. übers. v. Vincent-Mansour Monteil, Paris 1979

La poésie arabe, des origines à nos jours, hrsg. v. René R. Khawam, Paris 1995
Diwan des Abu Nuwâs, des grössten lyrischen Dichters der Araber. Zum ersten Male deutsch bearbeitet von Alfred v. Kremer, Wien 1855

DIE MARGINALIEN
DER IRISCHEN MÖNCHE
(9. Jahrhundert)

Glossen

I – 6. oder 7. Jahrhundert; erhalten in einer Version aus dem 9. Jahrhundert – der *Vita tripartita* – und in einer lateinischen Version des 7. Jahrhunderts, die von Muirchu Moccu Machtheni übersetzt wurde; diese Fassung folgt James Carney. Das Gedicht wird einem Druiden in den Mund gelegt, als Opposition gegen St. Patrick und als Satire auf die Messe der Bischöfe. Ein Wortspiel bedarf der Erklärung: Muirchu übersetzte *fiat fiat*, im gälischen Original aber liest sich *amén* wie das irische *amin:* ›so also‹.

Das Metrum ist weit verbreitet und basiert auf dem Wechsel von vier- bzw. achtsilbigen Verszeilen; gleichzeitig ist es eines der ersten Beispiele für die Entstehung des Reims.

II – 11. Jahrhundert; aus den mittelirischen Verslehren.

III – 9. Jahrhundert. Diese Marginalie ist als Manuskript des St. Gallus überliefert, das die lateinische Grammatik Priscians enthält; die unbefestigten irischen Klöster waren zu dieser Zeit eine bevorzugte Beute der Wikinger aus Norwegen *(lothlinn).*

VI – 9. Jahrhundert; *sliabh gCua* ist das Knockmealdowngebirge an der Grenze von Tipperary und Waterford.

VII – Die Glocken der Iren wurden geschlagen, nicht geläutet.

VIII – 11. Jahrhundert; das Gedicht gehört zu einer Reihe von Versen, die von einem anonymen mittelalterlichen Mönch verfaßt wurden und unter dem Namen *Mittelirische Verslehren* bekannt sind, die Vorlagen für Reim, Alliteration und Metrum waren. *Loch laig* ist die Bucht von Belfast.

IX – 9. Jahrhundert; Marginalie aus dem Codex St. Pauli. Diese Verse sind alles, was von der im 12. Jahrhundert niedergeschriebenen Version der Geschichte von *Suibne Geilt* – Sweeney, dem Narren – erhalten ist, einem König von Ulster, der in der Schlacht von Mag Rath 639 wahnsinnig wurde und in die Wälder ging. Kurz vor seinem Tod soll er sich noch mit dem irischen Heiligen Moling angefreundet haben.

Die monastischen Dichter verstanden diesen für die irische religiöse Dichtung typischen Topos, das Leben in der Natur, als Antithese zum sozialen Leben; die zu dieser Zeit verbreitete Tendenz zum Anachoretentum verstärkte diesen Gegensatz, war aber ihrerseits nur eine Reaktion darauf.

Im Codex St. Pauli sind die Worte *tuaim inbir* mit *barr edin* glossiert: ›Baumwipfel, mit Efeu bedeckt‹. Die Referenz auf das Dach bezieht sich auf die handwerklich anspruchsvolle Technik des Deckens mit Schilf. Tuaim Inbir ist heute ein Kloster in der Grafschaft Westmeath.

Gobban ist der keltische Widerpart zu Hephaistos, der in der hagiographischen Tradition zum Erbauer von Oratorien wird; Gott dagegen war nur für das Dach allein zuständig, eine idiosynkratische Synthese.

X – 12. Jahrhundert; ein Gedicht, eingeschoben in die Prosaerzählung *Buile Suibne* (Sweeneys Wahnsinn):

Als sich Suibne auf der spitze eines efeubehangenen astes niedergelassen hatte, hörte er das röhren eines hirsches und machte dieses gedicht, in dem er die bäume Irlands beschreibt.

Das Eibenholz (als Stäbchen) diente den *filidh*, ihr Ogham-Alpha-bet zu magischen, inkantatorischen Zwecken einzuritzen. Die Eiche symbolisiert bei den Kelten die Kraft, und als Baum das ganze menschliche Wissen. Esche und Haselstrauch symbolisieren zugleich die Früchte der Weisheit, während mit dem Apfelbaum Unsterblichkeit, Gesundheit und ewige Jugend assoziiert werden – aber auch wieder das Wissen. Die Schlacht der Bäume ist ein häufiger Topos im keltischen Sagenkreis. In der Lehre der *filidh* wurde jeder Buchstabe ihres Alphabets mit einem Baum identifiziert; vgl. dazu Robert Graves' spekulative Studie *Die weiße Göttin. Sprache des Mythos* (Reinbek 1995).

XII – Der Text stammt aus dem Heiligenkalender *Félire;* zur Erläuterung eine andere Glosse aus dem Glossarium des Cormac, des Prinzen-Bischofs von Cashel, dem ältesten etymologischen Wörterbuch der irischen Sprache:

Ana: Dies waren die kleinen becher, die an den brunnen angebracht waren, nach dem strengen gesetz. Daher das sprichwort ›er erduldet becher bei brunnen‹. Oft waren sie auch aus silber. So sang Moccu Cherda vom Cnoc Raffand:

> *am hügel dieser baumbestandenen festung*
> *glänzte einst ein becher bei dem brunnen*
> *die wasseramsel sang das lied des landes*
> *hier lebte einstmals Feeagh Monchas sohn*

Damit durstige wanderer aus ihnen trinken konnten, wurden diese gefäße bei den brunnen aufgestellt, und die könige hängten sie dorthin, um zu prüfen, ob sie dem gesetz gehorsam blieben.

XIII – Eine Marginalie des Kommentars zur *Amra Choluim Chille.*

XV – Frühes 9. Jahrhundert; Marginalie eines Manuskripts aus dem Kloster St. Paul im Lavanttal. Das Gedicht wurde wahrscheinlich in Irland oder Wales geschrieben und gelangte erst dann auf den Kontinent; vgl. IX. Es wird einem Schüler oder Gefolgsmann des Sedulius Scottus zugeschrieben, der zu dieser Zeit auf dem Kontinent war und auf dem Weg nach Gallien einige Zeit in Wales zubrachte; Pangur ist walisisch für ›Walker‹.

XVI bis XIX – Die vier Gedichte mit ihrer Betonung auf der Alliteration sind in einer Rahmengeschichte des 11. Jahrhunderts erhalten, die nur wenig mit den Gedichten selbst zu tun hat und auf den Wechsel von schriftlich fixierter zu oraler Poesie verweist:

Athairne kam auf seiner reise im herbst in das haus seines ziehsohns Amhairghen und blieb dort zur nacht, bereit am nächsten morgen weiterzuwandern. Amhairghen aber hielt ihn mit den gedichten über herbst, winter und frühling bis zum sommer zurück.

Besonders schön an diesen Gedichten ist, daß sie mit demselben Wort enden, mit dem sie beginnen – ein visuelles Ikon für die Zyklen der Jahreszeiten.

XX – 9. Jahrhundert, möglicherweise auch früher; erhalten ist das Gedicht im *Amra Choluim Chille* – dem Lobgesang von Columcille –, einem der ältesten Gedichte der irischen Tradition. In der Glosse zum Wort *rian*, Meer, findet sich dieses Gedicht zitiert, das *Finn Mac Cumaill* zugeschrieben wird, jenem mythischen Protagonisten des epischen Zyklus, der seinen Namen trägt.

XXI – 8./9. Jahrhundert; der Grund, weshalb sie die ›Alte von Beare‹ genannt wurde, lag daran, daß sie fünfzig Ziehkinder auf der Halbinsel Beare hatte. Ihr schrieb man sieben Perioden der Jugend zu, eine nach der anderen, und jeder, der mit ihr lebte, starb in hohem Alter, sodaß ihre Enkel und Urenkel Stämme und Rassen begründeten. Hundert Jahrelang trug sie den Schleier, den St. Cumine auf ihrem Haupt gesegnet hatte; dann kam das Alter und die Gebrechlichkeit.

Die Übersetzung gibt nur einen Auszug dieser Pseudosaga wieder, die irgendein Kopist grob zusammengestellt hat, indem er den ursprünglichen Prosakontext strich und ein einziges, diskontinuierliches Gedicht aus dem ursprünglich wohl halben Dutzend von Gedichten machte; die vorliegende Version ist wiederum auf etwa die Hälfte zusammengekürzt.

Die Interpretationen sind vielfältig. Zum einen kann es hier um den Topos des versinnbildlichten Alters gehen, also nicht um die Figur selbst. Zum anderen war es ein Topos der vorchristlichen bardischen Lobgesänge, sich den Dichter im Concetto des – auch weiblichen – Bewunderers des Königs vorzustellen, ein umgekehrtes Rollenspiel sozusagen, um das Thema des Alters aufzugreifen, was die Autorenschaft einer Frau in Frage stellen würde.

Dagegen spricht, daß eine historische Figur überliefert ist, die der Alten in ihren Konturen entspricht: die Königin Gormlaith, die 946 starb. Ihr Vater war König von Tara und Irland. Sie heiratete nacheinander Cerball, König von Leinster, Cormac, König von Munster, und Niall Glundub, den König von Irland, bevor sie sich ins Kloster zurückzog. Das Gedicht könnte also von einer Frau von Adel geschrieben worden sein, die ähnliche Erfahrungen wie Gormlaith gemacht hatte; dynastische Eheschließungen und der häufige frühe Tod von jungen Männern aus der Kaste der Könige und Krieger waren damals durchaus üblich.

XXII – Das Gedicht, das St. Columcille († 597) zugeschrieben wurde, stammt frühestens aus dem 11. Jahrhundert.

XXIII – 9. Jahrhundert; erhalten in einem Manuskript in St. Gallen, dem *St. Gallus Priscian*, vgl. III. St. Gallus starb 635 im Alter von 95 Jahren.

Bibliographie

Whitley Stokes und W. O. E. Windisch, *Irische Texte mit Übersetzungen und Wörterbuch*, Bde. I–III, Leipzig 1880–1909
Félire Óengusso Céli Dé, hrsg., übers., Einleitung, Anmerkungen u. Glossare v. Whitley Stokes, London 1905
Mac Cuilennáin Cormac, *Sanas Cormaic. An old Irish glossary*, zus.-gestellt v. Cormac Úa Cuilennáin, Halle 1912
Kuno Meyer, *Ancient Irish Poetry*, London 1913
Kuno Meyer, *Über die älteste irische Dichtung*, Bde. I–II, Berlin 1913/14

Bruchstücke der älteren Lyrik Irlands, gesammelt, hrsg. u. übers. v. Kuno Meyer, 1. Teil, Berlin 1919
Early Irish Lyrics, eighth to twelfth century, hrsg., übers. u. kommentiert v. Gerard Murphy, Oxford 1956
A golden treasury of Irish poetry. A. D. 600 to 1200, hrsg. u. übers. v. David Greene u. Frank O'Connor, London 1967
Medieval Irish lyrics, ausgew. u. übers. v. James Carney, Dublin 1967
Melita Cataldi, *Antica lirica irlandese*, Turin 1982
Giovanni Giusti, *Antiche liriche irlandesi*, Rom 1991
Robin E. W. Flower, *The Irish tradition*, Dublin 1994

SAMUEL HA-NAGID IBN NAGRILA UND DIE HEBRÄISCHE POESIE
(11. Jahrhundert)

Glossen

I – Titel: ›Der Augenblick‹
II – Titel: ›Das Gefängnis‹
III – Titel: ›Die Wurzel‹
IV – Titel: ›Zwei Schreie‹
V – Titel: ›Die Warnung‹
VI – Titel: ›Die Feder‹
VII – Titel: ›Das Winterweinlied‹
VIII – Titel: ›Der Wein‹
IX – Titel: ›Die Einladung‹
X – Titel: ›Der Jasmin‹
XI – Titel: ›Die Einladung‹; das C ist auf hebräisch der Buchstabe Yod.
XII – Titel: ›Der Schöne Junge‹
XIII – Titel: ›Himmel und Erde‹; die goldenen Haken der Bänder am Tabernakel (Exodus 26, 6) wurden traditionellerweise mit den Sternen verglichen; die ›Kornspeicher plündern‹ kann bedeuten: ›die Behausungen sind so auf Zeit beschränkt wie die Kornspeicher einer Armee‹.

XIV – Titel: ›Die Finsternis der Sonne und der Erde‹; dazu der Kommentar: *Am Ende des Jahres 1044 verfaßte der Nagid dieses Lied, in dem er die zwei Eklipsen beschrieb, die der Sonne und die des Mondes.*
XV – Titel: ›Die Zitadelle‹
XVI – Titel: ›Der Krieg‹
XVII – Titel: ›Die Todesangst‹; dazu der Kommentar: *Er – Gott mag ihn selig machen – wurde plötzlich von Altersschwäche überrascht, während einer Schlacht, die im Sommer 1054 stattfand. Dann schrieb er diese Klage.*

Bibliographie

Samuel Ha-Nagid, *Diwan*, hrsg. v. David Sassoon, Oxford 1934

Samuel Ha-Nagid, *Ben Qohelet*, hrsg. v. S. Abramson, Tel Aviv 1953

Samuel Ha-Nagid, *Ben Tehilim*, hrsg. v. Dov Yarden, Jerusalem 1966

Samuel Ha-Nagid, *Ben-Mishle*, hrsg. v. Dov Yarden, Jerusalem 1982

Shmuel HaNagid, *Selected Poems*, übers. v. Peter Cole, Princeton 1996

The Penguin book of Hebrew verse, hrsg. v. T. Carmi, London 1981

Masha Itzhaki und Michel Garel, *Jardin d'Eden, jardins d'Espagne. Poésie hébraique médiévale en Espagne et en Provence. Anthologie bilingue*, Paris 1993

Hebrew poems from Spain, Einleitung, übers. u. Anmerkungen v. David Goldstein, London 1965

Samuel M. Stern, *Hispano-Arabic strophic poetry*, ausgew. u. hrsg. v. L. P. Harvey, Oxford 1974

Hispano-Arabic poetry. A student anthology, zus.-gestellt v. James T. Monroe, Berkeley & London 1974

DIE ARABISCHEN DICHTER
SIZILIENS
(11. Jahrhundert)

Bibliographie

Poeti arabi di Sicilia, hrsg. v. Francesca Maria Corrao, Mailand 1987

Francesco Gabrieli und Umberto Scerrato, *Gli Arabi in Italia: cultura, contratti e tradizioni*, Mailand 1979

Graf Adolf F. von Schack, *Poesie und Kunst der Araber in Spanien und Sicilien*, 2 Bde., Berlin 1865 und Stuttgart 1877

GUIHELM IX., GRAF VON POITIERS
UND HERZOG VON AQUITANIEN
(11./12. Jahrhundert)

Glossen

III – *Confolens* und *Nieuil* sind zwei Orte in Guihelms Herrschaftsbereich, 22 km voneinander entfernt, im Département Charente. Die letzte Strophe des Liedes, welche die Handschrift überliefert, scheint apokryph zu sein, da die Pointe deutlich unterlaufen wird.

IV – *Sankt Virgil* ist im Original *Sankt Julian*, der im Limousin und der Auvergne verehrte Schutzpatron der Kranken, Lahmen und Blinden.

V – *Gregor VII.* (1020 bis 1085), Papst, der sich um die Einführung des Zölibats verdient machte.

VI – *So wird es wohl mit unserer liebe sein* etc., vgl. Dante, *Inferno* (II, Vers 127 ff.): *quali i fioretti dal notturno gelo · chinati e chiusi, poiché il sol gl'imbianca · si drizzan tutti aperti in loro stelo.*

Bon vezi, ein Deckname *(senhal)* der Geliebten: ›guter Nachbar‹.

VII – *Heiliger Leonhard*, Eremit des 6. Jahrhunderts im Limousin, Schutzparton der Taubstummen, Hinkenden, Irren und vom Teufel Besessenen; es gab eine Abtei gleichen Namens, die sich durch ihre Dichtungen auszeichnete.

Tarrababart etc., in einigen Handschriften auch *babariol, babariol, babarian*, scheint eine Nachäffung des Arabischen zu sein. Das Motiv der Taubstummen taucht bei Boccaccio wieder auf *(Decamerone III, 1)*.

IX – *Sankt Martial*, einer der legendären 72 Jünger Jesu, der Apostel Aquitaniens und erster Bischof von Limoges, wo 848 die Abtei gleichen Namens gegründet worden war, die wegen ihrer Hymnendichtung einen guten Ruf besaß.

X – In der *tornada*, dem Geleit, weist Dietmar Rieger ein weiteres Wortspiel nach:

A NAR BON A
MO NES TEV EN

kann man als *am on arnes bo ten aven* lesen, das heißt: ›ich liebe dort, wo ich einen guten Harnisch umsonst besitze‹ bzw. ›wo ich einen guten Harnisch für wertlos halte‹ (vgl. VII, vorletzte Strophe).

Narbonne, eine Stadt im Languedoc.

XI – *Foulque d'Angers*, Graf von Anjou (1106 bis 1142), der sieben Jahre ältere Cousin von Guihelms Sohn, nahm diesen wohl in Obhut, während Guihelm höchstwahrscheinlich auf Pilgerfahrt nach Santiago de Compostela zog.

Mit *König* ist Ludwig IV., König von Frankreich (1108 bis 1137), gemeint.

Bibliographie

Guglielmo IX d'Aquitania. Poesie, hrsg. v. Nicolo Pasero, Modena 1973

Alfred Jeanroy, *Les chansons de Guillaume IX, duc d'Aquitaine (1071–1127)*, Paris 1927

Mittelalterliche Lyrik Frankreichs, Bd. 1, ausgew. u. übers. v. Dietmar Rieger, Stuttgart 1980

Jacques Roubaud, *Les Troubadours. Anthologie bilingue*, Paris 1971

Alois R. Nykl, *Hispano-Arabic Poetry and its Relations with the old Provençal Troubadours*, Baltimore 1946

Reto R. Bezzola, *Les Origines et la formation de la littérature courtoise en Occident*, Paris 1958

Dietmar Rieger, *Der vers de dreyt nien Wilhelms IX. von Aquitanien: rätselhaftes Gedicht oder Rätselgedicht? Untersuchung zu einem »Schlüsselgedicht« der Trobadorlyrik* (Sitzungsberichte der Heidelberger Akademie der Wissenschaften), Heidelberg 1975

Denis de Rougemont, *L'Amour et l'Occident*, Paris 1972

Peter Dronke, *Medieval Latin and the Rise of European Love-Lyric*, Oxford 1968

Hispano-Arabic poetry. A student anthology, zus.-gestellt v. James T. Monroe, Berkeley & London 1974

526

GIACOMO DA LENTINO
ODER VON DER ERFINDUNG
DES SONETTS
(13. Jahrhundert)

Glossen

I a – Jacopo Mostacci wird als Falkner Friedrichs II. 1240 erwähnt und als Botschafter seines Sohnes Manfred in Aragón 1262.

I b – Pier della Vigna aus Capua, der in Bologna studiert hatte, war ein hoher Beamter und lange Zeit der wichtigste Berater Friedrichs II. Von etwa 1220 an arbeitete er als Notar und Schreiber der Hofkanzlei, ab 1225 war er Richter der Magna Curia, ab 1247 Protonotar am Hof und Logothet des sizilianischen Reiches, bis er 1249 in Ungnade fiel, in Cremona verhaftet wurde und in der Toskana dann Selbstmord beging, wie es hieß. Dante erwähnt ihn wie da Lentino im *Inferno.*

II a – L'Abate di Tivoli – im Mittelalter gab es einen Abate di Tivoli (›Abbas Tiburtinus‹), der Abt von Mentorella (›Vulturilla‹) war, einem berühmten Kloster in Latium; zu da Lentinos Zeiten wird jedoch in Rom ein gewisser Gualtiero erwähnt (›laicus de urbe‹), der auch Abt von Tivoli genannt wurde und den Innozenz IV. 1250 mit einer Schenkung bedachte. Es wäre denkbar, daß diese Tenzone 1241 entstand, als sich Friedrich II. mit seinem Hofstaat in Tivoli aufhielt.

Zeile 7 – die vier Throne der vier Jahreszeiten sind eine obskure Anspielung; normalerweise wurde Eros mit dem Hasen, dem Hahn und der Ziege assoziiert.

Zeile 9 – zu den vier Stufen zu Cupidos Palast vgl. Guiraut de Calanso: *En son palais, on ela vai iazer / a cinc portals; e qui'ls dos pot obrir / leu passa'ls tres, mas no'n pot leu partir / et ab gaug viu cel qu'i pot remaner; / e poia i hom per quatre gras mout les* (Carl Appel, *Provenzalische Chrestomathie*, Nr. 43, II 25–29). Die symbolische Bedeutung dieser vier Stufen war Ehrbezeugung, Diskretion, Treue und Geduld.

Zeilen 11/13 – Ovid in seinen *Metamorphosen* (I, 468) gibt Cupido zwei Pfeile: den goldenen der Liebe und einen bleiernen, der anders, langsamer und schwärender, lieben macht; Guiraut im oben zitierten Gedicht gibt ihm noch einen zusätzlichen aus Eisen.

II b – Zeile 10 – hier handelt es sich um zwei scholastische Ausdrücke; das *quia* bezieht sich auf das logische Procedere a posteriori, das man nur für den Existenzbeweis Gottes gebrauchte, das *quanto* nimmt Bezug auf das Argument der Quantität, auf das man zurückgriff, wenn man die Einheit Gottes beweisen wollte.

II d – Zeile 14 – vgl. die okzitanische Canzone *Mainta gens* von Peirol: *Per tot lo cor m'intra l'amors, Si com fai l'aigu'en l'esponja* (Vers 29–30).

III – Weil nachstehende Gedichte ausführlich im Vorwort behandelt werden, folgt hier das Original mit einer wörtlichen Übersetzung:

527

Sì come il sol, che manda la sua spera
e passa per lo vetro e no lo parte,
e l'altro vetro che le donne spera,
che passa gli occhi e va da l'altra parte,
così l'Amore fere là ove spera
e mandavi lo dardo da sua parte;
fere in tal loco che l'omo non spera,
e passa gli occhi e lo core diparte.

Lo dardo de l'Amore, là ove giunge,
da poi che dá feruta, si s'aprende
di foco, c'arde dentro e fuor non pare;
e li due cori insemola li giunge
de l'arte de l'amore sì gli aprende
e face l'uno e l'altro d'amor pare.

So wie die sonne, die ihren strahl aussendet
und durch das glas geht und es nicht bricht,
und das andere glas, in dem sich frauen spiegeln,
durch die augen und auf die andere seite geht,
so verwundet die Liebe dort, wo es sich spiegelt
und schickt ihrerseits den pfeil;
sie verwundet an einer stelle, wo man es nicht erwartet,
und geht durch die augen und bricht das herz entzwei.

Der pfeil der Liebe, dort wo er trifft –
sobald er eine wunde hinterläßt, fängt sie
ein feuer, das innen brennt und außen nicht sichtbar ist;
Und dann bindet es zwei herzen aneinander,
lehrt sie so die kunst der liebe,
und läßt einen dem anderen in liebe gleich erscheinen.

IV

Or come pote sì gran donna intrare
per gli occhi mei, che sì piccioli sone?
E nel mio core come pote stare,
che 'nentr'esso la porto laonque i' vone?
Lo loco laonde entra già non pare,
ond'io gran meraviglia me ne done;
ma voglio lei a lumera asomgliare,
e gli occhi mei al vetro ove si pone:

Lo foco inchiuso poi passa di fore
lo suo lostrore, sanza far rottura;
così per gli occhi mi pass'a lo core,
no la persona, ma la sua figura.
Rinovellare mi voglio d'amore,
poi porto insegna di tal criatura.

Nun, wie kann es sein, daß eine so hohe dame eintritt
durch meine augen, die so klein sind?
Und in meinem herzen, wie kann sie da bleiben,
daß ich sie darin mit mir trage, wohin immer ich gehe?
Die stelle, wo sie eintritt, die sieht man ja nicht mehr,
was mir ein großes wunder scheint;
aber ich will sie mit einer lampe vergleichen
und meine augen mit dem glas, hinter das man sie stellt:

Das dort eingeschlossene feuer wirft sein licht
nach außen, ohne es zu zerbrechen;
so gelangt sie durch meine augen in mein herz,
nicht sie als person, sondern ihre gestalt.
Erneuern will ich mich mit liebe,
weil ich das abbild solch eines geschöpfes in mir trage.

Der Topos des Lichtstrahls und des Glases kommt häufig in der Marienliteratur vor, als Emblem der Jungfräulichkeit der Muttergottes und von Chrétien de Troyes auf die höfische Liebe übertragen, *Cligès*, Vers 716ff. (vgl. *Œuvres complètes*, hrsg. v. Daniel Poirion, Paris 1994).

VI

Sì como ›l parpaglion, ch'a tal natura,
non si *rancura* – de ferire al foco,
m'avete fatto, gentil creatura:
non date *cura* – s'eo incendo e coco.
Venendo a voi, lo meo cor s'asigura,
pensando tal *chiarura* – si gioco,
come ›l zitello eo oblio l'arsura;
mai non trovai *ventura* – in alcun loco:

Cioè lo cor, che no à ciò che brama,
se mor ardendo ne la dolce fiamma,
rendendo vita come la finise;
e poi l'amor naturalmente il chiama,
e l'adorneze, ch'è sper'a la fiamma,
rendegli vita com'a la finise.

So wie den schmetterling, der von solcher natur ist,
daß er sich nicht fürchtet – sich am feuer zu verletzen,
habt ihr mich gemacht, sanftes wesen;
ihr gebt keine acht – wenn ich mich versenge und brenne.
Sobald ich mich euch nähere, faßt mein herz wieder mut,
es hält solch eine helle – für ein spiel,
wie ein knabe, und vergißt die glut;
niemals werde ich mein geschick finden – an keinem ort.

So ist es mit dem herzen, das nicht hat, wonach es begehrt,
und stirbt, von der sanften flamme verzehrt,
die leben schenkt, wie sie es nimmt;
und die natur der liebe beansprucht es für sich,
und die schönheit, welche die flamme erweckt,
die leben schenkt, wie sie es nimmt.

VII – Zeile 4 bezieht sich auf den mittelalterlichen Topos, daß der Kristall aus dem Schnee entsteht und dann wie ein Brennglas wird.

Zeile 10 – das Paradoxon der Wunde läßt sich auf die Lanze des Pellus beziehen, spielt aber auch direkt auf das mittelalterliche *Eneas*-

Epos an: *Il tient la mort et la santé, Il resane quant a navré. Molt doit l'en bien sofrir d'Amor, Qui navre et sane an un jour* (Verse 7989 bis 7992).

VIII – Zeile 12 – blond war in der höfischen Literatur üblicherweise ein Attribut der französischen Frauen.

IX

Eo viso – e son diviso – da lo viso
e per aviso – credo ben visare;
però diviso – viso – da l'aviso,
ch'altr'è lo viso – che lo divisare;
e per aviso – viso – in tal viso
de lo qual meno posso divisare.
Viso – a vedere quell'è paraviso,
che non è altro se non Deo devisare;

'ntr'aviso – e paraviso – non è diviso,
che non è altro che visare in viso,
però mi sforzo tuttor avisare.
E credo, per aviso – che da viso
già mai meno poss'essere diviso
che l'uomo vi nde possa divisare.

Ich sehe es – und bin doch getrennt – von dem gesicht,
und durch die vorstellung – denke ich, sehe ich es gut;
deshalb habe ich getrennt – die vision – von dem gesicht,
weil es eines ist zu sehen – ein anderes es sich vorzustellen;
und durch die vorstellung – sehe ich – auf so ein gesicht,
daß ich mich davon kaum mehr trennen kann.
Ich sehe – um zu sehen, was es in der vorstellung ist,
was nichts anderes ist, als Gott zu ersehen.

Mit der sicht – und durch sie – ist es von mir nicht getrennt,
sodaß es nichts anderes ist, als in ein gesicht zu sehen,
deshalb will ich es immer ganz sehen.
Und ich glaube in meiner vorstellung – daß von dem gesicht
ich niemals mehr getrennt werden kann,
was immer die leute darüber sich auch vorstellen mögen.

XI – Zeilen 5/6 – vgl. Brunetto Latini: *Tant comme il voit les homes et que il remirent sa biauté, il dresce la coe contremont por avoir les dos des gens [...] et molt desprise la laidor des ses piez* (*Li Livres dou Tresor*, hrsg. v. P. Chabaille, 1983, S. 219–220).

XII – Zeilen 1/2 – vgl. Brunetto Latini: *et ce est cil qui de son odor ocist les oiseaus volanz, et de sa veue tue les homes quant il les voit* (*Tresor*, S. 192).

Zeilen 3/4 – vgl. *toutes voies chascuns a une proprieté de malfaire; car cil qui est apelez aspides fait morir de soif l'ome cui ele mort; et li autres, qui a non prialis, le fait tant dormir que il muert; et la tierce, qui est appelée emorroi, li fait fondre tout son sac jusqu'à la mort* (*Tresor*, S. 191).

Zeilen 5/6 – vgl. *Et il a si grant force que nuls, comment que il soit grans ou fors, se li dragons l'estraint de sa coe, qu'il en*

puisse eschaper sans morir (*Tresor*, S. 193).

XIII – Zeile 4 – Heliotrop wurde auch *Blutstein* oder *Girasol* genannt. Nach Plinius d. Ä. bekam er seinen Namen, weil das Sonnenlicht, das auf ihn fiel, wie Blut reflektierte, wenn man ihn in Wasser warf. Im Mittelalter nahm man an, daß er seinen Träger unsichtbar machte.

XIV – Thematisch gehört dieses Sonett zu den *Laudes creaturarum* des Franz von Assisi; die Anspielung auf den Namen ist eine Konjektur Langleys – vgl. die Ausgabe der Gedichte da Lentinos von Ernest F. Langley.

Bibliographie

The Poetry of Giacomo da Lentino, hrsg. v. Ernest F. Langley, Cambridge 1915

Poeti del Duecento, hrsg. v. Gianfranco Contini, Bd. 1, Mailand 1995

529

Gianfranco Contini, *Letteratura italiana delle origini*, Florenz 1978

Bruno Pavini, *Le Rime della Scuola Siciliana*, Florenz 1955

Ernest Hatch Wilkins, *The invention of the sonnet and other studies in italian literature*, Rom 1959

Das deutsche Sonett, hrsg. v. Jörg H. Fechner, München 1969

DAFYDD AP GWILYM
UND DIE WALISISCHE POESIE
(14. Jahrhundert)

Glossen

I – Igraine war König Arthurs Mutter, die berühmt für ihre Schönheit war. Kypris ist einer der Namen der Venus, in der Alchemie war das Kupfer ihr Metall; das Wortspiel – *Siprys dyn giprys dan gopr* – bezieht sich darauf. Anspielungen in diesem Sinn findet man auch in den Carmina Burana, den Liebesliedern der Wandermönche.

II – Uwch Aeron ist ein Gebiet in Cardiganshire nördlich des Flusses Aeron.

Y Bwa Bach – *der kleine Bucklige*, wortwörtlich *der kleine Bogen* – war Dafydds Spitzname für den Ehemann seiner Geliebten Morfudd.

III – Creirwy war eine legendäre Schönheit, die von den walisischen Dichtern des Mittelalters oft zitiert wurde.

St. David *(Dewi)* ist der Schutzpatron von Wales und der Gründer der Klosterkirche von Menevia *(Mynyw)* in Pembrokeshire.

IV – Annwn ist das Jenseits der walisischen Mythen, das Land der *Tylwyth Teg*, der Feen.

V – Einen Rasselbeutel – Steine in einem Ledersack, an einen Stock gebunden – hatten die Schafhirten in Wales, um die wilden Tiere zu vertreiben.

VI – Enite (Enid) war im arthurischen Sagenkreis die Frau Erecs; in der entsprechenden walisischen Vorlage ist sie die Frau von Gereint

fab Erbin und der Inbegriff der Geduld und Duldsamkeit.

Gwynedd war der Name des alten Königreichs im Nordwesten von Wales.

VII – Dieses Gedicht wurde nicht in die erste Gesamtausgabe aufgenommen, wird inzwischen aber Dafydd ap Gwilym zugeschrieben. Die ›Bienen des Himmels‹ beziehen sich auf die walisische Legende, daß sie ursprünglich im Himmel lebten, nach der Vertreibung aber mit Gottes Segen auf die Erde kamen.

VIII – Kai oder Cai Hir (›Großer Kai‹) war einer von König Arthurs Gefährten, den man aus den mittelalterlichen Epen als ›Kai den Seneschal‹ kennt; anders als dort zeigen die walisischen Barden ihn jedoch in einem sympathischen Licht, als tapferen Krieger mit magischen Kräften.

Eiddig bedeutet eifersüchtig, als Epitheton für einen solchen Ehemann – Morfudds Gatten.

IX – Wurde Dafydd erst 1985 von David Johnston zugeschrieben (in: *Cambridge Medieval Celtic Stud. 9*).

X – Diese erste Hälfte der Satire wurde im traditionellen Metrum des Englyn geschrieben. Der Überlieferung nach starb der Dichter, der hier lächerlich gemacht wird, nachdem er dieses Lied von Dafydd vorgetragen hörte. Dafydds Angriff wurde der Legende nach von einem

Englyn ausgelöst, das Rhys Meigen während eines Weihnachtsessens auf Dafydds Onkel sang. Es lautete folgendermaßen: *Dafydd, du falscher, schwerfälliger, verdammter hund, du bist der sohn eines jeden vaters: ich stach deine mutter – hinterlistige lust – etwas über ihrem arsch, aber leider ins loch.*

XI – Der Ort dieser Taverne war wahrscheinlich Rhosyr in Anglesey; man erfährt in diesem *fabliaux* aber auch nebenbei etwas über den sozialen Status Dafydds, der immerhin gehoben genug war, um einen Schildknappen dabei zu haben.

XII – Wurde früher als Apokryphe geführt, jetzt aber Dafydd zugeschrieben.

Trystan war ursprünglich eine Figur der walisischen Legenden, bevor er zum höfischen Thema wurde.

Die Drachen sind eine Anspielung auf das *Cyfran Llud a Llefelys*, wo Llud zwei kämpfende Drachen in einer Steintruhe in Dinas Emrys begräbt, nachdem er sie in goldene Gewänder gehüllt hatte.

Llanddwyn ist die Kirche des St. Dwynwen, des Schutzheiligen der Liebenden; sie steht in Mon.

XIII – Die Kirche von Llanbadarn Fawr bei Aberystwyth war Dafydds Pfarrkirche, solange er an seinem Geburtsort Bro Gynin lebte.

Garwy war den Dichtern als legendärer Liebhaber bekannt, der sich in die bereits erwähnte Creirwy verliebt hatte.

XIV – Das Gedicht ist im Metrum des *traethodl* gehalten, einer einfachen Versform, aus der sich das *cywydd* entwickelte; die walisischen Mönche komponierten ihre Lieder mit diesem Versmaß, das ein relativ freies ist. Das Thema der Konkurrenz zwischen dem Dichter und den *clerici vagantes* ist hier so deutlich wie vieldeutig, weil sich

Dafydd an anderer Stelle zu ihrem Stand zählt.

Die ›Drei‹ sind Adam, Eva und Melchisedek, die ohne Vater und Mutter geboren wurden (vgl. Hebräer 7).

Sequenzen – wie das *Stabat mater* – wurden unmittelbar vor dem Evangelium gesungen.

Ystudfach war ein für Sprichwörter bekannter Dichter, von dem jedoch nichts überliefert ist.

Bibliographie

Gwaith Dafydd ap Gwilym, hrsg. v. Thomas Parry, Cardiff 1979

Dafydd ap Gwilym, *Selections from the Dafydd ap Gwilym. Apocrypha*, hrsg. v. Helen Fulton, Llandysul 1996

Dafydd ap Gwilym, *The poems*, übers. u. kommentiert v. Richard Loomis, Binghampton 1982

Dafydd ap Gwilym, *A selection of poems*, hrsg. u. übers. v. Rachel Bromwich, Llandysul 1982

Joseph P. Clancy, *Medieval Welsh Lyrics*, London/New York 1965

The Penguin book of Welsh verse, hrsg. u. übers. v. Anthony Conran, London 1967

Rachel Bromwich, *Aspects of the poetry of Dafydd ap Gwilym*, Cardiff 1986

Huw M. Edwards, *Dafydd ap Gwilym. Influences and Analogues*, Oxford 1996

Helen Fulton, *Dafydd ap Gwilym and the European context*, Cardiff 1989

A guide to Welsh literature, 2 Bde., hrsg. v. A. O. H. Jarman und Gwilym Rees Hughes, Cardiff 1976/1979

David Johnston in: »*Cywydd y hal*« *by Dafydd ap Gwilym*, Cambridge Medieval Celtic Studies 9, 1985

NACHWEIS

Die Masken auf dem Einband stammen
vom Proszenium des römischen Theaters
in Sabratha, Libyen.
Die Vignetten sind nicht als Dichterporträts
aufzufassen, sondern als zeitgenössische Illustrationen.
Die Proben in der Originalsprache geben der Reihe
nach Keilschrift und Transliteration des Anfangs
der *Erhöhung der Inanna* wieder, den Beginn
der sogenannten *Kölner Epode* des Archilochos (XXX),
das auf einer Tonscherbe erhaltene Lied
der Sappho (XIX), Catulls Nr. II, Properz' Nr. IX,
den Anfang von Imru'l-Qays' *Mo'allaqah* (I),
Abu Nuwas' *Weinlied* (V), zwei irische Marginalien
(XXIII und VIII), Samuel Ha-Nagids Gedicht
über *Himmel und Erde* (XIII), das zweite Gedicht
Ibn at-Tubis, eine Abschrift von Guihelms
Lied aus reinem Nichts (IX), zwei Sonette Giacomo
da Lentinos entsprechend den Manuskript-
fassungen von III und IV sowie Dafydd
ap Gwilyms Lied *Die Möwe* (I).

RAOUL SCHROTT
ist 1964 geboren; seine bisherigen
Publikationen sind:
Dada 21/22 (1988); *Makame* (1989);
Die Legenden vom Tod (1990); *Rime* (1991);
Dada 15/25 (1992); *Sub rosa* (1993);
Hotels (1995); *Finis terrae* (1995); *Die Musen* (1997)
und *Fragmente einer Sprache der Dichtung –*
Grazer Poetikvorlesungen (1997).

DIE ERFINDUNG DER POESIE,
eine Sammlung von Gedichten
aus den ersten viertausend Jahren,
die Raoul Schrott ausgewählt, übertragen
und kommentiert hat, ist im Oktober 1997
als hundertvierundfünfzigster Band
der ANDEREN BIBLIOTHEK
im Eichborn Verlag, Frankfurt am Main,
erschienen.
Das Lektorat besorgte Caroline Gutberlet.

Dieses Buch wurde in der Korpus
Century Expanded von Wilfried Schmidberger
in Nördlingen gesetzt.
Ausstattung & Typographie von Franz Greno.